매자골 메아리

매자골 메아리

● 김영재 지음

머리말

　문득 지난날을 되돌아본다. 어느 날 갑자기 살아온 날이 살아갈 날보다 더 많다는 사실을 깨닫는다. 이제 그 나이가 되고 보니 지나온 발자취가 궁금했다. 그리고 회의에 젖었다. 20대에서나 번민했어야 할 "나는 누구인가"에 대한 정체성이 오십 줄 중반에 든 나에게 찾아왔다. 나는 그에 대한 해답의 한 방편으로 이 책을 엮었다. 이 책은 지나온 나의 나날이 기록된 일기이다.

　나는 누구인가? 다시 이 물음에 답을 구해 본다. 이익(李瀷)은 『성호사설(星湖僿說)』에서 "농부는 농기구로 농사를 짓고, 선비는 붓으로 밭을 간다"고 했다. 농부에게 있어서 농사가 생업이라면 선비에겐 글이 생업이다. 나는 선비인가.

　나는 그동안 언론시론집 1권, 언론평론집 2권, 언론전문학술서 5권을 펴냈다. 적잖이 쓰고 펴냈다. 이쯤 되면 나를 선비라 규정하여도 무방하다. 그러나 나는 글을 하는 선비로서의 생업을 갖지 못한 탓으로 참선비라 할 수는 없다. 다만 선비가 되고파 선비 동네를 기웃기웃하는 포의지사(布衣之士)일 따름이다.

　나는 왜 포기하지 않고 글을 쓰고, 책을 내는가. 그것은 아마도 내가 세상에 대해 할 말이 많아서인 것 같다. 아니 말하고 글을 쓰지 않으면 세상에서 내가 할 일이 없어서인지도 모른다. 그도 아니면 내가 인생을 허비하고 낭비하지는 않을까를 우려해서이다. 나는 그것이 두렵다. 세상을 향해 말을 하고, 글을 쓰는 것은 나의 정체성을 규정한다.

이 책 또한 그러하다. 세상을 향해 쏟아 놓은 말을 엮어 또 한 권의 세설집(世說集)이 되었다. 천학비재하여 지혜와 슬기는 담지 못했지만, 순수한 나의 양심은 고스란히 녹았다. 나는 언론인으로서 인생을 결코 허비하지 않고 나름대로 정직하고 열심히 살아왔다는 것을 감히 독자 여러분께 고한다.

내 비록 선비는 아니지만 선비처럼 글의 텃밭을 일구며 살아간다. 그것이 언제까지 이어질지는 아무도 모른다. 다만 나는 양심적인 지성인으로서의 삶을 추구해 왔고, 또 앞으로도 그럴 것 같다. 아니 그러길 간절히 희망하는지도 모른다. 아무튼 또 한 권의 책을 상제하면서 기꺼이 펴내 준 한국학술정보(주)에 감사드린다.

2009년 12월 31일

김영재 씀

Contents

민족사관 바탕 세계로 웅비하자

"가자! 대륙으로! 민속의 고향으로!"

새해는 병자년이다. 조선 인조 14년(1636)에 일어난 '병자호란' 360년이 되는 해이다. 그 부산물로 효종의 북벌계획이 민족의 가슴에 용트림, 광활했던 고조선과 고구려의 옛 땅을 되찾을 기상을 갖게 했던 역사의 해이기도 하다.

잃어버린 역사정신

아시아 대륙을 호령하던 우리 민족의 뿌리는 바이칼 호에서 양쯔강까지 남북 5만 리, 몽고사막에서 일본열도를 포함한 동쪽의 대해까지 동서 2만 리에 달했다고 상고사는 전한다.

이같이 웅혼한 민족사관은 학계에서 공인된 역사에만 의존하더라도 서쪽으로는 오늘의 요동지방은 물론 동북쪽으로는 숙신, 즉 만주와 한반도를 포함한 전역이었다.

하지만 언제부터인가 우리 기상은 '무궁화 삼천리' 한반도에만 머무른다. 병자년 새해를 맞아 <하나일보>는 효종의 잃어버렸던 역사를 되찾는 탐험에 독자 여러분을 초대한다.

운명의 병자호란

인조 5년 광해군의 폐위를 명분으로 '정묘호란'을 일으켰던 후금의 태종은 1636년 국호를 '청'이라 고치고, 조선과 군신 관계를 맺을 것을 요구해 왔다.

조선은 주전론과 주화론으로 갈려 의견이 분분했으나 명분론을 앞세운 척화파가 득세, 청의 국서를 돌려보내고 선전포고의 교서를 내렸다.

청 태종은 그해 겨울 13만 대군을 이끌고 압록강을 넘어 조선을 침략했다. 아무런 저항 없이 국경을 넘은 청군은 명장 임경업이 지키는 백마산성을 피해 파죽지세로 남하, 서울을 육박했다.

인조와 조정은 강화도로 몽진 길에 나섰으나 퇴로마저 차단당함으로써 남한산성에 피신했다.

삼전도 굴욕의 역사

청군은 남한산성을 포위하는 한편 왕자와 왕족들이 피난한 강화도를 공략했다. 천년요새라 철석같이 믿었던 강화가 함락되어 봉림대군과 인평대군, 빈궁 등이 청군의 포로가 됐다.

인조는 최명길 등의 주화파 뜻을 좇아 개전 45일 만에 성문을 열고 삼전도(松坡)에 나가 항복했다.

조선은 명과 단교하고, 왕자를 볼모로 보내며, 청에 대해서는 신하로서의 예를 지키며 조공을 바칠 것 등을 약속했다.

소현세자와 봉림대군이 볼모로, 척화파의 강경론자였던 홍익한·윤집·오달제 등 삼학사는 잡혀가 죽음을 당하고, 김상헌도 잡혀가 오랜 옥중생활의 고초를 겪었다.

효종의 북벌정책

1649년 인조가 승하하자 봉림대군이 즉위하니 곧 효종이다.

효종은 선왕이 삼전도 국치와 심양에 인질로 있으면서 겪었던 치욕을 한시도 잊지 않았다. 그의 와신상담은 고구려 이래 잃어버린 옛 강토를 되찾으려는 원대한 민족의 꿈으로 영글었다.

효종은 붕당정치의 폐해를 속속 척결하는 한편 산림학파를 등용, 내정을 개혁했다. 또한 장사들을 가려 뽑아 정예강병으로 훈련시키면서 성지를 수축하고 군기를 잇달아 정비하는 등 부국강병책을 썼다.

이 같은 토대 위에 효종은 북벌계획을 하나하나 실천에 옮겼다. 그 일환으로 효종은 청에 패해 남쪽으로 쫓겨나 재기를 모색하던 명의 후예와 연합, 청국 내부의 사정을 호시탐탐 탐문했다.

그러나 재위 10년 만에 효종이 승하하자 그의 북벌론은 송시열 등 정치권력을 장악한 수구 노론파의 반대로 실현되지 못한다. 그 후 현

종과 숙종 때 간간이 제기됐으나 당파싸움에 이용만 당했다.

민족기상 되찾아야

이로써 우리 민족의 기상은 한반도에서만 머무는 신세가 됐다. 효종은 지금 옛 땅을 찾지 못한다면 그 기회는 1천 년 후에나 올 것이라고 했다. 그러면서 역사의 고착화는 싸움 한 번 하지 않고 땅을 포기하는 것과 다를 바 없다고 했다.

우리 민족이 한반도에만 머무는 패배의식을 갖게 된 것은 조선조의 사대주의 이념과 역사를 왜곡한 일제의 식민주의 사관 때문이었다.

역사는 현재의 거울이며 미래의 나침반이다. 민중은 신화를 먹고산다. 단재 신채호는 만주 땅을 밟고 나서야 비로소 우리의 민족사와 만났다고 했다.

이제 가슴을 열자. 세계로 미래로 나아가자. 대륙을 달리던 위대한 기마민족의 꿈이 다시 돌아온 병자년 새해를 맞아 웅비의 날갯짓을 힘차게 펄럭인다.

< 1996. 1. 1. 하나일보.>

02

들불처럼 번지는 노동자 대투쟁

1996년 12월 세밑, 황혼의 노을이 노동자들의 절망을 가득 담고 있다. 소위 '문민정부'라 자임하던 김영삼 정권은 지난 26일 새벽 6시, 안기부법·노동법 개정안 등 11개 법안을 무더기로 날치기 처리했다. 이는 의회민주주의를 유린한 쿠데타이자 온 국민을 겁탈한 범죄다. 왜 저들은 대명천지의 밝은 날을 두고서도 마치 도둑고양이처럼 온 국민이 잠든 첫새벽에 무더기 법안을 통과시켰는가. 상징적인 이 사실 하나만 보더라도 뭔가 켕기는 구석이 있기는 있는 모양이다.

국회는 국민들의 뜻을 좇아 국정을 논하는 곳이다. 정치란 무엇인가. 국민들이 마음 놓고 편히 살 수 있도록 도와주는 고도의 서비스이다. 국민의 대표자인 국회의원이 국회에서 국민을 위해 입법 활동을 하는 것은 당연한 의무이자 책임이다. 신한국당만의 새벽국회가 온 국민으로부터 지탄의 대상이 되는 것은 그 행위와 그 법안이 송두리째 민주주의를 부정하기 때문이다.

김영삼 정권은 야당이 국회를 원천 봉쇄하고 있어 날치기가 불가피했다고 한다. 이는 스스로 책임 있는 여당이기를 포기하려는 궤변이다. 민주주의는 기다림과 과정의 정치이다. 따라서 정녕 민주주의를 할 요량이었다면 국가의 이익을 위해서라면 법안을 이렇게 고칠 수밖에 없다고 야당과 국민을 설득하여 머리를 맞대고 논의했어야 했다. 그와 같은 노력에도 야당이 생떼를 쓰며 거부할 때 그들은 국민들에게 직접 호소할 자격을 갖는다.

사찰정치 망령 되살아나

'12·26날치기'를 감행한 김영삼 정권은 간첩을 잡기 위해서 안기부법을 고쳤으며, 우리 경제를 살리려고 노동법을 개정했다고 한다. 이 땅을 딛고 사는 사람이라면 누구나 다 법이 없어서 간첩을 못 잡는다면 법을 고치고 만드는 데 동의할 것이다. 문제는 그게 아니다. 안기부가 이번에 되찾은 국가보안법상의 고무·찬양과 불고지죄에 대한 수사권은 간첩 잡는 데 쓰이는 것이 아니라 야당과 재야인사의 탄압, 정치사찰 등에 악용되어 온 전력을 지닌 대표적인 악법 가운데 하나였다.

5·16군사쿠데타 직후 중앙정보부 창설 이래 30여 년 동안 이 조항에 근거한 정치공작·정치사찰·정보정치에 시달려 온 김영삼 씨 스스로도 문제점을 자각하고 대통령에 취임한 직후인 93년 자신의 주도로 여야가 합의하여 이를 폐기한 바가 있다. 그런데도 이번에 또다시 개악, 죽었던 악법조항을 되살려 냈다. 왜일까? 오는 97년 12월의 대통령선거를 앞두고 정권재창출을 위해 보수적 수구·반공 이데올로기의 조작을 위한 기반구축과 지성인·언론 등에 재갈을 물려 정권

안보를 공고히 다지기 위한 속셈에서이다.

노동자의 생존권 말살정책

김영삼 정권은 또 경제를 살리기 위해서는 노동법 개정이 불가피했다고 관제언론을 동원해 이념적 공세를 대대적으로 편다. 한국경제의 총체적 난국은 무한경쟁·개방체제에 대한 김영삼 정권의 졸렬한 대응과 무능, 실정 등이 그 원인이다. 주가가 김 정권 출범 이래 최저치를 보이고, 호화·향락·사치성 소비산업은 날로 번창하는 반면 국민경제의 근간이라 할 농업·제조업 등은 급속히 몰락의 늪으로 빠져들고 있다.

그것은 결코 노동자·농민의 잘못이 아니다. 부정부패로 경제구조를 왜곡시킨 정치권력과 행정관료 및 기술개발·연구투자·품질개선을 외면하고 성장의 열매를 정경유착, 부동산·증권투기로 부의 확대 재생산을 꾀한 재벌과 일부기업가들 탓이다. 앞뒤의 사정이 이와 같음에도 김영삼 정권과 독점재벌은 그 탓을 노동자에게로 전가시키고 그들의 생존권을 말살시키려 한다. 따라서 노동자들의 파업투쟁은 정당하고 의연하며 절박한 정치투쟁적인 성격을 지닌다.

노동자들도 근본적으로는 경제를 살리자는 데 기꺼이 동의한다. 경제를 살려 함께 잘살자는 데 누가 반대할 것인가. 인간이면 누구나 더불어 사는 즐거움과 행복을 누리고자 한다. 이러한 평화를 진지하게 실현하고자 한다면 정확한 원인부터 진단해 치료를 해야 함은 상식이다. 중증을 앓는 한국경제를 되살릴 칼자루를 쥔 김영삼 정권은 진찰

때부터 독점재벌을 비호하는 오진을 거듭하더니 마침내 내놓은 처방이라고는 노동법개정이라는 엉뚱한 책임전가로 궁지를 벗어나고자 한다.

이홍구 신한국당 대표는 날치기 직후 "내년 대통령선거에서 국민들에게 직접 심판을 묻겠다"고 오만한 소감을 피력했다. 집권 여당의 도덕성과 개혁적 열정에 기여하겠다며 재야인사에서 여당의 국회의원으로 변신한 김문수·이재오 의원 등도 날치기에 동원되어 거수기 노릇을 한 후 "나름대로 최선을 다했지만 역부족이었다", "심의 자체를 막아 버리니 이런 식의 처리밖에 할 수 없다", "그래도 우리 같은 사람이 있기에 여당이 건전해지는 것"이라는 등의 망언을 늘어놨다.

이것이 신한국당의 본질이자 김영삼 정권의 정치력의 현주소이다. 온 국민들은 이를 똑똑히 기억해야 한다. 주권 행사로 이를 엄중히 심판하여야 한다. 특히 국민들의 눈과 귀를 대신하는 언론이 이를 잊지 않고 늘 기억하고 있어야 한다. 그 비정을 낱낱이 파헤쳐 국민에게 고발하여야 한다. 그런데도 현실은 흰 봉투에 매수된 '냄비언론'이 예의 양비론으로 노동자들의 저항의식을 왜곡·조작하는 실정이다.

양비론으로 본질왜곡 기도

정치력을 발휘 못 하고 날치기한 여당도 잘못이고, 국회를 원천 봉쇄한 야당도 잘한 것 없다. 어려운 경제난국에 파업을 감행해 국민들의 불편과 경제난을 더욱 가중시키는 노동자들도 잘못이다. 이것이 불편부당·정론직필·파사현정·춘추필법을 내세우는 한국언론의 보도내용이다.

비교적 사소한 문제에는 날카로운 필봉을 휘둘러 독자로 하여금 언론의 자유가 넘치게끔 느끼도록 한다. 권력의 본질을 규정짓는 문제나 북한 문제가 나오면 앞뒤 가릴 것 없이 노골적으로 권력 편들기에 광분한다. 북한 문제에는 광란의 매카시 논조로, 권력에는 참여 속의 개혁, 점진적 개혁이란 명분 아래 양비론을 동원해 본질을 호도한다. 언론을 지배한 이 세력은 온갖 교언영색과 궤변으로 무장해 양두구육의 탈을 쓰고, 고고한 척하다가 때로는 여도 때리고 또 때로는 야도 때리고, 중립적인 척하면서 집권자와 비판자, 수구세력과 개혁세력, 공안세력과 재야세력을 싸잡아 질타하고 매도한다.

상업적인 기회주의 목적 아래 이 같은 양비론을 휘두름으로써 결국은 기득권 세력에 봉사하는 결과를 빚는다. 이제 노동법 개정에 항의하는 노동자들의 정치적인 파업투쟁을 범법행위로 몰고 가려는 정치권력과 독점재벌뿐 아니라 언론공세의 극복이라는 또 다른 벽에 부딪쳤다. 그럼에도 들불처럼 번지는 노동자들의 생존권 수호를 위한 대투쟁은 막지 못할 것이다. 그들의 의로운 싸움에는 인간이 인간답게 살아 보겠다는 강철 같은 의지가 굳건하게 스며들어 있다.

<1996. 12. 29.>

03
정치대통령과 경제대통령

　오는 12월 18일 실시될 제15대 대통령선거는 역대 여느 선거와는 사뭇 다른 의미를 지닌다. 영욕의 20세기를 마감하고 21세기의 새 역사를 여는 대통령을 선출한다. 돌이켜 보면 우리는 20세기에 들면서 일제의 식민통치라는 전무후무한 역사적 치욕을 겪었으나 그 형극과 고난을 딛고 마침내 단군 이래 최대의 경제적 번영을 구가하는 성장을 일궈 내기도 했다.

민족사적 선택의 기로 국가 명운 좌우

　소련의 붕괴로 사회주의가 몰락한 이후 세계는 자본주의의 '패권'에 놓였다. 체제경쟁에서 승리한 자본주의는 경제적 이해관계에 따른 '질서와 힘'을 바탕으로 WTO체제를 출범시켰다. 세계는 정치·경제·사회·문화에서 이전에 경험해 보지 못한 '새로운 질서'를 맞았다. 정보통신과 교통 등의 획기적인 발달은 국경의 개념마저 무의미하게 한다. 이런 형국에서 각국은 '먹느냐 먹히느냐'의 전방위적 무한 경쟁을 펼치고 있다.

'세계화'라는 거스를 수 없는 시대적 흐름에도 한반도는 여전히 냉전 이데올로기에 발목 잡혀 있다. 따라서 이번 대선에서 유권자들의 투표행위는 단순히 현행 헌법상의 향후 대통령 임기 5년간의 국정책임자를 선출하는 것만이 아니라, 무한경쟁의 경제대전쟁이라는 국제질서 속에서 세계화를 달성하고, 더불어 민족통일이라는 역사적 숙원을 실천할 민족적 지도자를 뽑는다. 여기에 97대선이 지닌 상징적이며 함축적인 의미가 담겨 있다.

청렴과 개혁의지 지닌 대통령 뽑아야

공자는 『논어』에서 정치란 삐뚤어지고 그릇된 것을 바로잡는 것(政者 正也)이라고 했다. 무릇 식량을 풍족하게 하고(足食), 군사를 튼튼하게 하며(足兵), 백성을 믿게 하는 것(民信之)이 정치라는 것이다. 백성을 가까이해야 하며 내려다봐서는 안된다(民可近 不可下). 백성은 나라의 근본이며, 그 근본이 굳건해야만 나라가 편안하다(民惟邦本 本固邦寧)는 『서경』의 민본사상은 오늘날 현대의 민주정치 이념에도 마땅히 적용되어야 할 명제이다. 옛 성현들의 가르침을 존숭하는 봉건제도의 군왕조차 이러한 사명감을 가졌는데 하물며 현대사회의 민주정치 체제하에서 대통령은 새삼스레 언급할 가치조차 없다.

≪월간 헌정≫지 9월호가 수도권에 거주하는 성인 1,029명을 대상으로 여론 조사한 보도에 의하면 바람직한 대통령상으로 △개혁을 주

도할 사람 25.4% △국정수행 능력이 뛰어난 사람 24.0% △청렴하고 도덕적인 사람 22.7% △포용력이 넓고 화합적인 사람 14.6% △합리적이고 원칙에 충실한 사람 12.8% 등을 꼽았다.

또 대통령이 가져야 할 자질과 관련, △국민이 믿을 수 있는 사람 56.5% △민주적으로 의사를 결정할 사람 16.4% △위기대처 능력이 뛰어난 사람 12.2% △국제적으로 식견이 뛰어난 사람 8.3% △풍부한 경륜을 지닌 사람 5.9%를 들었다. 15대 대선의 정치적 의미로는 △깨끗한 선거문화 실현 36.4% △3김 청산을 통한 세대교체 33.5% △지역주의 타파 11.8% △내각제 개헌 대비 6.0%라고 답했다.

차기 대통령이 우선적으로 해야 할 문제와 관련 응답자들은 △물가안정과 수출증대 등 경제난 해결 34.1% △교육·교통·환경 등 삶의 질 향상 30.9% △부정부패 척결 등 사회개혁 25.9% △남북관계 개선 8.1% 등을 들어 국민들은 청렴과 개혁의지를 두루 갖춘 유능한 대통령을 원했다.

후보 면면 실망, 최선 아니면 차선 선택

선거공학의 에센스는 선택의 미학에 있다. 유권자는 당연히 최선을 선택하여야 하나 여의치 못할 경우엔 차선을 선택할 수밖에 없다. 유권자가 후보의 면면을 살피는 것은 선거의 첫걸음으로서 매우 중요한 정치적인 행위이다. 현재 15대 대선에 나설 후보들을 점검해 보면서 최선의 선택과 차선의 선택 의미를 되새겨 보자.

지역감정 자극, 독재권력 미화, 금품살포 의혹, 줄서기 강요 등 한국정치가 지닌 온갖 부정적인 요소를 다 보인 끝에 집권여당의 대통령후보로 선출된 신한국당 이회창 대표는 "법대로", "대쪽"이라는 상징적 이미지와는 정반대로 두 아들의 '병역기피 의혹'이라는 덫에 걸려 도덕성을 심각하게 의심받는 처지다. 도덕성이란 인격을 가늠하는 잣대로서 인간이 지닌 본질적인 심성이자 윤리다.

부도덕한 사람이 국민의 지도자가 될 수 없음은 상식이다. 유력한 대통령후보, 아니 사회지도층의 아들딸이 국민의 의무를 외면하면 누가 이 나라를 지켜야 하나. 이 사회에서 혜택을 받고 특권을 누리는 상류층이 솔선해서 "나를 따르라"고 하여야 할 마당에 돈과 권력, 힘과 지위를 이용하여 '병역'을 기피한다면 국민성신은 썩을 대로 썩을 수밖에 없다.

병역면제와 병역기피는 대한민국 최상류층의 일반적이고 보편적인 풍조다. 공무를 담당할 공인·공직자의 자격으로는 심각한 결격사유로 작동하고 기능해야 마땅하다. 그것은 최소한의 양심이 지켜지는 사회의 기본적 질서의식이다.

어디 그뿐인가. 이 대표의 백씨는 미국 국적을 지닌 채 20여 년 가까이 이 땅에서 의사로 재직해 오고 있다. 우리 사회에서 일부 상류층이 이중 국적을 갖고 있는 근본적인 이유는 이 땅이 전쟁으로부터 자유롭지 않은 데 있다. 다시 말해 한반도에 위기가 오면 언제든지 조국을 버리고 국적 취득지로 도망가려는 속셈이다. 그는 이중 국적이 법에 위반되는지 잘 몰랐다고 해명했다. 동생이 대법원 판사로 재직 중인데 법을 몰랐다는 것이 말이 되는지는 독자가 판단할 일이다.

집권여당인 신한국당 대통령후보 경선에서 이 대표가 승리하자 그의 고향인 충남 예산에서는 "충청도에서 임금이 나왔다"며 환영했다

한다. 그만큼 '대통령'에 가까이 다가섰다. 그의 정치형태가 이처럼 이중 기만적이고 독선적이라면 국민들은 문민독재를 우려하지 않을 수 없다. 손바닥으로 해를 가리려는 이 대표의 부도덕한 정치 행태는 그 자신이 청산되어야 한다고 외치는 '정치9단'의 '3김 정치'와 무엇이 다른가.

어느 한 시민단체에서는 "179cm의 키에 몸무게 45kg인 대한민국의 남자로서 두 발로 걸어 다니는 사람에게는 100만 원의 현상금을 주겠다"며 인재(?) 찾기에 나섰다. 한국에서 유일하게 이 조건에 합당한 아들을 둔 덕분에 이 대표는 집권여당이라는 막대한 프리미엄에도 선두주자로서의 자리 매김은 고사하고 '후보좌초'·'낙마'··'교체'가 공공연히 회자될 정도로 심각한 정치적 위기를 맞고 있다.

제1야당인 새정치국민회의의 김대중 후보에 대한 국민들의 시선도 그다지 곱지만 않다. 오로지 대통령이 되기 위해 국민과의 약속을 저버리고 정계복귀를 단행했고, 전통야당의 쪽박을 깨는 등 역사의 고비 고비마다 그 순리를 거슬러 왔다. 그의 이러한 정치 행태 때문에 훌륭한 대통령 자질을 지녔음에도 '전국대통령'이 되지 못하고 '호남대통령'에 머문다.

뿐만 아니라 이번에는 지역 간 연합은 물론 내각책임제를 수용하겠다고 한다. 그의 이른바 지역연합에 의한 수평적 정권교체론은 그가 입만 떼면 지역차별이라는 지역감정에 기반을 둔다. 즉 호남(국민회의)·충청(자민련) 연합에 의해 신한국당(영남) 배제라는 편 가르기여서 당위성을 지니지 못한다.

또한 '대권 4수'에 이르기까지 그가 보인 "나 아니면 안된다"는 식의 편집광적인 정치형태는 비민주적 요소로 비판받아 마땅하다. 이

때문에 그는 과거의 ‘비판적 지지세력’이었던 재야로부터도 “권력의 화신”, “대통령병 중환자”라는 비난을 산다.

권력의 무대에서 사라져도 백 번은 더 사라져야 할 자유민주연합의 김종필 후보는 어떠한가. 그는 오로지 지역정서를 바탕으로 정치적 생명을 연장해 왔다. 자신의 텃밭인 충청권에서조차 이회창 후보의 등장으로 용도 폐기될 운명에 처했다. 그는 정치적 생존을 위해서 자신 스스로 홀로서기는 할 수 없지만 남을 걸고넘어질 수 있는 위치를 활용하여 내각제에 의한 권력분점과 보수대연합으로 생존을 도모한다.

내각제논 국민들이 87년의 6월 항쟁을 통해 독재권력으로부터 쟁취한 민의를 정면으로 부정하는 것이다. 남북이 대치된 국토분단의 현실에서 내각제는 국가 위기 때 국론통일의 능력이 떨어진다. ‘낮엔 야당, 밤엔 여당’이 횡행하는 한국적 정치문화에서 야합과 변절을 공공연히 제도화할 우려가 있어 국민정서와는 전혀 맞지 않다.

조순 때리기 한목소리에 숨은 뜻

‘포청천’, ‘산신령’ 등이라는 이미지를 지닌 조순 서울특별시장도 제3의 후보로서 출사표를 던졌다. 서울대 경제학과 교수 출신인 그는 한국은행 총재와 경제부총리를 역임하고 야당 후보로 민선 서울시장에 당선되는 등 정치인으로서도 만만찮은 저력을 보였다. 조 시장은 기아그룹을 비롯하여 중견기업의 잇단 부도사태 등 당면한 경제난을 극복할 ‘경제대통령’으로서의 비교 우위를 지녔다.

특히 경제시장이 개방화·국제화·블록화되는 21세기의 시장경제

질서에서 후보자의 경제마인드와 경제적 비전은 매우 중요하다. 군부 대 민간, 민주 대 반민주의 정치구도가 사라지고 각 정당의 정체성마저 퇴색해 가는 마당에서 경제요인은 그 어느 때보다 중요한 변수로 작용될 것임은 자명하다. 더구나 강원 출신인 그는 지역감정의 극복이라는 측면에서도 비교적 자유롭다. 따라서 조 시장의 등장은 기존의 대선 구도를 뿌리째 흔들 폭발력을 지녔다. 이에 기존세력과 한 몸인 보수언론과 여야가 즉각 한목소리로 ‘조순 때리기’에 나섰다.

<동아일보>는 조 시장의 대선 출마선언 직후 사설에서 정치신의의 문제이자 시민에 대한 약속위반이라고 지적하고, 후보난립이 부정선거로 이어질 가능성이 크다고 우려했다. <중앙일보> 등은 대선 구도 불안정을 우려한다며 공명성과 이름 팔기를 경계해야 한다고 주문했다. 특히 <경향신문>은 ‘소아병적 경쟁심’으로 출마동기를 깎아내리고 망국적인 지역감정에 대한 기대가 ‘새로운 대안’으로 포장돼선 안된다고 주장했다.

대선 구도를 이 대표와 김대중 국민회의 총재와 양자대결로 몰아가려는 신한국당은 조 시장의 출마가 서울시민의 바람을 짓밟는 이기적 행위이자 지자체의 발전을 저해하는 배신행위라고 규탄했다. 국민회의도 정권교체를 바라는 국민여망에 찬물을 끼얹는 행위라고 비난하고 배은망덕한 사람, 무능한 사람, 분수를 모르는 사람이라고 공격했다. 국민지지도 조사에서 조 시장에게 밀려난 자민련은 야권후보 단일화 가도에 도움을 주지 못한다고 그 의미를 평가 절하했다.

한편 전국연합·민주노총 등 재야 사회·노동단체 등에서도 국민후보를 표방하며 정치세력화 움직임을 보인다. 문제는 진보적인 민주세력의 정치세력화라는 당위성에도 현실정치에서 국민후보의 득표력이 보잘것없다는 데 있다.

국민주권 가로막는 장애물 경계해야

이 글은 이 시대 최대의 개혁과제인 정권교체에 초점을 두고 누구를 통해 이를 달성할지를 추적해 본다.*) 이를 푸는 방정식은 참으로 어렵다. 그러나 정치가 어차피 최선이 아니면 차선이 그 선택이라고 한다면 그 해법의 절반은 풀렸다 할 것이다.

권력의 획득을 목직으로 하는 정당과 정치인에게 후보를 포기하라 한다면 이는 정치를 그만두라는 잔혹한 주문과 다를 바 없다. 그러나 정권교체가 시대적 사명이자 역사적 소명이라면 이를 위해 자신을 버리라고 주문하지 않을 수 없다. 강력한 단일대오 집권여당 후보와 사분오열한 야당 후보 사이의 결과는 뻔하다.

21세기의 길목을 여는 제15대 대선에서 더 이상 김영삼 당, 김대중 당, 김종필 당은 안된다. 물론 이회창 당, 조순 당도 안된다. 정당은 권력자나 특정정치인의 사당이 아니라 민주적 공당이어야 한다. 정당의 뿌리는 권력이나 보스의 주머니 속에서가 아니라 국민에 바탕을 둔 열린 정치에서 비롯되어야 한다.

---

*) 이와 관련한 언론의 보도행태는 졸저 『해바라기 언론의 용비어천가』(한국학술정보(주) · 2008) 에서 「대중언론의 여론조작과 왜곡실태」를 참조하실 것

공정선거는 권·언의 중립화가 관건

이번 선거와 관련하여 유권자들은 스스로 공정선거 감시에 게을리 하지 말아야 한다. 오늘날 적어도 대한민국에서 국민들의 의사가 자유롭게 투표로 나타난다고 말할 수는 없다. 우리나라의 선거에서 검찰·경찰·언론·국세청은 4대 권력으로 작용한다. 검찰은 사전선거운동의 단속이라는 공권력으로, 경찰은 정보수집이라는 권력촉수로, 언론은 여당에는 유리하고 야당에는 불리한 불공정 보도로, 국세청은 세무사찰을 앞세운 기업을 통해 선거를 조정·통제한다. 한국의 선거에서 이 같은 메커니즘을 모르는 사람은 없다. 이는 공공연한 비밀이다. 이 기본조직이 본질적으로 중립화되지 않는 한 정권교체는 영원히 '구두선'에 그친다.

국민들은 선거로부터 비교적 자유롭다고 느낀다. 그것은 언론이 왜곡·조작을 통해 국민들에게 허상의 이미지를 전해 주는 탓이다. 언론의 대통령 만들기 공작은 크게 두 가지로 진행된다. 하나는 여론조사 보도이며, 또 다른 하나는 이미지 조작을 통한 왜곡보도를 통해서이다. 언론이 전파하는 여론조작은 전형적으로 경마식 저널리즘 기법을 동원한다. 누가 누구를 앞서 가고 누가 누구에게 뒤지고 있다는 식의 언론보도는 국민들에게 이를 기정사실처럼 믿게 한다.

아울러 언론은 미디어 선거를 자행한다. 오늘날과 같은 대중사회에서는 후보자가 언론에 어떻게 투영되느냐에 따라 유권자들의 투표행위가 경정된다고 해도 과언이 아니다. 예컨대 신한국당 경선에 출마했던 이수성 고문은 여야는 물론 일부 재야세력조차 아우를 수 있는 '마당발', '잠룡'이었으나 '언론정치'를 잘못하여 어느 날 갑자기 '실지렁이’로 나타났다. 결국 언론에 의해 과대 포장됐던 이 고문은 당내 경선에서 7용 가운데 5위로 몰락했다. 이는 기자정치의 성공 없이는 정치인의 입지가 없다는 것을 극명히 보여 주는 사례다.

언론은 여론조사 보도와 이미지 조작을 통해 특정후보를 유리하게 하기도 하며, 나아가 상대후보에게는 패배주의를 덧씌운다. 국민들은 언론이 조작하고 왜곡해 낸 허위적인 여론에 의해 자신도 모르게 여론의 포로가 된다. 따라서 민의를 정직하게 반영하는 언론 바로 읽기에 대한 국민적 자각이 매우 절실한 시점이다. 그것은 ‘바른 대통령’을 뽑아 희망찬 21세기를 열어야 할 민주시민의 최소한의 의무다.

<　🖫　1997. 8. 8.>

04
누구를 위한 버스노선 개편인가

　지하철 1호선의 완전 개통과 더불어 대구시는 지난 5일부터 시내 버스 노선을 전면 개편했다. '대혁명'에 비유될 만큼 시내버스 노선을 근본적으로 개편한 새 버스 노선은 '편리한 대중교통'에 초점을 둔다고 했다. 새 버스노선은 간선과 지선, 오지로 구분됐다. 간선은 지역과 지역을 연결하는 먼 거리 노선으로 좌석버스가 운행되며, 지선은 간선과 간선을 연결하거나 학교·시장·병원·아파트 등 생활권을 연결하므로 노선이 짧은 대신 배차간격 또한 좁은 것이 특징이다. 오지노선은 시 외곽지 마을에서 마을 또는 간선과 지선으로 연결해 주는 형태로 운영된다.*)

---

*) 이 글을 쓴 직후 어느 날 갑자기 경실련·참여연대 등을 비롯한 재야 시민운동단체 등에서 졸속적인 버스요금의 인상과 대구시의 대중교통 정책에 대해 문제의 심각성을 제기했다. 그 과정에서 대구시의 교통담당 관리들과 버스조합 관계자 등이 뇌물을 주고받은 혐의로 검찰에 구속됐다. 또한 수십만 원에서 수백만 원의 촌지를 받은 언론인이 회자되기도 해 결국 이 글에서 지적하는 바와 같이 대구시 공무원·버스조합 관계자·언론인 등이 부패의 총체적 한통속임을 드러냈다.

♠ 허울뿐인 서비스 개선 등을 명분으로 기습적으로 인상된 대구 시내버스

버스비 이중부담 서민고통 가중

선진적인 대중교통 개념을 도입한 대구시의 이번 시내버스 노선 개편으로 일부는 교통량이 합리적으로 분산, 조정되어 교통소통이 원활해지는 등 개편의 긍정적인 효과가 나타나기도 했다. 결론부터 말하면 시민들은 찬사보다는 졸속·개악이라는 불만이 고조되는 형국이다. 이번 노선 개편은 '서민의 발'로서 시민생활에 기여하는 행정서비스가 아니라 버스회사와 지하철의 수입증대를 위한 기만적인 개편이었다.

대구시는 이번 노선 개편에서 한 번 타면 목적지에 이를 수 있는 장대노선을 포기하고, 버스와 지하철을 연계하여 활용하는 환승 개념을 도입했다. 노선이 짧고 배차간격이 좁은 환승 시스템은 교통선진국 대부분이 채용하는 대중교통 수단이다. 이는 언젠가 우리도 도입해야 할 바람직한 미래형 대중교통 시스템으로서 시민을 위한 보다 진보된 정책이다.

문제는 IMF의 이 난국에 시민들이 더 부담해야 할 교통비이다. 편리한 교통생활에 중점을 둔 선진국의 환승 노선 요금은 단일 체계이다. 즉 대중교통 이용료를 한 번만 내면 목적지에 다다를 때까지 열 번이건 스무 번이건 시내버스나 지하철을 이용할 수 있다. 대구시가 도입한 시내버스·지하철 연계시스템은 그게 아니다. 시내버스비 따로, 지하철 요금 따로, 이는 결국 시민들의 교통비 부담이 이중적으로 늘어남을 의미한다. 여기에 대구시의 버스노선 개편 허구성과 기만성이 있다.

시민의 시장인가 버스업자의 시장인가

"시내버스 노선의 개편으로 버스가 다니지 않는다", "새 버스번호를 숙지하기가 어렵다", "교통비 부담이 가중된다", "목적지까지 시간이 걸린다"는 등등의 불만은 새 버스노선의 정착과정에서 개선될 것이다. 그러나 대중교통의 정책과 운행을 주도하는 대구시 당국자와 버스운송 사업자들의 오만하고 뻔뻔한 사고의 틀은 그렇지 않다.

시정의 총체적인 책임자는 누구인가? 대구시장이다. 250만 시민들의 살림살이를 책임지는 시장의 책임과 의무는 시민의 이익을 옹호하고 증대하는 데 있다. 시민의 이익이라 함은 버스를 타고, 지하철을 타고 다니는 절대다수의 시민을 말한다.

이번 버스노선 개편에서 시장은 시민들의 이익을 지키기 위해 무엇을 하였는가? 불행하게도 그에 대한 대답은 부정적일 수밖에 없다. 그는 시민들에게 교통비 이중부담이라는 덤터기만 뒤집어씌우고, 버스업자의 혹은 지하철의 수익 증대에만 골몰했다. 그리고는 '구호의 허구성'이라는 상징성의 조작을 통해 문제의 본질을 호도한다. 이는 자신을 시장으로 뽑아 준 시민들에 대한, 유권자에 대한 기만이다.

민선 자치시대를 맞아 목민관들의 이 같은 정신을 바로잡을 힘은 성숙된 유권자들의 자세에서 비롯된다. 민주시민으로서 투표로 그들의 그와 같은 행동을 엄중히 심판하여야 한다. 그렇게 할 때만이 국민주권의 무게를 실감케 할 수 있으며, 주권자를 위한 징치를 하게 된다.

군림하는 공무원 정리해고 시급

공무원의 존재기반은 국민들이다. 다산 정약용(茶山 丁若鏞)은 『목민심서(牧民心書)』에서 "백성은 흙으로 밭을 삼지만, 관리는 백성으로 밭을 삼는다(民以土爲田 吏以民爲田)"고 했다. 백성의 밭은 흙이지만 관리의 밭은 백성이라는 것이다. 이는 곧 공무원은 국민을 위해 봉사하는 공복이어야 한다는 말이다.

버스노선 개편과 관련한 대구시 공복들의 자세를 보면 "시민을 위한 봉사행정"이라는 명제가 구호에 그치게 하고 있는 편린들을 보여준다. 이러한 낡은 사고를 지닌 공복들은 'IMF의 파고'로 구조조정이 급속히 진행되는 요즘 국가의 경쟁력을 위해서라도 시급히 정리 해고 되어야 한다. 공무원이 국민을 도와주는 서비스맨이 아니라 국민 위에 군림하는 관리라는 사고는 21세기 국가발전에도, 민주발전에도 백해무익하다.

버스노선 개편의 실무적인 책임자인 대구시의 간부는 시민들의 쏟아지는 불만 봇물에 대해 "지하철 등과 연계하여 잘 활용하면 불편을 줄일 수 있으며, 시행 후 나타나는 문제점은 2~3개월 후 보완 작업 때 조정해 나갈 것"이라고 밝혔다.

어떤가. 참으로 놀랍지 않은가. 공복의 현실인식이 이쯤에 이르면 서민들이 경기를 일으키는 것은 너무나 당연하다. 이번 버스노선 개편의 긍정적인 측면은 앞서도 얘기했듯이 시민들의 이중적인 교통비 부담이라는 본질이 해소될 때만이 긍정적으로 평가할 수 있다. 따라서 이 말은 공무원들이 시민들을 우습게 보고 국민들을 마치 통치와 지도의 대상으로 보았던 권위주의적인 국민관을 드러낸 지극히 정치적인 언어의 극치다.

뿐만 아니라 어떤 문제를 우선 실험해 보고 차후에 문제를 보완하겠다는 발상 자체 또한 밀어붙이기식 전시행정 위주의 군사문화에 젖은 관료독재의 반민주적인 사고라 지적하지 않을 수 없다. 대구시정은 250만 시민을 위한 봉사행정의 장이어야 하지 결코 무사안일하고 무능한 일부 행정관료의 실험무대가 될 수는 없다.

'공익' 자존심으로 버스 경영해야

버스업자들 또한 이번 노선 개편을 계기로 '시민의 발'이라는 대중교통의 자부심을 되찾아 시내버스를 경영해야 한다. 이번 개편은 뭐니 뭐니 해도 대구시장이 버스업자들을 위해 베푼 '5월의 파티'이다. 그 뒷견에는 시민들의 '교통비 이중 부담'이라는 희생을 전제로 한다. 서민들은 IMF라는 고통스러운 삶을 기꺼이 감내하고 대구시 교통담당 관리의 선심으로 버스회사 경영기반은 무엇보다 단단해질 토대를 마련했다. 버스업자들은 이 시점에서 무엇보다 이를 자각해 대중교통 이용 승객을 위한 서비스 정신을 가다듬어야 한다.

사실 시내버스 업자들은 그동안 대중교통요금을 인상할 적마다 만성적인 적자타령과 더불어 승객들에 대한 서비스 개선을 앵무새처럼 되뇌어 왔다. 다른 한편으로는 적자 때문에 못 하겠다는 버스사업을 확장하기 위해 '증차' 로비마저 서슴지 않는 이중성을 드러냈다. 그들은 여전히 서비스를 개선하기는커녕 배차 시간에 맞추기 위한 수익금 위주의 운영으로 승객들의 생명을 볼모로 한 난폭 운전 등을 일삼아 왔다.

손님을 짐짝 취급하는 듯한 구시대적인 시내버스 경영은 이번 기회를 계기로 불식되어야 마땅하다. 시내버스 사업은 비록 상업적인 사영기업이기는 하나 시민들의 생활에 직접적으로 영향을 크게 미치는 공익적 사업이다. 이를 자각하는 것만이 노선 개편으로 실질적으로 두 배나 인상된 대중교통요금을 묵묵히 부담하는 시민들에 대한 보답일 것이다.

침묵 일관한 언론보도 시민들 분개

아울러 언론에 대해서도 자성을 촉구하지 않을 수 없다. 대구시의 버스노선 개편은 시민들의 삶에 크게 영향을 미치는 정책의 변경이었다. 시민에 바탕을 둔 지역의 언론이라면 이보다 더 긴요하고도 본질적인 이슈는 없었다. 대구언론은 이 문제에 대해 철저히 "나 몰라라" 함으로써 국민들의 알권리를 외면하고, 언론의 직무유기라는 범죄마저 저질렀다. 언론은 문제점을 지적하고, 개편이 담고 있는 정치·경제·사회적인 속뜻을 비판하여 시민을 위한 교통행정이 되도록 여론을 조성했어야 했다.

대구언론은 단편적이고 표피적인 보도에 그침으로써 결과적으로 시민을 위한 공익보다는 지하철과 버스업자를 위한 일부 특수이익의 옹호에 동참했다는 비난을 면키 어렵다. 언론의 존재 기반은 누구인가? 소수의 특권층이냐 대중교통을 이용하는 대다수의 시민이냐를 되묻는 것은 무의미하다. 언론이 언론의 주인인 대다수의 국민을 버리고, 특정인을 위한 기득권 옹호의 대변지로 전락할 때 언론의 존재 의미는 무의미함을 스스로 자각하여야 한다. 언론수용자가 이를 먼저 깨달으면 분노한 독자에 의해 그 언론은 버림을 받는다.

< 1998. 5. 6.>

05

6 · 15선언과 국가보안법

2000년 6월 15일, 김대중 대통령과 북한 김정일 국방위원장 사이에 발표된 6 · 15선언은 우리나라 '통일헌장의 초안'이라 해도 과언이 아니다. 국내외 모든 한국인들의 전폭적인 지지를 받기에 조금의 손색도 없다. 아울러 김 대통령의 방북은 이 땅의 사상과 지식을 옥죄던 국가보안법을 폐기토록 하고 있으며, 반공주의에 매달려 '신문장사'로 먹고살던 수구언론으로 하여금 설 자리를 잃게 했다.

국가보안법은 수구세력의 법적 터전

'국가 안보의 수호'라는 미명 아래 제정된 국가보안법은 이 땅에서 수구세력의 법적 토대로 기능해 왔다. 수구세력은 우리 사회에서 자신들의 기득권에 도전하는 문제가 제기될 때마다 국가보안법으로 '빨갱이'란 낙인을 찍는다. 수구세력의 색깔공세에는 정당한 논리가 없다. 말문이 막히거나, 대응할 논리가 궁색하거나, 변명할 여지가 없으면 느닷없이 막무가내로 '빨갱이 타령'을 들고 나온다. 이는 정상적인 사고나 이성이 감당할 수 없는 힘으로 작용한다.

우리 사회에서 국보법에 의해 '빨갱이'로 한 번 낙인찍히면 그것은 곧 '천형' 그 자체였다. 국보법에 의해 비롯된 제반 사회현상은 중세 유럽의 마녀재판과 너무도 많은 유사점을 지녔다. 우선 국보법이든 마녀재판이든 체제를 부정 전복하려 했다 해서 중죄로 인식된 점과 이에 따라 엄청난 희생과 피해를 초래한다는 점이 닮은꼴이다. 여기에 재판마저 제대로 이뤄지지 않는 경우가 많다.

다음으로 자백을 얻어 내는 방법으로 고문이 상용된다는 것이다. 수사관의 협박이 더해지며 결국 재판과정에서 진실을 밝힌다거나 정당한 판결을 기대하기란 불가능하다. 마녀가 이단 심문소라는 특정한 기구에서 무자비한 조사과정을 거치듯 국보법 피의자 역시 정보기관원의 수사는 물론 재판까지 통제하는 경우가 많다(박원순, 「서양의 마녀재판과 한국의 국가보안법 현상」, 미디어오늘, 1995년 11월 15일자, 10면).

남북관계에서 '냉전의 잣대'로 군림해 왔던 국가보안법은 남북문제를 국내정치에 악용해 온 역대 정권의 정략적 음모를 뒷받침하는 법률로 기능해 왔다. '국가안보'를 '정권안보'에 혼효시킴으로써 자신의 권력적 기반을 확대하는 데 이용해 왔던 것이다. 김대중 정부도 '평양행'을 4·13총선 유세기간 중에 발표함으로써 선의로 '외치'를 빌어 '내치'를 도모한 결과를 초래했다. 또한 야당 총재시절에는 국가보안법의 폐기를 줄곧 주장하다가도 집권자가 되자 언제 그랬냐는 듯이 국보법 폐기를 "나 몰라라" 하고 있다. 이는 국가보안법이 나라의 안보를 위한 법이 아니라 집권자의 정권안보에 기여하는 집권자를 위한 법이기 때문이다.

"우익 죽었느냐"는 수구세력 주의해야

50년 이상 이 땅을 지배해 온 '반공'이나 '멸공'이란 구호가 시대에 뒤떨어진 것임을 인식하고 조금씩 변화의 물결이 스며든다. 국민들에겐 이런 변화가 자연스럽다. 문제는 반공·반북이라는 외피 뒤에 숨어 냉전의식과 남북대결의식을 부추김으로써 자신들의 기득권을 보호했던 수구세력의 조직적인 반발이다. 이들은 겉으로는 '보수주의'라는 이름을 내걸지만 실제 보수와는 거리가 멀다. 반공과 반북 이외에 합리적인 이념을 가진 경우는 찾아보기 어렵다. 이들은 '자유민주주의'를 자신의 이념으로 내세우지만, 이들이 말하는 자유민주주의란 '극우적인 성격의 반공주의'에 지나지 않는다(이상수, 「방황하는 보수주의」, 한겨레21, 제315호, 2000년 7월 6일자, 25∼27쪽 참조).

한국반공연맹이 한국자유총연맹으로 이름을 바꾸고, 대한반공청년회도 '반공'과 '멸공' 등이 시대조류에 맞지 않아 새로운 이름과 방향정립을 모색하는 등 시대의 변화를 인정한다. 하지만 일부 수구 기득권세력은 국가보안법을 자신들의 무기로 삼아 '여기도 주사파, 저기도 빨갱이'라는 좌경용공조작으로 "우익은 죽었느냐?"고 호통 치면서 우리 사회를 매카시 광기로 몰아넣어 사람들의 마음을 꽁꽁 얼어붙게 했다.

자유민주민족회의(대표상임의장 이철승)는 지난 6월 22일 '6·25 남침규탄범국민대회준비위원회'와 공동 명의로 "북풍 책략의 극치 6·15공동선언을 우리는 받아들일 수 없다"는 제목의 성명서를 냈다.

이 단체는 성명을 통해, "남북통일의 방안으로 국가연합과 연방제의 느슨한 합의라는 애매한 말장난은 대한민국 헌법 제4조에 위배된다"며 남북공동선언을 비난했다. 또 "실효성 없는 이산가족 상봉을 미끼로 미전향 장기수를 북송하면서까지 납북인사나 미귀환 국군포로의 생사확인, 송환, 유해봉송에 대해 언급이 없는 것은 국가의 의무를 포기한 것"이라고 주장했다. 성명서는 "안보 공안업무의 책임자 임동원이 악랄한 대남 공작의 총책 김용순과 밀착하면서 의아스러운 공동합의를 이끌어 냈다"며, 임동원 국정원장의 사임과 "북한의 대변인 노릇을 한" 박재규 통일부 장관의 해임을 촉구했다.

남북공동선언에 대한 전폭적인 지지 분위기 속에서 거의 유일하게 이를 반대한 성명이라는 점이 눈길을 끌긴 했지만, 시대착오적인 냉전논리와 상투적인 반공논리를 벗어나지 못했다. 남북정상회담은 보수를 자칭하는 사람들에게 하나의 충격이었다. 정치계든 학계든 남북의 정상이 악수하고 껴안는 모습에서 극우인사들은 자기 정체성의 혼돈을 느끼며 갈팡질팡하는 모습을 보였다(이상수, 「앞의 글」, 25~27쪽 참조).

'죽은 법'이 '산 사람'을 잡는 기막힌 현실

6·15선언 이후 우리 사회에는 국가보안법의 폐기에 대해 담론이 활발하게 논쟁 중이다. 수구세력은 언론을 통해 자신들의 기득권을 지키기에 안간힘이다. <동아일보>는 여론조사기관인 리서치앤리서치와 남북정상회담 전(5월 31일)과 회담 후(6월 15일) 공동으로 여론 조사한 결과에 따르면 김정일은 △독재자(34.6%) △공산주의자(6.1%) △못됐

다(5.5%) △ 전쟁(3.2%) △ 잔인하다(3.2%)는 등 부정적 이미지로 떠올랐다. 회담 후에는 독재자라는 대답이 9.6%로 대폭 감소했고, △ 부드럽다(8.1%) △ 소탈하다(7.9%) △ 인상이 좋다(5.2%) 등으로 이미지 변신에 성공한 것으로 나타났다고 보도했다.

PC통신과 인터넷 등엔 '북한을 사랑하는 사람들의 모임', '북한 정상 김정일 동무 I LOVE YOU', '김정일 팬클럽' 등이 생겨나 공공연히 '북괴(?)'와 '빨갱이 괴수(?)'를 찬양한다. 보수반동 극우세력의 입장에선 경천동지할 노릇이다. '침묵하는 다수'를 표방하는 이들은 북한을 '괴뢰도당', '공산당 빨갱이'로 인식하고 '멸공'과 '승공'을 통해 '흡수통일'을 주장한다. 우리 사회는 이미 '김정일 쇼크'에 집단 중독되어 '레드 아노미'를 보인다는 것이다. 이것이 이들에게는 영 마뜩치 않다. 물론 그 배후는 김대중 대통령이라는 인식이다.

수구세력은 '김정일 쇼크'가 북한에 대한 과대평가나 성급한 동경 같은 또 다른 편견을 불러 우리의 정체성 혼란으로 이어지는 상황을 경계해야 한다고 말하고, 사실에 균형 잡힌 대북관을 스스로 갖춰야 한다고 강조했다.

수구세력은 이러한 여론을 빌려 '죽은 법'이 '산 사람'을 잡는 국가보안법을 버리지 않으려고 하지만 시대의 흐름은 이미 결정되었다. 인간의 사고와 의식까지 말살하던 국가보안법은 이제 '냉전의 유물'로 사라져야 한다. 어떻게 법률이 인간이 상상하는 것마저 규제하겠다는 것인지를 돌이켜 보면, 우리는 참으로 미개한 문명사회를 살아왔구나 하는 자성이 앞선다.

< 2000. 6. 30.>

06

WWW와 영어 제국주의

21세기 정보화 사회에 진입하면서 우리의 삶이 급속히 디지털화되고 있다. 아날로그적인 삶의 패러다임은 급속히 퇴조하는 반면 인터넷에 기반을 한 디지털 사고가 현대사회를 지배하는 이데올로기로 등장했다. 이러한 삶의 과도기를 맞아 선진 각국은 초정보화 사회의 구축을 서두른다. 그 첨병은 www(*World Wide Web*)라는 신경망을 지닌 인터넷이라는 정보조직체이다.

따라서 인터넷에로의 패러다임을 바꾸지 못하면 생존의 공간마저 박탈당할 위기의 시대에 도래했다. 온라인 네트워크가 아니면 생존 자체가 불가능한 것이다. 세계 유일의 초강대국 미국은 사이버 네트워크를 구축하여 인터넷을 통한 전자상거래를 제도적인 국제 교역의 유통전략으로 추진 중이다. 앤디 글로브 인텔 회장의 "앞으로 5년 내에 모든 기업은 네트워크를 통해 거래할 것"이라는 말은 결코 과장이 아니다.

디지털 경제는 과거와는 전혀 다른 경제개념을 지녔다. 우선 소비자들이 물건을 사거나 기업이 제품을 파는 형태가 크게 다르다. 재화

의 내용과 형식이 바뀌고 유통형태도 변한다. 지식과 정보가 고부가
가치 상품이 되는가 하면, 인터넷에 마련된 사이버시장이 현실시장을
빠르게 잠식한다. 인터넷은 기존 경제의 틀을 창조적으로 해체하면서
경영효율과 속도가 좌우하는 새로운 경제 패러다임을 창출해 낸다.
인터넷은 20세기 경제를 주도해 온 앙시앙 레짐(*Ancien Régime* · 구
질서)을 창조적으로 파괴하는 도구인 셈이다.

테크로드 선도하는 www

　www는 새 천년, 뉴 밀레니엄을 여는 키워드이다. 먼 옛날 동 · 서
양을 연결하며 정신문명과 물질문명을 이어 인류문명사에 새 장을 열
었던 실크로드(*Silk road*)에서 아날로그 시대의 단절과 새 패러다임
모색이라는 화두를 안고 테크로드(*Tech road*)의 시대가 전개된다. 그
신문명을 이루는 요소는 0과 1이라는 단 두 개의 숫자이다. 곧 디지
털 세상이다. 디지털에서는 모든 것이 광속으로 움직인다. 아무리 험
준한 산도, 깊은 강도 앞을 막지 못한다. 국경도 없다. 지구촌 곳곳이
www에 의해 거미줄처럼 얽혀 있으며 정보는 어느 누가 독점하는 것
이 아니라 온 세상이 공유한다.
　www를 지배하는 언어는 영어이다. 영어가 현실사회에서 공용어로
행세한 것은 어제오늘의 일이 아니다. 이미 전세계 인구의 4분에 1에
해당하는 15억 명이 영어를 쓰고 있으며, 나머지 4분의 3에서도 그
수요는 계속 늘고 있다. 책 · 신문 · 잡지 · 항공관제 · 무역 · 학술회
의 · 스포츠 · 외교 · 대중음악 · 광고 · 연예오락 등에서 영어의 영향

력은 전방위적이다. 단순히 인구로만 따진다면 영어는 중국어에 이어 세계 제2위의 언어이지만 실제 쓰임새는 그에 견줄 바가 아니다.

현재 인터넷에서 유통되는 정보의 80~85%는 영어다. 인터넷을 지배한 영어의 점유비율은 2~3년 전에 비해 7~8% 정도 떨어졌지만 그 지배력만큼은 2위를 기록한 4.5%대의 독일어보다 약 20배가 넘는다. 따라서 영어를 모르면 인터넷에서는 문맹이라 해도 과언이 아니다. 영어 문맹은 '정보의 바다'라는 인터넷을 항해함에 있어 단순히 정보를 얻고 해석하는 일도 만만치 않을 뿐 아니라 또 다른 정보원인 뉴스그룹에 참여하는 것조차 상상도 못 한다. 설령 참여한다고 해도 주제와 동떨어진 영어실력 때문에 토론을 겉돌거나 소외되기 십상이다.

영어가 21세기 국가경쟁력을 좌우

영어는 단순히 하나의 외국어가 아니라 21세기 국가경쟁력을 좌우하는 무기다. 따라서 영어 교육은 21세기를 대비해 국가의 경쟁력을 강화하는 교육개혁적 차원에서 시급히 논의되어야 할 문제이다. 중·고등학교 6년, 대학 4년 등 10년을 영어공부를 해도 말 한마디 못 하는 반쪽짜리 영어교육으론 21세기를 맞을 순 없다. 읽기와 독해, 문법 위주의 암기식 교육에만 매달린 현재의 영어교육 시스템은 제도적으로 시급히 개혁되어야 한다.

영어교육의 개혁을 시행함에 있어서 가장 큰 걸림돌은 아이러니컬하게도 영어를 가르치는 영어교사, 영어학자, 영문학교수들이다. 낡은 패러다임에 사로잡힌 이들에게 외국의 문화와 정보의 습득에 바탕을 둔 산 영어 교육을 주문하면 자신들의 설 자리가 하루아침에 없어지므로 이들은 기를 쓰고 영어교육의 개혁을 극력 반대한다. 교육의 질은 결코 교사의 질을 넘어설 수 없다고 했다. 자신들의 밥그릇을 지키기 위해 아이들을 볼모로 21세기의 국가경쟁력을 좀먹는 영어교육 시스템과 산 영어에 문외한인 영어담당 교육자들의 재교육부터 영어교육 개혁의 출발점으로 삼아야 한다.

한글로 글을 써서 먹고사는 소설가 복거일 씨는 21세기 세계화·국제화 시대를 맞아 한글을 박물관에 보내고 영어를 '국가 공용어'로 삼아야 한다고 주장한다. 이는 매우 위험한 사고이다. 언어는 단순히 의사소통 수단만을 의미하는 것이 아니다. 언어는 그 민족 고유의 주체성을 나타내는 상징기호이다. 국어를 버리고 영어를 공용어로 한다면 머잖아 "미국의 51번째 주로 가입하자"는 소리가 이 땅에 만연하게 될 것임은 자명하다. 이 말이 무엇을 뜻하는 것인지는 새삼 거론할 가치조차 없다. 뒤틀리고 찌든 영어교육을 바로잡아 영어를 우리 생활의 도구로 활용하면 그만이지, 숫제 나라의 말과 글을 버리자고 하는 것은 지식인으로서 무책임하기 짝이 없는 소리이다.

'짧은 반쪽짜리 영어' 때문에 인터넷시대에 국제화에 뒤처지거나, 고통을 겪는 불편은 하나둘이 아니다. 영어를 좀 더 효율적으로 배워 실생활에 유용하게 쓰자는 것과 그것을 공용어로 하자는 것은 본질적으로 다르다. 공용어란 원래 정복국가가 피정복국가의 존재를 말살하기 위해 사용하는 민족말살정책 가운데 하나이다. 말은 그 민족의 생명이자 넋이며 혼이다. 말을 빼앗기면 그 민족의 실체는 흔적도 없이 사라진다. 그 민족 고유의 문화를 창조하는 기틀을 잃으면 실존을 기대할 수 없다.

예컨대 만주족이 그러하다. 만주족은 중국 대륙을 경영했던 화려한 권력과 역사에도 불구하고 그들의 말을 한족에 빼앗겨 버려 오늘날은 마침내 존재조차 희미한 실정이다. 티베트족은 같은 자치주이지만 티베트어를 잘 간직해 오늘날까지 한족에 동화되지 않고, 민족적 정체성을 지니고 있다. 우리말을 버리고 영어를 상용하게 되면 인디언처럼 겉만 한국인이고, 속은 미국인이 돼 버리는 결과는 뻔하다. 영어로 시와 소설을 못 써 노벨문학상을 못 탄다는 소리는 미친놈의 잠꼬대나 다를 바 없다. 가장 한국적인 것이 가장 세계적이란 명제는 불변의 진실이다.

설령 우리가 영어를 공용어로 한다면 그것은 필리핀의 경우에서와 같이 전국민의 약 20% 정도가 영어상용자가 될 것 같다. 이는 '국토의 분단'에 이은 또 하나의 '언어에 의한 분단'이다. 뿐만 아니라 더욱 중요한 문제점은 영어를 공용어로 한다 해도 반드시 잘산다는 보장이 없다는 점이다. 이는 영어공용국인 필리핀이나 인도를 보면 잘 알 수 있다.

또 하나 간과할 수 없는 것은 영어공용론자들의 보이지 않는 속셈이다. 그들이 누구인가? 옛날 지식인들이 한문문화에 물든 사대주의자들이었다면 오늘날은 영어 사대주의자·숭미 사대주의자들이다. 그들은 재벌·관료·지식인 등으로서 대개는 이 땅의 기득권층들이다. 겉으로는 세계화·국제화 시대의 개방과 효율화를 내세우지만 실제는 언어를 통해 일반 민중들이 갖지 못한 정치·경제·사회·문화에서의 특권을 옹호하려는 속셈에서다.

따라서 21세기 인터넷시대의 영어제국주의를 맞아 우리 사회의 기득권층인 가진 자들의 각성이 요구된다. 이들이 각성하지 않는 한 우리의 문화는 피폐함을 벗어나지 못하고, 친미사대주의에 나부끼다가 마침내 사회는 정체성의 혼돈으로 수많은 갈등만 내포하게 된다. '나'의 정체성을 찾고 사회의 통합을 이루기 위해서는 지식인들이 우리의 말글살이에 대한 자기 성찰이 시급하다. 한글은 우리 한민족의 동질성을 유지시키는 유일한 매체이다. 피만 같다고 같은 민족이 아니다. 언어가 같아야 같은 민족이다. 우리는 동족이라도 언어가 다르면 민족의 분열이 일어남을 동유럽 등에서 본다. 영어공용론은 설득력이 없다. 효율적인 영어학습론을 얘기해야 옳다.

우리 말글에 대한 열린 자각이 절실

영어의 국제화·보편화와 함께 우리가 잊어서는 안될 것이 있다. 그것은 우리말글 가꾸기에 대한 철저한 자각이다. 우리말글은 무분별한 무국적·외래어의 남발로 심각하게 오염돼 있다. 우리말글의 오염에는 외국어나 외래어로 표기된 상품이 마치 질이 좋아 보이거나 고급스러우며, 품위가 있어 보이고 권위가 있는 것처럼 여기는 상인들의 얄팍한 장삿속과 이에 부화뇌동하는 소비자들의 그릇된 의식구조가 언어공해 확산의 주범이다.

여기에다 일부 지식인들이 꼭 필요하지도 않는 외국어를 의도적으로 사용해 은근히 자신의 지식을 '과시'하고자 하는 얼빠진 지식 과시주의 행태와 국민들과 직접 맞닥뜨리는 신문·방송·잡지·광고 등 언론매체가 직수입된 말을 마구 쏟아 내는 언론의 사대주의적 보도태도가 우리의 언어문화를 오염시키는 또 다른 주요인이기도 하다.

말과 글은 곧 그 사회의 문화 정도를 나타내는 구실을 한다. 우리의 말과 글이 점차 순수성을 잃어가는 것은 우리 민족의 동질성이 상실되어 가고 있음을 뜻한다. 무국적어가 판치는 우리 사회의 초상화는 결국 몸은 이 땅을 딛고 있지만 머리와 가슴은 엉뚱한 곳에 가 있는 무국적자들이 있는 것과 다를 바 없다.

우리가 한글을 발전시키고 풍요로운 언어로 만들어 가는 것은 궁극적으로 세계 문화발전에 기여하는 중요한 수단임을 깨달아야 한다. 우리말글의 표현력을 키우고 문화 창조력을 지닌 생산성 높은 언어로 발전시키기 위해서는 언어의 국수주의·폐쇄주의는 배격되어야 한다. 오늘날 도도히 흐르는 세계화의 흐름을 우리는 거역할 수 없다. 영어가 국제공용어로 통용되는 현실이지만, 우리는 영어에 대한 열정 못지않게 우리의 말글살이에 대한 깊은 이해도 함께 성취되어야 한다.

언어는 단순한 미디어나 기호체계, 혹은 코드가 아니다. 그 이상이다. 우리 몸의 신경과 같은 www를 통한 영어 중심의 인터넷이 미국의 문화제국주의를 전파하는 또 다른 도구의 하나임을 상기해야 한다. 인터넷에 만연한 개인주의와 저질문화를 간과해서는 결코 안된다. 그렇다고 현실상 영어를 경계하는 것은 더욱 어리석은 일이다. 인터넷 시대에 걸맞게 영어를 전세계로 잇는 공용어로 여기고, 슬기롭게 이용하면 그만이다. 이것이 21세기 www 영어 제국주의에 대해 민족의 주체성을 지키는 우리의 사명이다.

<2000. 10. 9. 한글날>

07
TK와 삼성

    TK의 권력 의존성은 만성적이고도 심각한 고질병이다. 도무지 개선될 조짐이 보이질 않는다. 군사독재정권에 혈연·학연·지연을 빌미로 빌붙어 호의호식을 도모했던 해바라기 습성이 체질화된 듯하다. 최근 삼성상용차 퇴출 문제만을 하더라도 경제적으로 풀려 하지 않고, 최고 경영자의 결단에 의해 풀려고 했다. 그것이 여의치 않자 삼성상용차 관련 직원, 가족을 비롯한 노동계·재야시민운동단체·관변기관단체·시의회·언론계 등을 중심으로 대대적인 '반삼성 운동'을 전개한다. 이는 뭔가 잘못돼도 한참 잘못된 전형적인 'TK식 발상'이다.

    대구에서 진행되는 '반삼성' 캠페인에 대해 일반 시민들의 반응은 시큰둥하거나 냉담하다. 필자 또한 여기에 동의할 수 없다. 반삼성운동 전개론자들은 노태우 정권시절 문희갑 대구시장을 앞세워 삼성과 정치 권력을 찾아다니며 대구에 삼성차 유치운동을 전개했다.

    삼성의 자동차 진출은 애당초부터 한국의 자동차산업을 공멸로 몰고 갈 매우 위험한 도박이었다. 삼성의 상용차 퇴출은 국가 경제적으로 보나 기업자원의 효율적 운용이라는 측면에서 보더라도 당연한 조치이다. 기업이 경제성과 수익성 논리를 도외시하면 기업으로서의 존재가치를 잃는다. 더구나 자본주의 사회에서 이익을 창출하지 못하는 기업은 '기업'이 아니라 반사회적인 '죄악'이다. 더욱이 재벌경제가 골간은 이루는 한국형 경제에서 재벌의 부실화는 곧 국가경제의 부실로 이어지고 있는 점을 감안하면 재벌의 건실화는 더욱 절실한 명제이다. 그런데도 일부 TK는 삼성에게 '떼'를 쓰고 있다. 삼성차를 책임지라는 것이다.

물론 대구시가 삼성 측에 막대한 특혜를 베푼 것이 정당화될 수는 없다. 문희갑 시장은 반드시 책임져야 할 사안이다. 시의회가 이를 문제 삼으려면 거래 당시에 이의를 제기했어야 정당성을 지닌다. 이미 거래가 끝난 마당에 새삼스럽게 '특혜운운', '책임운운'을 하는 것은 3류 코미디에 불과하다. 오늘날 TK가 TK라는 소리를 듣지 않고, 진짜로 반삼성운동을 하고자 하려거든 이미 지나간 과거는 묻지 말고, 그 대신 앞으로 허구한 날 다가오는 새날에는 삼성에 속지 않도록 해야 할 것이다. 그것이 진짜 반삼성운동의 본질이다.

<2000. 12. 20.>

08

대구시의회의 〈대구예술〉 학살테러[*]

어떤 사람이 뒤늦게 결혼을 했다. 아이를 낳았다. 그런데 아기가 장애를 지녔다. 여러분은 어떻게 할 것인가? 상식을 지닌 부모라면 마땅히 아이를 치료하며, 최선을 다해 인갑답게 키워야 한다. 물론 그 과정에서 부모가 감내해야 할 고통의 크기를 이루 말할 수 없다. 부모가 그 고통이 싫어 아이를 유기하거나 젖을 먹이지 않아 굶겨 죽였다면 어떻게 할 것인가? 그렇다. 바로 천인공노할 살인이다. 우리는 그 부모를 동정할 수도, 행위에 정당성을 부여할 수도 없다.

월간 <대구예술>이 바로 그러하다. 여기서 <대구예술>은 억울하게 죽임을 당한 아이라 할 수 있고, 그 부모는 예산(젖)을 주지 않은 대구광역시의회(대구시의회·시의회)를 지칭한다. 아이를 돌봐야 할 대구예총은 그 보모라 하겠다. 더구나 <대구예술>은 장애아가 아니었다. 오히려 건강하고 튼튼하게 무럭무럭 자라고 있던 튼실한 아이였다. 다만 <대구예술>을 보살피는 보모의 품성이 바르지 못하고 괴팍

---

[*] 이와 관련한 언론의 보도행태는 졸저 『해바라기 언론의 용비어천가』(한국학술정보(주)·2008)에서 「대구예술을 말살한 지방언론의 횡포」를 참조하실 것

하여 아이로 하여금 온갖 세상의 풍파에 시달리게 했다. 그로 인해 <대구예술>은 종종 우울증을 앓았으나, 그 나름대로 잘 극복하고 있었다. 그런데도 대구시의의회는 보모의 말썽을 핑계 삼아 무참히 <대구예술>을 죽였다.

♠ 대구시의회의 문화예술을 학살하는 무지한 테러로 전국 예총기관지 가운데 가장 높은 수준과 품격, 연륜을 자랑하던 월간 ≪대구예술≫은 2000년 12월호를 종간호로 폐간됐다.

문화 세기를 역주행하는 시의회의 무지

또 다른 예를 들어 보자. 금호강이 환경오염으로 썩은 악취를 풍긴다. 어떻게 할 것인가? 원천적으로 강의 오염원을 차단하여 금호강을 환경오염으로부터 지키는 것이 상식이다. 금호강이 오염되었으니, 강을 없애 버리면 된다며 예산을 배정, 집행부(대구광역시·대구시·시)에 주문한다면 우리는 이런 시의회를 어떻게 말해야 하는가? 또한 지역 여론을 배타적으로 독과점한 유수 언론이 시의회의 그러한 무지와 졸속에 동참해 박수 치고 있다면 우리는 이를 어떻게 해석해야 할까?

우리 속담에 "빈대를 잡기 위해 초가삼간을 태운다"는 말이 있다. 조금 유사한 말로는 교각살우(矯角殺牛)라 한다. 소의 뿔을 바로잡으려다가 소를 죽인다는 뜻이다. 즉 결점이나 흠집을 고치려다가 수단이 지나쳐서 도리어 일을 그르침을 이르는 말이다. 이 말은 250만 대구시민을 대표하는 대구시의회의 어리석은 행동을 지칭하는 말이다.

대구시의회는 지난 12월 16일 2001년도 새해 예산안을 확정하면서 사단법인 한국문화예술단체총연합회 대구광역시지회(대구예총)가 발행하는 월간 <대구예술>의 발행지원비 1억 2,000만 원을 전액 삭감했다. <대구예술>은 비록 대구예총의 기관지이기는 하나 독자에게 향토문화예술 전반에 걸친 교양과 정보를 제공하고, 예술인들에게 작품 발표와 무대 활동의 장을 제공함으로써 지역의 문화예술을 선도해 온 고급 문화예술 전문지였다. 지난 1982년 12월 연간지로 창간된 이래 18년 동안 계간, 격월간, 월간을 거치면서 2000년 12월 현재 지령 106호를 기록한 유서 깊은 전문 교양지였다. 시의회는 하루아침에 <대구예술>을 무참히 학살하는 무뢰한 짓을 범했다.

문화예술에 투자하는 미국의 지혜

흔히 21세기를 '문화의 세기'라 한다. 문화란 무엇인가? 인간의 총
체적인 삶의 모습이 농축된 정신활동의 정수다. 따라서 문화의 본질
은 인간의 심성에 내재된 아름다움을 밝히는 예술에서 기인하기 마련
이다. 오늘날 C&C(*computer and communnication*)의 발달로 물리적
인 국가의 개념이 급속히 붕괴되고, 온 인류의 지구촌화·세계화가
가속화되고 있다. 이즈음 각국은 문화를 통한 이데올로기와 헤게모니
의 장악을 위해 예술진흥을 도모한다.

세계화의 시대에 지방화는 국가경쟁력의 핵심이다. 인류는 보편성
이 아니라 각국의 고유한 특색만이 세계시장에서 경쟁력을 지닌다.
때문에 문화적 뿌리는 곧 그 지역의 변방문화·지역문화일 수밖에 없
다. 따라서 세계화를 달리 말하면 지방화를 의미한다.

새 밀레니엄에는 뉴욕이 예술의 도시라는 파리를 제치고 '세계 예
술의 중심지'가 될 것이라 한다. 이는 1929년 대공황 당시부터 예술
가를 유치하기 위해 세금 감면과 창작비 및 공연비 지원, 문화예술매
체 발간지원, 문화예술 공간 조성 등 정책적으로 예술가를 우대하고
집중적으로 육성한 결과이다. 또한 뉴욕 시민들에게 예술의 생활화를
유도하고 예술인들을 가까이할 수 있도록 예술의 대중화를 꾀해 도시
에 생명력을 불어넣었다. 그리하여 뉴욕은 오늘날 세계에서 가장 많
은 문화예술의 부가가치를 창출하는 도시가 되었다.

예술은 결코 어느 날 갑자기 하루아침에 이뤄지는 것이 아니다. 세계
적인 경쟁력을 지닌 예술을 향유하기 위해선 아무리 남의 것이 좋다고
하여 곧바로 수입해서 쓸 수도 없다. 그 민족 고유의 문화예술은 싫건

좋건 간에 예술가의 심성이 그 민족의 문화와 섞이면서 창작에 따른 장구한 세월과 돈이 투자되어야 탄생한다. 예술에 대한 끊임없는 투자와 아끼고 사랑하는 마음 없이 예술은 자랄 수 없는 나무이다.

'밀라노' 첫걸음은 '대구예술' 진흥부터

대구시는 21세기 대구경제를 대비하기 위해 무려 1조 원 가까운 천문학적인 예산이 소요되는 '밀라노 프로젝트'를 의욕적으로 추진 중이다. 밀라노 프로젝트는 대구경제와 대구섬유의 미래를 담보한다. 밀라노 프로젝트의 핵심 과제가 무엇인지를 눈여겨봐야 하는 까닭이다. 그것은 곧 문화예술에 투자하는 밀라노의 마인드를 배우는 것으로 요약할 수 있다. 이를 외면하면 대구가 아무리 밀라노를 리카피(*recopy*)한다 해도 결국 대구는 대구이고, 밀라노는 밀라노일 따름이라는 한계에서 탈피할 수 없다.

밀라노는 단순히 이탈리아의 제2의 도시만은 아니다. 밀라노는 유구한 문화적 전통을 바탕으로 유럽 예술의 중심도시이다. 르네상스 시대의 명화를 소장한 암브로시아 도서관을 비롯하여 국제적으로도 유명한 오페라의 전당인 스칼라 극장, 15~18세기의 룸바르디아파나 베네치아파의 회화 등을 수집해 놓은 브래나 미술관, 레오나르도 다 빈치의 「최후의 만찬」이 천정벽화를 장식한 산타마리아 델레그라치에 수도원, 중세 유럽 건축미의 백미를 자랑하는 밀라노 대성당, 폴디페촐리 박물관, 스포르체스코성 등등 유럽 문화예술의 정수를 간직한 도시다. 밀라노는 문화예술에 대한 이와 같은 기반을 지녔기에 유럽의 광고산업·출판·디자인·패션산업을 선도하는 도시가 될 수 있었다.

대구시가 추진하는 밀라노 프로젝트의 성공을 위해선 먼저 이를 간과해서는 안된다. 즉 밀라노가 지닌 소프트웨어의 노하우를 배워야지 하드웨어를 리카피해서는 결코 성공할 수 없다는 얘기다. 이는 밀라노의 껍데기만 복사하는 꼴이다. 밀라노의 섬유패션 산업은 밀라노의 문화예술 토양에서 나온 하나의 곁가지이다. 대구시의 밀라노 프로젝트는 대구의 문화예술을 진흥하는 것에서부터 비롯되어야 할 것이다. 대구시의회는 대구예술을 선도하는 예술 전문지 <대구예술>의 발행비 지원 중단을 의결했다. 시 집행부엔 밀라노 프로젝트의 성공을 주문한다. 이 무슨 해괴한 자기모순인가.

무덤덤한 대구예총 의혹 스스로 인정

물론 대구시의회가 <대구예술>의 예산을 삭감한 데는 그 원인이 있다. 그것은 대구시의 <대구예술> 지원금에 대한 대구예총의 예산 전용·유용 의혹이 전 편집장 하 아무개(39) 씨에 의해 언론에 유포되면서였다. 대구예총은 지난 98년 말에도 <대구예술> 인쇄비 지출내역이 상당부분 허위이거나, 일부 사업비는 영수증도 제대로 첨부하지 않는 등 예산 전용·유용 의혹으로 말썽을 빚어 지난해 1년간 발행이 중단되기도 한 전력을 지녔다.

대구예총이 그와 같은 전과를 지녔으면 개과천선(?)하고, 예산집행에서 한 점 의혹도 없이 투명하고 맑게 처리했어야 했다. 그럼에도 또다시 동일한 혐의를 받는다는 것은 비단 예산 집행부의 무능과 업무

미숙 때문만은 아니다. 우리 속담에 "아니 땐 굴뚝에 연기 날까"라는 말이 있다. 하 씨의 주장 가운데 부당해고는 대구지방노동위원회에서 기각 처리됨으로써 업무의 정당성이 입증됐다. <대구예술>의 예산 전용 의혹은 아직도 유효하다.

하 씨의 의혹제기가 사실이 아니라면 대구예총은 '출판물에 의한 명예훼손 혐의'로 하 씨를 사법 당국에 고발하여 실추된 대구예총 집행부, 관계자, 회원의 명예를 회복시켜야 할 책임과 의무가 있다. 이는 대구예총이 집행부만의 예총이 아니라 예총 전체 구성원들의 공적인 모임이기 때문이다. 집행부는 아직까지 하 씨를 그대로 두고 있다. 이는 무엇을 말하는가?

그것은 대구예총 집행부가 하 씨의 주장이 상당부분 설득력과 정당성을 지녔음을 스스로 인정하는 것과 다를 바 없다. 예총 집행부는 사건을 확대하지 않고 가만히 있다가 보면 자연스레 잊혀지고, 임기도 끝날 것이며, 또 비리의 악취도 묻힐 것이라고 안일하게 생각하는지도 모른다. 이는 하 씨보다 더 악랄한 방법으로 대구예총을 말살하려는 간악하고도 무책임한 발상이다.

현재의 예총 집행부는 임기와 함께 물러날 것이지만 대구예총은 그렇지 않다. 대구예총은 이미 하 씨에 의해 썩어 빠진 집단으로 매도되어 각인된 불명예가 새 집행부에 고스란히 전이된다. 따라서 이 문제를 어떻게 풀 것인지 묻지 않을 수 없다. 다시 말하거니와 대구예총 집행부가 그들 스스로 말하듯이 하늘 아래 떳떳하다면 모든 것을 사실대로 밝히고, 대구예총을 일방적으로 매도한 하 씨를 사법 처리하여야 한다. 그것만이 대구예총에 덧씌워진 부정부패·비리의혹을 말끔히 씻어 내고 명예를 회복하는 길이다.

문화예술 마인드에 대한 인식제고 시급

대구시의회가 <대구예술>의 예산안을 삭감한 이유는 하 씨의 이러한 논리에 따른 듯하다. 이는 아이가 장애를 지녔다 하여 부모가 임의대로 지레 짐작하여 무참히 살해한 것과 다를 바 없다. 비록 대구시의회가 젖을 대 주는 부모라 할지라도 대구예술을 대표하는 잡지인 <대구예술>을 그렇게 일방적으로 잔인하게 죽일 권한이 없다. 만일 하 씨의 주장이 사실이었다면 시의회는 감사와 청문회 등을 통해 대구예총 집행부의 비리의혹을 밝혀내고, 관련법에 따라 처리하면 된다. 그런 다음 <대구예술>의 예산이 올바르게 집행되도록 관련부처 등에 그 방안을 마련하여 시행토록 관리 감독을 제대로 하면 된다. 이것이 시의회가 할 일이었다. 시의회는 이를 외면하고 손쉬운 방법으로 예산을 원천 삭감하는 졸속을 범했다.

이로써 250만 대구시민에게 문화예술에 대한 관심을 일깨우고, 또 예술이란 무엇인가를 생각할 수 있는 장을 마련해 줌으로써 대구문화예술의 발전과 성숙을 도모했던 대구 유일의 고급문화예술 전문교양지 <대구예술>은 대구시의회의 무지와 행정편의주의와 직무유기에 의해 발행을 중단할 수밖에 없는 처지가 됐다.

현재의 문화가 죽으면 그 후유증은 당장 나타나지 않는다. 2~3년 후부터 나타나기 시작한다. 지난 99년에 <대구예술>을 발간하지 못했던 문화예술적 폐해가 오늘날 나타나고 있는 현상이라면 지나친 논리비약일지도 모른다. 오늘날 TK문화가 처한 현상을 감안하면 이는 설득력을 지닌 명제다.

우리는 대구시의회가 주장하는 대구예술이 썩었다는 부분에 대해

상당히 동의한다. 정치·경제·사회·문화·종교·교육·언론·스
포츠·의료 등 2000년 12월 현재 대한민국 우리 사회 곳곳에 만연한
황금만능과 부정부패에서 대구의 예술 또한 그로부터 자유롭지 못함
은 사실이다. 무엇이 무엇에게 옳지 못하다고 나무라려면 그에 상응
하는 도덕성을 지녀야 정당함을 얻는다. 대구시의회가 과연 대구의
예술을 나무랄 만큼 떳떳할까? 한 꺼풀만 벗기면 지방의 토호세력으
로서 저지르는 일부 '지방 정치인'들의 부정과 비리는 예술인들의 타
락에 견줄 바가 아니다. 어느 부분이 더 썩었는지 삼척동자도 다 알
일이다.

예술을 말살한 시의원 선거로 심판해야

대구시의회가 <대구예술>을 압살한 문화적 폭거가 저지르는 해악
은 눈앞에 당장 나타나지는 않는다. 그것은 연탄가스처럼 아주 천천
히, 조금씩 대구시민을 잠정적으로 마취시키고, 그리하여 어느 날 갑
자기 250만 대구시민의 정신을 황폐화시켜 마침내 정신적 불구자로
만들어 낸다. 물론 누누이 강조했지만 시의회의 망동을 논하기 이전
에 이와 같은 현실을 직접적으로 초래한 대구예총 집행부의 책임을
전제로 해야 한다. 현재의 예총 집행부는 자신의 임기 동안 <대구예
술>을 두 번씩이나 발간하지 못했다는 불명예와 오욕은 대구예술사에
서 자유로울 수 없다.

우리가 대구시의회를 질타하는 것은 대구사회의 지도층이라 할 시
의원이 지닌 문화마인드의 무지를 탓하기 위해서이다. 지도자를 잘못

뽑으면 온 국민이 고생한다. 역사를 통하여 부도덕하고 부패한 지도자를 뽑았다가 그 덤터기를 뒤집어쓴 예는 하나둘이 아니다. 언제나 친숙하게 대하던 잡지를 어느 날 갑자기 볼 수 없게 된 것은 전적으로 문화예술에 무지한 시의원을 뽑은 대가이다. 이는 자업자득이다.

따라서 독자가 빼앗긴 알권리를 되찾는 길은 다음 선거에서 예술문화를 말살한 시의원을 국민의 이름으로 준엄하게 심판하는 길밖에 없다. 우리는 <대구예술>의 예산 삭감에 동의한 대구광역시의회 의원들의 퇴출을 강력히 주장한다. 그들은 21세기 문화예술의 시대에 대구의 발전을 가로막는 암세포이다. 이는 <대구예술>이란 월간잡지 하나의 문제가 아니다. 우리 지역사회에서 '보수'라는 미명하에 토호권력으로 군림하면서 대구사회의 진보적 발전을 가로막는 그 세력의 척결 없이는 우리의 미래가 없다.

상업적 기회주의 언론의 횡도도 한몫

<대구예술>은 전국 57개 예총 기관지 가운데서도 단연 최고 수준의 편집과 알찬 내용을 담았다. 부산예총과 광주예총 등 전국의 수많은 예총이 <대구예술>을 기본 모델로 삼아 잡지를 펴내려고 자료제공을 요청하는 등 예술계를 선도했다. 대한민국의 모든 것이 서울 집중화된 상태에서 비록 지방에서 발행되는 잡지지만 결코 여느 잡지 못지않게 경쟁력을 지녔었다. 이런 <대구예술>이 어느 날 갑자기 사라진 배경에는 지역 언론의 무책임 또한 지적하지 않을 수 없다.

<매일신문>은 2000년 9월 20일자 17면 문화면 톱기사를 통해 대

구예총의 <대구예술> 예산 전용 의혹을 보도했다. <대구문화방송(대구MBC>) 또한 10월 9일 방송된 「시사포커스 오늘」이란 프로그램을 통해 이 문제를 심층적으로 다뤘다. 언론이 비리를 파헤쳐 보도함으로써 정의사회를 구현하려는 것은 언론으로서는 마땅히 해야 할 의무다. 따라서 이를 나무랄 수는 없다.

언론이 상업적 기회주의로 국민의 알권리를 남용한다면 어떻게 할까? 언론이 문제점을 지적했으면 지속적인 후속보도와 언론활동을 통해 비리와 의혹이 징치될 때까지 보도해야 한다. 그 대안도 동시에 제시해야 한다. 이번 사태를 보도하는 대구언론의 보도태도는 유감스럽게도 그러한 것이 아니었다. 문제점만 떠벌리고 대안보도는 외면하여 결국은 대구예술의 문화 인프라만 허물었다. 이는 문화마인드에 무지한 언론이 상업적 기회주의로 처신한 왜곡보도의 전형이었다.

대구언론의 이러한 보도태도는 '사생아'를 낳아 놓고서도 방기하는 것과 다를 바 없다. 아무리 세상의 도덕과 윤리와 강상이 허물어지고 있는 '막가파 세상'이라 하지만 사생아를 낳아서는 안된다. 하지만 부득이하여 사생아를 낳았으면 끝까지 책임을 다하는 게 양식을 지닌 인간의 도리이다. 대구언론은 이를 외면했다.

전국에서도 몇 안 되게 대구를 대표하는 경쟁력을 지닌 <대구예술>이라는 유수한 잡지가 죽어 가는 데도 대구언론은 <대구예술>에 대한 선악의 시비나, 당위성, 대구예총의 개혁방안, 문제점에 대한 대안의 제시 등에 대해 '모르쇠'로 처신했다. 모름지기 지역문화의 창달이라는 지방언론의 사명을 자각하는 언론이라면 비리의 원인을 밝혀내 질타하고, 체제와 제도의 지속적인 개혁을 통해 문제점 있는 지역예술이 바로 설 수 있도록 애정 어린 보도를 해야 하는 것은 상식이다.

TK적인 시의원 발상 얼씨구나 맞장구

어디 그뿐인가. 또 하나 지적되어야 할 것은 언론인들이 지역민에 대한 봉사자로서가 아니라 민중 위에 군림하는 언론기관적인 사고에 젖어 있는 제도언론인으로서의 타성과 마음가짐, 관과 철저하게 밀착된 유착적인 보도태도가 그것이다. <매일신문>의 「대구예총 독자생존 가능할까」라는 제하의 기사(2001년 1월 10일자, 17면)는 관언유착의 실상을 극명히 보여 줬다. <매일신문>은 대구시의회의 대구예총 지원예산 삭감 배경기사에서 올해 <대구예술> 발행비 전액을 삭감한 것은 ‘예산 전용 잡음에 대한 문책성 조치’로서 ‘대구예총의 자생력을 촉구하기 위한 의미’를 담고 있다는 시의회의 입장을 상보했다. <매일신문>의 이 기사 어디에서도 대구예총과 <대구예술>의 바로 세우기에 대한 지적이나 대안, 고민은 조금도 엿볼 수 없다. 다만 “대구예총이 관변단체로 전락해 버린 만큼 자성과 개혁이 시급하다”는 대구시의회 하종호 의원의 일갈만을 중계방송하고 있을 뿐이다. 아직도 시의회가 민간단체에 대해 간섭하고, 지도하겠다는 반민주적인 발상을 하는 TK적인 사고방식이 놀라울 뿐이며, 이에 부화뇌동하는 반언론적인 TK언론은 더더욱 충격적이다.

이는 개혁의 사각지대에서 음습하게 자라 독버섯화된 토호언론이 마구 휘두르는 언론권력의 남용이며 횡포요 폭력이다. 여기에는 무지함에서 비롯되는 대구언론의 오만과 편견이 도사리고 있다. 즉 대구문화예술회관에서 펴내는 월간 <대구문화>와 <대구예술>을 동일시하는 것이 그것이다. <대구문화>는 대구시 산하기관인 문예회관에서 펼쳐지는 각종 문화예술의 행사나 공연을 안내하기 위해 펴내는 문화예술 정보지이고, <대구예술>은 대구예총의 기관지로서 지역의 예술 문화 전반을 아우르는 품격 높은 공익적 고급 문화예술 전문교양지이다. 물론 대내외적인 여건으로 <대구예술> 종사자의 수준이 <대구예술>이 지향하는 그와 같은 잡지의 목적 달성에는 미흡했던 것은 사실이다. 정작 중요한 것은 <대구예술>이 어제보다는 오늘이, 오늘보다는 내일이 점점 더 향상되어 가고 있다는 점이다. 대구언론은 마땅히 이를 북돋워 주고 격려해야 할 처지가 아닌가.

따라서 대구언론의 <대구예술> 학살보도는 언론권력의 횡포요 폭력이라 아니 할 수 없다. 오히려 지역 여론의 독과점이라는 언론권력을 휘둘러 <대구예술>을 말살하는 데 공범자 역할을 했다 해두 과언이 아니다.

오늘날 대구사회가 오늘과 같은 'TK문화'의 몰골을 하고 있는 것은 550만 대구경북 시도민들의 문화정신, 곧 사회적 의식이 피폐해졌기 때문이다. 정치를 정치로, 행정을 행정으로, 경제를 경제로, 문화를 문화로 해결하려 들지 않고 뭐든지 정치적으로 해결하려 드는 TK문화는 '경상도 기질', '반골정신'으로 대표되는 긍정적인 문화라기보다는 부정적인 기회주의 문화로 각인된다. TK문화의 모태는 일부 지식인들이 군사독재정권에 빌붙어 출세를 도모하는 해바라기 근성에 기인한다. TK문화는 불법적인 쿠데타로 권력을 탈취한 이래 32년 동안 이 땅을 통치하면서 민주주의를 파괴하고, 민중들의 건강한 자주의식을 말살하는 데 하수인 노릇을 했던 일부 소수의 대구경북 출신 인사들이 '독재자'와의 혈연·지연·학연 등을 통해 권력에 빌붙기를 도모한 전형적인 '어용문화'의 총칭이다.

대구사회는 이를 고상하고 듣기 좋은 말로 '정치적'이라는 미명하에 동조되어 있다. 여기에는 정의도, 진리도 없다. 불법이건 뭐건 간에 민주주의의 기본요소라 할 절차와 과정은 필요 없고 오로지 결과만이 있을 뿐이다. 이러한 반민주성은 문화와 예술정신이 부패에 가담한 탓이라 할 수 있다. 그런 의미에서도 <대구예술>의 폐간은 대구사회의 미래를 암울하게 한다.

문화예술이 정체돼 있고, 지방신문이 '보수성'이라는 매너리즘과 현실안주적인 패러다임에서 깨어나지 못해 갇혀 있다면 부패한 TK문화의 만연화를 초래해 부정과 정체에 무감각하게 된다. 특히 언론이 깨어 있지 못하면 대구사회의 각성은 없다. 현대사회에서 언론은 '사회를 비추는 거울'이자 '사회의 목탁'이라는 소리는 진부하게 들리지만 대구사회에서는 그 말이 아직도 유효하다. IMF 이후 대구사회가 총체적으로 붕괴되는 것에 대한 대구언론의 보도태도는 단순히 실망을 넘는 것 그 자체였다.

언론이 독자보다 깨어 있지 못하면 언론 구실을 할 수 없게 됨은 상식이다. 대구언론은 그러한 지경에까지 이르렀다. 21세기를 담보할 <대구예술>이 사라져 감에 있어서도 대구언론의 무감각이 이를 증명한다. 이러한 언론에 우리의 미래를 맡길 수 없다.

예술은 국가발전의 원천적인 에너지

예술은 문화의 원천적 에너지원이다. 우리는 그동안 좋은 물건만 만들어 수출하면 되는 줄 알았다. 그러나 이제는 그게 아니다. 선명한 국가적 이미지가 있어야 국제사회에서 제대로 대우받는 세상이다. 프랑스의 문화학자 기 소르망은 일본 상품에는 일본적인 탐미정신이 엿보이지만, 한국 상품에는 어떤 예술정신도 보이지 않는다고 지적했다. 국제사회에서 한국의 이미지가 '중저가 싸구려'라는 것과 한국사회에서 TK의 이미지가 '보수'라는 것에 각인되고 국한되는 것으로는 '미래'가 없다.

국가이미지를 창출하고, 자신의 예술문화를 탐구하는 것은 자기 자신의 정신을 바로 세운다는 면도 있지만, 경제적으로도 매우 중요한 일이다. 한 나라의 예술이 바로 서지 못하면 그 나라의 문화는 더 이상 볼 게 없다. 이는 지방에서도 마찬가지다. 21세기 현대사회에서 급속히 진행되는 세계화·글로벌화의 화두를 달리 말하면 지방화다. 대구시의회가 대구언론과 공모하여 <대구예술>을 말살한 이후 대구사회는 어떠할까? 독자에게 그 해답을 묻는다.

< 2000. 12. 31.>

09

미국과 3·1정신

조선민족의 자주적 독립항쟁 의지를 국내외에 과시했던 3·1운동이 일어난 지도 83년이란 세월이 흘렀다. 파시스트 일제는 3·1운동 후 이 땅에서 26년 만에 물러갔다. 미국은 한반도에서 일제가 물러간 자리를 대신했다.

미국은 우리의 혈맹이요 동맹이다. 냉전시대에는 전쟁을 억제하고 평화를 지켜 낸 든든한 바람막이이자 방패였다. 그러나 소련의 붕괴와 사회주의 몰락 이후 21세기 신냉전시대를 맞아 미국의 일방적인 패권주의를 우려하는 목소리가 높다.

2002 솔트레이크 동계올림픽은 미국의 오만이 현실로 드러났다. 미국은 유치과정에서 '뇌물스캔들'을 일으키더니, 개회식은 '9·11 추도식'으로, 경기에서는 '편파판정'으로 세계의 축제를 '미국의 잔치'로 만들었다. 그 최대의 희생자는 한국과 김동성 선수였다.

♠ 미국 솔트레이크에서 열린 2002 동계올림픽에서 미국의 압력으로 국제빙상연맹은 안톤 오노의 허리우드 액션을 인정했다. 친미 수구언론 〈동아일보〉조차 금메달을 도둑맞았다며 분개했다. 동아일보, 2002년 2월 22일자, c1면.

미국은 우리 금메달을 백주 대낮에 우격다짐으로 빼앗아 갔다. 설상가상으로 미국언론은 애국심을 부추기며, 한국인을 비하하는 보도를 서슴지 않았다. 이는 '정의'와는 거리가 먼 '강도'나 '깡패'가 하는 짓거리였다. 도대체 우리가 어떻게 비쳤으면 저들의 한국에 대한 '정신적 테러'가 이와 같을까.

온 국민이 미국에 대해 실망하고 절망하며, 반감을 갖는 것은 당연하다. 그런 미국이 북한을 지목해 '악의 축'을 운운하며 한반도에 긴장을 조성한다. 그 속내는 자국에서조차 용도 폐기했던 F15전투기를 한국의 차세대 전투기로 팔아먹기 위한 속셈쯤이라는 것을 삼척동자도 다 아는 사실이다. FX사업에서 미국제는 절대로 안된다. 이는 감정적 차원이 아니라 경제적·군사적으로도 부실투성이임이 속속 증명됐다.

미국의 금메달 강탈행위에 대처하는 이 땅의 지도자들을 보면 그들이 정녕 한국인인지, 미국인인지 의심스러울 정도이다.

3·1정신의 핵심적 이데올로그는 자주정신이다. 우리 사회 지도층
들의 자주정신이 다시 시험무대에 섰다.

<💾 2002. 2. 28.>

10

여중생 사망과 SOFA 개정투쟁

　월드컵 16강행을 결정짓는 대포르투갈전을 하루 앞둔 지난 6월 13일, 경기도 양주군 광적면 효촌리 56번 지방도에서 학교 수업을 마치고 집으로 귀가하던 여중생 신효순·심미선 양이 미2사단 44공병대 소속 관제병 페르난도 리노 병장과 운전병 마크 워커 병장이 운전하는 궤도차량에 치여 현장에서 숨졌다. 미8군 제2사단 군사법정은 지난 11월 20일과 22일 잇따라 군사재판을 열고 관제병과 운전병에게 무죄판결을 내렸다.

　이들을 판결한 미 군사법정은 살인범에 대한 사법적 심판의 장이 아니라 살인미군에게 면죄부를 주기 위한 정치적인 '쇼'였다. 우선 배심원들이 전원 미군으로 구성됐다. 한국인 유족과 여중생사망대책위원회 등 시민단체 관계자에 대해서는 각 2명씩 법정출입을 허용한다고 했다가, 막상 재판 당일 거부했으며, 한국언론에 대해서도 TV방송의 출입제한은 물론 미군이 지정한 2명의 기자에게만 방청이 허용되는 등 극심한 통제와 보완 속에서 열렸다.

〈표 1〉 미군 범죄자에 대한 미군 측 조치

연도	견책·주의	사역·금족	급료몰수	강등	불명예제대	징역	계
97	189	18	10	28	1	0	246
98	172	8	5	23	1	3	212
99	240	14	6	28	4	0	292
2000 (1~6)	140	5	4	14	2	1	166

* 출처: 〈대구내일신문〉, 제43호, 2002년 12월 19일자, 8면.

재판 자체도 재판 흉내를 내는 데 그친 엉성하기 그지없는 엉터리였다. 관제병 재판 때 변호인 측은 운전병의 과실로 심리를 몰아갔다. 검찰 측은 기록을 의식한 반론만 폈다. 운전병 재판 때는 관제병과 지휘관(중대장)의 과실로 몰아갔다. 이번에도 검찰 측은 마지못해 반론을 폈다. 그리고 모두 '무죄'를 판결했다. 그것으로 끝이었다. 살인미군들은 무죄판결을 받자 그 소감으로 "아직도 한국은 미군이 주둔할 만한 몇 안 되는 나라이며, 이는 행운"이라고 하였다.

한국민의 자존과 주권을 무참히 유린

한국민의 자존과 한국의 주권을 무참히 유린한 주한미군의 '재판쇼'에 대해 여중생사망대책위원회는 "살인미군이 무죄라면 장갑차라도 구속시켜라"며 반발했다. 시민단체들은 또 무죄평결 원인으로 SOFA(주한미군지위협정)을 지적하고, 전면적인 재개정을 요구하며 전국 미군기지 앞에서 항의시위를 했다.

11월 22일 의정부 미2사단 44공병대 앞에는 3,000여 명의 시민들이 운집해 재판무효와 살인미군의 처벌을 주장하며 항의했다. 미군과 미군기지를 에워싸 보호하던 10,000여 명의 한국경찰은 기껏해야 달걀 몇 개를 던지며 항의하는 시위대를 남녀노소 가리지 않고 곤봉으로 마구 치며, 방패로 내리찍는 등 마치 80년 5·18 당시 공수부대의 활약을 재현하려는 듯 유혈진압작전을 폈다.

국민의 재산과 생명을 지켜야 할 경찰이 왜 피투성이가 되도록 제 나라 국민을 마구잡이 두들겨 패는 진압을 했을까? 이는 초강경 진압으로 시위를 원천 봉쇄하고자 하는 미국의 뜻을 한국의 권력 당국이 충실히 받들어 모신 탓이다. 이날 시위에서 주된 피해자들은 주로 시민단체의 여성간사들이었다. 200여 명의 시민들이 경찰의 곤봉에 두들겨 맞고 실신해 병원으로 후송되었다.

미군들은 한국경찰의 보호를 받으면서 멀찌감치 서서 사진을 찍으며, 시위대를 향해 '히죽히죽' 웃는 등 우리 국민에게 모멸감을 주었다. 시위대는 "너희들이 한국 경찰이야? 미국 놈들 경찰이지!"라는 절규의 소리가 엘리뇨 현상으로 때 이르게 찾아온 한파보다 더 뼛속을 시리게 했다.

시위 강경진압이 오히려 SOFA 불길 부채질

시위대의 강경진압은 김대중 정권과 미군의 생각과는 달리 오히려 이튿날부터 사망 여중생 추모와 SOFA의 전면 재개정을 촉구하는 전 국민적인 시위로 이어져 역효과를 초래했다. 2002월드컵 당시 온 국민의 마음이 한곳으로 결집되었던 광화문에서는 사망 여중생의 추모와 국가의 자주권 회복을 위한 촛불시위가 불 당겨졌다. 또한 전국 주요 미군기지 앞에서는 연일 살인미군 처단과 **SOFA**재개정을 요구하는 시위가 이어졌다.

〈표 2〉 주요국 SOFA 규정 비교

내용	일본	한국	나토
적용범위	미군	미군·군속과 그 가족	미군
공무판단	일본법원	미군 장성	해당 직무관련 지휘관
재판권 포기	호의적 고려	특히 중요한 경우 외에는 포기	호의적 고려
신병인도	기소 후	12가지 주요 범죄 외에는 최종심 후	기소 후
미군당국자 참여	규정 없음	미군대표 참여 없는 진술은 증거능력 없음	규정 없음
항소	가능	미군 무죄판결 시 항소 못 함	가능
민사피해보상	당사국 부담	미군 책임 시 한국 25% 부담	당사국 부담

* 출처: 〈대구내일신문〉, 제43호, 2002년 12월 19일자, 8면.

11월 28일 살인미군이 몰래 출국한 가운데 조지 부시 미대통령은 허버드 주한미대사를 통해 여중생사망사고에 유감을 표명했다. 지난 2000년 6월 일본에서는 주일미군이 술집에서 일본여성을 성추행하려다가 미수에 그친 사건이 발생하자 당시 클린턴 미대통령은 직접 공개석상에서 공식적으로 일본과 일본국민에게 사과했다. 국민들은 미국의 태도에 더욱 분노했다.

12월 2일 시민단체 대표단은 열흘 일정으로 미군의 무죄판결에 항의하기 위해 미국으로 출국, 뉴욕 유엔본부와 국제인권단체, 워싱턴 백악관과 LA 한인교포사회에 실상을 알렸다. 국내에선 천주교정의구현사제단의 시국미사와 단식농성, 불교계의 108참회 법회 및 단식농성, 한국기독교교회협의회의 시국기도회가 열리고 대중문화 연예인들,

문화예술인 등이 미국의 만행과 오만을 규탄했다.

12월 14일 여중생사망사건범국민대책위원회가 주최한 사망 여중생 추모 및 SOFA전면재개정 촉구 촛불시위에는 서울시청 앞을 비롯하여 전국 60여 개 지역과 미국·독일 등 12개국 16개 지역에서 70여만 명이 참석해 살인미군의 한국법정 소환과 부시 미대통령의 직접사과, SOFA전면 개정 등을 촉구했다. 특히 서울시청 앞 시위에 참석한 10여만 명의 시민들은 쌀쌀한 날씨에 6시간 동안이나 진행된 추모행사를 갖고 광화문 미대사관 앞까지 진출하여 평화적인 촛불시위를 일궈 냄으로써 성숙한 한국민의 시위문화를 국내외에 과시했다.

불평등 주권침해 SOFA 반드시 개정해야

제2의 효순이, 미선이를 방지하고, 무법자적인 미군의 범죄를 예방하기 위해서는 SOFA가 반드시 개정되어야 한다. 대한민국은 자주적인 주권 국가이다. 결코 미국의 속국이 아니다. 이 땅에 미군이 진주한 것은 점령군으로서가 아니라 유엔 평화유지군 자격으로 들어왔다. 점령군으로 진주했던 독일이나 일본보다 더 미국에 일방적인 주둔군 지위협정을 한국에 요구하는 것은 불평등의 차원을 넘어 주권을 유린하는 것이다. 차제에 정부는 최소한 독일이나 일본에서만큼의 수준에라도 이를 수 있도록 SOFA의 전면적인 재개정을 강력히 요구해야 한다.

<　2002. 12. 12.＞

11
월드컵 4강과 대구FC

2002년 6월, 우리는 '월드컵 4강'이라는 신화창조로 즐겁고 신명난 대축제를 경험했다. 그것은 한 편의 짜릿한 감동이었으며, 한민족의 위대한 승리였다. 다시 오늘에 이르러 축제 뒤에 남긴 그 의미를 곰곰이 되짚어 본다.

월드컵 이후 '축구'는 국민적 스포츠로 자리를 잡았다. 대구시는 여기에 편승하여 포스트 월드컵 대책의 하나로 4,500여억 원을 투입한 월드컵경기장의 지속적인 활용을 위해 프로축구단 창설을 추진한다. 프로축구단 사업은 창단비용과 운영비용 등을 감안하면 연간 수백억 원이 소요되는 프로젝트이다. 문제는 과연 프로축구단이 자생적인 운영기반을 갖췄으며, 나아가 시민구단으로서의 경쟁력을 지녔는가 하는 것이다.

대구는 축구의 도시라기보다는 '야구'의 도시다. 경북고와 대구상고 등 특정 고등학교를 중심으로 발전한 야구는 대구를 상징한다. 그런 야구의 인기에 힘입어 창단한 프로야구 삼성라이온즈는 구단 창설 이래 20여 년 동안 한 번도 한국시리즈에서 우승하지 못했어도 꾸준히 시민들의 사랑을 받고 있다. 하지만 경제적으로는 적자를 면치 못한다.

2002년 8월 현재 프로야구 삼성라이온즈의 경기당 평균 관중 수는 20년간을 분석하면 3,000~4,000명 내외다. 삼성야구단은 해마다 300~500억 원의 적자에 허덕인다. 프로야구가 경영수지를 맞추려면 적어도 지금보다 관중이 2배 이상이 유지되어야 한다.

프로야구가 이러할진대 프로축구단이 창단되면 적자는 불보듯 뻔하다. 프로축구는 매 경기당 평균 10,000명 이상이 들어와야 적자를 면한다. 프로야구에 견줘 추산하면 프로축구의 관중은 많아야 고작 1,000여 명을 넘지 않을 전망이다. 시민구단이 적자를 내면 세금으로 꼬박꼬박 메워 줘야 한다. 프로축구단을 만든 조해녕 대구시장을 비롯하여 대구시 관련 공무원, 여기에 동의한 대구시의원, 이를 추진한 민간위원 등이 사비를 털어 프로축구단을 창단하고, 운영하고, 또 그에 따른 책임과 권리를 지닌다면 시시비비할 이유가 전혀 없다.

대구프로축구단의 진실은 따로 있다. 우선 대구시 입장에서는 근 5,000여억 원 가까운 돈을 들여 건설한 월드컵경기장을 놀린다면 시민들로부터 따가운 눈총에 시달릴 것은 명약관화하다. 지속적인 이벤트를 이어 가기 위해 프로축구단 창단이 절실하다. 연간 1억 2,000여 만 원을 아끼겠다며 <대구예술>을 말살하는 학살테러를 서슴지 않았던 대구시의회는 월드컵 4강으로 축구에 대한 국민적 열기가 분출하고 있는 이때 유권자인 시민의 소리로부터 결코 자유로울 수 없을 것이다. 그래서 "내 돈 쓰지 않는다"는 가벼운 마음으로 집행부에 기꺼이 동의했다. 대구상의 등 경제인들은 대구시 행정관료들의 눈치를 볼 수밖에 없는 처지여서 울며 겨자 먹기로 참여할 수밖에 없다.

따라서 3조 원에 이르는 부채를 지닌 대구시가 연간 500여억 원에 이르는 유지경비가 소요되는 프로축구단을 창단하는 것은 사치이며, 낭비이고, 허영이며, 만용이다. 사회의 환경감시 기능을 지닌 대구언론은 이를 비판하고, 독자에게 알려야 한다. 일제히 입을 꾹 다물고 있다. 이것이 무슨 천지조환가. 이는 언론의 직무유기이다. 독자가 그 진실을 깨달았을 때 부메랑이 되어 돌아올 것을 생각하면 끔찍하기만 하다.

<2002. 8. 6.>

12
9·11테러 1주년과 미국

온 세계 지구촌 사람들을 깜짝 놀라게 했던 9·11테러가 발생한 지도 어느덧 1년이 되었다. 이슬람 원리주의자인 '알 카에다(Al-Qaeda)'에 의해 자행된 것으로 알려진 9·11테러는 경악 그 자체였다. 테러범들이 민간항공기를 납치하여 세계자본주의의 심장인 뉴욕 세계무역센터와 미 제국주의의 동맥인 워싱턴 미 국방부에 돌진해 5,500여 명의 미국민들이 떼죽음을 당한 것은 비단 미국뿐만 아니라 온 세계의 재앙이라 해도 과언이 아니었다.

이를 사회학자들은 '문명충돌'이라 하였고, 신학자들은 더러 '말세의 심판'이라고도 하였다. 그러나 분명한 것은 인간에 의해 저질러진 잔혹한 집단 살인이요, 차마 제정신으로는 도저히 저지를 수 없는 야만적이고도 반문명적인 테러만행이었다. 알 카에다는 왜 이와 같은 반인륜적인 짓을 서슴지 않았을까? 여기에는 이들의 테러가 반도덕적인 것만큼의 깊은 사연이 있을 것이다.

다시 말해 9·11테러가 비난받는 만큼 이상의 절실함으로 알 카에다는 세계 시민들에게 하고 싶은 말이 있었다. 무엇이 그만큼 절실하고 간절했기에 알 카에다는 9·11테러라는 극단적인 방법을 사용했을까. 그것은 다름 아닌 국제정치에서 세계의 경찰 노릇을 하는 미국의 일방적인 '친이스라엘 정책'이다. 이로 인해 이슬람권이 받는 피해 정도는 감히 9·11테러가 견줄 바가 못 된다.

90년대 들어 소련의 붕괴 이후 미국에 의한 단일국가 패권이 형성되고 나서 미국의 친이스라엘 정책은 더욱 노골적으로 강화되었고, 이에 따라 미국의 묵인과 지원 아래 이스라엘의 폭력에 의한 아랍민중이 살해되거나 희생된 것은 이루 말할 수 없이 증가했다. 자신들을 부당한 폭력으로부터 지켜 주고, 그 억울함을 공평하게 중재해 주어야 할 대상을 잃어버린 아랍민중이 따라서 미국을 이스라엘 못지않은 적으로 간주하는 것은 어찌 보면 사필귀정의 당연한 업보다.

미국은 이슬람에 도움은 주질 못할망정 최소한 공정한 심판관 노릇은 해야 한다. 미국은 이슬람과 아랍이 싸우는 링에서 심판을 보면서 노골적으로 이스라엘과 합세하여 이슬람을 일방적으로 두들겨 팬다. 이제 시합에서 졌으니 경기결과에 승복하라고 강요한다. 아울러 세계에 대해서는 이 경기는 공정했으며, 그 결과에 대해서도 승복하라고 노골적으로 협박하는 형국이다.

9·11테러는 미국의 자업자득

9·11테러는 이러한 사정을 세계에 알리고 싶어 알 카에다가 저질렀다. 미국은 이슬람의 절실한 호소를 겸허하게 받아들이고, 세계평화를 위해 자신들의 정책을 수정하는 등 세계의 패권국가로서 그에 걸맞은 대책을 마련했어야 했다. 부시(George Walker Bush) 대통령은 '테러와의 전쟁'이라는 미명하에 아프가니스탄을 무단 침공하여 온 나라를 절단해 놓고 그것도 모자라 9·11테러 1주년을 맞는 요즘 전쟁을 이라크로 확대하기를 기도하는 등 전쟁책동에 광분한다.

이는 뭔가 잘못돼도 아주 잘못된 처사다. 물론 미국의 주요 언론·금융·교육·정치 등 핵심포스트가 유대인에 의해 조종되고 지배돼 현실상 반이스라엘 정책을 쓸 수 없다손 치더라도, 미국이 진정 대국이라면 일방적인 친이스라엘 정책은 포기해야 마땅하다. 적반하장격으로 미국은 전쟁확대를 기도한다. 아랍 민중들이 좌절하고, 분노하는 것은 너무나 당연하다.

따라서 9·11테러는 결국 그 이면을 들여다보면 알 카에다란 테러 조직에 의한 무고한 테러가 아니라, 미국 자신이 저지른 비정의적인 업보에 대한 자업자득의 결과라 할 수 있다. 미국은 온 세계의 선전기관을 동원해 '알 카에다'라는 테러단과 '빈 라덴'이라는 테러단 두목에 그 모든 것을 뒤집어씌우는 여론조작을 서슴지 않았다. 테러조직의 섬멸이라는 명분 아래 아프가니스탄을 무단 침입하고 무차별 파괴를 통한 '전쟁'을 도발했다. 미국의 아프간 침공으로 테러와는 무관한 수천만 아프간 민중들의 삶의 터전이 철저하게 파괴되었고, 짓밟히는 수모를 당하였다.

그것도 모자라 부시 정부는 전쟁을 다시 이라크로 확전시킬 조짐을 보인다. '악의 축' 섬멸이라는 캠페인 아래 전개되는 미국의 '전쟁책동'은 명분도, 정의도 없는 그야말로 추악한 '미 제국주의의 침략전쟁'일 따름이다. 9·11을 인류가 기억하기 위해서는 미국이 자제해야 한다. 또한 미국이 세계의 패권국가로서 그 노릇을 제대로 수행하기 위해서는 일방적인 친이스라엘 정책을 포기하고 아랍과 유대인이 공존하는 '평화정착정책'을 수행하여야 한다.

큰 나라는 '하류'와 같이 처신해야

노자는 말하기를 "무릇 큰 나라는 온갖 것이 만나는 하류와 같다. 또한 수컷의 온 힘을 받아들이는 암컷과 같다. 암컷은 항상 아래에 처해 있으나 고요하고, 그럼으로써 결국에는 수컷을 이기게 된다. 큰 나라도 이를 본받아 작은 나라에 낮추면 작은 나라를 취하고, 작은 나라가 이를 본받아 큰 나라에 낮추면 결국에는 큰 나라를 취하게 된다. 그러므로 제각기 원하는 것을 이루려면 큰 것이 먼저 낮추어야 한다 (『老子』, 第61章: 大國者下流. 天下之交, 天下之牝. 牝常以靜勝牡, 以靜爲下. 故大國以下小國, 則取小國, 小國以下大國, 則取大國. 故或下而取, 或下而取. 故大者宜爲下.)"고 했다.

큰 나라와 작은 나라의 관계는 남녀가 교합할 때와 같다. 즉 큰 나라는 여인처럼 스스로를 낮추어서 아래에 놓고, 작은 나라는 남자처럼 여인을 향해 스스로를 낮춤으로써 서로 하나가 된다. 남자와 여자가 합하려면 우선 여인이 먼저 아래에 누워야 하듯, 큰 나라와 작은 나라가 자기들의 소원대로 합하려면 여인 격인 큰 나라 쪽이 먼저 자기를 낮추어야 함을 뜻하는 것이라 할 수 있다. 노자는 국제정치에서의 도의론을 설파해 미국에 충고했다.

미국은 여인처럼 겸손하여야 한다. 또 조용히 스스로를 아래에 두어야 한다. 차분하고 의연한 자세로 자신을 한없이 낮출 때 비로소 작은 나라가 스스로 흘러 들어온다는 사실을 명심하여야 한다. 미국은 큰 나라이다. 오대양 육대주의 각기 다른 민족이 '아메리칸 드림'을 안고 신천지로 이민을 와 세운 나라가 미국이다. 미국은 큰 나라답게 처신해야 한다. 큰 나라인 미국이 작은 나라처럼 처신하는 것은 잘못돼도 크게 잘못된 처사다. 일반적으로 작은 나라는 항상 큰 나라를 두려워해서 큰 나라에 자신을 낮출 수 있지만, 큰 나라는 항상 작은 나라를 업신여겨서 작은 나라에 자신을 낮추는 경우가 드물다. 큰 나라가 그렇게 처신하면 작은 나라의 마음을 잃어서 진정으로 복종시킬 수 없으니 끝내 위대함을 이루지 못하기 마련이다.

9·11테러 1주년을 맞아 전쟁확대에 광분하는 미국을 보면 절로

'어글리 아메리칸'의 전형을 보는 것 같다. 문제는 미친 듯이 날뛰는 미국의 광란에 우리도 고스란히 앉아서 덤터기를 쓸 우려가 있다는 사실이다. 부시 행정부에 의해 '악의 축'으로 지목된 북한 문제가 그것이다. 한반도는 아직도 세계에서 유일하게 분단된 '20세기의 냉전'이 지배하는 '화약고'이다. 미국이 불씨를 가지고 화약고 옆에서 장난질을 하려 한다. 미국의 군수산업이 사람을 죽이는 살상무기를 팔아먹기 위해서는 세계 어디선가에 '전쟁터'가 있어야 한다.

우리가 방심하면 한반도가 미국 무기상들의 전쟁터로 선택될 수 있다. 이것이 우리에게 닥친 외환이라면 우리 내부 일각에서는 자신들의 정치적 입지를 위해 미국의 부시 행정부에 기웃기웃하는 세력이 있다. 보수적이고 수구적인 일부 정치세력이 그것이다. 굳이 말한다면 한나라당과 <조선일보>가 부시의 책동에 맞장구를 치며, 북한을 궁지로 몰고 있다. 이는 매우 위험한 발상이다.

<　2002. 9. 11>

13 단일화 감상법

「맑음→흐림→먹구름→갬→?」

제16대 대통령선거에 출마할 새천년민주당 노무현 후보와 국민통합21 정몽준 후보의 후보단일화 줄다리기를 보도한 <동아일보>의 기사제목이다. 대선 구도가 1강 2중 형태로 고착화되면서 후보단일화가 모색된 이래 지난 11월 12일 전격적으로 양당 실무진의 준비접촉이 개시됐다. 이어 15일에는 노 후보와 정 후보 간의 전격적인 단독회담이 이뤄졌고, 17일에는 단일화가 합의되었다고 언론에 보도됐다. 그러나 18일 정몽준 후보 측이 단일화의 절차 및 방법 등이 언론에 공개된 것과 관련하여 단일화 합의사항의 무효화를 선언했고, 21일 다시 양측은 재협상에 돌입했다. 「오전 8시 '타결'→오전 11시 '죄송'→오후 4시 '어?'→밤 10시 '허탈'」은 21일자 <동아일보> 기사 제목이고, 23일 밤 12시 10분 마침내 양측은 단일화에 합의했다.

노무현은 노무현다워야 생명력 지녀

도대체 단일화는 무엇인가? 노무현 후보와 정몽준 후보 간에 추진되는 단일화 논의를 보면 한국정치의 전근대성과 후진성을 한꺼번에 감상할 수 있다. 노무현이 민주당의 대통령후보로 선출된 것은 노무현답기 때문이었다. 노무현이 노무현다움으로써 국민경선에서 승리했다. 노무현이 노무현답다는 것은 기존 정치인들과는 달리 비교적 건강한 도덕성을 지닌 데 있다. 노무현이 5공 청문회 때 보여 준 제도권 정치인으로서의 신선한 양심은 국민들에게 감동을 주기에 충분했다. 따라서 노무현에게 그 도덕성이 없다면 그것은 노무현이 아니다. 국민들은 노무현에게 21세기 한국정치의 새 희망을 봤다. 그런 노무현에게 국민들은 한때 이회창 후보보다 두 배나 많은 지지와 성원을 보냈다.

노무현이 노무현의 빛깔을 잃어버리면 이미 노무현이 아니다. 1강 2중으로 전락한 현행 대선구도의 원인은 전적으로 노무현에서 찾아야 한다. 단지 '반창(反昌)'을 위해 노무현과 정몽준이 후보단일화를 한다면 그것은 지난 90년의 노태우·김영삼·김종필의 '야합'과 다를 바 없다. 노무현은 그동안 일관되게 3당 합당을 야합이라고 비난해 왔다. 우리가 지지하는 노무현은 그런 노무현이었다.

노무현이 정몽준과 단일화를 추진하건 말건 그것은 전적으로 그의 자유다. 그러나 결론부터 말하면 공인으로서의 노무현이 정몽준과 단일화를 추진하면 그 순간부터 '국민들의 노무현' 정치생명은 끝났다고 봐야 한다. 노무현은 죽음으로써 사는 길을 택했어야 했다. 우선 먹기 좋은 곶감이라고 정몽준과의 단일화를 하고, 그와의 연합을 통한 정권창출을 기도하는 것은 'DJP 야합'의 복사판이다.

그나마 DJ는 호남집권이라는 명분이나마 있었지만, 노무현에게는 그 명분조차 없다. 그렇다면 오로지 권력욕에 사로잡힌 야합의 결과치라 아니 할 수 없다. 그것은 노무현의 처세술이 노회한 정치9단인 3김을 능가하는 것으로서 '거짓말 정치'의 대명사인 DJ의 수법을 빤친 것이라 할 수 있다. 따라서 한나라당에서 주장하는 "노무현은 DJ의 양자"라는 논리가 설득력을 지닌다.

정몽준이 누구인가? 정몽준은 재벌 2세다. 자기 손으로 뭐 하나 이룬 게 없는 사람이다. 순전히 재벌 아버지를 둔 덕에 오늘에 이르렀다. 정몽준의 성장배경과 사고방식은 이회창에 더 가깝지 결코 노무현과 더 가깝지는 않다. 물론 노무현이 변호사로서 우리 사회의 '사'자 직업군에 편입되어 있는 기층 지배계급이었다면 정몽준과도 통하는 바가 있었을 것이다. 노무현은 가난한 농민의 아들로 태어나 자수성가한 인권변호사로서 노동자·농민·서민을 대변하는 대중적 정치인을 지향하며 살아온 사람이다. 그런 노무현이 정몽준과 후보단일화 협상을 시도하는 것조차 이미 본질을 흐린 것이다.

정책 다른 후보단일화는 정치적 야합

단일화는 색깔과 노선이 비슷한 사람끼리 모여서 한다. 정몽준의 색깔과 노선은 이회창과 비슷하다. 노무현의 색깔과 노선과는 닮은 데라곤 별로 없다. 이회창과 정몽준의 합치기는 '단일화'라 할 수 있어도, 노무현과 정몽준의 한 살림은 오로지 집권을 위한 '야합'이라 할 수밖에 없다. 노무현 자신도 정몽준과는 정치적 이념도 노선도 다르며, 단일화는 있을 수 없다고 공언해 왔다. 재벌과 합작하고도 여전히 '국민후보'라고 주장하는 것은 어불성설이다. 노무현의 본질은 재벌과 야합한 수구＋보수이다.

노무현을 지지하는 사람들은 그렇게 해서라도 노무현이 집권하면 모든 것이 해결되는 것 아니냐고 반문할 것이다. 그것은 결과만 추구하는 자기합리화를 위한 궤변일 뿐이다. 쿠데타를 하건 뭘 하건 간에 정권만 잡으면 된다는 쿠데타적 발상과 한치도 다르지 않다. 그와 같은 사고방식으로 민주정치를 말하는 것은 민주정치를 모독하는 것이다. 다시 한 번 상기하거니와 김영삼이 3당 합당에 대해 "호랑이를 잡기 위해 호랑이 굴에 들어갔다"고 변명하자 노무현은 야합이라고 비난한 바 있다.

"싸우면서 닮는다"는 말이 있다. 민주화 세력이 독재권력과 맞서 싸우면서 독재정권이 행하던 파쇼적 행동을 고스란히 이어받아 그대로 행한다는 뜻이다. 양심세력이 도덕적으로 존경받고 가치 있게 여겨지는 것은 독재세력과 그 방식이 다르기 때문이다. 이것이나 저것이나 매양 마찬가지라면 국민들이 굳이 목청을 돋우며, 피 흘려 싸울 필요가 없다. 일부 권력에 혈안이 된 시민운동권의 야욕을 위해 국민들이 굳이 나설 이유가 없는 것이다.

노무현은 권력을 쟁취하더라도 그 방법은 정정당당하고 떳떳해야만 정몽준의 품 안으로 날아간 김민석에게 '철새 정치인'이라고 비난할 자격을 지닌다. 이회창이 집권하더라도 천년만년이 아니다. 5년이다. 5년은 잠깐이다. 노무현은 5년에 조급증을 내서는 안된다. 우리 사회가 민주화를 위해선 50년도 참아 왔는데 5년을 참지 못한다면 아무리 '냄비체질' 국민들이라지만 말도 안된다.

노무현은 정몽준과의 후보단일화 협상이라는 '꼼수정치'를 할 것이
아니라 정정당당한 대도로 나와야 한다. 노무현이 후보가 된 이후 '잦
은 말 바꾸기'와 정몽준과의 단일화 추진 등 일련의 정치적 행태를
보면 그가 그토록 주장했던 '3김정치'를 찜 쪄 먹는다. 아니 재야라는
도덕성을 표방했던 의미로는 더욱 교활하기까지 하다. 그는 겉과 속
이 완전히 다른 '수박' 같은 사람이며, 양두구육의 탈을 쓴 '이중인격
자'라는 비난에서 자유롭지 못하다. 국민들이 경선과정에서 지지한
노무현은 정정당당한 노무현이었음을 명심해야 한다. 굳이 살고자 하
면 죽고, 죽고자 하면 사는 법이 있음을 노무현을 알아야 한다.

< 2002. 11. 21.>

14
노무현 후보 제16대 대통령 당선

새천년민주당 노무현 후보가 19일 실시된 제16대 대통령선거에서 12,014,277표(48.91%)를 얻어 11,443,297표(46.59%)를 얻는 데 그친 한나라당 이회창 후보를 57만여 표차로 제치고 새 대통령에 당선됐다. 노무현 후보의 대통령 당선은 '3김 정치'의 청산과 '세대교체'라는 의미를 지닌다. 또 아날로그식 정치와 사회적 패러다임이 몰락하고, 디지털적인 사고와 문화가 거대한 물결을 이뤄 우리 곁으로 밀려오고 있음을 뜻한다.

올 3월 민주당 국민경선에 출마할 때만 해도 지지의원은 단 1명에 불과했다. 단기필마로 출전한 그를 정치권에서는 '돈키호테'라고 부르기도 했다. '이인제 대세론'을 꺾으면서 그는 민주당 후보를 쟁취했다. 6·13지방선거와 8월 재보선 등에서 잇따라 한나라당에 패배함으로써 후보사퇴압력과 분당위기에 내몰리는 등 최대의 정치적 위기를 맞기도 했다. 대통령후보 등록일을 맞아 국민통합21 정몽준 후보와 단일화를 일궈 냄으로써 20%대의 지지도에서 헤매던 그는 단숨에 이회창 후보를 누르고 다시 우위에 설 수 있었다.

하늘이 낸 '국민의 대통령' 기적 연출

노 후보 측은 이번 선거에서 인터넷·TV방송·광고 등 영상미디어를 통한 이미지 선거전을 주도했다. 여권후보 단일화를 계기로 소속정당을 용도 폐기 처분하고 '국민후보'라는 이미지 고착화에 주력했으며, "50년 된 낡은 정치를 청산하자"는 캠페인 아래 감성적인 미디어 선거전을 폈다. 야당 측은 "5년 된 부패정권을 심판하자"며 '노후보＝DJ양자'라는 구시대적인 정치 캠페인으로 맞섰다. 노 후보는 '행정수도 충청권 이전'이라는 공약의 이벤트화로 유권자의 관심을 사로잡은 반면, 한나라당의 국가정보원 도청의혹 폭로, 북한 핵위기 등의 공세에 대해 "그런 폭로전과 색깔론 자체가 바로 낡은 정치"라고 반격함으로써 선거전의 헤게모니를 장악할 수 있었다. 뿐만 아니라 여중생 사망 촛불시위도 그에게 호재로 작용했고, 선거 전날 단일화의 한 축이었던 국민통합21 정몽준 대표의 지지철회 해프닝도 되레 표심(票心)의 결집현상을 초래해 "대통령은 하늘이 낸다"는 속설을 실감 나게 했다.

노 후보의 당선은 몇 가지 의미를 지닌다. 첫째, 아무도 예측하지 못한 데서 일궈 낸 국민적 승리였다. 언론전문지 <미디어오늘>이 현직 정치부기자 200여 명을 상대로 여론 조사한 자료에 따르면 대상자의 58.6%가 한나라당 이회창 후보의 당선을 예측했다. 노 후보는 그 예상을 뒤엎고 국민들의 선택을 받았다.

둘째, 투표율 80%를 기준으로 그 이상이면 노 후보가, 그 이하이면 이 후보가 유리할 것이라는 사실을 뒤집었다. 이번 선거는 전체 유권자 3,499만 1,529명 가운데 2,476만 141명이 투표에 참가하여 70.8%

의 투표율을 기록하였고 역대 대선사상 최저치였다.

인터넷 세대가 미래의 역사를 견인

노무현 후보의 당선이라는 문제를 풀기 위해서는 '2002 월드컵'과 '인터넷'이라는 키워드를 풀어야 한다. 노 후보는 선거 당일 오후 3시까지만 해도 이 후보에게 뒤진 것으로 알려진다. '노사모'를 중심으로 하는 20대의 노 후보 지지자들은 이때부터 인터넷과 휴대폰 등을 통해 투표하기 운동을 전개했다. 그들은 마침내 변화의 트렌드를 거부하고 현실에 안주해 있던 기존 세력에게 물러가라는 준엄한 메시지를 담아냈다.

20대는 누구인가? 지난 6월 월드컵에서 연 4,600여만 명의 국민들이 전국 주요도시에서 붉은 옷을 입고 "대~한민국", "짝짝짝 짝짝"을 주도했던 세대들이다. 이들은 이 땅의 평범한 젊은이들이다. 대부분 아버지를 잘못 만나 군에 가야 하며, 월드컵 최소 입장료가 10만 원을 상회해 경기장에 갈 형편이 못 되는 보통 가정의 보통 젊은이들이었다. 또 이들은 더러는 돈과 권력이 있으면 아들은 군에 보내지 않고, 딸과 며느리는 원정출산을 통해 미국 국적을 취득케 하는 우리 사회 상류층의 도덕적 불감증에 저항하여 자진해서 병역의 의무를 스스로 찾아 나서기도 한다.

이들의 이와 같은 순수한 열정은 축구대표팀에도 고스란히 이전되어 그동안 다섯 번이나 출전했어도 단 1승도 올리지 못했던 팀이 단숨에 세계4강까지 올라 "꿈은 이루어진다"는 신화를 창조했다. "대~

한민국"이라는 서구의 4박자를 한국인의 3박자로 변용해 수용함으로써 한국인의 피 속에 잠자고 있던 '신명'을 풀어내 전세계에 가공할 '한국의 원천적인 민족적 에너지'를 주도했던 세력이 바로 20대였다.

그들은 12월의 대통령 선거 투표를 통해 월드컵 응원 때의 힘을 다시 한 번 과시한 것이다. 물론 20대의 이러한 정서와 감성에 불을 붙인 것은 노 후보 측의 인터넷·TV방송·광고 등 영상미디어를 통한 효율적인 이미지 전략이 적중해서라고도 할 수 있다. 하지만 그 본질적인 것은 20대의 '변화 트렌드'에 대한 욕구라 하겠다.

그들은 더 이상 우리 사회에서 상류층의 도덕적 불감증을 용서하지 않는다. 그들이 이회창을 거부하고 노무현을 선택한 것은 한 사람의 아들은 군에 안가는 것을 당연시했고, 또 한 사람의 아들은 군에 가는 것을 당연시한 것에 대한 선택이었다. 노무현은 20대가 상징적으로 선택한 '변화 트렌드' 그 자체였다. 기존 세력 일각에서 제기하는 "20대는 과연 역사에 책임질 선택을 했는가?" 하는 것은 수구적인 자기 변명밖에 안된다.

20대의 선택은 또 언론권력의 재편 조짐을 보인다. 우리 사회에 언론권력으로 군림하는 <조선·중앙·동아일보(조중동)>는 국가정보원의 도청의혹 폭로, 북한 핵위기의 부풀리기 보도 등으로 '이회창 대통령 만들기' 공작을 선도해 왔다. 기존 언론에 반발한 이들은 인터넷으로 '구태 정치', '낡은 정치'를 비판함으로써 노 후보의 승리를 견인해 냈다. 20~30대의 인터넷이 <조중동>이라는 50~60대의 언론권력을 철저히 무력화시킨 것이다.

그동안 일방적인 커뮤니케이션의 시대는 가고, 이제는 쌍방향으로 교감하는 커뮤니케이션의 시대가 본격적으로 열리고 있다. 2002년 12

월의 대통령 선거는 언론에서도 <조중동> 등 기존 언론권력의 급속한 퇴조와 함께 인터넷언론의 시대를 연 기념비적인 시대의 개막이라고 할 수 있다.

'절반의 승리'라는 초심으로 개혁을 견인

21세기 첫 대통령으로 선출된 노무현 당선자에게는 무엇보다 먼저 이번 선거과정에서 발생한 국민들의 흐트러진 마음을 아우르는 과제가 주어졌다. 노 당선자는 공약대로 국민대통합의 시대를 열어 갈라지고 찢긴 민심을 추슬러야 한다. 특히 이번 선거에서 나타난 20~30대와 50대 이후 유권자 사이의 세대 간 갈등과 지지율이 91.59~95.18%인 호남과 18.68~35.27%인 영남과의 지역갈등을 극복할 화합이 절실한 과제다. 그의 지지엔 또 권력형 부정부패로 만신창이가 된 현 정권까지를 포함한 낡은 3김 정치의 종식과 청렴하고 참신한 인재를 고루 등용하여 제왕적 대통령제를 극복한 깨끗하고 밝은 정치개혁의 장을 이뤄 달라는 의미도 내포되어 있음을 간과해서는 안된다.

『노자』는 "승리하려 하면 반드시 패하고, 잡으려 하면 반드시 놓친다(爲者敗之, 執者失之)"라고 했다. "사람들이 일하는 것을 보면 늘 다 이루어질 듯하다가 꼭 실패한다. 끝을 삼가기를 늘 처음과 같이 해야 한다. 그리하면 실패하는 일은 없을 것이다(民之從事, 常於幾成而敗之. 愼終如始, 則無敗事)"라고 했다(『老子』, 第64章).

노 당선자는 패자인 이회창 한나라당 후보로부터 축하전화를 받고 "나는 절반의 대통령에 불과하고 나머지는 이 후보의 것이다"라고 말했다. 이 '절반의 승리'를 '온 국민과 나라 모두의 승리'로 승화시키기 위해서는 '절반의 대통령'임을 인정한 당선자의 초심을 견지하는 것이 그가 성공한 대통령이 될 것인가 아닌가를 결정하는 요소임을 명심해야 한다.

< 2002. 12. 20.>

15

행정수도 이전 공약 버리기

　민주당 노무현 후보는 제16대 대통령선거에서 해마다 인구 25만 명씩 증가하고 있으며 현재 2,500만 명이 사는 수도권은 인구과밀로 인해 연간 10조 원의 손실은 물론, 집값도 매년 수천만 원씩 오른다며 행정수도 충청권 이전 공약을 발표했다. 수도권을 물류·금융·정보기술(IT) 중심의 경제수도로, 충청권은 행정수도로 발전시키겠다는 노 후보의 공약을 둘러싸고 선거기간 내에 '서울 다이어트론'과 '서울 공동화론'이 첨예하게 대립했다. 그 결과는 노 후보의 서울 다이어트론이 충청권 지역민들에게 받아들여져 판정승을 거뒀다. 이는 한마디로 공약(空約)이 바람직한 공약(公約)이었다고 할 수 있다.

　정치인이 선거에서 공약(公約)한 내용은 기본적으로 다 지켜져야 한다. 그것이 진실이다. 그 가운데는 더러 공약(空約)도 있는 것 또한 사실이다. 오히려 공약(空約)이 됨으로 인해 국가와 국민에게 이득이 되는 경우도 있다. 노무현 대통령 당선자의 공약(公約) 가운데 연 7% 성장유지, 일자리 50만 개 창출, 쌀시장 개방 유예 등은 실현 불가능한 공약(空約)일 가능성이 더 많다는 것이 전문가들의 일치된 진단이다. 특히 행정수도 충청권 이전 공약(公約)은 대표적인 포퓰리즘적 정책으로 공약(空約)이 되어야 한다는 지적이다. 물론 공약(公約)이 공약(空約)이 될 경우 '인기에 영합한 공약(公約)의 남발'이었다는 비난에서는 자유로울 수는 없다.

아무튼 민주당의 노무현 후보는 제16대 대통령 선거에서 행정수도의 충청권 이전을 공약함으로써 대선 승패의 '케스팅 보트' 역할을 했던 충청권에서 이회창 후보에게 '압승'을 해, 전국적으로는 2.3% 포인트 57만여 표 차로 '신승'했다. 충청권은 노 후보의 당선 다음 날부터 유력한 행정수도 후보지로 떠오르는 충남 아산 신도시, 공주 장기지구, 충북 오송·오창지구는 땅값이 들썩들썩한다는 소식이다. 부동산 투기는 나라가 공멸하는 '망국의 주범'이다. 부동산 투기는 '거품경제'를 낳고, 이는 다시 '제2의 IMF'를 잉태하여 '국가부도'라는 '옥동자(?)'를 생산한다.

행정수도 이전 공약 폐기 서두를 때

이제 결론부터 미리 말하면 노 당선자는 이를 공약화(空約化)할 때가 됐다. 그것은 표를 얻기 위한 인기성·선심성 공약이었다고 양심선언을 할 필요가 있다. 한 나라의 수도는 역사성과 문화적 의미를 지녀야 한다. 행정수도의 충청권 이전은 단순히 하나의 신도시를 건설한다는 의미만을 지니지 않는다. 수도의 천도는 국가의 중추기능을 옮기는 것이다. 여기에 무엇보다 간과할 수 없는 것은 이전 후보 대상지가 수도 '서울'로서의 역사성과 문화적 의미를 지닐 수 있어야 한다는 것이다.

역사는 돌고 돈다. 따라서 무릇 국도를 정할 때는 먼저 역사를 고찰할 필요가 있다. 수도가 위치한 곳에 따라 나라의 명운이 달라진다. 한국사를 고찰하면, 특히 고구려의 경우 수도가 국내성(國內城·中國 集安縣)에 있었을 때는 광활한 만주대륙이 우리 땅이었다. 평양으로 천도하면서 만주에서 한반도로 밀려나 점차 움츠러들었다.

21세기는 통일의 시대이다. 미국과 소련이라는 20세기의 양대 냉전 세력에 의해 갈라졌던 한반도는 하나 된 한겨레의 통일국가를 이루는 시대가 눈앞에 다가와 있다. 우리 역사가 대륙으로 나아갔을 때에는 국운이 융성했고, 반도의 내륙으로 숨어들수록 움츠렸던 것이 한반도 역사의 진행 순환 사이클이었다. 통일한국의 우리 수도는 미국의 뉴욕과 워싱턴처럼 서울은 경제수도, 평양은 행정수도가 이상적이다. 이미 양 도시가 수도 기능을 수행하고 있어 무엇보다도 유리하다.

우리의 역사진행과 관련하여 또 하나 간과할 수 없는 것은 중국역사의 진행 사이클이다. 중국사는 매 250년마다 분열과 통일의 사이클을 지녔다. 22세기는 중국사에 있어서 분열의 시대이다. 지난 19~21세기의 중국역사는 북방문화가 지배한 시기였다. 22세기 중국역사의 패권은 풍요로운 경제적 자본을 바탕으로 문화적 역량이 축적된 남방문화가 지배할 공산이 크다. 중국은 지역 간 빈부의 격차에 따른 모순으로 인해 분열될 가능성이 농후하다.

우리는 중국의 분열에서 북방문화가 권력에서 소외되어 힘의 공동화 현상을 보일 때 이를 흡수 통합하여야 한다. 22세기에는 대고구려 시대의 부활을 준비하여야 한다. 오늘날 수도를 천도하고자 할 때에는 이와 같은 역사성에 따른 의미까지를 고려하여야 한다. 상황이 그렇다면 노 당선자의 충청권 행정수도안은 역사성을 너무나 도외시한 단견이라 아니 할 수 없다. 충청권의 행정수도안은 전적으로 남북 분단을 고착화했을 때를 전제한 이상적인 안이다. 이는 통일지향적인 노 당선자의 통일관·역사관에도 배치되는 정책이다.

'새빨간 거짓말'로 도배한 선거공약

제16대 대통령 선거 과정에서 한나라당과 민주당 사이에 제기된 행정수도 이전공방은 대체로 다음과 같은 것들이 주요 쟁점으로 대두되었다. 첫째는 행정수도 이전으로 인한 서울인구의 감축 효과 논란이다. 민주당은 약 50만 명의 인구가 '탈서울'을 할 것이며, 이는 수도권 집중의 완화와 함께 과열된 집값 안정을 가져올 것이라고 주장했다. 한나라당은 이보다 약 50만 명이 더 빠져나가 서울은 공동화될 것이라고 반박한다. 양당의 이러한 주장은 심하게 왜곡되었거나 과대하게 확대된 '거짓말 정치'의 전형이다. 1,200만 서울인구 중 어떻게 50만 명이 빠져나간다고 집값이 안정된다는 것도, 거기에다 50만 명이 더 빠져나간다고 서울이 텅 빈다는 것은 전혀 과학적 근거가 결여된 정치적 언어에 불과하다.

〈표〉 행정수도 이전 공약 비교표

구분	한나라당 이회창 후보	민주당 노무현 후보
비용	△ 최소 40조 원 소요 △ 전남도청 이전 비용 2조 5,000억 원, 충북도청이전 2조 8,000억 원, 인천공항건설 7조 5,000억 원 소요됨. 노 후보의 4조 5,000억 원으로는 불가능	△ 정부지출 재정은 예비비 포함해 6조 원 △ 정부 대전청사 소재지인 둔산지구 개발비용 1조 8,000억 원 소요
수도권 영향	△ 청와대·국회·정부 이전 시 해외공관·언론사·대기업·금융기관 등 이전 불가피 △ 땅값, 집값 폭락. 자산 디플레로 경제불안 △ 서민 일자리 감소, 실업 증가, 신도시 황폐화 △ 서울중심·방어개념 붕괴 안보위기 초래	△ 수도권 집값 안정 및 교통난, 환경문제 해소, 삶의 질 획기적 개선 △ 수도권을 물류, 금융, IT의 동북아 중심지역으로 개발 △ 수도권 규제 정비로 기업환경 개선
의사결정 절차	△ 공청회 등 국민의견 수렴절차 무시 △ 권한 없이 국회이전 결정은 삼권분립 위배	△ 국민투표로 결정한다고 이미 제시
통일대비 적정성	△ 분단을 전제로 한 반통일적 공약 △ 통일 후 수도는 남북합의로 서울-평양 사이 결정	△현 수도권 체제에서 통일시 북한주민 유입으로 문제 심각 △서울-평양과 함께 다극체제로 역할 기능 분담 분권형 국가로 발전
충청권 영향 및 대안	△ 실현 불가능 공약으로 충청권 주민 속이기 △ 과기부·정통부·이공계 대학·벤처기업 이전으로 활성화	△ 실현 가능한 공약으로 지방 분권화와 균형발전 실현 △ 한나라당의 중앙부처 기능별 지방분산 정책은 관계부처 간 유기적 협조체제 붕괴

둘째는 행정수도의 이전비용과 관련된 논란이다. 민주당은 4조 5,000억~6조 원을 제시하며, 한나라당은 약 60조 원을 얘기한다. 이 또한 자가당착의 거짓말이다. 우선 이전비용을 산출하려면 입지선정이 먼저 확정되어야 한다. 입지조차 선정되지 않은 상태에서 이전비용을 운운한다는 것은 아무런 의미가 없는 노릇이다. 참고로 지난 1978년 대전 부근의 외곽지로 행정수도 이전을 계획했던 박정희 정권의 행정수도 이전비용이 당시에만 5조 5,000억 원이었다. 민주당의 주장은 완전한 허구의 숫자놀음이라는 혐의를 피할 수 없다.

셋째는 과연 행정수도의 이전이 지역의 균형발전을 꾀하는 '만능 복주머니'가 될 수 있는가 하는 문제다. 이를 선거공약으로 채택한 민주당은 수도권 인구증가의 억제와 국토의 균형발전을 강변한다. 이 또한 궤변이다. 국토의 균형발전은 앞서도 얘기했듯이 남한만을 대상으로 할 것이 아니라 그 인식의 지평을 북한지역까지 넓혀야 한다. 사회간접자본(SOC)에 대한 투자는 최소한 100년 혹은 200년 후를 내다보고 투자하여야 한다. 더구나 통일의 시기가 눈앞에 다가왔는데도 이를 내다보지 못하고 수도를 새로 건설하겠다는 것은 이만저만한 졸속정치의 표본이며 낭비행정의 전형이다. 따라서 현 상황에서는 행정수도의 이전에 드는 비용을 차라리 각 지방에 골고루 투자하는 것이 보다 효율적인 국토발전을 꾀하는 정책이다.

넷째는 국가의 정책을 수립하고 집행하는 정치인과 행정관료들의 마음가짐을 지적하지 않을 수 없다. 국가의 수도는 무슨 신도시 건설하듯 '번갯불에 콩 구워 먹듯' 해서는 안된다. 수도이전을 단행한 브라질은 71년, 호주는 무려 88년이나 소요되었다. 일본 또한 14년째 수도 이전에 따른 문제점과 계획을 검토하는 중이다. 수도이전은 그만큼 중차대하고 어려운 문제이다. 노 당선자 측근 일각에서는 10년 이내 완료하겠다고 공언한다. 아무리 '빨리빨리'와 부실공사에 익숙한 한국인이라지만 이는 도저히 제정신을 지닌 사람의 사고라고는 할 수 없다. 만일 노무현 정권에 실제로 행정수도 이전을 이처럼 졸속으로 처리한다면 노 정권은 두고두고 역사에 의해 '부실한 정권'이라는 지탄에서 벗어날 수가 없을 것이다. 행정수도는 신도시의 건설과는 질적으로 다르다. 그것이 국민생활에 미치는 영향력은 이루 말할 수 없이 지대하고 심대하다. 수도권 주변의 위성 신도시 건설에서 보듯이

'아파트'와 '러브호텔'로 상징되는 신도시 개발과는 질적으로 다르다. 브라질과 호주에서 왜 70~80여 년씩이나 소요되었는지를 이해하지 못하는 정치인과 행정관료에게 수도권 이전정책을 맡겨서는 안된다.

공약의 졸속추진 폐해는 온 국민의 몫

수도권 과밀은 행정수도 이전을 통해서가 아니라 지방분권정책을 통해서 해소되어야 한다. 현재 수도권으로 사람이 몰리는 가장 큰 근본적인 원인은 정치·경제·사회·문화의 모든 권력과 기능이 서울에 집중되어서이다. 지방분권정책을 통해 이를 해소하면 수도권 인구 과밀은 절로 해소되기 마련이다. 그런데도 그 본질적인 것은 도외시하고 행정수도만 옮겨 가면 모든 것이 해결된다는 발상은 너무나 유치하고 졸렬하다. 권력의 집중화가 계속되는 한 옮겨 간 행정수도의 비대화는 단지 시간 문제다.

대통령의 공약 고집으로 부실화된 대표적인 것 가운데 하나가 노태우 전 대통령의 공약사업이었던 경부고속철이다. 노 당선자의 행정수도 이전 공약의 탄생배경도 이를 연상시킨다. 노 전 대통령은 87년 민정당 대선후보 시절 경부고속철 건설을 공약했다. 그는 취임 이듬해인 89년 기술조사 용역을 발주한 지 1년도 채 안돼 기본계획을 확정하고, 임기 마지막 해인 92년 서둘러 경부고속철을 착공했다. 막상 공사는 시작했지만 사업기간이나 공사비 예측도 제대로 안됐고 차종 선정도 안된 상태였다. 특히 총사업비는 91년 5조 8,000억 원에서 93년 10조 7,000억 원, 97년 17조 6,000억 원, 현재는 18조 원으로 눈

덩이처럼 불어났다(특별취재반, 「대통령, 성공하려면」, 중앙일보, 2002년 12월 24일자, 5면).

노 당선자의 행정수도 공약은 국가에 미치는 영향력과 파급효과가 노태우 전대통령의 경부고속철과는 비교가 되지 않을 정도로 엄청난 규모의 프로젝트이다. 박정희 유신독재정권도 행정수도의 충청권 이전 계획을 구상하는 데만 4년이 걸렸다. 그러다가 결국 유신의 종말과 함께 흐지부지된 정책이다. 노 당선자는 노 전 대통령이 공약의 실현에만 집착하다가 대표적인 실정으로 이어진 경부고속철에서 타산지석을 삼아야 한다. 사정이 이러하므로 노 당선자는 국민들에게 차라리 표를 얻기 위한 공약(空約)이었다고 고백하고 백지화하는 것이 보다 참된 용기 있는 정치인의 길이다.

공약 강요하다가는 온 나라가 망한다

국민들도 이를 제대로 이해할 필요가 있다. <중앙일보>와 국가경영전략연구소가 공동 기획한 「대통령, 성공하려면」이라는 기사는 차라리 못 지킬 공약은 미리 시인하고 털고 가는 것이 국가나 국민을 위해 바람직하다고 보도했다. 성공한 대통령이 되려면 대통령이 '공약부담'에서 벗어나야 한다는 것이 대통령학 전문가들의 일치된 견해이다. 따라서 노 당선자는 취임 전에 공약검증위원회를 만들어 원점에서 다각적으로 옥석을 재검토할 필요가 있다는 것이다(중앙일보, 「앞의 기사」).

정치인들이 유권자들의 표를 노리며 무책임한 공약을 남발하는 것은 안되지만 언론·이익단체·지역주민이 공약을 이행하라고 물고 늘어지는 것은 더더욱 안된다. 무리하게 공약을 추진하면 차라리 안 하는 것보다 못하기가 십중팔구이다. 노 당선자와 그의 지지자들도 이제는 공약 중 무리하거나 불가능한 것도 많음을 인정해야 한다. 특히 그 대표적인 것이 행정수도의 충청권 이전 공약이다. 이러한 공약은 일찍 버리면 일찍 버릴수록 더욱 좋다. 시간이 지나면 지날수록 공약 버리기가 어려워진다.

<　2002. 12. 24.>

16

'2·18'과 대구사회

2003년 2월 18일 오전 9시 52분경 대구 중앙로역에서 한 정신이상자가 지하철에 불을 질러 10여 분 사이에 200여 명이 떼죽음을 당하고, 150여 명이 크게 다쳤으며, 250여 명이 불에 타 시신의 흔적조차 찾을 수 없거나 실종된 대구지하철참사사고가 발생했다. 엄청난 대재앙이 마치 심판하듯 대구사회에 들이닥친 것이다. 문제는 지금부터다.

사고가 발생했다면 그것은 돌이킬 수 없는 노릇이다. 현명한 사람이라면 마땅히 때는 늦었지만 "소 잃고 외양간 고친다"는 말에서처럼 이미 잃은 소는 잃은 소이고, 외양간을 고쳐 나머지 소는 잃지 않도록 해야 한다. 이런 초보적인 상식조차 지키지 않는다. 사고 후 지방정부가 중심이 된 사고대책본부의 행보를 보면 외양간을 고칠 마음은 전혀 없는 것이 너무 노골적으로 드러나 시민들에게 '큰 충격'을 준다.

먼저 2·18참사 수습과정에서 보듯이 지방정부는 사고를 겸허하게 수습하여 재발방지에 힘쓰기보다는 축소·왜곡·훼손·은폐·조작하기에급급한 무능을 만천하에 드러냈다. 이런 자치능력밖에 지니지 못한 지방정부에 과연 지방분권을 명분으로 권한을 확대하라는 것이

♠ 2·18대구지하철참사는 TK의 모순이 총체적으로 압축되어 과시화된 인재였다. 사진은 불에 탄 대구지하철
출처: 대구지하철참사 희생자대책위원회 사진자료실 사고현장86 — 전소된 전동차3. www.daecusubway.or.kr

과연 바람직한 것인가 하는 것도 근본적으로 재검토하여야 한다.

다음으로 지방정부 최고 지도자의 정치적·도의적·사법적 책임을
지적하지 않을 수 없다. 우리가 그토록 비판했던 군사독재정권 시절

에도 이처럼 큰 대형 인재사고가 발생하면 그 수장은 어김없이 정치적·도의적 책임을 물어 사의를 표명하거나 사법적 심판을 가했다. 언필칭 문민정권 시대인 오늘날 정치적·도의적 책임을 물어 '사임'은커녕 사고현장을 훼손한 총책임자로서 실정법을 어긴 문제에 대해서도 '사법적 처리'를 물을 생각조차 안한다.

심지어 대구지하철공사 사장의 신병처리 또한 그러하다. 사고의 실질적 책임자라 할 지하철공사 사장을 보호하면서 조무래기 하급직원 몇몇만 사법 처리하는 것으로 사고를 마무리를 지으려는 것이다. 이는 주객이 전도됐다. 아무리 이들이 지방의 토호라 하지만 정작 사법 처리의 우선은 대구시장과 지하철공사 사장이 먼저다. 그래야만 이런 사고가 두 번 다시 발생하지 않는다.

"내 책임 아니다" 발뺌하기에 급급

사고 한 달이 지난 시점에서 조해녕 대구시장이 언론과 인터뷰한 것을 보면 그가 과연 책임감 있는 '민선 시장'인지 의심스럽다. 그는 인터뷰에서 사고의 책임을 "안일하게 대응한 지하철공사 관계자들과 전동차 내장재가 불길에 너무 취약했기 때문"이라고 발뺌했다. 조 시장은 또 현장을 조기에 훼손한 것도 "현장 지휘소 관계자 회의에 따른 것"이라고 하여 책임지기를 거부하고, 사건의 축소·은폐 혐의에 대해서도 "사고 현장 보존을 소홀히 한 책임도 재난관리시스템에 문제가 있었다"며 둘러댔다.

그래서는 안된다. 조 시장이 대구시민의 '3분의 2' 지지로 당선된 민선 시장이라면 그에 걸맞게 행동하고 처신해야 한다. 시장은 당당하고 떳떳하게 정치적·도의적 책임을 통감하고 즉시 시장직에서 사퇴하여야 한다. 본인이 도저히 수긍할 수 없다면 보궐선거를 통해 시민의 재신임을 물으면 된다. 그것이 천하의 대도이다. 대구참사의 주범은 이창동 문화관광부장관의 말처럼 "아무도 책임지거나, 판단하지 않는, 무사안일 속에 숨은 관료주의"였음을 시장은 깨달아야 한다.

비단 조 시장 개인뿐만 아니다. 사건 직후 지하철 운영재개, 졸속복구, 사건 축소·은폐, 왜곡조작 의혹, 부실한 현장보존 등 원시적·후진국형 사고발생에 주먹구구식 사고수습으로 대구시는 사실상 무늬만 지방정부인 '식물인간'화됐다. 사태수습 주체로서의 자격을 박탈당한 셈이다.

한나라당 일색인 대구지역 국회의원과 시의회, 대구지방 검찰·경찰 등 대구사회를 이끌고 있는 주류층의 행정적 무능, 정신적 해이, 도덕적 나태 등으로 시민의식의 구심점 부재를 총체적으로 드러냈다. 대구 지도층이 뼈를 깎는 각오로 자성하고, 그를 통해 신뢰를 회복하여야 한다. 2·18참사가 시민들의 가슴을 짓누르는 것은 바로 이것 때문임을 명심해야 한다. 어물쩍 덮고 넘어가서는 안된다. 이번에는 철저히 파헤쳐 시시비비를 엄격히 가리고 가린 다음, 처단할 자는 단호히 처단하여야 한다. 그렇게 하지 않으면 또 다른 2·18이 다가온다.

아직도 매캐한 연기가 유령의 꼬리처럼 꿈틀대는 대구 중앙로 역은 역사의 현장으로 고스란히 보존되어야 한다. 그 참혹한 현장이 보존된다면 이 땅에서 '2·18'은 두고두고 잊히지 않는 사고가 될 것이다. 중앙로역 사고 현장이 보존되면 '반짝 행정'으로 봇물처럼 '반짝 대책'을 쏟아 내다가 어느새 잊어버리는 '참새 대가리' 같은 우리에게 눈에 보이는 경고를 준다. 이는 경제적으로도 엄청난 효과가 있다.

대구시는 이번 사고를 계기로 새 중앙로역을 그 옆에 건설하는 것이 바람직하다. 대구시가 새 중앙로역을 건설하는 비용이 현실적으로 이번 사고로 인해 발생한 비용에 비하면 푼돈에 불과하다. 무엇보다 고귀한 생명의 값어치를 돈으로 환산할 수 없지만 그래도 대구시는 이번 사고로 약 **7,000**억 원대의 경제적 손실을 입었다고 한다. 현재의 중앙로역은 그대로 보존하고, 그 옆에 새로 중앙로역을 건설하는 것도 이에 비하면 경제적으로도 엄청난 이득이다.

달리는 화약고를 버젓이 정상운행

600여 명의 무고한 시민이 어느 날 갑자기 떼거리로 죽거나 다쳤다. '죽음의 현장'에서 살아난 자는 좀체 그 공포의 고통에서 헤어나기 어려울 것이며, 사랑하는 사람을 떠나보낸 사람 또한 그 아픔의 고통에서 좀체 헤어나기 어려울 것이다. 산 자나 죽은 자 모두가 하나같이 우리에게 당부하는 것은 '두 번 다시 이런 사고가 없는 나라를 만들어 달라'는 것이다.

사고수습을 담당하는 관련자들의 기본 마인드를 보면 '빨리 모든 걸 사고 전으로 되돌려 정상화하자'는 데 있는 것 같다. 섬뜩하기 그지없다. 그것은 좀 과장하여 말한다면 형법상 미필적 고의에 의한 공동정범, 즉 '간접살인'이 아니고 무엇이겠는가. 사고는 이번 한 번으로 족하다. 그러기 위해서는 이번 사고를 통해 뼈아픈 교훈을 되새겨야 한다. 사고대책본부 관련자들의 현실인식은 그렇질 못하다. 그런 공무원들에게 생명과 안전을 맡긴 시민은 불안할 수밖에 없다.

10여 분 만에 전소되는 지하철은 '시민의 발'이 아니라 '달리는 화약고'이다. "500보 걸어서 지하철을 타면 건강도 좋고, 또 대구사랑을 실천하는 것"이라는 대구시와 지하철공사의 캠페인에 동의하여 많은 시민들은 기꺼이 지하철을 애용했다. 시민들이 애용한 그 지하철은 알고 보니 '불쏘시개'였다. 시민들은 자기 돈을 주고, 자기 목숨을 달리는 화약고에 맡겼다. 대구시 공무원과 지하철공사 직원은 지하철 이용 시민들의 생명과 안전을 지켜 줄 의무가 있다.

이에 대해 "지하철 내장재를 불연성 소재로 모두 바꿔 안전성을 도모한다"는 등의 지하철 안전대책으로 호들갑이다. 조금만 생각해 보자. 내장재를 교체하는 데 드는 비용을 어디서 조달할 것인가? 보도에 의하면 해외에 수출하는 지하철은 1량당 20억 원 내외, 서울지하철 5~8호선은 13억 원 선, 인천과 광주 지하철은 10억 원 선인데, 대구는 돈이 없어서 5억 원짜리를 구입했다고 한다. 이제 와서 새삼스럽게 돈을 들여 내장재를 전면 교체한다니 그 돈은 어디서 생겨난 것인가? 대구시는 그동안 땅 투기라도 하여 떼돈을 벌어 놨는가, 아니면 하늘에서 금 덩어리라도 쏟아진 것일까? 그도 아니면 중앙정부가 뒷돈 대줄 테니 그렇게 하라고 승인이라도 받았는가?

토호세력과 한통속 '쉬쉬' 감추기 급급

결국 지방정부의 요란한 지하철 안전대책은 진실을 모호하게 호도하기 위한 하나의 고도의 술책에 불과하다. 우선 소나기를 피하고 보자는 식의 '땜질식 처방'이 난무하는 것이 노리는 최종 목적은 흐지부지 유야무야이다. 파르르 끓는 냄비언론의 눈길만 잠시 벗어나 있으면, 만사는 곧 언제 그랬느냐는 듯이 도로 제자리에 돌아오기 마련이라는 것이다. 이러한 만성적이고도 고질적인 습성이 2·18의 '원흉'이다. 그것이 진실이다.

기본적인것만 검증해도 대구시의 지하철 대책이 허구인지 진실인지 금방 들통이 난다. 이처럼 간단한 검증조차 않는 게 지방언론이다. 지방언론은 지방세력과 더불어 이번 사고의 숨은 공범자다. 그런 지방언론이 우리에게 외친다. "억울하면 안죽고 안다치면 될 것 아니냐?"라고. 물론 그 말은 말도 되지 않는다.

대구시는 허겁지겁 무엇이 그리 급한지 지하철 정상화를 서두른다. 이를 보면 아직도 대구시가 정신을 차리지 못한 게 아니냐 하는 의구심을 떨칠 수 없다. 대구시는 시민의 불편을 그 이유로 들고 있으나 궁색한 자기변명에 불과하다. 교통난은 시민들의 조그마한 불편이지만 시민의 안전은 무엇과도 바꿀 수 없는 명제이다. 안전이 담보되지 않는 지하철 운행은 시민을 '모르모토'로 여기는 것밖에 안된다. 대구지하철참사 시민사회단체 대책위원회가 여론 조사한 자료에 따르면 지하철공사 직원의 84.2%가 '안전대책 미흡'을 지적했고, 실제 지하철 운행을 담당하고 있는 승무직의 77%가 운행 중단을 해야 한다고 밝히고 있는데도 대구시는 불쏘시개 같은 지하철 운행을 강행한다.

정부는 대구시민들의 마음을 추스르기 위해 '민심수습 장관회의'를 여는 등 법석이다. 대구는 침체된 정신적 공황에서 헤어날 줄 모른다. 희생자대책위와 시민대책위가 시민의 안전을 담보하지 못하는 지하철 운행 중단을 요구해도 대구시는 마이동풍이다. 정부는 장황한 떠벌리기식 대책을 빛 좋은 개살구처럼 늘어놓을 게 아니라 시민들의 말을 듣지 않는 대구시에 시민들의 말을 듣도록 하는 실질적인 대책을 수립할 것을 촉구한다.

"우리는 대한민국 국민도, 대구시민도, 불법 체류자도 아닌 괄호 밖의 사람들입니다"라는 어느 유가족의 절규가 더욱 가슴 아프게 들려오는 2003년 봄이다. 2·18대구지하철참사로 유명을 달리하신 낯모르는 고인들의 넋에 명복을 빌면서 부상자들의 빠른 쾌유를 기원한다. 사고발생이 50여 일 남짓 지났을 뿐인데 어느새 '냄비언론'은 이미 까마득한 옛일로 치부해 버린다. 언론인의 한 사람으로 지면을 빌려 새삼 위로를 드린다.

<□ 2003. 3. 18.>

17
시민들이 외면하는 시립미술관

　문화예술도시를 표방하는 대구시는 월드컵 이후 도시발전과 시민들의 문화향수를 위해 수성구 삼덕동 월드컵경기장과 어린이대공원, 야구장 곁에 오는 2005년 공사에 착수하여 2008년 완공을 목표로 대구시립미술관을 건립한다. 21,600여 평의 대지에 지상 2층, 지하 1층, 연건평 3,104평 규모로 건립될 시립미술관은 이미 13여억 원을 들여 기본 설계를 마쳤다. 시립미술관은 건설비 777여억 원, 진입도로 건설비 300여억 원 등 모두 1,000억 원 이상이 소요되는 초대형 공사이다.

　대구시립미술관은 지역 미술인들의 숙원이었다. 지난 70년대까지만 해도 대구미술은 서울과 견주어 질적 · 양적인 면에서 조금도 손색이 없었다. 한강 이남에서는 단연 최고 · 최대였다. 그러나 80년대 이후 침체를 거듭하여 오늘날은 겨우 옛 영화의 이름만 먹고사는 처지로 전락했다. 따라서 시립미술관에 대한 미술인들의 염원은 무엇보다 절실했고 간절했다고 할 수 있다.

♠ 시민들의 접근성을 고려하지 않은 채 대구시의 행정편의주의적인 탁상행정의 소산으로 건립되는 대구시립
미술관 조감조. ⓒ 대구광역시

　대구시의 시립미술관 건립에 가장 먼저 반겨야 할 미술계가 철저히 외면하고, 냉담하다. 마치 남의 일인 양 '나 몰라라' 하고, '강 건너 불구경'이다. 그것은 대구시의 시립미술관 건립에서 주체가 되어야 할 시민과 미술인들이 배제된 채 공무원들의 과시적이고 행정편의주의적인 탁상행정으로 일관해서다. 미술인들은 새로 건립될 시립미술관이 미술인들의 바람과는 달리 시민들의 혈세만 빨아들이는 거대한 '블랙홀'로 전락할 가능성이 농후하다고 경고한다.

　문화예술은 시민들의 일상적인 삶 속에 있어야 비로소 생명력을 지닌다. 시민들이 외면하면 그것은 박제된 문화요 예술일 따름이다. 선진국의 문화예술기관은 하나같이 시민들이 가장 많이 접근하기 쉬운 중심부에 자리한다. 시민들이 문화예술을 손쉽게 접근할 수 있게 하기 위해서이다. 대구시는 시민들의 삶과는 동떨어진 곳에 미술관 건립을 강행한다.

현재의 위치에 미술관 건립을 하겠다고 장소를 결정할 당시 미술계의 대표로서 대구시에 찬성의견을 전달했던 권정호(56·당시 대구미협 회장) 현 대구예총 회장은 대구MBC의 「포커스 인」에 출연하여 "현재는 사람들의 접근이 뜸하나 미술관이 완공될 10년 후면 사람들이 많이 찾을 것"이라고 주장했다. 이는 무책임하기 그지없는 치졸한 변명에 불과하다.

대구시립미술관 계획은 하나부터 열까지 철저히 졸속 행정으로 일관한다. 경기도 과천 서울대공원 곁에 있는 국립현대미술관을 리카피한 대구시립미술관은 위치 선정부터 잘못됐다. 국립현대미술관은 서울 광화문에서 40분 거리에 불과하나 시민들의 접근이 용이하지 못해 외면당한다. 1년 동안의 입장객이 덕수궁분관 입장객 수와 비슷하다.

그뿐이 아니다. 미술관은 건립 후의 운영이 더 큰 문제다. 미술관이 제구실을 하려면 소장품을 구입해야 하는데 현재 건립 준비 중인 대구시립미술관 규모의 구색을 갖추기 위해서는 최소한 100작품이 필요하다. 1작품당 5억 원씩으로 계산하여 100작품을 확보하려면 1년에 50억 원씩 예산으로 10작품씩 구입한다고 해도 최소한 20년이 걸려야 한다.

연간 운영비만 해도 최소한 50~60억 원씩 소요된다. 과연 빚에 쪼들려 파산하기 일보직전인 대구시가 연간 최소한 100억 이상을 미술관 운영에 투자할 수 있을까? 이는 세 살배기 어린이도 답할 수 있는 문제다. 대구시립미술관은 시민들에게 문화예술의 향수라는 '축복'이 아니라 허위의식으로 가득 찬 TK의 몰골을 만천하에 드러내는

'재앙'일 뿐이다. 무책임하기 짝이 없는 일부 관변 미술인들의 형식적인 의견 수렴을 거쳐 마치 지역 미술계 전체의 의견인 양 강변하는 대구시의 오만하고 무지한 예술행정으로 시민들만 덤터기를 쓰게 된 셈이다.

대구시는 현재 진행되는 시립미술관 건립계획을 즉각 백지화해야 한다. 기본설계비 13억 원이 아깝다고 사업을 강행한다면 배보다 배꼽이 더 큰 재앙을 만날 수밖에 없다. 이미 투자된 기본설계비가 아깝다면 책임행정의 구현을 위해 당시 엉터리 행정을 기획했던 담당 공무원과 이를 최종 결재한 대구시장, 이들의 졸속 예술행정을 고무하고 찬양했던 관변 예술인들로부터 회수하면 된다.

사업규모와 위치도 전면적으로 재조정해야 한다. 이를테면 옛 대구상고와 중앙초등학교를 시립미술관으로 리모델링하여 활용한다면 현재 계획 중인 건립비용만으로도 세계적인 미술관을 꾸밀 수 있다. 미술인들이 기대하는 것은 이런 살아 있는 미술관이지, 건물만 '동양 최대'인 박제된 미술관이 아니다. 무능하다고 시민단체들로부터 사퇴압력을 받는 조해녕 시장이 어떤 선택을 할지 그 귀추가 주목된다.

<　2003. 5. 19.>

18
공무원 노동조합

　노무현 정부가 6급 이하 하위직 공무원들에게 '노동조합 설립'을 공식화할 예정이라는 보도다. 노동자의 한 사람으로선 반가운 조치임에는 분명하다. 국민의 입장에서 보면 '참여정부'의 포퓰리즘적인 정책이 아닌가 한다. 현재 한국 공무원 사회의 화두는 '구조조정'이다. 거두절미하고 본론부터 말하면 무엇보다 공무원이 지나치게 많다.

　공무원의 최소한 30%는 잉여인력이다. 국민을 위한 알뜰한 정부라면 공무원의 정원을 현재보다 50%는 줄여야 한다. 이들 잉여인력은 국가예산을 좀먹을 뿐 아니라 국가경영의 효율성을 떨어뜨리는 주범이다. 할 일 없는 공무원들은 자신의 자리를 보전하기 위해 끊임없이 무엇인가를 만들어 낸다.

　우리 속담에 무능한 사람이 부지런하면 그것은 '재앙'이라고 했다. 차라리 가만히 있는 게 도와주는 것이다. 현실에선 자신들이 놀고먹는 존재가 아니라 무언가 열심히 일을 하고 있다는 것을 과시하기 위해 끊임없이 새 일을 만들어 낸다. 이들이 만들어 내는 행정이란 대부분 국민을 규제하는 정책으로 귀결된다. 이들은 공무원 사회에서 하루빨리 숙청될수록 우리 사회에 이익이 된다.

노무현 정권의 공무원 노동조합 허용으로 말미암아 이런 공무원을 추방하기 어렵게 됐다. 물론 공무원들이 노동조합을 한다고 구조조정을 하지 못하라는 법은 없지만, 노조원을 해고하기란 녹녹하지 않다. 노무현 정부가 공무원 사회의 구조조정을 포기한 것 아니냐 하는 의구심이 드는 대목이다.

대구에서는 '행정개혁'이 물 건너간 틈을 타 공무원들의 '자리 챙기기'가 이미 본격화되고 있다. 이를테면 '오페라'에 대해 문외한인 이들이 민간인에게 위탁하여야 할 '오페라 하우스'를 공식적으로 접수하기에 착수했다. 대구도시개발공사와 기술직 공무원이 부패했다는 시의원의 발언에 대해 분기탱천하는 공무원들의 항의를 보고, 저들을 우리가 먹여 살려야 한다는 사실에 절망할 따름이다.

< 2003. 5. 21.>

19 참여정부와 부동산 공화국

‘참여정부’가 출범한 지 갓 100일이 지났다. 그간 노무현 정부의 행태를 보면 과연 국가경영능력이 있는지 의심이 든다. 특히 부동산 대책이 그러하다. 충청권의 행정수도 이전 공약으로 집권한 노무현 정부는 출범과 동시에 충청도 전체를 ‘부동산 투기’ 지역으로 만들었다. 침체된 ‘경제를 살린다’는 미명하에 자행된 잇단 금리인하조치로 2001년 말 현재 257조 원이던 단기 부동자금이 2003년 4월 말에는 387조 원으로 폭증해 온통 부동산을 찾아 망나니처럼 널뛰기를 한다.

한국은행의 금리인상조치를 정치권력으로 억누른 노 정권의 저금리 정책은 대표적인 ‘경제실정’이다. 이는 투자처를 찾지 못하는 부동자금만 양산할 뿐, 정작 돈이 필요한 기업과 실물경제엔 ‘돈 가뭄’을 몰고 와 고통을 더한다. 노 정권은 전국토의 부동산 투기장화에 대해 분양권 전매금지, 재건축 요건 강화, 주택담보대출 비율 인하, 투기차익 환수, 주식금융상품 개발 등 연일 부동산 안정대책을 쏟아 내고 있으나 소리만 요란한 ‘뒷북행정’에 그칠 따름이다.

대통령조차 '부동산 투기(?)' 혐의

한 조사에 의하면 장관·국회의원·공무원 등 주요 공직자들이 가장 선호하는 재테크는 단연 '부동산 투자'라고 한다. 부동산 투기를 발본색원하여야 할 정책을 기획하고 집행하는 주요 공직자들이 부동산 투자의 가장 큰손이라는 것이다. 어디 그뿐인가. 취임한 지 100일밖에 안된 노무현 대통령조차 친형 노건평 씨와 후원회장 이기명 씨의 '부동산 투기혐의'에서 '몸통'으로 지목되어 연일 야당의 정치공세를 받는 처지다.

이쯤 되면 이들에게서 진실한 부동산 투기대책을 기대할 수 없다. 자신이 세운 부동산 대책으로 자신들이 사 놓은 부동산이 손해를 볼 것은 불 보듯 뻔한 정책은 세우지 않을 것이기 때문이다. 이를 방치할 수만은 없는 노릇이다. 부동산 투기는 경제에 있어서 치명적인 독소이다. 부동산 투기는 "너도 망하고, 나도 망하자"는 말과 다를 바 없는 '경제적 자해행위'이다. 부동산 거품은 가계경제의 파산과 더불어 은행 부문의 부실을 초래하고, 이는 다시 경기침체의 발목을 잡는다.

국제통화기금(IMF)은 부동산이 주식에 비해 버블(*bubble*·거품)이 꺼질 확률이 훨씬 높다고 발표했다. 한국은행이 지난 24일 IMF의 실무보고서를 정리해 발표한 자료에 따르면 "주식시장의 버블이 급격하게 꺼질 확률은 17%에 불과한 반면 부동산시장은 55%나 되는 것으로 조사됐다"고 밝혔다. IMF는 "일본·덴마크·네덜란드·영국 등에서 부동산 버블이 꺼진 후 은행 부문에서 위기가 발생했으며, 이는 장기적인 경기침체의 원인이 됐다"고 경고했다.

'현 부동산 상황 80년대 日과 유사'

삼성경제연구소는 25일 「일본 버블경제의 교훈」이란 보고서에서 올 들어 경기 침체 속에서도 부동산 가격은 급등하는 이상 현상이 생기면서 '이러다간 일본식 거품경제가 빚어지는 것 아니냐'는 우려가 높다고 경고했다. 연구소는 그 이유로 최근 국내의 부동산 및 금융시장 동향이 1980년대 말 일본의 거품 팽창기와 비슷한데다 정부의 대응마저 당시 일본의 정책과 별다르지 않기 때문이라고 지적했다.

일본은 1983년부터 부동산 가격과 주가가 오르기 시작해 89년에 최고조에 이르렀으며 그 후 거품이 빠지면서 주가와 땅값이 급락해 10년이 넘는 장기 침체를 겪고 있다. 닛케이 주가평균은 최고였던 89년 38,915엔에서 요즘은 7,000~8,000엔대에 머물고 있으며 땅값은 당시에 비해 80%나 하락했다.

보고서는 최근 한국경제를 일본의 버블 팽창기와 비교하면 △부동산 가격 급등이 수도권 핵심에서 시작해 점차 확산 중이며, △초(超)저금리 아래 지나친 시중 유동성과 금융기관의 부동산 관련 대출 확대 등 자산가격 급등 요인도 매우 유사하다고 분석했다. 이에 따라 가계 부채와 가계 자산가치가 동시에 늘어나는 등 일본의 거품 초기와 비슷한 모습을 띠며, 사상 초유의 저금리 기조가 형성돼 있으나 세계경제 여건이 불안해 저금리 정책을 고수할 수밖에 없는 여건도 비슷하다고 지적했다.

<표 1> 한국과 일본의 부동산시장 거품 상황 비교

구분	일본의 버블 진입기	한국의 현재 상황
부동산시장	– 도쿄 중심지가 우선 급등 – 주택보급률 100% 상회	– 서울 강남지역 아파트 가격이 우선 급등 – 주택보급률 100% 근접
금융정책	– 저금리 기조 – 10% 넘는 통화증가율	– 저금리 기조 – 통화증가율(M3)이 2001년 하반기 이후 10%대로 진입
실물경기	– 내수 중심의 경기 활황	– 내수 위축에 따른 경기 위축
물가	– 소비자물가 1% 미만으로 안정 – 생산자물가는 하락 – 긴축통화정책 시행하기 어려운 상황	– 소비자물가 3~4%대에서 안정 – 급등했던 생산자물가가 안정세로 복귀 – 긴축통화정책 시행하기 어려운 상황
금융	– 부동산 관련 대출 급증 – 부동산 업종에 대한 과잉 대출	– 가계대출과 부동산 관련 대출 급증 – 부동산 관련 업종에 대한 대출 증가
산업계	– 우량 제조업체를 중심으로 일련의 구조조정기를 거침	– 외환위기 이후 구조 조정 추진
경제주체	– 자산가치와 부채의 증가가 동시에 일어나는 兩建 거래 확대	– 부동산 양건 거래 확대

자료: 삼성경제연구소, 「일본 버블경제의 교훈」, 2003.

특히 보고서는 또 "버블의 원인인 과잉 유동성, 저금리, 부동산 등의 구조적 수급불균형 현상이 아직 해소되지 않고 있어 버블 심화 가능성이 지속되고 있다"면서 "부동산 이외의 투자처가 없다는 것이 가장 큰 문제"라고 경고했다. 한국경제는 현재 정책금리 인하로 시중금리의 하락세가 지속되는 실정이다.

삼성경제연구소 최희갑 수석연구원은 "지금도 기업과 금융기관 등에 부실이 많아 부동산 버블이 더 심해진 뒤 파열된다면 감당하기 어려울 것"이라면서 "외환위기 직후와 달리 재정건전성이 훼손된 상태여서 신속한 부실처리가 어렵고, 일본처럼 기초체력이 튼튼한 것도 아니어서 장기불황에 견딜 능력이 미흡하다"고 말했다.

따라서 버블 발생의 원인을 제거하기 위해 △ 경기회복이 가시화하면 점진적 금리인상을 통해 부동자금을 흡수하고 △ 주택담보대출 비율(현행 60%)을 내려 부동산 관련 가계대출을 억제할 것을 제안했다. 또 △ 경기부양을 목적으로 한 재정지출에서 부동산 및 건설 관련 비중은 가능한 한 낮추고 △ 부동자금이 생산부문으로 흘러가도록 정부가 차세대 전략산업 육성에 대한 확고한 청사진을 밝히는 등 기업과 정부가 적극적으로 나서야 한다고 밝혔다.

'부동산 버블 붕괴 땐 일본보다 더 심각'

오늘날 일본경제의 장기적인 침체는 부동산 버블에서 기인한다. 한국경제는 일본경제에 비하면 펀더멘탈이 훨씬 쥐약하기 그지없디. 그런데도 일본의 '버블경제'를 고스란히 뒤좇는다. 건설교통부 장·차관은 일본과는 다르다고 말하나, 그것은 '정치적 언어'에 불과할 가능성이 더 농후하다. 현실은 초저금리가 지속되면서 돈이 부동산에 몰려 수도권부터 집값이 급등하는 닮은꼴 시장상황을 보여 준다.

만약 부동산 거품이 꺼지면 어떻게 될까? 주식과 부동산이 80%나 하락한다면 한국경제는 IMF가 아니라 완전 파산할 수밖에 없다. 이 불구덩이를 모른 체하면서 호화사치향락 소비도시로 전락되어 가는 지역에서도 부동산이 폭등한다. 투기세력의 조작과 개입으로 아파트 값이 20~30평형대를 중심으로 2,000~6,000만 원까지 프리미엄이 붙었다.

재벌에 비하면 동네슈퍼마켓 정도밖에 안 되는 지역의 화성산업(주)이 삼성과 롯데건설 등 유수한 재벌 건설사 컨소시엄을 물리치고 대구시 달서구 송현동 송현주공아파트 재건축사업자로 선정되었다. 이 과정에서 화성 측은 재건축조합 측에 대물보상가를 13평 1억

6,912만 원, 15평 2억 52만 원, 17평 2억 2,921만 원, 20평 2억 6,299만 원을 제시했다고 한다.

지난해 재건축 논의가 있기 전 이 아파트의 공인 감정가격은 13평형이 4,000만 원대 후반, 15평형이 5,000만 원대 초중반, 17평형이 5,000만 원대 중후반, 20평형이 6,000만 원대 초반이었다. 이 아파트가 얼마나 단기간 내에 급등했으며, 재건축에 거품이 끼었는지를 짐작할 수 있다. 문제는 '거품의 덤터기'를 고스란히 소비자가 덮어쓴다는 사실이다. 더구나 지역 경제계에서는 재건축마저 '선 시공 후 분양'이 시행되면 과연 화성산업이 지하 2층 지상 17~25층의 아파트 39개동 2,358가구 공사의 80%까지를 완공할 자금력이 있을지에 대해 의문을 제기한다.

또한 분양권 전매금지가 실시되면 프리미엄 차익을 노리고 송현주공 재건축에 투자했던 많은 사람들이 상투를 잡은 꼴이 되어 파산이 불가피할 전망이다. 과연 대구경제가 화성산업과 송현주공 재건축의 파산이라는 충격을 견뎌낼 수 있을까. 대구경제는 언제 터질지 모르는 시한폭탄을 안고 살아가는 형국이다.

< 2003. 6. 1.>

20
대통령 탄핵과 '3·12' 포퓰리즘

　지난 3월 12일 오전 11시 55분 대한민국 국회는 헌정사상 최초로 현직 대통령의 탄핵을 가결했다. 이는 청천개벽할 일로 국민들의 가슴에 커다란 충격으로 다가왔다. 수구반동세력이 주도한 대통령의 탄핵에는 1차적으로 노무현 씨 본인에게 그 책임이 있다. 그는 그동안 입만 열면 도덕성을 강조해 왔다. 그가 대통령이 된 이후의 행태를 보면 그것이 얼마나 위선적이었는지가 명명백백하게 드러난다. 따라서 대통령의 탄핵은 수구반동세력과 함께 어울리지 못한 탓의 결과이지, 그가 도덕적으로 깨끗해서가 아니다.

　또 하나 간과할 수 없는 것은 그의 사고의 폭과 정치력이다. 대통령이 된 후의 노무현 씨는 전혀 대통령다운 정치적 리더십을 보여 주지 못했다. 고작 시골면장 정도에 어울릴 정도로 편협하기 그지없었고, 경직되었다. 보수세력임을 자임하는 수구반동세력과 사사건건 마찰을 빚었다. 국민들에게 야당과 언론 때문에 개혁정치를 하지 못하겠다고 불평불만만 늘어놓기에 급급했다. 이는 자신의 무능을 드러내는 것으로 무책임하기 그지없는 것이었다.

♠ 노무현 대통령에 항의하는 국민들의 촛불시위 ⓒ민주당 강운태 의원 사무실

대통령 무능·무책임 회피에 급급

한 나라의 대통령이 되었으면 그에 걸맞은 책임과 의무를 지녀야
한다. 도대체 대통령이 무엇인가? 국가권력의 최고 쟁점에 있는 한
나라 최고의 기득권자다. 대통령이 자신의 위치와 할 일을 망각하고,
국민들에게 야당과 언론으로부터 억압받고 있다고 주객이 전도된 하
소연을 하는 것은 스스로 대통령을 포기하는 행위다. 문제는 그의 이
러한 행위가 개인 차원에 머무르지 않고, 온 나라와 국민 전체에 심대
한 영향을 미친다는 사실이다.

그는 대통령을 하기 싫으면 스스로 그만둬야 한다. 국민들은 그의
투정을 받아 줄 여유가 없다. 세상의 살림살이에 대한 경륜도 없고,

국정운영에 대한 능력도 없는 몇몇 소수의 코드에 맞는 집단에 의존한 그의 통치철학은 유치하고 치졸하다. 노무현 씨는 이를 자신의 오류로 겸허하게 인정하고, 비록 자기의 마음에 들지 않는다고 배척할 것이 아니라 현실적으로는 수구반동세력이 국회에서 절대다수를 차지하는 정치세력임을 인정하고, 유연한 리더십을 발휘해 국정을 상생의 정치로 이끌어야 했다.

그렇다고 결코 수구반동세력을 역사로부터 껴안고 가야 한다는 것은 아니다. 역사와 정치권력의 현실로부터 단계적인 절차를 밟아 퇴출시켜야 마땅하다. 노무현 씨는 관제방송을 동원해 이를 '현실과의 타협'이라 매도히는 선전선동정치에 의존했다. 이는 전형적인 '포퓰리즘 정치'다. 포퓰리즘 정치는 나치 독일의 히틀러에게서, 아르헨티나의 페론에게서 보듯이 매우 위험하기 짝이 없다.

아마도 노무현 씨는 스스로 중종대의 조광조식 '도학정치'를 구현하고 있다는 착각과 환상 속에 빠져 있을지도 모른다. 현재 관제방송을 통해 전개되는 일련의 캠페인 프로그램을 보면 당시의 여론몰이 정치가 고스란히 그대로 재현되는 듯하다. 조광조의 도학정치는 도덕적·윤리적으로는 명분의 정당성을 지녔을지는 모르겠으나 정치적으로는 졸렬하기 그지없는 졸작이었다. 정치는 도덕이 아니라 냉혹한 현실이다. 조광조가 진실로 백성의 뜻을 구현하는 정치가였다면 정치를 통해 백성들의 마음을 살찌게 하는 도덕적 윤리를 구할 게 아니라, 백성들의 배를 채워 주는 현실적인 삶의 정치를 먼저 구현해야 했다.

조광조는 도덕성을 지녔다. 노무현 씨는 도덕성을 지녔는가? 좀 거칠게 말하면 도덕성도 없는 주제에 도학정치를 흉내 내고 있으니 소가 웃을 일이다. 물론 누누이 얘기하지만 노무현 대통령을 탄핵한 수구반동세력이 정당성을 지닌다는 것은 결코 아니다. 하지만 현실은 그들 또한 엄연히 이 땅의 국민을 대표하는 국회의원이다. 이와 같은 냉엄한 현실을 자각해야만 수구반동세력의 발호에 대해 어떻게 대비할 것인가 하는 바른 대안을 마련할 수 있다. 노무현 씨는 이를 간과하고 있다.

포퓰리즘 정치는 민주주의의 적

민주주의의 요체는 다양성이다. 내 맘에 들지 않는다고 깽판을 치는 것은 민주주의가 아니다. 야당의 일부 수구반동세력은 역사의 심판으로 얼마든지 정치권에서 합법적으로 퇴출시킬 수도 있다. 그런 합법적인 절차, 곧 '정치개혁'은 외면하고 '노사모', '국민의 힘' 등 일부 극력 지지자들을 동원해 힘으로 일거에 제압하려다가 되레 업어치기 한판 패를 당한 것이 '3·12의회쿠데타'의 진실이다.

노무현 대통령의 보다 본질적이고 근본적인 정치적 한계는 그 또한 결코 진보세력이 아니라는 데 있다. 그는 보수주의자다. 일부 수구반동세력 또한 이 땅에서 보수주의자를 표방하고 위장한다. 여기서 이들 세력 간에는 국민들에게 자신이 진짜 보수주의자임을 알리기 위해 헤게모니 싸움을 할 수밖에 없다. 3·12사태는 그와 같은 과정에서 빚어진 정치적 해프닝이라 할 수 있다.

문제는 양측의 방법이 민주성을 띠고 있지 못한다는 사실이다. 특히 필자가 수구반동세력의 문제를 질타하지 않고 노무현 씨의 문제만을 집중적으로 걸고넘어지는 것은 그가 권력의 총체라는 사실에서다.

수구반동세력의 준동은 여론에 의해 일거에 쓸어버릴 수 있으나, 권력의 최고 기득권자이자 지도자인 대통령의 정치는 민중혁명 외에는 일거에 쓸어버릴 수 없기 때문에 이를 지적하고 환기하고자 하는 것이다. 더구나 노무현 씨의 정치 스타일이 포퓰리즘에 입각한 선전선동으로 치닫고 있는 점에선 더욱 그러하다.

그의 이러한 정치 스타일은 일부 기독교의 부흥회에서나 무속인들이 보여 주는 엑스터시를 바탕으로 하는 집단적 마취상태를 저변으로 한다. 우리 사회가 집단적 광란의 상태에 빠져 패닉에 이를 때 그 결과가 빚어낼 것을 생각하면 끔찍하다 못해 소름이 끼친다. 나치 독일과 군국주의 일본이 저지른 죄악이 그 결과의 참상을 일러 준다. 이를 차분하게 풀어 주고 알려 주어야 할 언론과 지식인들이 권력의 주구로 동원되어, 그 촉수 노릇을 하는 것은 참으로 서글픈 일이다. 언론과 지식인은 모름지기 깨어 있어야 한다. 그 지성으로 나라와 국민의 앞날을 밝혀 주어야 한다. 그것이 시대가 부여한 책임과 의무임을 통감해야 한다.

<　2004. 3. 15.>

21
대구시정과 버스요금인상 연례행사

대구시는 지난 10월 21일 시장이 외유 중인 틈을 타 버스요금을 680원(현금승차 시 700원)에서 800원(현금승차 시 900원)으로 기습 인상했다. 1년 10개월 만에 최고 28.57%에서 최저 20.0%까지 버스요금을 인상하면서 대구시 대중교통 과장은 "지난 2002년 12월 시내버스 요금 인상 이후 승객의 지속적인 감소와 유가·임금인상 등으로 버스업계의 경영난이 악화됐다"고 지적하고 "지난해를 기준하여 운송수입금 및 운송원가에 대한 용역조사에서도 운송원가가 현재의 요금수준을 훨씬 초과하는 것으로 나타나 버스요금을 최소 수준에서 조정이 불가피하다"고 설명했다.

성수기의 운임수입이 비수기의 운임수입보다 적게 책정된 엉터리 실태조사보고서를 토대로 버스요금 인상을 허가한 대구시의 시정(市政)은 시민을 위한 시정이라 할 수 없다. 버스사업자를 위한 시정이다. 대구시의 대중교통 행정실무를 실질적으로 총괄하는 담당 공무원이 얼마나 시민들을 우습게 봤으면 이따위 소리를 공식적으로 할 수 있었을까를 생각하면 분통이 터진다. 이 사람의 정체성은 공무원이라 할 수 없다. 버스사업자들의 대변인이다. 버스사업자의 대변인이 공무원으로 '위장취업'해 있는 것이다. 대구시민은 버스사업자의 대변인을 세금으로 먹여 살려 주고 있는 꼴이다.

버스요금인상을 바라보는 언론은 어떨까? 지역의 선도지인 <매일신문>은 「업계 경영악화 "더 이상 못 미뤄"/"내년 시행 준공영제·물가 등 감안 불가피"/시민단체선 "일방결정 …… 무효화운동 펼 것"」이라는 제하의 해설기사에서 역시 버스사업자들의 입장을 대변한다(이호준, 「대구시, 버스료 21일부터 인상 결정」, 매일신문, 2004년 10월 15일자, 3면). 시종일관 대구시와 버스사업자가 요금인상의 불가피성을 강조하는 보도자료를 리카피해 그들의 입장만을 친절하게 소개한다. 이 기사에선 시민들의 입장은 눈을 씻고 찾아봐도 없다. 다만 말미에 시민운동단체 간부의 '불복종 운동'만 코멘트로 처리함으로써 시민운동단체는 아무런 근거도 없이 으레 '반대를 위한 반대'를 하고 있구나 하는 인상을 덤터기로 뒤집어씌우고 있다.

더욱 악랄하고 가증스러운 것은 이번 버스요금의 인상률이 초등학생과 좌석버스의 요금동결로 인해 전체 평균 11.11%(교통카드 이용 시는 5.63%)밖에 안된다고 강조하고, 그나마 타 시도에 비해서는 상대적으로 적게 인상됐다고 주장하는 것을 진실인 양 버젓이 기사화하고 있다는 사실이다. 이는 사실에 대한 '왜곡'이 아니라 진실에 대한 '조작'이며, 나아가 독자를 '기만'하는 것이다.

대구시의 버스요금 인상률이 지닌 숫자의 함정은 전체 버스이용 승객이 대다수를 차지하는 일반버스 요금의 인상률이 진실이다. 대구시와 버스사업자들은 시민들의 비난이 두려워 초등학생과 일부 소수의 승객들이 보조적으로 이용하는 좌석버스 요금 동결을 전체 버스요금

인상률에 포함시켜 숫자를 통한 인상률 '조작'으로 비난을 모면하고자 한다. 이에 대해 지역사회에서 책임 있는 제1지마저 아무런 비판의식 없이 그들의 선전에 동원돼 그들의 입장을 대변하는 것이다. 이것 하나만 봐도 TK언론의 권·재·언 유착관계를 확인할 수 있으며, 지역사회에서 왜 시민언론이 필요한지가 극명히 드러난다.

대구시의 버스요금 인상은 지난 92년 민선 지방정부가 들어선 이래 2002년까지 평균 2년마다 한 번 꼴로 11.1%~25%씩 격년제 연중행사처럼 인상되어 왔다. 천편일률적인 시나리오에 의해 '이벤트'처럼 진행된다. 버스요금 인상 철이 되면 버스기사들은 생존권을 보장하라며 시민들의 발을 볼모로 '버스운행 중단'이라는 파업에 돌입한다. 버스사업자들은 유가와 물가·임금인상으로 경영난을 맞고 있다며 왜곡 조작된 엉터리 버스요금 수입실태보고서를 들이댄다. 그것이 참인지 거짓인지 확인조차 못 하는 대구시는 이를 토대로 적자보전이 불가피하다며 버스요금인상을 허가해 준다. 시민운동단체는 이에 대해 반대를 하나 곧 소수의견에 묻혀 버리고 만다. 이러한 과정에서 때론 뇌물이 서로 오가기도 한다. 실제로 사정당국에 적발돼 버스사업자와 버스노동조합 간부, 공무원 등이 줄줄이 쇠고랑을 찬 적도 있다.

대구시의 시내버스요금 인상을 계기로 차제에 무능한 대구시정은 청산되어야 한다. 일방적으로 대구시정의 홍보선전지로 전락한 TK언론 또한 시장에서 퇴출되어야 마땅하다. 격년으로 시민의 발을 볼모로 삼아 요금인상을 획책하는 시내버스를 공공성을 담보한 서민대중의 교통으로 환골탈태하여야 한다.

< 2004. 10. 22.>

22

삼성라이온즈와 해삼라이콘스

지역의 프랜차이즈 프로야구단인 삼성라이온즈는 지난 11월 23일 자유계약(*Free Agent*) 대상선수인 현대 유니콘스의 외야수 심정수와 4년간 총액 60억 원(계약금 20억 원, 연봉총액 30억 원, 옵션 10억 원), 유격수인 박진만과는 역시 4년간 39억 원(계약금 18억 원, 연봉총액 17억 원, 옵션 4억 원)에 계약했다. 삼성은 현대가 현금보상을 요구할 경우 심정수 몫으로 27억 원, 박진만 몫으로 12억 6,000만 원을 지불해야 한다. 2004한국시리즈에서 라이벌 현대에 2승 3무 4패의 전적으로 패한 삼성은 이 두 선수를 스카우트하는 대가로 무려 138억 6,000만 원이라는 천문학적인 돈을 쏟아부었다.

프로야구 팬들은 '돈성'이 '돈질'로 프로야구 판을 깨려 하고 있다며 '안티 삼성' 조짐까지 보인다. 삼성은 신임사장으로 내정된 김응용 씨를 내세워 '프로야구 판 키우기'와 김재하 단장의 '명문구단 육성론' 등으로 비난을 모면하고자 하나 아무래도 그 논리가 빈약하다. 삼성이 진정으로 프랜차이즈 구단이라면 아무 연고도 없는 선수를 돈으로 무차별 사들이는 것보다는 지역의 유망주, 신인을 하나하나 육성하는 데 돈을 투자해야 한다. 지역민들이 바라는 것은 이런 것이지 돈 자랑이나 하라는 것은 아니다.

삼성은 전력이 약해서 우승 못 했나

삼성은 한국 프로야구에서 팀별로나 개인별로 주요 기록이랑 기록은 모두 갖고 있다. 다만 한국시리즈에서만큼은 1번 우승하고 8번을 준우승해 '2류팀'이란 불명예를 안고 있다. 삼성이 예선경기라 할 정규 시리즈에서는 매우 강한데 정작 선수권이라는 타이틀이 걸린 정점에서는 유독 약할까? 삼성의 전력이 상대팀보다 약해서? 천만의 말씀이다. 객관적인 전력으로는 삼성은 지난 81년 프로야구 출범 이래 지금까지 여타 팀에 비해 한 번도 정상권 전력에서 밀려난 적이 없다.

그렇다면 왜 삼성은 한국시리즈에서 우승 못 하는 것일까? 그것은 바로 '삼성문화'와 외형 제일주의로 가득한 TK관중의 허위의식이 지닌 모순 때문이다. 우승을 하기 위해서는 선수와 프런트, 관중들이 '하모니'를 이뤄야 한다. 삼성은 이 삼자가 각각 따로따로였다. 삼성은 '제일주의'라는 명분 아래 최고의 성적만 요구한다. TK관중 또한 야구를 스포츠로 여기는 것이 아니라 당연히 이겨야 하는 '전쟁'으로 여긴다. 그렇다 보니 선수들에게 있어서는 과정은 불문하고 결과만 좋으면 만사가 오케이다. 이는 스포츠의 패러다임과는 배치된다. 그래서 삼성은 치명적인 약점투성이이다.

삼성의 우승론과 명문구단론은 마치 기초학문은 소홀히 한 채 응용과학·생산관리에만 힘을 쏟는 한국의 기업풍토와 절묘하게 닮아 있다. 남이 개발한 원천적인 기술을 들여와 뛰어난 생산력을 바탕으로 하청생산만 해 대는 꼴이다. 한국의 기업은 세계적인 최일류 상품을 생산하지 못한다. 창조성이 결여된 경제시스템이 세계정상에 오르기란 불가능하다.

삼성이 번번이 우승문턱에서 좌절하는 것은 선수들의 기본기가 미흡한 탓이다. 결과만 좇는 삼성 선수들은 스타플레이어답게 응용에서는 매우 강하다. 기본기에 대해서는 엉망이다. 가령 삼성에서는 야구의 보편적인 기술이라 할 번트나 주루플레이보다는 홈런 한 방이 절대적으로 더 대우를 받는다. 야구는 스타선수의 홈런 한 방으로 이기는 게임이 아니다. 선수단이 지닌 전력을 극대화할 때 상대를 제압할 수 있다.

2004한국시리즈에서도 삼성이 현대만큼만 기본기를 갖췄었다면 오히려 4승 2패 정도의 전적으로 우승했을 것이다. 이를테면 타자가 타격을 하고 난 다음 1루까지 전력 질주하는 것에서, 잇단 번트 공격의 실패라든지, 투스트라익 이후 현저히 떨어지는 타자들의 타격이라든지, 투스트라이크를 잡아 놓고 집중타를 맞는 투수들의 난조 등은 기본기의 미흡과 정신력의 결여에서 비롯된 것이다. 삼성은 우승하면 엄청난 금액의 보너스, 즉 돈을 생각하고, 현대는 팀의 명예와 희망을 말했다. 돈만으로는 절대 이길 수 없다. 그 승부는 이미 결말이 나 있었다 해도 과언이 아니었다.

야구는 이름만으로 하는 것이 아니다

삼성은 또한 이른바 관리야구라 하여 선수의 현재와 미래보다는 과거를 중시하는 시스템으로 일관했다. 이는 TK의 외형적인 '간판주의'와 절묘하게 닮아 있다. 예컨대 외국인 선수를 뽑을 때 삼성은 그 선수의 현재와 미래를 보는 것이 아니라 과거의 경력을 본다. 삼성이 스카우트한 외국인 선수의 면면은 여느 '메이저리거' 못지않다. 그런데도 외국인 선수는 팀에 플러스가 되기는커녕 오히려 위화감 조성과 이질문화의 전파 등 부정적 요소만 남기고 죽을 쑤기 일쑤이다.

현행 프로야구에서 각 팀당 2명씩 뛸 수 있는 외국인 선수는 팀 전력의 30~40%가 아니라 그 이상을 차지한다. 우수한 외국인 선수를 뽑지 못하면 한국시리즈에서 우승할 수 없다. 외국인 선수제도가 도입된 이래 우수한 외국인 선수를 뽑은 팀이 한국시리즈를 제패한 것에서 외국인 선수의 비중을 짐작할 수 있다. 우승을 하고 싶으면 팀에 도움이 되는 선수를 스카우트해야 한다. 삼성은 그동안 제대로 외국인 선수를 활용한 적이 없다. 오죽 답답했으면 타 팀이 뽑은 선수(SK의 유격수 브리또)를 트레이드해 와 썼을까. 삼성의 외국인 선수의 스카우트에 대한 한계성이 드러나는 대목이다.

삼성의 허위의식은 FA시장에서 선수들의 '몸값 거품'의 원인을 제공해 왔다. 삼성은 지난 99년 FA제도가 첫 도입된 이래 이강철과 김동수를 3년간 각각 8억 원에 영입했다. 이는 당시로서는 파격적인 금액이었다. 다음 해인 2000년에는 김기태와 4년간 무려 18억 원이라는 상상하기 어려울 정도의 돈으로 영입했다. 이들이 팀에 기여한 공로는 프로야구 최저연봉 선수인 2,000만 원짜리보다 못한 것이었다.

삼성은 이름과 과거 경력만 믿고 최고의 대우로 스카우트했으나 팀에
는 변변히 써먹지 못했다. 'FA 먹튀'란 말만 낳았다.

현재나 미래는 불확실성에 대한 투자다. 과거는 객관적인 사실에
대한 투자다. 스포츠 마케팅의 본질은 과거에 대한 투자가 아니라 현
재와 미래에 대한 투자이다. 삼성의 관료주의적인 관리문화는 객관적
인 사실의 명분을 중요시한다. 그렇다 보니 삼성의 외국인 선수나 FA
에서의 스카우트 대상자는 이름과 경력 위주로 선발하게 된다. 그것
은 후일 스카우트에 대한 문제가 제기될 경우 스카우트를 주도한 책
임성에 대한 자기변명은 될 수 있으나 팀의 전력 향상에는 아무런 도
움이 되지 않는다. 이런 여유로 삼성이 뽑은 외국인 선수나 FA 선수
는 하나같이 돈만 먹는 '하마'이기 십상이다.

"삼성 선수가 된 것에 감사하다"

메이저리그 최고의 명문 구단 뉴욕 양키스의 유서 깊은 양키스타디
움 선수 출입문 위에는 "양키스 선수가 되게 해 주신 하느님께 감사
한다(*I want to thank God Lord for making me a Yankee*)"라는 말
이 적혀 있다고 한다. 또 일본의 요미우리 자이언츠 야구단은 모든 선
수들이 입단을 선망하고 있다고 한다. 그것은 이들 구단이 해마다 천
문학적인 돈을 뿌려 대며 우수 선수를 모조리 사 모으는 '선수수집
전문구단'이기 때문이다.

삼성 또한 '한국판 양키스'를 운운하며 명문구단화를 논한다. 삼성
의 명문구단화는 이들 구단의 껍데기만 벤치마킹한 것이지 프로야구

의 본질은 외면한 명문구단론에 불과하다. 대구야구장 꼬락서니를 봐라. 관중을 적게 수용하는 야구장이라는 이유로 한국시리즈를 서울 잠실야구장에서 하는 처지에 명문구단 타령은 비난의 본질을 호도하기 위한 술책에 불과하다. 삼성의 명문구단론은 좀 거칠게 말하면 돈으로 우승을 사겠다는 천박한 자본주의의 발상에 불과하다.

이제 삼성은 한국 프로야구 선수들에게 있어서 최종적으로 안착하고 싶은 야구단으로 정착하게 됐다. 현재 프로야구 선수나 코칭스태프 등 프로야구 관계자라면 누구나 한 번쯤 삼성에 몸담고 싶어 한다. 그것은 삼성이 그만큼 안락한 생활을 보장해 주기 때문이다. 타 팀에 있을 때는 최선을 다해 기량을 닦아, FA를 계기로 거금을 챙기며 삼성에 스카우트만 되면 일생이 보장된다. 거금으로 안락한 내일이 확실하게 보장된 선수와 자신의 기량을 밑천으로 삼아 거금을 만들어 보겠다는 선수가 붙으면 어느 선수가 정신력이 더 강할까? 당연히 이름이나 과거 경력으로만 본다면 전자의 승리가 확실하겠지만 스포츠의 현장에선 후자가 승리하기 마련이다. 이른바 '헝그리정신'이 무서운 이유다.

동네축구에 불과했던 한국축구를 월드컵 4강으로 이끈 히딩크(Guus Hiddink)의 성공전략은 선수들에게 공정한 기회를 제공한 것이 요체다. 히딩크는 선수 개개인의 이름과 과거 경력에 집착하지 않았다. 오로지 미래의 성장 가능성을 눈여겨보고, 또 현재의 능력을 극대화할 수 있는 선수에게 공정한 기회를 제공했기에 월드컵 4강이라는 신화를 창출할 수 있었다. 히딩크가 삼성처럼 선수 면면의 화려한 과거 성적에만 매달렸다면 4강은 고사하고 예선에서 한 경기도 이기지 못했을 것이다. 그것은 역대 월드컵 대표팀의 전적과 삼성의 한국시리즈

성적이 웅변해 주는 대목이다.

스타 중심 보도로 선수의식 왜곡 초래

야구를 보도하는 지역언론의 문제 또한 한번 되짚어 볼 필요가 있다. 야구는 본디 9명이 하는 단체경기이다. 단체경기의 경기력은 어느 특정한 한 선수에 의해서가 아니라 팀원 전원이 한마음으로 뭉쳐질 때 극대화된다. 지역언론은 승패의 과정은 무시한 채 결과만을 보도하며, 그 공과에 대해 어느 한 특정 선수만을 집중적으로 부각시킨다. 이른바 '스타 만들기'의 보도형태이다. 이는 비단 TK언론만의 문제가 아니다. 기회주의적 상업주의에 젖어 있는 한국언론 전반의 문제이기도 하다. 하지만 유독 TK언론에선 더욱 그러하다.

언론이 야구라는 단체경기를 보도하면서 과정을 무시하고 결과만 보도함으로써 우리 사회에 우승이 모든 것을 말해 주는 왜곡된 문화를 낳는다. 민주주의와 스포츠는 결과보다는 과정을 중시하는 시스템이다. 승리에 이르기 위해서는 그 과정이 정정당당하여야 하며, 나아가 최선의 노력을 다하여야 한다. 승리는 성실했던 자기 자신에 대한 반대급부일 따름이다. 한국언론은 그 과정을 무시한 채 결과만을 정당시함으로써 불법 쿠데타로 권력을 잡았건 말건, 사회적 정의를 짓밟았건 말건 출세만 하면 그만이라는 사회적 풍조를 낳는다.

언론이 보도의 포커스를 주도적으로 활약한 어느 한 특정 선수에게만 집중적으로 조명할 때 단체경기의 팀워크는 실종되고 개인플레이라는 덤터기만 남는다. 선수는 팀의 성적보다는 매스컴에 자신의 이름이 오르내리는 것에 대해 더 신경을 쓴다. 매스미디어에 자신의 이름이 자주 오르내려야 스타로 인정되고, 스타는 연봉협상에서 보다 높은 대우를 받는다. 그러다 보니 정작 중요한 경기에선 힘을 쓰지 못한다. 삼성이 한국시리즈에만 가면 죽을 쑤는 이유다. 이처럼 왜곡된 선수문화의 전진기지는 바로 TK의 삼성이다.

우승하려면 왜곡된 문화부터 버려야

흔히 야구를 인생에 비유하곤 한다. 인생이란 살다가 보면 기쁠 때도 있고, 궂을 때도 있다. 또 때론 바르게 가야 할 때도 있고, 새치기할 때도 있다. 기본적으로는 사람이 사람으로서 지녀야 할 도리를 무시하고는 사람대접을 받기 어렵다. 야구 또한 마찬가지다. 더구나 삼성라이온즈는 프로집단이다. 프로면 프로답게 처신해야 하며, 언론은 언론답게 보도해야 한다. 프로가 프로답지 못하고, 언론이 언론답지 못하면서 우승하겠다는 것은 제 분수를 모르는 '과욕'이다.

우승에 목마른 삼성이 우승하기 위해서는 부정적인 문화의 왜곡부터 떨쳐내는 게 급선무다. 이 같은 패러다임에 대한 본질적 개혁 없이는 우승이란 요원한 과제다. 아무리 돈으로 FA를 싹쓸이하고, 메이저리그에 버금하는 외국인 선수를 사 온다 해도 그것은 화려한 '외투' 하나만 걸치는 꼴이다. 한국시리즈를 무려 9회나 우승한 해태타이거즈(현 기아타이거즈)의 우승신화에는 '강팀에 맞서 절대 수그러들지 않는 투지', '상대의 진을 다 빼놓는 정신력'이 결합되어 있었기에 가능했다.

삼성이 진정으로 우승하려는 명문구단으로 거듭나려면 이와 같은 '해태정신'을 벤치마킹하는 일이 급선무다. 돈이면 다 된다는 황금만능주의·물질주의의 전진기지가 되어서는 곤란하다. 더구나 그것이 TK사회에서 TK의 허위의식과 결합한다면 TK사회에는 끔찍스러운 재앙이다. 내 돈 내가 쓴다는 사고는 지역사회에서 백해무익하다. 결과만 좋으면 만사가 '오케이'여서는 안된다. 그런 사고방식은 매우 위험하다. 그동안 FA시장에서 삼성이 보인 행태는 천박한 상업적 기회주의였다.

삼성단장은 "롯데가 하면 투자이고, 삼성이 하면 돈질이냐?"며 억울한 듯 항변했다. 이는 양식 있는 프로야구단장이라면 입에 담을 말이 아니다. 롯데는 올해 포함해 4년 연속이나 꼴찌를 한 팀이고, 삼성은 해마다 정상권에 있는 팀이다. 스포츠가 매번 결과가 빤하다면 관중이 없다. 관중들이 스포츠에 열광하는 것은 꼴지도 최선을 다할 때 우승할 수 있다는 '역전의 미학' 때문이다. 만년 꼴찌라는 롯데도 어느 날 문득 우승할 수 있어야 관중들이 열광한다. 롯데가 FA시장에서 거금을 투자하여야 하는 이유가 여기에 있다.

삼성은 이를 간과하고 억지소리를 해 댄다. 이는 프로야구에 대해 '무지의 극치'이거나 '기만의 조작'일 따름이다. 프로야구 전문가 집단을 무지하다면 언어도단이라고 생각하기 쉽다. 이들은 야구에 대해서는 잘 알지 모르겠으나 야구경영에 대해서는 무대가리 주먹구구경영·낙후경영의 극치를 보여 준다.

삼성의 무차별적인 '돈질'은 프로야구 판 키우기가 아니라 프로야구를 서서히 고사시키는 막가파식 자해행위와 다를 바 없다. 삼성의 논리대로라면 프로야구 시장의 선수 몸값은 스카우트의 과열로 과대 포장을 치달을 것이고, 나아가 자본을 많이 동원한 기업이 우수선수를 싹쓸이할 것이며, 매번 경기 결과는 뻔해 우승한 팀만 우승할 것이다. 삼성화재가 타 팀의 추종을 불허할 정도로 독주하는 남자배구의 인기가 상대적으로 해마다 서서히 하락하고 있는 것에서 삼성이 주장하는 프로야구의 미래를 엿볼 수 있다. 따라서 심정수와 박진만은 정작 롯데가 스카우트했어야 했다. 그것이 한국 프로야구가 공생하는 길이다.

구단의 정체성에 팬들 고개 갸우뚱

삼성라이온즈의 구단 정체성에 대해 팬들의 의구심이 급속히 증폭되고 있다. 우승에 목말라 있는 삼성은 그동안 우승을 위해서라면 물불 가리지 않았다 해도 과언이 아니다. 우승 노하우가 있는 사람은 선수든 코치든 삼성맨으로 만들기에 혈안이 됐다. 삼성은 지난 2001년 과거 자신들의 눈에 피눈물을 흘리게 한 해태타이거즈의 수장을 영입했다. 선동렬 감독을 비롯한 '해태' 가신들이 줄줄이 88고속도로를 넘어오면서 팬들 사이에는 '삼성 라이거즈(라이온즈＋타이거즈)'라는 우스갯소리가 나돌았다.

이번 FA에서는 우승을 해 본 현대 유니콘스 선수에 눈독을 들였다. 지난해 말 박종호를 스카우트한 뒤 이번에 심정수와 박진만을 한꺼번에 영입함으로써 9명의 야수 중 3명을 현대맨으로 채웠다. 이제 팬들은 삼성라이온즈의 정체성을 빗대 코칭스태프는 '해삼(해태＋삼성)'으로, 선수단은 '라이콘스(라이온즈＋유니콘스)'라며 비아냥댄다. 지역의 팬들로부터 구단의 정체성에 대해 의심을 받을 때는 프랜차이즈 구단으로서의 생명력을 잃고, 존재가치를 상실한다.

지역의 야구팬들이 삼성에 요구하는 것은 FA시장에서의 큰손 노릇이 아니라, 지역의 야구저변 확대와 신인육성이다. 삼성은 신인 선수를 키우는 데는 소홀히 했다. 삼성이 배출한 스타는 많지만 그들은 이미 대학 시절이나 아마추어 때부터 걸출한 스타였다. 기껏해야 신인왕을 수상했던 이동수, 최익성, 신동주 등이 그나마 삼성이 발굴한 스타였다.

삼성이 이를 간과하려면 차라리 대구를 떠나는 게 낫다. 삼성이 떠나면 대구를 상징히는 시민야구단을 만들면 된다. 116억 원이라는 거금을 투자해 관중도 없는 프로축구단 대구FC도 만드는 판에 프로축구보다 몇 배나 더 인기가 많은 프로야구단을 만들지 못한다는 것은 말도 안된다. 시민프로야구단의 창단에는 자칭 삼성라이온즈의 열렬한 팬이라는 조해녕 시장도, 대구FC주식을 무려 1억 원어치나 산 국립경북대 김달웅 총장도 흔쾌히 동참할 것이다. 대구시민프로축구단 만들 때처럼 이들과 대구은행이 앞장서면 시민프로야구단 창단은 문제 될 게 없다.

'삼성라이거즈', '해삼라이콘스' 등으로 회자되는 현재의 삼성라이온즈는 프랜차이즈 구단으로서의 명분을 잃었을 뿐만 아니라 지역에서의 존재 의미도 없다. 돈으로 싹쓸이한 해삼라이콘스가 우승한다 해도 그게 무슨 의미가 있는가. 그것은 결코 삼성라이온즈가 우승한 게 아니라 우승청부사 · 우승제조기가 돈으로 만들어 낸 우승에 불과하기 때문이다. 김응용 사장, 선동렬 감독 체제의 삼성라이온즈, 즉 해삼라이콘스는 내년도에 반드시 우승하여야 한다. 우승하면 본전이고, 우승 못 하면 엄청 '돈질'이나 해 대는 '돈성'이란 비난에서 자유로울 수 없게 됐다.

지역의 프랜차이즈 야구팬으로서는 이런 야구단보다는 프로야구계에서 미아로 전락할 처지에 있는 시카고 화이트삭스의 이만수를 불러와 감독으로 앉혀 백의종군하게 하고, 유명이건 무영이건 가릴 것 없이 오로지 야구만 하고 싶은 선수를 모아 그가 지닌 역량을 발휘할 공정한 기회만 제공한다면 대구시민야구단은 히딩크처럼 근성 있는 프로구단, 패기와 투지가 넘치는 구단으로 자리매김할 수 있을 것이며, 이 자산을 바탕으로 우승을 일궈 낼 수도 있을 것이다. 그것이 진정 TK의 야구팬들이 바라는 소망이다. 삼성은 여기에 답을 해야 할 의무가 있다.

참고로 한 포털사이트 (http://news.naver.com/sports/new/list.php?ategory = baseball&menu = poll)가 인터넷 여론조사를 한 결과를 보면 삼성의 심정수·박진만 선수의 스카우트에 대해 얼마나 부정적으로 생각하고 있는지가 여실히 나타난다.

◆ 삼성의 공격적인 베팅에 대한 당신의 생각은?
 (2004년 11월 23일 현재/총 14,767명 참여)
 프로야구 성장 기폭제　　　4,140(28.0%)
 거품만 확산시킬 뿐　　　　10,627(72.0%)

◆ 심정수 – 박진만은 다음시즌 삼성을 우승시킬 수 있을까?
 (11월 23일 현재/총 14,500명 참여)
 당연하다　　　5,901(40.7%)
 가능성 반반　　4,234(29.2%)
 그래도 안 된다　　　4,365(30.1%)

◆ 심정수와 박진만 선수의 삼성행에 대한 당신의 생각은?
(11월 23일 현재/총 9,709명 참여)
긍정적이다　　2,455(25.3%)
부정적이다　　7,254(74.7%)

◆ 삼성의 120억 베팅에 대한 당신의 생각은?
(11월 22일 현재/총 10,305명 참여)
시장 체계 혼란 가중　　7,753(75.2%)
실력 맞는 대우를 해 줄 뿐　　2,552(24.8%)

◆ 심정수가 삼성에 요구한 45억에 대한 당신의 생각은?
(11월 22일 현재/총 17,152명 참여)
너무 과한 금액이다　　11,836(69.0%)
그 정도 값어치 있다　　5,316(31.0%)

< 2004. 11. 25.>

23

노무현 정권과 지방 살리기

노무현 씨가 제16대 대통령에 당선된 순간부터 그는 지방분권론자·지방언론에 있어서는 인간이 아니라 구세주·메시아처럼 다가오고 있다. 오늘날 지방분권론과 지방언론 살리기가 우리 사회의 주요 아젠다. 서울 1,200만 명, 인천 250만 명, 경기도 1,000만 명 등 대한민국 인구의 반이, 국부의 80% 이상이 수도권에 집중되어 있는 현실에서 지방 살리기는 당연하고도 시급한 과제다. 여기에 대해서는 시비 걸 생각은 조금도 없다. 필자 또한 지방분권·지방 살리기를 적극적으로 지지하며 동의하는 바이다.

분권 동기부터 잘못 정책의지 퇴색

수도권에서 소외된, 아니 버림받은 지방분권·지방 살리기 논자들의 하소연은 눈물겹기까지 하다. 이에 참여정부는 △지방분권특별법 △국가균형발전특별법 △신행정수도건설특별법 등 지방 살리기 3대 특별법을 제정해 지역민들의 열망에 화답했다. 이쯤 되면 "아! 참으로 고마운 대통령이요, 참으로 믿음직한 정부로세!"라며 '노비어천가'라도 절로 흘러나올 만하다. 현실은 왠지 냉랭하다. 국가의 수도가 온다는 충청도 외에는 그다지 '노비어천가'를 불러 대는 지방이 없는 듯하다. 그것은 노무현 정부가 추진하는 지방 살리기의 동기가 잘못된 탓이라 할 수 있다.

노무현 정부의 지방 살리기가 성공하기 위해서는 먼저 지방이 중앙으로부터 권력을 이양받을 역량을 갖췄는가 하는 점이 논제로 대두된다. 전국 16개 광역자치단체 가운데 다른 곳은 몰라도 대구광역시만 예로 들자면 한마디로 '여량 미달'이며, '수준 이하'다. 이를테면 지난 2003년에 발생한 2·18대구지하철참사사건에서만 보더라도 대구시의 무능한 행정력은 단연코 지방분권을 감당할 수 없다는 것이 필자의 확고한 생각이다.

과학기술부나 건설교통부 등 중앙부서에서 국토의 균형발전을 위해 전국 지자체 고유의 특성화 과제를 공모하면, 창의적으로 제안하여야 할 대구시는 타 시도에서 좋다고 하는 것만 골라 껍데기만 베껴서 짜깁기해 제출한다는 것이다. 이런 공무원에게 권력을 나눠 줬다간 큰일 난다. 조직을 골병들게 하는 첩경은 자고로 무식한 인간이 부지런한 데 있다. 무능한 인간이 권력을 쥐는 순간부터 조직은 고속철도를 타고 망조로 달려드는 것과 다를 바 없다. 이런 대구시에 지방분권을 한다는 것은 시기상조며, 따라서 어불성설이다.

정치인 본질 깨달아야 바른 정책 견인

다음으로 지방분권론자나 지방 살리기에서 메시아처럼 다가오고 있는 노무현 대통령과 참여정부가 지닌 정치적 속성을 생각해 볼 필요가 있다. 이들은 본질적으로 정치인 집단이다. 정치인의 최고 덕목은 권력을 창출하고 유지하려는 데 있다. 따라서 정치인들의 정책은 국민을 위해서가 아니라 자신이 정권의 획득을 위해 정책을 내놓는다. 즉 국민적 이익보다는 자신의 권력을 먼저 생각하는 것이다.

노무현 씨를 대표로 하는 이 정권도 마찬가지다. 그 실례를 하나 들어 보자. 만일 노무현 대통령에게 박정희 전대통령처럼 반통일적인 냉전주의자라고 말한다면 노사모 '오빠'들은 필자에게 분개할 것이다. 가령 행정수도 문제를 보자.

노무현 정부의 행정수도 이전론은 충청도의 표를 얻기 위한 정략적 수단에서 기인한 기만적인 정책의 극치이다. 박정희 전대통령이 행정수도 이전을 고려했던 것은 그가 냉전주의자이며 반통일주의자였기에 이전 발상을 할 수 있다. 그에게 있어서는 행정수도는 남북통일이 아니라 남북분단의 고착화, 즉 휴전선을 전제로 한 국가의 수도였기에 이전 정책을 고려할 수 있었던 것이다.

통일지향적이며, 남북화해주의자로서 6·15남북정상회담을 했던 김대중 정부의 햇볕정책을 계승했다는 노무현 정부가 박정희 정권의 행정수도 이전론을 빌려 와 입는 것은 아무래도 모순과 기만의 극치다. 이는 노무현 정부의 역사관을 참으로 의심스럽게 하는 대목으로서, 도대체 이 권력의 정체성이 뭐냐 하는 것에 대한 의구심이 들게 한다.

역사관이 의심스러운 노무현 정권

그런 의미에서 <조중동>의 행정수도 이전 반대론은 나름대로 정당성을 지닌다. 이에 대해 노무현 정부와 권력의 나팔수들은 "박정희 때는 찬성하더니 왜 노무현 때는 반대하는가" 하며 공박한다. 박정희 때의 <조중동>은 언론이 아니라 '권력의 시녀', '정권의 나팔수'였기에 권력의 뜻을 거스를 수 없었던 것이고, 노무현 시대의 <조중동>은 언론의 자유를 향유할 수 있으므로 자신의 목소리를 내는 것이다. 따라서 노무현 정권과 권력의 나팔수 매체와 일부 시민단체 등에서 주장하는 <조중동> 때리기는 단순히 비판을 위한 비판에 매몰되어 있다고 할 것이다.

남북이 통일된다면 현실상 남한이 북한을 인수할 수밖에 없다. 그러면 한국이 북한에 줄 것은 무엇인가? 그것은 통일한국의 수도밖에 없다. 뿐만 아니라 대한민국의 역사를 상고해 보면 수도가 대륙에 가까이 있었을수록 국운이 융창했다. 통일한국의 수도는 현실상 평양이 가장 적합하고, 나아가 언젠가는 회복해야 할 옛 고구려와 발해 땅을 편입한 '대한국연방'의 수도는 한반도를 벗어난 만주지역이 적합할 것이다.

이런 긴 역사를 생각해 보면 충청도 공주 땅으로 국가의 수도를 옮기자는 노무현 정부의 한심한 역사관은 졸렬하다 못해 치졸하기 그지없는 단견이요 문맹이다. 이것이 노무현 정권의 지방 살리기 정책이 지닌 본질적 한계다.

<　2004. 12. 12.>

24

일본의 침략기도와 '조용한 외교'

외교관은 국가를 대신하는 사람이다. 따라서 외교관에게는 주권국가에 상응하는 예우가 따른다. 곧 외교활동을 수행함에 있어 '치외법권'이라는 법률적 특혜가 그것이다. 외교란 상대국가에 대해 예(禮)와 예(禮)로써 선린 우호관계를 맺고, 그를 통해 국익을 추구한다. 외교가 예라는 절차를 벗어나면 외교가 아니라 시정잡배들의 망나니짓과 다를 바 없다. 지난 2월 23일 프레스센터에서 서울외신기자클럽 초청 간담회에서 "역사적으로나 법률적으로 독도는 명백한 일본 땅"이라는 다카노 도시유키(高野紀元) 주한일본대사의 발언은 외교관의 망발이 아니라 주권국가를 모독한 '침략선언'과 다를 바 없다.

역사적으로나 법률적으로 독도는 우리 땅임에는 단 한 치의 의심도 없다. 일본은 시네마현의 '다케시마(竹島·獨島의 일본식 표현)의 날' 제정을 계기로, 본격적으로 독도가 자기네 땅이라고 주장할 조짐이다. 일본의 침략주의적·제국주의적·패권주의적 망언과 책동에 온 국민이 분노한다. 사태가 여기에까지 이른 데는 대한민국 오피니언 리더들의 해묵은 식민사대주의 근성이 도사린다. 이 글은 보편적인 지식인으로서, 나아가 민중의 한 사람으로서 왜놈들에 대한 분노보다, 매국노의 앞잡이들로 변질된 대한민국 보수 지식인층들의 왜곡된 가치관을 고발하고자 한다.

♠ 일본은 기회 있을 때마다 독도 침략을 국가적 아젠다로 설정하고 공공연히 주장한다. 이에 대해 한국 외교부는 일본의 전략에 말려든다는 핑계로 '조용한 외교'를 표방하며 실질적으론 무대책으로 일관한다. 이는 외교부가 모조리 친일 세력(신서방사대주의)의 소굴이기 때문이다. 사진 출처: 정우라이온스클럽, cafe.naver.com/lionsclub354c/167

사회지도층의 사대주의가 '독도침략' 초래

무릇 지식인이란 누구인가? 지식인이란 '앎이란 무엇인가'를 배운 사람이다. 그래서 민중들의 존경을 받으며 그 사회의 오피니언 리더로 기능한다. 이른바 사회지도층이 되는 것이다. 사회지도층이 되면 그에 따르는 기득권을 향유한다. 사회지도층이 기득권을 정당하게 향유하기 위해선 책임과 의무가 전제되어야 한다. 이는 상식이다. 대한민국의 사회 지도층엔 권리와 특혜만 있고, 책임과 의무는 실종되었다. 지도층에 빛나는 것은 민중들과는 비교될 수 없이 엄청나게 큰 몫으로 부과되는 책임과 의무를 성실히 수행해야 되기 때문이다. 대한민국의 사회지도층은 자신들에게 부과되는 책임과 의무는 팽개친 채권리와 특혜만 향유하려 든다. 대한민국의 사회적 패러다임을 제시하고, 실질적으로 지배하는 이들 오피니언 리더층의 본질을 해부해 과거사 청산을 단행하자는 이유는 우리 사회 지도층의 가치관이 제2의 망국을 부를 조짐 때문이다.

먼저 정치권력의 실체를 보자. 1905년 일제가 조선의 외교권을 강제로 찬탈했던 '을사늑약'을 체결할 때 나라를 팔아먹었던 매국노 학부대신(敎育部長官) 이완용(李完用) · 군부대신(國防部長官) 이근택(李根澤) · 내부대신(內務部長官) 이지용(李址鎔) · 외부대신(外務部長官) 박제순(朴齊純) · 농상공부대신(農商工部長官) 권중현(權重顯) 등 '을사오적'이 누구인가 하는 것이다. 그들은 당대의 지식인으로서 당시 최고위층에 있었던 조선조 사회의 오피니언 리더들이었다. 그들이 조선을 팔아넘길 때 아무런 논리적 근거도 갖추지 않은 채 무지몽매하게 나라를 팔아넘긴 것은 아니다. 그들 나름대로 '매국의 논리'를 갖춰 일제의 조선침략에 앞장섰다. 물론 을사오적의 매국의 논리는 그 어떤 이유를 들건 간에 결코 정당성을 지닐 수 없음은 두말할 나위 없다.

오늘날 을사오적의 매국의 논리가 정치권에서부터 다시 부활하고 있다. 해방 이후 이승만 독재정권은 비록 '반일'을 표방했으나 민족정기 확립을 위해 친일 앞잡이를 청산하지 않았다. 이승만 독재정권은 친일세력의 청산은커녕 오히려 그들을 중용했다. 친일파들은 이승만 독재정권 시대의 오피니언 리더들로서의 기득권을 발판으로 삼아, 자신들의 친일을 '반공'과 '친미 사대주의'로 포장하여 대를 이어 우리 사회의 지도층으로 군림하기에 이르렀다. 그와 같은 패러다임은 총칼로 권력을 찬탈한 박정희·전두환·노태우로 이어지는 군사정권하에서는 '근대화'란 미명하에, 김영삼·김대중·노무현 정권에서는 '21세기 성장의 동반자' 관계로 인식되어 '친일'이 공공연한 사회적 패러다임으로 인식되었다. 오늘날 나라와 민족을 위해 희생했던 독립군 후손들은 가난과 핍박에 찌들고, 친일 앞잡이 후손들은 떵떵거리며 사는 나라 꼴이 됐다.

한국사회에서의 매국적 사대주의의 단초는 정치권력의 식민주의적 근성에서 기인한다. 정치권력의 강대국 추종주의·노예근성을 가장 잘 받드는 집단이 엘리트 의식이 넘쳐나는 '외교 공무원' 집단이다. 대한민국의 외교를 담당하는 외교부 공무원, 즉 외교관들을 좀 비약해서 말한다면 그들은 국제사회에서 대한민국의 국익을 위해서 외교를 하는 것이 아니라 미국의 이익을 위해, 일본의 이익을 위해 외교를 한다. 월급은 대한민국 국민으로부터 받아먹으면서 실제로 하는 일은 서방 강대국을 위해 봉사하고 기능하는 것이다. 해외에서 우리 국민이 무슨 일을 당해 외교관을 찾으면 무시당하거나 문전박대가 예사다.

일본이 독도를 빼앗기 위해 광분해 날뛰는데도 외교부 공무원들은 "국제분쟁 지역화하려는 일본의 전략에 말려들 우려가 있다"며 이른바 '조용한 외교', '차분한 대응', '이성적 판단' 등을 운운하며 '강 건너 불구경'하듯 한다. 외교부의 '조용한 외교'가 설득력을 지니려면 겉으로 드러나는 외교보다는 물밑에서 더욱 치열하게 '독도가 한국 땅'이라는 사실을 국제사회에 알려야 한다. 외교부의 '조용한 외교' 실상은 그냥 아무것도 하지 않고 쉬쉬하며 그냥 덮어 두는 것이 그 본질이다. 외교부가 손 놓고 앉아 있는 사이에 일본의 주권침탈, 영토 침략기도는 전 세계를 향해 '독도는 일본 땅', '동해(東海·East Sea)'가 아니라 '일본해(日本海·Sea of Japan)'라는 선전선동에 혈안이다. 전세계 60억 인구 가운데 59억이 독도가 일본 땅으로, 동해를 일본해로 안다. 사태가 여기에 이른 것은 뭐니 뭐니 해도 외교공무원이 제 나라 제 국민을 위해 존재한 것이 아니라 제 나라를 배신하고, 제 민족을 배신해도 오로지 강대국에만 빌붙으면 대대손손 호의호식하며 떵떵거리고 살 수 있다는 매국노의 삶을 벤치마킹해 개인적인 영달을 추구했기 때문이라고 진단할 수 있다.

국가관과 민족관이 어느 집단보다 더 충실해야 할 외교관들이 이따위 정신으로 외교공무원에 봉직하고 있으면 우리는 '독도'를 일본에 빼앗기는 것은 단지 시간문제일 따름이다. 따라서 일본과의 '독도전쟁'에 앞서 우리는 국민에 봉사하는 대한민국 외교공무원으로서보다 식민지적 사대주의 근성에 젖어 있는 외교공무원부터 숙청해야 한다. 그들을 우리 땅에서 추방해 그들이 그토록 오매불망 좋아하는 미국 땅으로, 일본 땅으로 보낸 다음에 일본의 독도 침탈을 응징해야 효과가 있다. 그들을 외교공무원이라는 허울 아래 이 땅에 두고, 일본과의 외교전쟁에서 승리하겠다는 것은 그야말로 '하늘에서 별 따기'다.

제 할 일 못 하는 외교 공무원 숙청 시급

자칭 타칭 '민족의 대학'이라는 고려대학교 정치외교학과 한승조 (韓昇助·75세) 명예교수는 역사왜곡을 정당화하는 데 광분하는 일본의 우익지『세까이(正論)』3월호에 기고한 글을 통해 "일본의 한국지배는 불행 중 다행"이라는 망발을 쏟아 놓아 대한민국 보수우익 지식인층의 역사관과 인생관을 만천하에 드러냈다. 자칭 군사평론가이자 반공주의자라 자처하는 지만원이라는 지식인은 자신의 홈페이지에서 "일본의 선진화된 과학기술과 절제된 정신은 잠자던 조선인들에게 커다란 사극이 됐음을 인정해야 한다"며 한승조의 망동을 두둔했다. 이들의 망언과 의식구조는 한국의 수구적인 지식인 사회, 오피니언 리더, 사회지도층들이 무엇을 생각하고, 어떠한 역사관과 가치관을 지니고 있는지를 극명히 드러내는 것이다. 이들에 대해 분노하는 것은 오로지 이 땅의 민중들뿐이다.

그것은 친일지배의 긍정적인 면을 역설한 한승조와 지만원의 왜곡된 인생관이 대학교수란 자가, 우리 사회의 평론가임을 자임하는 자가 '노망'이 나서, 정신이 오락가락한 혼미한 상태에서 마구 지껄인 말은 아닌 듯하다. 여기에 문제의 심각성이 있다. 기분이 나는 대로 제멋대로 쓴 지만원의 '한승조 옹호론'은 그렇다 치더라도, 일본잡지에 장문의 글을 투고한 것으로 보아 한승조의 '친일론'은 막말이 아니라 상당한 논리를 지닌 듯하다. 친일 앞잡이들이나 매국노 지식인들의 눈으로 보면 그의 글은 틀림없이 정당성을 지닌 '양심적인 지식인의 자기고백'인 듯하다. 하지만 그 어떠한 이유와 명분을 모조리 동원한다 해도 일제의 식민지배로 인해 이 나라와 이 민족에 당했던 억

압과 수탈의 역사를 대신할 수는 없다. 그것은 불변의 진리이자 가치이다. 대학교수란 자가, 더구나 정치와 외교를 가르치는 자가 이민족의 지배를 정당화하는 가치관에 전도되어 '민족의 대학'을 자임하는 학교에서 학생들을 가르쳐 왔다면, 우리 사회에 얼마나 많은 '제2, 제3의 한승조'가 태어났을 것인가를 생각하면 끔찍하기 짝이 없다. 이는 을사오적의 '매국정신'이 뿌리째 근절되지 않고, 지식인 사회를 통해 면면히 세습되고 있음을 뜻한다.

대한민국 최고 지식인들의 집합체인 국립서울대학교를 졸업하고, 5·18민중항쟁의 유공자이기도 한 김완섭(金完燮)이라는 지식인은 『친일파를 위한 변명』(춘추사·2003)이라는 저서를 통해 "한일합방은 무력을 앞세운 일본의 강제적인 침략이 아니라 조선이 주체적으로 선택한 것이었다", "한국은 불법적으로 점령하고 있는 독도를 일본에게 돌려주어야 한다"는 망발을 출판하기에 이르렀다. 식자층이 이민족의 지배를 찬양하는 책을 집필하고, 또 돈만 된다면 그 내용이 어떠하건 간에 아랑곳하지 않는 출판사의 상술은 21세기를 바라보는 한국 지식인 사회의 서글픈 한 단면을 극적으로 보여 준다. 어디 그뿐인가. 대중들에게 미치는 영향력이 누구보다 막강한 대중가수마저 『맞아 죽을 각오로 쓴 친일선언』(조영남·랜덤하우스중앙·2005)이라는 저서를 펴내 '지일·극일'이라는 빌미 아래 일본의 장점을 장황하게 늘어놓음으로써 자기 민족을 상대적으로 비하하는 식민사관을 확대 재생산하기에 급급하다.

지식인들 통해 매국노 세습 부활기도

상황이 이렇다 보니 이완용·송병준(宋秉浚) 등 매국노의 후손들마저 "할아버지 땅을 돌려 달라"며 당당하게 소송을 낸다. 매국노 후손이 땅 찾기 소송을 제기하는 것은 민족정기가 바로 선 나라라면 꿈도 꾸지 못할 소송이다. 그 소송이 왜 정당성을 결여한 것인가 하는 것은 누구보다 법조인들이 더 잘 알고 있을 것이다. 문제는 매국노의 재산을 찾으려고 달려드는 매국노 후손보다 그 소송을 대신 떠맡는 법조인들의 사고구조다. 누구보다 사회정의 구현에 앞장서야 할 변호사가 돈에 눈이 멀어 매국노 후손들의 주구 노릇을 하는 것은, 참으로 빗나간 지식인 사회의 일탈이라 하지 않을 수 없다. 그들이 TV에서 떳떳하게 드러내 놓고 매국노 후손들의 재산 찾기를 돕고, 역사의식이 전혀 없는 판사는 일제가 남기고 간 법조항에 의해 승소 판결을 내린다. 우리 사회가 여기에 이르면 대한민국은 정통성도 민족성도 없는 '쓰레기통과 다를 바 없는 국가'다. 독립군이 '비적'으로, 친일이 '애국'으로 본말 전도되는 것이 상식처럼 통용되는 현실은 한마디로 막가자는 세상이다.

부동산 투기를 총체적으로 근절시켜야 할 경제부처의 수장과 건설부장관이, 국가인권위원회 위원장이 부동산 투기 혐의로 실각하거나 사의를 표명하고, 교육부총리에 임명되었던 자가 자식의 대학부정입학 혐의 등으로 도중하차하는 나라가 대한민국이다. 상류층 사회에서 개발정보를 빼낸 부동산 투기와 자식들의 군대 안보내기가 일상적인 일로 치부되는 나라가 대한민국 아닌가. 과연 이런 나라가 제정신을 가진 나라인가. 과연 이따위 나라가 국제사회로부터 얼마나 존경을 받을까. 대한민국은 누가 이런 나라로 만들었나? 그건 바로 지식인들, 오피니언 리더층이다. 민중들은 마땅히 분노해야 한다. 민중들의 분노를 조직적으로 억압하고 왜곡하는 집단이 있다. 바로 언론이다.

사회지도층이 나라 망치는 주범

대한민국의 여론시장을 75% 이상 독과점한 <조선·중앙·동아일보>는 노무현 대통령이 일본의 역사왜곡·독도침탈 기도에 대해 청와대 홈페이지를 통해 지난 3월 23일 「국민에 드리는 글」을 발표하면서 "침략적 패권주의를 두고만 볼 수 없다"며 그 시정을 요구하자 일제히 태클을 걸고 나왔다. <조선일보>는 「대통령이 할 말을 도맡는 외교에 대한 걱정」(3월 23일자), 「외교부도 모르게 결정되는 외교정책」(3월 24일자)을 통해, <중앙일보>는 「대통령은 한발 물러서 있어야」(3월 23일자), 「외교부에 외교가 안 보인다」(3월 24일자)에서, <동아일보>는 「외교의 대의와 실익」(3월 24일자)이라는 사설 등으로 대통령의 외교전쟁 운운은 국익을 해치는 경박한 처사라고 비판했다.

이 하나만 봐도 <조중동>이 대한민국 역사에서 청산되어야 할 앞잡이 언론임을 알 수 있다. <조중동>은 각성해야 한다. 그것은 '역사찾기'를 통한 책임 있는 언론으로서의 정체성의 확립이다. <조선일보>와 <동아일보>는 친일·반민족 언론으로 기능했던 자신들의 과거사를 솔직히 고백하고 뉘우쳐야 한다. <조선·동아>가 자신들이 저질렀던 친일언론범죄를 자성하지 않고, 세 치 혀로 국민들을 기만하는 한 이 땅에서 친일·친미사대주의는 뿌리 뽑히지 않는다. 오늘날

이 땅의 친일세력은 여론을 지배한 <조선·동아>를 숙주로 기생하고 있음을 깨달아야 한다.

<중앙일보>는 재벌언론이라는 죄악을 청산해야 한다. <중앙일보>가 천박한 상업주의를 신봉하는 한 우리 사회에서 황금만능 배금주의라는 독버섯은 없어지지 않는다. <중앙일보>는 이 땅의 여론시장을 좌지우지하는 언론으로서 재벌로부터 자주적으로 독립하고, 언론으로서의 사명을 회복하여야 한다. 재벌의 가치를 우리 사회에 오염시키는 매개로 기능하는 한 <조선·동아>나 마찬가지로 청산의 대상으로 전락할 것임을 명심할 필요가 있다.

한국 언론의 냄비근성 비난 위해 매도

언론으로서의 영향력이 결코 <조중동>에 못지않은 '국민의 방송' <KBS> 또한 정신을 차리지 못하기는 마찬가지다. <KBS-1TV>가 지난 3월 26일 방송한 「미디어 포커스」는 이 방송이 '한국방송'인지, '일본방송'인지 그 정체성에 대해 의문을 갖게 했다. 미디어비평 프로그램인 「미디어 포커스」는 저널리즘을 비평하면서 언론을 비판하기 위한 비판에 매몰돼 그 의미를 상실케 했다. 즉 이 프로그램은 신문과 방송을 포함한 한국 언론이 일본의 독도 침탈을 보도하면서 지나치게 선정적으로, 감정적으로 보도했다고 비판했다.

일본의 영토침략에 분개한 국민들이 자신의 손가락을 자르면서까지 정부의 무능을 질타하고, 일제의 식민 침략 야욕에 분개하는 과정에서 일장기를 태우고 일본을 격렬히 비난하는 것은 자연스러운 국민정서의 표출이다. 이 프로그램은 "언론이 이성적이지 못하고, 감정적으로만 보도한다면 문제가 해결되기보다는 오히려 양측 간에 갈등의 폭만 증폭되어 문제 해결을 어렵게 한다"는 잠꼬대 같은 얘기를 언론비평이랍시고 해 댔다. 일본언론은 이번 사태를 냉철하고 이성적으로 취급하고 있다며 한국언론재단과 한국방송콘텐츠진흥원 등에 의뢰한 조사자료까지 곁들였다.

이는 이 방송이 전형적인 식민사대주의에 길들여진 관제언론이기에 가능한 논리이다. 일본언론이 차분하고, 한국언론이 냄비언론처럼 팔팔 끓는 것은 일본이 침략자이고, 한국은 침략의 피해자로 전락될 개연성이 너무나 분명해서이다. 다시 말해 일본이 독도 문제에 차분한 것은 '독도가 일본 땅'이라는 명제를 전제하기 때문이다. 만일 역으로 사실을 뒤집어 우리가 '대마도는 한국 땅'이라고 주장하고, 주일한국 대사가 도쿄에서 그와 같은 발언을 공식적으로 입에 담았다면, 일본 언론의 반응은 그처럼 차분하고 이성적일까 하는 것이다. 그동안의 일본언론 행태로 미루어 보아 그렇지 않으리라는 것은 쉽게 짐작하고도 남음이 있다.

역사왜곡이 만연된 일본실체 폭로

일본은 21세기 세계의 기생충이다. 끊임없이 이웃나라를 침략하려는 파괴주의의 바이러스 세균이다. 일본이란 나라가 생긴 이래 일본은 배은망덕하게도 줄곧 문화의 젖줄로 기능해 왔던 우리나라를 침략하거나 침탈해 왔다. 단 한 번도 선린우호 관계를 맺은 적이 없다. 제

2차 세계대전의 전범국 독일이 나치의 잔혹상을 고발하는 기념관을 100여 개나 세워 독일 국민들로 하여금 전쟁의 죄악상을 깨닫게 해 미래의 교훈으로 삼고 있는 도덕성을 일본은 본받을 생각조차 없었다. 이런 일본을 어떻게 이웃으로 대할 수 있을까. 분명 말하거니와 일본은 독일에 비해 '조폭국가'라 할 수 있다. 그것이 일본의 본질이다. 일본의 이런 자세가 지속되는 한 일본과는 선린 우호관계를 맺을 수도 없고, 맺어서도 안된다.

우리는 어떻게 할 것인가. 일본과의 전쟁에 앞서 우리 내부의 정비가 앞서야 한다. '조용한 외교'를 표방하는 세력은 일본의 독도침탈에 대해 아무것도 하지 않겠다는 소리와 진배없다. 그들을 우리가 사회지도층으로 인정할 필요가 없다. '신중한 대책', '조용한 외교'를 표방하는 외교부 공무원이나 언론은 틀림없는 일본의 스파이라고 규정하면 된다. 엘리트 의식에 빠져 민중 위에 군림하면서 제 민족을 비하하고, 서방 강대국은 신줏단지처럼 떠받드는 한국사회의 보수적이고 수구적인 지식인층, 오피니언 리더층, 기득권층은 모조리 역사의 '단두대'로 보내 깨끗하게 정비하여야 한다. 그들이 두 번 다시 역사에 부활할 기회를 줘서는 안된다.

지난 1998년 10월 김대중 정부가 체결한 신한일어업협정을 당장 파기하여야 한다. 독도를 우리 영토로 규정하지 않고, 그저 동해의 한 암석으로 규정한 이 어업협정은 정부가 '독도는 일본 땅'이라는 일본측 주장을 간접적으로 용인해 준 꼴이다. 이에 대해 실익이 없다며 파기를 반대하는 세력은 단체로 굴비처럼 엮어 일본으로 보내 주어야한다. 제 나라의 제 땅조차 못 지키는 권력과 공무원을 국민들이 먹여살려야 할 이유가 하등 없다.

일본은 나라의 성립시기를 앞당기기 위해 **70**만 년 전의 구석기 시대 유물마저 왜곡·조작을 서슴지 않는 역사왜곡·조작이 만연화된 나라라는 사실을 적나라하게, 요란스럽게, 아주 격정적으로, 격정적으로 전세계에 알릴 필요가 있다. 일본은 독도 분쟁을 통해, 중국과의 조어도 분쟁을 통해, 러시아와 북방열도와의 분쟁을 통해 군사대국화를 추구한다. 이러한 일본의 재무장 속셈은 세계사에서 인류의 평화를 깨는 불씨로 작용할 조짐이다. 세계의 '빅브라더'로 군림하고 있는 미국은 이를 간과해서는 안될 터이다.

미국이 단지 중국을 견제하기 위해 일본의 침략주의 패권주의를 용인한다면 미국 역시 '깡패국가'라는 지탄으로부터 자유롭지 못하다. 우리는 국제사회의 양심세력과 연대해 일본의 재무장을 저지할 수 있도록 '외교전쟁'을 마다치 않아야 한다. 일본과의 우호 운운은 일본이 역사범죄에 대해 진솔하게 사죄하고, 이웃나라의 영토침략을 깨끗이 포기할 때 비로소 고려해 볼 사안이다. 지금처럼 계속 역사교과서를 통해 20세기 인류에게 저질렀던 전쟁범죄를 숨기고 미화하는 한 일본의 미래는 없다. 우리에게 있어서 독도는 그 시발점이다.

< 2005. 3. 28.>

독도는 우리땅

작사 박인호
작곡 박인호
노래 정광태

＊ 독도 관련 역사적 문헌들

"(지증왕)13년 6월 우산국이 귀복하여, 해마다 토산물을 바치기로 했다. 우
산국은 명주(강릉)의 정동 쪽 바다의 섬에 있었는데 혹 울릉도라고도 하였
다. 땅 둘레는 백리이며 험준함을 믿고 (신라에) 귀복하지 않았다. 이찬 이
사부가 하슬라주(강릉)의 군주가 되었는데 ……"(『삼국사기』, 권4, 「신라본
기」, 4, 지증마립간 13년조).

『삼국사기』서 조선 『승정원일기』까지 명시

독도가 한국 영토라는 사실(史實)과 관련한 최초의 역사 기록은 『삼국사기』
에 등장한다. 이후 『고려사』, 『태종실록』, 『세종실록』, 『성종실록』, 『신증동
국여지승람』, 『숙종실록』에서 조선왕조 말의 『승정원일기』에 이르기까지
독도에 대한 기록은 수도 없이 나온다. 특히 『고려사』, 「지리지」 동계(東界)
울진현조(蔚珍縣條)에는 "혹 이르기를 우산(울릉도) 무릉(독도)은 서로 멀리
떨어져 있지 않아 날씨가 청명하면 바라볼 수 있게 돼 있다."며 독도를 분
명하게 지칭한다. 역사 속 한국의 영토 인식에는 울릉도와 함께 독도가 당
연하면서도 분명히 포함돼 있었던 것이다.

국제법적으로도 독도는 한국의 영토다. 조선시대 들어 행정력이 미치지 않
는 섬에 사람이 살지 못하게 하는 정책에 따라 울릉도와 독도에서 주민이
철수했다. 하지만 1696년 울릉도와 독도 부근 바다에서 고기잡이를 하던
안용복이 일본 어선을 발견하자 이들을 몰아내고 일본의 대마도 도주를 만
나 독도가 조선의 영토임을 확인받는 등 한국의 실효지배는 계속된다. 일본

돗토리현 요나고 역사박물관이 1618년에 발행된 '죽도 도해(渡海)면허' 사본을 전시하며, 이를 일본 측 독도 지배의 근거로 내세우는 것도 도리어 독도가 한국 영토라는 사실을 입증하는 문서일 뿐이다.

대한제국 칙령 '울릉도 부속영토' 고시

신용하 서울대 교수가 2001년 펴낸 『독도 영유권에 대한 일본주장 비판』(서울대 출판부)에 따르면 당시 일본의 '도해 면허'는 국외로 나갈 때 받는 문서이기 때문이다. 신 교수에 따르면 1905년 일본의 시마네현이 현청 고시를 통해 당시 무주지(無主地)였던 독도를 일본영토로 편입했다는 주장도 국제법적으로 설득력이 없다. 일본은 독도가 한국 영토임을 잘 알고 있었기 때문에 한국 정부에 이런 사실을 조회하거나 통보하지 않은 채 시마네현의 현보에 몰래 고시했던 것이다. 이에 앞서 대한제국은 1900년 10월 칙령 제41호로 독도가 울릉군의 부속영토임을 분명히 고시한 바 있다.

제2차 대전 종전 후 미국과의 샌프란시스코 강화조약을 통해 독도가 일본영토로 편입됐다고 하는 일본의 주장 역시 억지다. 샌프란시스코 조약 1~5차 초안까지는 독도가 한국에 편입됐으며, 그 뒤 조인된 최종 조약에서 일본의 로비로 독도를 한국이나 일본의 영토로 명시하지 않았을 뿐이다. 오히려 연합국 최고사령부는 1946년 1월 일본정부에 보낸 지령을 통해 제주도 울릉도와 함께 독도를 일본에서 영구히 제외해서 당시 주한 미군정에 반환했다. 이후 독도에는 경찰이 상주하는 등 한국의 실효 지배가 계속됐다. 1982년에는 천연기념물 제336호로 지정됐고 97년에는 독도 생태보전에 관한 특별법에 따라 특정도서로 분류됐다. 또 독도에는 우편번호가 부여돼 있으며 공시지가와 광업지적도 설정됐고, 1981년에는 최종덕 씨가 최초로 주민등록지를 옮기기도 했다.

김종락, 〈문화일보〉, 2005년 3월 16일자.

25
전시행정과 한건주의

　　정부의 공공기관 지방이전과 관련하여 한전 유치를 둘러싼 대구시의 행태를 보면 시정이 얼마나 졸렬하고 무능한지가 금방 드러난다. 한전은 전국 16개 지방자치단의 과열유치경쟁으로 국론분열까지 이르게 할 정도로 공공기관 지방이전의 에센스이다. 한전 유치에 경북이 유력한 후보로 떠오르자 대구시장은 "정부가 경북과 대구를 한통속으로 인식하므로, 한전이 경북에 올 경우 도공, 주공, 토공 등 대형기관의 대구유치가 어렵다"며 공개적으로 반대하고 나섰다. 경북이 잘되는 꼴을 못 보겠다는 심산을 드러낸 것이다.

　　경북이 포기하자 대구가 '한전 유치'에 나서더니, 정부의 낙후지역 배려 차원에서 광주가 유력하다는 소문이 나돌자 "한전을 유치해 봐야 주된 사무는 서울에서 이뤄져 실익이 없다"며 도공, 주공, 토공 등 다른 대형기관의 유치를 선언했다. 문제는 대구시의 이와 같은 자기모순과 비전 결여, 무능한 정책 등에 대해 언론이 시민토론회를 열어 하루빨리 무능한 대구시장을 소환할 비판은 고사하고, 대구시의 입장을 앵무새처럼 중계방송하기에 급급하다는 사실이다.

역대 대구시장 가운데 시민들로부터 가장 무능하다는 조해녕 대구시장 체제는 임기 1년을 남겨 두고 무능을 커버하기 위해 군사독재정권의 전형적인 전시행정 가운데 하나인 한건주의식 스포츠행사도 빠뜨리지 않는다. 대구시는 2011년에 거행될 제13회 세계육상선수권대회 유치를 선언했다. 세계육상선수권대회는 올림픽, 월드컵과 더불어 세계 3대 스포츠제전으로 불릴 만큼 국제적인 스포츠행사이다. 세계적인 스포츠행사를 통해 지역의 이미지를 제고하여 도시발전을 꾀하겠다는 대구시의 순수한 마음을 나무랄 생각은 없다.

국민생산액이 전국에서 꼴지를 넘나드는 대구시가 선수촌건립비용에만 856억 원 소요되는 세계육상선수권대회를 과연 유치할 수 있는 형편인가 하는 점이다. 설령 선의로 해석하여 대구시가 세계육상선수권대회를 유치했다고 하자. 수천억 원의 돈을 들인 잔치내용을 생각해 보자. 세계육상선수권대회의 핵심적 내용인 주최국 한국의 육상이 잔치에 나갈 수 있을까 하는 점이다. 마라톤을 제외하면 한국 육상은 세계 수준은 고사하고 아시안게임에서조차 중하위권 수준이다.

따라서 대구시의 세계육상선수권대회 유치는 수천억 원의 돈을 들여 국제적으로 망신만 사는 대회를 유치하겠다는 것과 다를 바 없다. 코미디도 이런 코미디가 없다. 이건 대구시의 문제가 아니라 한국의 문제다. 국민들의 표를 의식한 정치권은 국제적인 망신을 자초하는 대구시의 '망조 행정'을 넌지시 지원하는 척한다. 여기에 정신 나간 대구시정과 지역의 제도권 언론은 공모하여 21개국 6,200여 명의 선수단과 취재진 관광객 5만 명 입국, 생산유발 1,832억, 부가가치 802억, 관광수입 261억, 고용창출 3,200명 등 실체가 전혀 없는 '3,200억 유발효과'를 운운하면서 시민들을 기만한다.

이웃이 잘되는 꼴은 배 아파 보지 못하는 대구시정과 무비판적인 대구언론은 한통속이다. 문제는 이들이 우물 안에 갇혀 있으면서도 자신이 우물 안에 있는지 밖에 있는지를 모른다는 사실이다. 이런 청맹과니가 250만 대구시민의 삶을 이끌어 가는 조타수다. 대구가 잘된다면 그게 오히려 비상식적이다. 소가 뒷걸음치다가 쥐를 잡은 것을 '정상'이라 우겨서는 곤란하다. 대구사회가 바로 갈 수 있도록 대구시 공무원들과 언론인들이 각성하기를 바란다.

< 2005. 5. 5.>

방생과 불교

성월내보름과 입춘을 맞아 전국 주요 사찰에서 주최하는 방생대법회가 곳곳에서 열렸다. 방생은 사람이 잡은 물고기나 새·짐승 따위를 산이나 강·연못 등에 놓아주는 것을 말한다. 곧 죽어 가는 생명을 살려 주는 것이 방생이다. 방생은 자신의 복과 안위를 기원하는 소극적인 선행의 실천이 아니라 타인의 생명과 환경을 존중하는 보다 능동적이고 적극적인 보리심(菩提心)의 발현이다. 자신을 한없이 낮추고, 뭇 생명에게까지 자비로운 마음으로 가없는 공덕을 기리는 것이 방생이다.

자리행이 아니라 이타행이 방생본질

지난 12일 대한불교조계종 법전(法傳) 종정은 동안거 해제를 선언했다. 원래 불교에는 동안거가 없다. 하안거뿐이다. 동안거는 불교가 중국을 거쳐 우리나라에 들어오면서 생긴 풍습이다. 아무튼 안거 동안에는 일체의 스님들이 선방에 들어앉아 문을 걸어 잠그고 '화두'를 깨뜨리기 위해 치열한 참선 수행을 한다.

부처님이 특별한 날을 잡아 집중적으로 공부하는 안거를 하게 된 것은 하안거를 행하는 시기가 인도에서는 장마철인 까닭이다. 장마철엔 온갖 짐승은 물론 땅속의 미물까지도 땅 위에 올라오므로, 스님들이 탁발수행을 하러 다니다가 이들을 밟아 죽이는 살생을 범하지 않을까를 우려해 안거를 하게 된 것이다.

방생에는 이처럼 부처님의 생명존중사상이 스며들어 있다. 불교에서 방생이 지닌 의미를 결코 소홀히 할 수 없는 이유가 여기에 있다. 지율스님이 목숨을 담보로 한 단식농성으로 "천성산 도룡뇽을 살려달라"고 호소하고, 도법스님이 생명평화 탁발순례로 뼈를 깎는 고행을 감내하는 것은 환경, 그것이 곧 불교이다.

불교는 자연을 떠나서는 성립할 수 없다. 불교에서 추구하는 이상 세계인 극락정토(極樂淨土)도 따지고 보면 다름 아닌 자연환경이다. 『아미타경』에 의하면 불국토(佛國土)는 티끌 하나 오염되지 않는 깨끗한 땅이다. 건강한 육체에서 건강한 정신이 발현되듯, 불국정토 또한 진리를 깨끗한 마음에 건설하는 것이라 할 수 있다. 방생은 불교의 환경관을 현실에서 구현하는 종교의식이다.

외부세력 끌어들인 왜곡된 방생문화

정월대보름을 전후로 서울 한강 일대에서 이뤄진 방생대법회는 서울시 한강시민공원사업소와 (사)녹색환경운동 등 3개 시민단체의 감시(?) 속에 이뤄졌다고 한다. 그동안 불교계가 방생을 하면서 황소개구리·붉은귀거북(청거북)·파랑볼우럭(블루길)·큰입베스 등 생태계 교란 야생동물로 지정된 외래어종을 방류해 토종 물고기와 어류가 폐사하는 등 생태계 파괴가 심각한 반작용을 불러일으켜 왔다.

방생의 참뜻을 간과한 채 아무 생각 없이, 아무 어종이나 마구 방생하면서 "우리 아이 좋은 학교에 가게 해 주세요", "우리 아빠 사업 잘되게 해 주세요" 등 '자리행(自利行)'을 위한 '기복방생(祈福放生)'을 하는 동안 이 땅의 생태계는 외래어종의 포식에 따른 환경 파괴라는 대가를 치르고 있었다. 외래어종이 이 땅의 산과 강 등 생태계를 지배할 경우 몰아닥칠 환경재앙은 상상을 초월한다.

여기에 문제의 심각성이 있다. 이에 방생감시단에서는 이스라엘잉어(향어)·떡붕어·나일틸라피아·철갑상어·피라니아·버들개·무지개송어·칼납자루·자가시리·가시고기·미꾸라지·비단잉어·금붕어 등 13종을 한강 생태계를 교란할 우려가 있는 어종으로 지정하고, 이를 방생하다 적발되면 야생동·식물보호법에 따라 2년 이하의 징역 또는 1,000만 원 이하의 벌금을 부과하겠다고 나섰다.

불교계의 방생대법회가 어떻게 해서 이 지경에 이르게 됐는지를 교계는 자성하여야 한다. 환경감시단의 감시하에 방생법회가 이뤄지는 것은 방생의 의미를 퇴색케 하는 것일 뿐 아니라 불교의 자존심을 짓밟는 것이기도 하다. 이는 본질적으로 이타행(利他行)이어야 할 방생이 오로지 자리행으로 행해진 기복불교가 그 원인임을 자각하여야 한다. 방생이 나를 살리는, 내 가족의 안녕과 복을 위한 것이 아니라 자연과 환경을 위하는 생명존중일 때 환경감시단의 의심스러운 눈초리는 걱정하지 않아도 된다.

불자가 이를 자성하지 않고 계속 소아적인 방생에 연연한다면 환경 감시단의 눈초리로부터 자유로울 수는 없을 것이다. 나아가 그것은 불교 전체에까지 확대되어 언젠가는 불교를 쓰러뜨릴 발목을 잡을지도 모른다. 교계는 이미 비불교세력이 불교행사인 법회까지 감시하게 된 사실에 대해서 종교의 독립을 위해서라도 문제의 심각성을 깊게 느끼지 않으면 안된다.

'불교추락 외면하는 불교 언론의 배짱'

음력 3월 3일과 8월 보름 등 앞으로도 방생대법회는 줄지어 있다. 불교언론이 방생의 참된 의미와 불교의 자존을 위해서는 불자들에게 이를 진실하게 알려야 한다. 그것은 불교언론에 지워진 책임이며 의무이자 동시에 사명이요 기능이다. 불교언론은 방생대법회에 대해 '나 몰라라' 외면하면서 '모르쇠'로 제 역할을 다하지 못하는 사이 불교의 추락이 가속화된다. 이는 남이 떠밀어서 그렇게 된 것이 아니라 불교 스스로 그렇게 만든 것이다. 연이는 방생대법회를 앞두고 불교언론이 어떻게 불자들을 교화할지 그 귀추가 주목되는 병술년 초봄이다.

< 2006. 2. 22. 불교닷컴.>

27

삼보청재를 바르게 써라

황우석 박사에게 600억 원외 연구기금이 지원될 전망이다.

대한불교조계종 전 종회의장 설정스님은 8일 서울 봉은사에서 기자 회견을 열고 "모 사찰 주지와 사업가 2명 등이 현금 450억 원과 부동산 150억 원 등 600억 원을 황우석 박사에게 지원하기로 했다"고 밝혔다. 이들은 황 박사의 '스너피' 등 세계적 복제기술이 해외로 유출되는 것을 우려해 지원하기로 했다고 강조했다.

'황우석 사태'를 둘러싼 검찰발표를 앞두고 전격 발표된 불교계 일부의 황 박사 지원은 그 뒤끝이 깨끗하지만은 않다. 대한민국의 제1호 '최고 과학자'로 선정되었던 황우석 박사는 과학자로서 이미 그 명예가 최소한 '사망'되었다. 아니 어쩌면 이 땅에서 '부관참시'되었는지도 모른다. '과학자 정신'이 갈기갈기 난도질당해 용도 폐기된 지 오래다.*)

그런데도 일부 광적(?)인 '황우석 교도'는 서울대 교수직에서 그를

---

*) 황우석 사태의 언론보도 진실에 관해서는 졸저 『웹2.0과 미디어2.0』(한국학술정보(주) · 2008) 에서 「'황우석'과 한국언론」을 참조하실 것

쫓아냈다고 하여 서울대 총장에게 협박을 가하고, 또 600억 원이라는 엄청난 거금을 그에게 지원하는 것을 보면, '황우석 코드'는 참으로 알다가도 모를 거대한 '미스터리'이다. 다만 분명한 것은 '황우석'은 이미 '진실'이 아니라, '거짓'과 '기만'으로 채워진 '허위'라는 사실이다.

진실이란 다름 아닌 온 대중이 그렇다고 믿을 때 성립되는 명제다. 황우석은 전세계 사부대중에 의해 그의 과학은 믿을 수 없다고 판명되고, 규정되었다. 왜 이 땅에서 '황우석'의 망령은 살아지지 않고 맹위를 떨치고 있을까? 아마도 황우석의 줄기세포가 지닌 엄청난 과학적 환상 때문이 아닐까 한다.

따라서 불교계가 이미 사망한 황우석의 진실을 되살리기 위해 600억 원을 쏟아붓는 것은 한마디로 '허위'요, '만용'이며, '자기기만'의 극치이다. 돈 쓸 데가 그렇게도 없다면 차라리 그 돈을 결식아동을 위해 써라. 우리가 모시기 싫다고 '현대판 고려장'을 시킨 불우노인·독거노인을 위해 써라. 고아원, 장애인들을 위해 써라. 그것도 싫다면 불교를 위해 쓰거나, 최소한 부처님을 위해서 쓰기라도 해라. 그것이 삼보청재를 바르게 쓰는 길이다.

황우석에게 지원할 600억 원이라면 정파된 <경인방송(iTV)>의 최대 주주가 되고도 남을 돈이다. 만일 불교계가 새로 태어날 <경인방송(iTV)>에 600억 원을 투자해 최대 주주가 되었더라면, 불교의 미래는 그야말로 '부처님이 보증하는 보증수표'와 다름없었을 것이다. 교계는 돈이 없어서(?) <경인방송(iTV)> 사업자 선정에 참여하지 못했다.

수십, 수백억 원을 들여 사찰을 증축하고, 불교역사박물관 건립에 쓸 돈은 있어도, 지상파TV방송 사업에 참여할 돈이 없다면 이는 뭔가 잘못돼도 한참 잘못된 처사다. 교계가 유형의 '하드웨어 불사'에만 매달리고, '소프트웨어 불사'를 외면하면, 불교의 미래는 점점 축소지향이 불가피하다.

삼보청재를 바르게 써야 한다. 그것이 삼보청재를 시주한 보살들의 참뜻일 것이다. "내 돈 내가 쓰는데 네가 왜"라는 논리는 성립되지 않는다. 교계 일부의 '황우석 박사' 지원 발표는 돈을 쓸 곳이 없다는 아우성을 보여 주는 것이다. 삼보청재를 그렇게 흥청망청 탕진해서는 안된다. 앞서도 얘기했듯이 돈이 필요한 곳은 엄청 많아도 쓸 돈이 없는 것이 현실이다. 일부 불교계 황우석 교도의 돈 씀씀이를 보면 그들이 정밀 제정신을 가지고 있는지를 되묻지 않을 수 없다.

<2006. 5. 9. 불교닷컴.>

28

'정치 테러'

엊그제(20일) 오후 7시 25분께 서울 서대문구 신촌동 현대백화점 앞에서 박근혜 한나라당 대표가 오세훈 서울시장 후보의 유세 지원을 위해 연단에 오르던 중 전과 8범 지충호(52) 씨와 열린우리당 기간당원 박종렬(52) 씨 등에 의해 테러를 당했다. 박 대표는 지 씨가 휘두른 칼에 의해 오른쪽 귀 앞쪽부터 입가에까지 11㎝나 베였으며, 즉시 연세대의대 세브란스병원에 입원, 60바늘이나 꿰매는 수술을 받았다.

말로만 테러 근절 행동은 '나 몰라라'

경악이다! 왜놈으로부터 해방된 직후 암흑기에 정적에게 가했던 천인공노할 '정치 테러'가 21세기 대명천지의 노무현 정권 아래서 되살아난 것이다. 노무현 대통령은 테러가 발생한 다음 날(21일) 보고를 받고 "민주주의 사회의 선거 과정에서 테러나 폭력은 어떤 경우, 어떤 명분으로도 용납될 수 없다"며 "있을 수 없는 일"이라고 말했다고 한다.

한때 우리 사회에서 'DJ = 거짓말쟁이'라는 말이 사회적 진실로 공인된 적이 있었다. 주로 DJ를 흠집 내기를 통한 반사이익을 획득하기 위한 목적에서 비롯된 이 이미지조작 프로젝트는 현실적으로 상당한 영향력을 발휘했다. 본질적으로 정치란 거짓말을 하지 않고는 성립될 수 없는 개념이다. 50%는 거짓말이라 할지라도 50%는 진실을 담보하고 있어야만 국민들로부터 신뢰를 받게 된다. 90%가 거짓말이고, 10%만 진실이라면 어떻게 될까?

'거짓말쟁이', '빨갱이'이라던 DJ는 대한민국의 대통령까지 역임했다. 노무현 씨를 앞세워 정권재창출에 성공했으며, 한국인 최초로 노벨평화상까지 받았을 뿐 이니라, 세계적으로도 단기간 내에 IMF를 졸업시킨 위대한 정치지도자로 자리매김했다. 국민들로부터 그 업적만큼 평가나 존경을 받지 못하고 있는 것 같다. 그것은 '국민의 정부'에 이은 '참여정부'의 정치적 실체가 DJ의 업적에 플러스적 요인으로 작용하지 못한 탓이다.

사이비 진보정권 해바라기 어용만 양산

근본적으로 노무현 정권의 속성은 국민을 속이는 '기만정권'이라는 사실이다. 예컨대 노 정권이 '진보적 정권'이라는 것은 한마디로 '환상'에 불과하다. 노 정권은 결코 진보적인 정권이 아니다. 사이비 진보정권이다. 노 정권은 어디까지나 한계를 지닌 제도권의 '보수정권'에 불과하다. 그런데도 노무현 정권이 '진보정권'을 표방하면서 역사발전을 가로막고 있다.

노 정권이 국민들에게 솔직하게 자신이 보수적 제도권의 권력을 이어받은 정권이었다고 고백하고, 수구반동세력과의 헤게모니 투쟁을 했더라면, 이 땅의 정치세력은 시민사회 중심의 진보세력, 제도권의 보수정권, 역사에 의해 퇴출되었을 수구반동세력으로 재편되었을 것이다. 노 정권이 민주시민세력에 기반을 둔 진보적 정권을 자임함으로써 진짜 진보세력의 설 자리를 쫓아내고, 수구반동세력이 보수세력의 자리에 똬리를 틀게 됐다.

'노무현을 사랑하는 시민들의 모임(노사모)' 노혜경(48 · 시인 · 전 청와대 국정홍보비서관) 대표는 이번 테러사건과 관련하여 홈페이지에 올린 글을 통해 "성형수술 실력이 세계에서 가장 뛰어난 우리나라이고, 처음엔 17바늘 꿰맸다더니, (다시) 60바늘을 꿰맸다는 것을 보면 성형도 함께한 모양"이라며 "아마 흉터 없이 나을 것"이라고 비아냥댔다. 잔인하게도 '칼 테러'에 이어 '말 테러'까지 자행한 것이다.

5 · 31선거를 공정하고 안전하게 관리 감독해야 할 집권여당과 대통령을 지원하는 중요하고도 영향력 있는 단체의 대표가 정치테러를 인식하는 수준이 이처럼 천박한 것은 역설적으로 노무현 정권이 얼마나 품위 없는 정권인지 스스로 정치적 한계의 실존을 드러내는 것이다.

명백한 정치 테러를 정치 테러라고 말하는 언론에 대해 사태를 침소봉대 왜곡한다고 책임을 떠넘기기를 기도했다. 사회적으로도 국가를 통치할 경험도, 경륜도 없는 일부 극렬 추종세력을 소위 '386'이라 하여 권력에 끌어들이고, 그들을 통해 '코드정치'로 일관해 온 결과 진실에 대한 정의가 실종된 것이 오늘날 노무현 정권의 현실이며, 나아가 노사모 대표의 왜곡된 거친 언사가 노 정권의 실체로 각인되어 우리 사회에 다가온다.

그 결과 역사에 의해 벌써 타도되어야 할 수구세력이 여전히 건재하며, 나아가 민주시민사회세력에겐 '사이비 진보적 지식인'만 양산하고, 권력을 좇는 '해바라기성 어용'만 들끓게 해 오염시켰다. 이는 '죄악'이다. 노무현 정권은 수구언론으로부터 지목된 '좌파정권'이라는 '낙인'을 마치 DJ의 노벨평화상처럼, 전두환·노태우의 광주학살 대가로 받은 '훈장'처럼 여기고 자랑스러워하고 있다. 이것이 노 정권의 정치적 본질이다.

수구반동세력 되살린 1등 공신은 노 정권

노무현 정권의 속성은 80년대 극렬 운동권의 배타적인 증오·오만·독선의 정치로 일관한다. 실제론 무능·무지한 보수정권이면서도 굉장히 유능한 진보정권으로 위장해 권력의 칼을 휘두른다. 국가를 정치적으로 통치하는 데 권력을 쓰는 것이 아니라, 일개 동사무소 사무장처럼 자파의 졸개만을 위해 사용한다. 노 정권의 이와 같은 구시대적 편 가르기 정치, 뒤집어씌우기 정치는 이제 약효가 다 됐다. 국민들은 2002년에 이미 한 번 속았다. 두 번 속지는 않는다. 여기에 열린우리당의 딜레마가 있다.

따라서 이번 테러로 집권여당은 정치적 한계를 노출하여 지리멸렬할 전망이다. 그나마 '민주세력'을 운운하는 정치적 구호에 속아 지원을 했던 국민들도 이제 그 실체를 깨닫고 속속 등을 돌린다. 다른 지역은 몰라도 대구경북의 경우 집권여당이 선거포스터에 당명이나 로고, 당의 색깔마저 찾아보기 힘들다. 기호만 다를 뿐 온통 수구세력의 칼라 일색이다. 얼마나 자신이 없으면, 또 국민들로부터 외면을 받고 있으면 자기 당의 당명이나 로고조차 표시하지 못할까?

5·31선거를 계기로 권력을 재편하여야 한다. 누가 진짜 진보적인 민주시민사회의 이익을 대변하는 세력이고, 누가 진짜 이 나라를 실질적으로 이끌어 가는 보수적인 중도개혁세력의 정권이며, 누가 진짜 왜정시대 나라를 팔아먹은 친일세력이며, 미국의 앞잡이가 되어 이 사회의 권력과 기득권을 독점적·배타적으로 지배했던 수구반동세력인지를 명명백백하게 밝혀야 한다. 국민들이 수구반동 패거리를 보수주의자·우익·자유민주세력으로 속아서 지지하는 것이지, 그 실체를 정확히 알면 정치로부터 퇴출시킬 것임은 의심의 여지가 없다.

정치인들의 '거짓말 향연'이 전국을 뜨겁게 달군다. 기초의원에게 거액의 연봉을 안기니까 그동안 복덕방 업자들의 사랑방이었던 기초의회에 중구난방 너도나도 불나방처럼 우르르 떼거리로 달려든다. 냄비 속처럼 과열되는 지방자치제 선거를 보면서 풀뿌리 민주주의가 심각하게 뒤틀리고 왜곡되는 신음소리를 듣는다.

노무현 정권이 방기한 '정치테러'가 역사에 의해 죽어 가는 수구반동세력을 다시 살려 냈다. 그것 하나만으로도 노 정권은 역사의 심판을 면키 어렵게 됐다. 만일 노 정권이 이번 정치테러를 노사모 대표처럼 인식한다면, 차라리 이번 기회에 권력을 스스로 내놓고 조용히 은퇴하기를 바란다. 그렇지 않다면 남은 임기 동안이라도 제발 책임 있는 정치를 하기 바란다. 20세기의 아프리카도 아니고, 최첨단 디지털 지식정보사회의 선구라는 21세기의 대한민국에서 '정치테러'가 웬 말이냐 말이다.

<📅 2006. 5. 22.>

29

5·31선거와 풀뿌리 민주주의

내일 실시되는 5·31지방선거는 한국 선거사상 최초로 집권여당이 야당의 싹쓸이를 막아 달라고 호소하는 참으로 희한한 선거다. 여론 조사기관인 '더 피플'이 지난 18일~21일 사이에 조사한 자료에 따르면 전국 230여 개 기초단체장 선거구 가운데 제1야당인 한나라당이 162곳, 집권여당인 열린우리당은 23곳, 민주당 16곳, 국민중심당 5곳, 무소속 14곳을 차지할 것이라고 한다. 이는 역대 지자체 선거에서 집권여당이 가장 처참하게 '지리멸렬'하는 선거결과 전망치이다. 이러한 선거패배는 열린우리당조차 스스로 자인하는 판국이다.

집권여당이 왜 이처럼 국민들로부터 철저히 버림을 받았을까? 그것은 열린우리당의 탄생 동기부터가 순수하지 못한 탓이다. 열우당은 뭐니 뭐니 해도 '노무현 당'이다. 노무현 대통령은 'DJ 당'인 민주당의 공천을 받아 정권재창출에 성공했다. 권력을 잡자마자 '전국정당화'를 명분으로 민주당을 쪼개고, 자신과 '코드'가 맞는 인사를 중심으로 열린우리당을 창당했다. 열우당 창당 이후 노 대통령의 정치형태는 국가 최고 권력자인 대통령으로서의 정치력보다는 80년대 일부 극렬 운동권의 '적과 나'의 '편 가르기' 식으로 국가를 운영해 왔다. 대통령으로서의 통합적 리더십은 고사하고 사사건건 우리 사회에 갈등과 분열만 초래했다. 노 정권의 이와 같은 권력적 속성에 대해 국민들이 눈을 돌리자 이제 와선 '부산정권'과 '민주당과의 통합' 등을 운운하며, 지지를 호소한다. 이는 자신이 분당의 명분으로 삼았던 지역성의 타파와도 거리가 먼 선거 전략이다.

민주세력과 경쟁 시민사회만 오염

본질적으로 지자체 선거는 지방의 토호세력이 유리한 선거다. 토호세력은 대부분 우리 사회에서 기득권층에 속한다. 한국사회를 철옹성처럼 지배하는 기득권 세력의 뿌리는 왜정시대의 친일 앞잡이부터 비롯된다. 이들은 독립군 후손들이 못 배운 틈을 타 고등교육을 받고, 그 지식을 무기로 일제와 미국에 빌붙어 지배층으로서의 기득권을 대물림해 왔다.

오늘날에는 각 지역사회에서 유지로 군림하며 독재정권의 반공이데올로기에 편승해 자신들의 권위에 도전하는 민주시민세력을 '빨갱이'로 매도하여 비판을 사전에 제거하고, 그 지배의 틀을 공고히 해 왔다. 수구반동세력은 '보수안정세력'이라는 정치적 이데올로기로 자신들의 본질을 위장하고, '보수야당'에 똬리를 틀고 앉아 굳건한 정치세력으로 뿌리내린 것이다.

제도권의 보수세력인 노무현 정권이 어설픈 사이비 진보정권의 흉내를 내지 않고, 스스로 자신들의 권력적 한계를 솔직하게 인정하여 권력투쟁의 초점을 수구반동세력의 척결에 두었다면, 이들은 역사에 의해 벌써 퇴출되었을 것이다. 노 정권은 자신의 권력적 본질의 한계를 무늬만의 사이비 진보정권으로 자임하면서, 민주세력과의 경쟁을 마다하지 않았다. 그 과정에서 수많은 시민운동가를 권력으로 끌어들여 시민사회의 순수성을 정치적으로 오염시켰고, 그 틈새를 타고 수구반동세력이 보수세력을 자임하며 생존할 공간을 제공했다. 그것은 또한 자승자박한 꼴이 되어 '개혁'도, '성장'도 가져오지 못해 권력의 종말과 함께 역대 집권자들의 정당처럼 포말로 사라질 운명에 처하게 됐다.

노 정권의 이러한 오류는 선거를 앞두고 자행된 야당당수에 대한 '정치테러'의 수사를 사건의 피해자인 야당이 불신하는 '정치검사'에게 맡기는 졸렬함에서도 그 본질을 볼 수 있다. 국민들이 노 정권에 대해 '잃어버린 5년'이라며 후회하고 등을 돌린 선거를 맞아서는 삼척동자도 다 아는 이러한 까닭도 모르고, 선거를 하기도 전에 '백기투항'하며 "야당의 독주를 견제해 달라"는 '구걸정치'로 일관한다. 집권여당다운 책임 있는 정치력을 보여 주지 못하는 권력에 대해 국민들이 엄숙한 심판의 잣대를 들이대는 것은 너무나 당연하다. 겸허하게 자기반성을 할 생각은 않고 "당대표 떠나라", "개헌하자"는 등 '막말정치', '꼼수정치'를 서슴지 않는다.

운동권식 '꼼수정치'에 국민들 환멸

집권여당의 총체적 '막가파식 정치'에 대해 국민들은 신물을 낸다. 그것은 선거공약이라고 발표한 내용만 보더라도 얼마나 기만적인가 하는 것이 금방 드러난다. 예컨대 어느 광역단체장 후보로 나선 사람은 "어르신 교통비 10만 원 더 지급", "대학입학격려금 1인당 100만 원 지원", "출산장려금 25만 원 지급" 등을 공약이랍시고 버젓이 현수막까지 내걸었다. 이는 공약이 아니다. 좀 거칠게 말하면 돈으로 표를 매수하겠다는 것을 공언하는 것과 다를 바 없다. 도대체 유권자를 어떻게 봤으면 이따위 공약까지 하는 것일까? 이 후보는 자신의 개인 재산으론 결코 공약을 이행하지는 않을 것이다. 공약을 지키기 위해서는 시민들로부터 거둔 세금으로 충당할 것이다. 그것도 여의치 않으면 종국에는 공약을 공약화할 것이다. 이는 수단과 방법을 가리지 않고 표만 긁어모으면 된다는 식의 오만하기 그지없는 발상이다.

선거는 민주주의다. 민주주의는 결과가 아니라 과정이 중요한 정치이다. 권력을 쟁취하는 과정이 얼마나 정당하며 도덕적인가 하는 것이 민주주의냐 아니냐를 판가름하는 척도다. 노무현 정권의 성격은 분명 민주주의라는 도덕성을 지닌 정권임에는 틀림없다. 하는 행동을 보면 포악무도한 역대 군사독재정권과 별반 다르지 않다. 말로는 '진보적 지식인', '시민운동가'를 운운하며 민주주의의 기본적 상식조차 지킬 줄 모르는 함량미달·자질미달을 후보로 내는 것을 보면 노 정권의 도덕성에 대해 절망하지 않을 수 없다.

선거가 내일이다. 투표하자! 이번에는 바로 뽑고 바로 찍자. 후회하는 선택을 하지 않도록 냉정하게 심판하자. 참된 민주주의는 역사의 도전과 응전에 의해 진보한다. 누가 수구반동세력이며, 누가 보수세력이며, 누가 사이비 민주시민세력이며, 누가 참된 국민을 위한 정치세력인지 투표로 보여 주자. 더 이상 국민이 '핫바지'가 아니라는 사실을 엄숙히 경고하자. 그러기 위해선 내일 투표부터 하자.

<　2006. 5. 30.>

30
2006 독일월드컵 미리보기

오는 9일부터 내달 9일까지 열리는 지구촌의 축제인 '2006 FIFA 월드컵' 개막이 8일 앞으로 다가왔다. 신문과 방송 등 매스미디어는 장사할 속셈으로 온통 월드컵 얘기뿐이다. 더구나 우리나라는 지난 2002년 대회를 주최했을 뿐 아니라 4강까지 오른 신화를 창조해 6월이면 '현충일'이나 '6·25동란'보다는 "대~한민국"과 '축구'와 거리 응원을 생각나게 한다. 바야흐로 2002년 이래 앞으로는 매 4년마다 한 번씩 온 국민이 붉은 옷을 입고 거리로 나서는 축제에 동참하게 된 것이다.

4년마다 6월이면 "대~한민국" 몸살

이론적으로 스포츠는 결과보다 참가에 더 큰 의의를 둔다. 열광적으로 응원하는 입장에선 이왕이면 다홍치마라고 좋은 결과에 무게 중심을 둔다. 인간들의 이러한 욕망으로 스포츠는 한 단계 더 높이 도약한다. 전세계를 단숨에 감동시킨 2002년의 "대~한민국"도 우리가 4강이라는 성적표를 쥐었기에 더욱 빛날 수 있었다. 이번 월드컵에서도 온 국민들은 16강을 넘어 8강, 4강 신화의 재현을 뜨겁게 기대한다.

무지한 한국언론이 온 국민들의 바람에 찬물을 끼얹는다. 언론은 골만 넣은 선수를 집중적으로 부각시키는 이른바 '스타보도'를 한다. 축구는 개인경기가 아니라 11명 전체의 단체경기다. 골은 골키퍼의 손에서부터 수비수, 공격수의 유기적이고 조직적인 체계가 결합되어 극대화될 때 비로소 만들어진다. 따라서 축구경기에서 가장 중요한 것은 팀을 위해 자신을 희생하는 믿음이다.

골을 넣은 선수에 못지않게, 골을 넣을 수 있도록 밑받침을 한 팀의 노력이 정당하게 대우받아야 한다. 기회주의적인 상업언론인 한국언론에선 골을 넣은 선수만 스타로 부각된다. 선수들은 너도나도 골을 넣으려는 욕심으로 자신의 임무를 곧잘 잊어버린다. 물론 한국축구에도 공격수와 수비수 등 맡은 바 임무가 있다. 그것은 경기를 시작할 때만 그러할 뿐, 막상 경기가 시작되고 나선 너나 할 것 없이 모두 우르르 공격할 기회에만 신경을 쓴다. 수비가 한순간에 무너지기 일쑤다. 한국축구의 만성적인 수비불안은 전적으로 한국언론 탓이다.

언론이 골을 넣는 과정은 무시하고, 골을 넣은 선수만 스타로 부각시켜, 사회적으로나 경제적으로 대우받게 하는 것은 축구를 죽이는 행위다. 그 과정이야 어찌됐건 간에 결과만 좋으면 좋다는 식의 언론보도로 한국축구는 공수의 조화라는 하모니를 잃고, 어설픈 공격만 있으며 수비는 상대적으로 엉성하기 그지없다. 선수라면 누구나 음지에서 자신의 일을 묵묵히 하기보다는 골을 넣어 화려한 스포트라이트를 받고 싶어 하기 마련이다. 한국언론이 자제는 시키지 못할망정 뒤에서 이를 부추겨서는 결코 국민들이 원하는 좋은 성적을 낼 수 없다.

'안전' 택한 아드보카트 감독 결과 뻔해

다음으로는 감독의 동기부여다. 동기부여를 우리는 '신명', 즉 목표 의식이라고 말하며, 외국인들은 "경기를 즐겨라"고 표현한다. 2002년 히딩크가 성공했던 것은 유능한 선수를 발굴하고 공평하게 등용했기 때문이다. 히딩크가 만일 98년 프랑스월드컵 때 차범근 감독처럼 자신과 같은 종교만 믿는 선수를 중용하고, 혈연·지연·학연 등에 얽매여 선수단을 운영했다면 4강은 고사하고 1승도 올리지 못했을 것이다. 히딩크가 성공한 것은 오로지 실력 있는 신인 선수들에게 동기를 부여하고 경기에 뛸 수 있는 기회를 공평하게 제공한 산물이다.

아드보카트 감독은 히딩크와 정반대의 행보를 보여 절망감을 안겨준다. 그는 우선 모험보다는 안전을 택했다. 본질적으로 스포츠 세계는 '도' 아니면 '모'처럼 모험을 동반하지 않고서는 성공할 수 없는 특성을 지녔다. 아드보카트 감독은 골을 넣어 경기의 승패를 해결해야 할 공격수 진용에 '안정환은 세계적 공격수'라고 운운하며 2002년의 주인공 설기현과 안정환 등을 중용한다. 여기서 한국축구는 모험정신과 활력을 잃고 수성이라는 매너리즘에 빠지게 된다.

우선 설기현과 안정환에게는 동기부여가 없다. 이들은 이미 유럽 무대에서 평가를 받을 대로 다 받은 선수다. 2002년 선수들은 이번 월드컵에서 반짝 활약을 하였다 할지라도 '빅 리그' 어느 팀에서도 스카우트의 손길이 미칠 선수들은 아니다. 냉혹하게 현실적으로 말하면 그들은 유럽 2류 리그의 선수 정도밖에 되지 않는다. 따라서 그들의 유럽리그 경험이라고 해 봐야 고작 그 정도밖에 안되는 치졸한 것에 불과하다. 이를 '선진축구' 경험으로 포장하는 것은 한국축구의 잠재력과 '신명'을 모독하는 것이다.

스포츠 세계에서 검증이 끝나고, 동기부여가 완료된 선수의 현실은 5년간 연봉 60억 원이라는 거액을 받고 삼성라이온즈로 이적한 심정수에게서 극명하게 볼 수 있다. 우리말에 "화장실 갈 때 바쁘지 나올 때 바쁘지는 않다"는 말이 있다. FA가 될 때까지는 최선을 다해 뛰지만, FA라는 목적을 달성하고 나서는 결코 바쁘지 않는 것이다. 1년에 15억 원씩 받는 심정수의 결장은 삼성구단과 심정수가 팬을 우롱하는 처사다. 심정수가 프로라면 결코 아파서는 안된다. 프로선수는 몸이 자산이다. 그는 15억 원어치의 몸값을 팬들에게 정당히 보여 줘야 하는 의무가 있다. 어깨수술·무릎치료 등을 이유로 시즌을 '개점 휴업' 하는 것은 선수로서의 파탄난 도덕성을 적나라하게 드러내는 것이다. 이는 또한 무슨 일이든지 돈으로 해결하려는 삼성의 천박한 물신자본주의가 원흉으로 작용하고 있기는 하지만, 아무래도 그 1차적인 책임을 통감해야 할 당사자는 다름 아닌 선수 자신이다.

설기현과 안정환보다는 박주영이나 조재진 등이 이번 월드컵에서 주전 공격수로 뛰어야 한다. 팀 성적의 극대화를 위해서라도 이들에게 기회를 주는 것이 보다 공정한 동기부여다. 특히 박주영은 최근 두 차례 열린 평가전에서 자신의 개인적인 욕망을 자제하고 기꺼이 팀을 위해 어시스트하는 희생정신을 보여 준 바 있다. 그는 진정으로 축구가 뭔지를 아는 선수이다. 이들에게 동기부여가 된다면, 그들은 월드컵을 통해 자신의 상품을 전 세계에 알려 한 단계 더 도약하려고 분투할 것임은 자명하다. 이때 이들이 뿜어낼 활력소는 이루 짐작하기 어렵다. 2002년 히딩크가 그 전례를 보여 준 바 있다.

감독은 이미 현실만족 언론만 '호들갑'

선수를 기용하는 것은 전적으로 감독의 권한이다. 아드보카트는 한 국축구가 16강에 들건, 8강에 오르건, 4강 신화를 재창조하건 말건 관심이 없다. 그는 다만 히딩크에 버금가는 국민적 영웅으로 이미 충분한 대접받는 오늘의 현실 그 자체가 만족스럽다. 이번 월드컵에서 만일 실패할 경우 변명거리만 마련해 두면 그만이다. "설기현·안정환 능 유럽파를 기용해 최선을 다했다. 그래도 안되는 것을 어떻게 하냐. 감독이 공을 차냐?"라고 빠져나갈 구멍만 있으면 된다.

이런 아드보카트 감독에게 16강, 8강, 4강을 기대하는 것은 너무나 큰 '환상'이며 '착각'이다. 한국축구는 이번 월드컵에서 1승이라도 하면 그것으로 만족해야 할 형편이다. 좋은 자원을 가지고 있음에도 무능한 유럽 2류 리그의 선수에게 공격수를 맡기는 '안전운행'에서 이번 월드컵의 한국 팀 성적은 이미 결정되었다.

부디 필자의 말이 한낱 기우이고, 한국축구가 16강을 넘어 8강, 4강으로 갔으면 한다. 하지만 축구는 "세계를 깜짝 놀라게 하겠다"는 아드보카트 감독의 말로 하는 것이 아니다. 선수들, 특히 어떤 목표의식으로 정신 무장된 공격수들의 발에 의해 가름된다. 아드보카트 감독은 말로는 '4강 신화'를 들먹이며 '바람'을 잡고, 실제로는 아무런 목표의식이 없는 선수의 이름만으로 경기를 하려는 것이다. 이런 전략으로는 4강은 고사하고 16강 조별 예선탈락이 불가피하다.

　한국축구의 초라한 몰락과 함께 정몽준 대한축구협회장의 대권도전도 물 건너갔다. 지난 2002년에는 히딩크의 4강 신화를 발판으로 호기롭게 대권도전에 나서 봤지만, 이번에는 온 국민의 꿈과 함께 초여름 밤의 꿈으로 동시에 날아갔다. 이처럼 빤한 결론을 가지고 언론은 장삿속으로 '월드컵 호들갑'을 떤다. 아무리 돈벌이가 좋다지만, 국민들의 가슴속에 잔뜩 바람만 집어넣었다가, 그것이 꺼질 때 그 '허탈감'은 무엇으로 보상할지 의문이다.

<　2006. 6. 1.>

31

해설가와 행정가

하일성 씨, 그가 누구인가? 적어도 대한민국에서 야구팬이라면 누구나 다 아는 사람이다. <KBS>에서 30여 년 동안 마이크를 통해 야구의 대중화를 위해 분투해 왔던 명야구해설자이다. 온 국민에게 '친절한 야구해설'로 명성을 드날리던 그가 인생 60줄에 야구행정가로 탈바꿈했다. 현실에 안주하지 않고 미지의 세계로 도전하는 그의 용기와 모험에 대해 격려와 박수를 아끼지 않는다.

한국야구위원회(Korea Baseball Organization · KBO) 사무총장으로 화려하게 변신한 그에 대해 거는 기대는 명실상부하게 '대한민국 야구해설 제1인자'라는 이름에 걸맞은 '기대치'라 해도 과언이 아니다. 그의 앞날에 축복을 보냈다. 그에게는 돔구장 건설과 낙후한 지방야구장의 개보수 및 신축문제, 고사 중인 아마추어 야구진흥방안, 현대 유니콘스의 연고지 이전, 프로야구의 획기적인 질적 향상 방안 등 야구계의 산적한 현안을 야구해설만큼이나 시원하고 명쾌하게 해

내길 바랐다.

야구행정가로 나타난 하일성에 대해선 실망스럽기 그지없다. 그는 개혁과 변혁을 통한 진보는 외면하고 어느새 권력의 기득권자로서 보수와 수구에 안주하고 있다. 예컨대 자신에게 빈볼을 던졌다며 주먹을 휘두른 김동수 문제와 이승엽 때문에 한국 프로야구가 안된다는 논리의 전파 따위가 그것이다.

폭력 묵인한 야구행정가 하일성에 실망

김동수 사건부터 생각해 보자. 프로야구 선수는 야구를 직업, 즉 생업으로 하는 사람들이다. 야구장은 그들의 직장이고 일터이다. 관중들은 자발적으로 돈을 내고 그들의 직장을 방문해 주는 사람들이다. 프로야구 선수는 직업인으로서의 엄격한 도덕성과 예절을 지녀야 한다. 그것은 야구를 잘하고 못하고 와는 상관없는 최소한의 상식이다.

선수가 주먹부터 냅다 지른다면, 이는 무엇을 뜻하는 것일까? 그것은 동료에 대한 폭력이기에 앞서 관중들을 철저히 무시하고 모독하는 행위다. 이는 선수가 아니라 깡패이다. KBO 사무총장은 그런 깡패를 프로야구로부터 쫓아낼 책임과 의무가 있다. 하일성 씨는 폭력현행범을 일벌백계하지는 않고 벌금 200만 원이라는 징계 흉내 내기로 쉬쉬했다. 그리고는 하는 말이 "김동수가 한국 프로야구 발전에 공이 큰 선수이기 때문"이라고 둘러댔다.

김동수에게 주먹을 휘두르게 한 원인제공자로서 한화 이글스의 안영민 투수가 빈볼을 던졌느냐 안던졌느냐가 문제의 본질이 아니다.

논제의 초점은 그라운드에서 폭력을 휘두른 김동수에게로 귀결된다. 그는 현역 프로야구 선수 가운데 나이가 제일 많은 고참으로서 후배 선수들에게 모범이 되어야 할 입장이다.

설령 19살에 불과한 안영민이 빈볼을 던졌다고 치자. 그렇다고 냉큼 마운드로 달려가 후배의 얼굴을 주먹으로 두들겨 팬다면 선후배 간의 존경은 사라진다. 그들은 언제 어느 때 어떤 방식으로 그라운드에서 다시 만날지 모르는 직업동료이다. 선후배 간의 존경과 사랑이 사라졌을 때 만나는 인간관계는 어떨까? 김동수의 주먹이 지닌 문제점이 여기에 있다.

물론 그에 앞서 직장 동료에게 빈볼을 던지는 비열함은 원천적으로 없어야 할 것을 전제로 한다. 빈볼이 난무한다면 그것은 야구가 아니라 난잡한 패거리 싸움에 불과하다. 관중들은 야구라는 건전한 스포츠를 즐기기 위해 야구장을 찾았지, 폭력이 난무하는 야구선수의 주먹을 보기 위해 그라운드를 찾은 것이 아니다. 그런 의미에서 김동수의 폭력행위는 변명의 여지가 없다.

꼼수정치 배우지 말고 정도행정 펴야

다음으로 <스포츠조선>을 비롯한 일부 인터넷언론에 의해 제기된 "이승엽 선수가 맹활약함으로써 한국 프로야구가 위기를 맞고 있다"는 논리의 허구성에 대해서도 한 번 따져 보기로 하자. 한국 프로야구가 위기를 맞고 있다면 가장 큰 책임은 일차적으로 각 프로야구단이 지닌 모순 때문이며, 제도적으로는 야구행정을 총괄하는 한국야구위원회에 있다.

무릇 프로야구단에 소속된 선수와 코칭스태프는 재미있고 박진감 넘치는 야구경기를 위해 힘써야 할 것이며, 각 구단 프런트와 KBO는 야구의 발전과 진흥을 위해 실질적인 개혁 프로그램을 마련해 제도적으로 뒷받침해야 한다. 이런 프로그램을 총괄적으로 기획하고 집행하여야 할 원천적인 책임과 의무를 지닌 KBO 사무총장이 언론을 통해 "이승엽 선수의 경기를 중계방송하는 TV방송사에 대해 한국 프로야구의 중계에 불이익을 줘야 하지 않겠느냐"고 운운하는 것을 보면 한심하기 그지없다.

일본의 심장이라는 요미우리자이언츠에서 4번 타자로 활약하는 이승엽을 격려하지는 못할망정, 그 때문에 한국야구가 말살되고 있다는 치졸한 논리는 비록 <스포츠조선>이라는 수구언론의 기자에 의해 처음 제기되었다고 하지만, 최소한 하일성 씨는 한국야구의 개혁을 외면함으로써 원인제공자라는 지탄으로부터 자유롭지 못하다.

야구발전 위해 사심 버린 정책구현

야구팬의 한 사람으로서 거듭 말하거니와 하일성 씨가 언제부터 한국 야구계의 주류였으며, 기득권자인지는 모른다. 신임 KBO 사무총장으로서의 하일성 씨는 결코 보수반동 수구 기득권자화되어서는 안된다. 그는 한국야구의 발전을 위해 획기적인 개혁론자가 되어야 하며, 또 과감하게 진보적으로 정책을 실현하여야 한다.

김동수 사건과 이승엽의 경우에서처럼 뒤에 앉아 꼼수만 두는 야구

행정·언론플레이로서는 결코 한국야구가 부흥하지 않는다. 30여 년
동안 명쾌한 야구해설로 쌓아 왔던 그의 이미지와 이름에 걸맞게 하
기 위해서는 야구발전에 대해 사심을 털어 버려야 한다. 그래야만 온
국민이 야구해설로부터 그를 뇌준 참된 의미가 있다. 거듭나야 할 하
일성 씨에게 격려는 보낸다.

<　2006. 7. 7.>

32
대선과 정치

丙戌年 '개의 해'가 저물어 간다. 丁亥年 '돼지의 해'가 밝아 온다. 새해의 화두는 뭐니 뭐니 해도 제17대 대통령 선거이다. 노무현 정권은 이미 '식물인간'이 된 지 오래이다. 돌이켜 보면 지난 제16대 대선에서 국민들이 선택한 노 정권은 '권력의 주체'다운 모습을 한 번도 보여 주지 못하고, 역사에서 퇴장하게 됐다.

실험으로 일관한 준비 안 된 대통령

'언론과의 전쟁'으로 권력을 쟁취한 노무현 대통령은 국가 최고 통수권자로서의 자질과 능력을 보여 주기보다는 사사건건 '수구언론'과 '야당' 탓으로 책임을 전가하는 정치로 일관해 왔다. 노 대통령이 준비가 덜 된 상태에서 마치 '로또복권' 당첨되듯 대통령에 당선되었다.

노 정권 4년 동안 지식인 사회가 선정한 사자성어는 정권의 속성을 고스란히 반영한다. 이를 보면 2002년 제16대 대선을 앞두고는 정파의 이해득실에 따라 정치인들이 옮겨 가기를 한다 하여 '이합집산(離合集散)'이 선정됐다. 2003년에는 권력의 중추가 제 할 일에 대해 중심을 잡지 못하다가 마침내 역대 대통령 사상 초유로 '탄핵'을 당하는 등 허송세월하고 있다는 뜻에서 '우왕좌왕(右往左往)'이 회자됐다.

2004년에는 뜻에 맞으면 한패가 되어 중용하고 그렇지 않으면 배척한다는 의미의 '당동벌이(黨同伐異)'가, 2005년에는 서로 이반만 하고 분열한다는 뜻에서 '상화하택(上火下澤)'이, 2006년에는 여건은 조성되었으나 일이 성사되지 않아 답답하고 불만이 폭발할 것만 같다는 의미로 '밀운불우(密雲不雨)'를 선정했다.

상생정치의 실종, 패 가르기식 사회분열, 대통령의 리더십 부재로 인한 계층 간 갈등, 치솟는 부동산에 대한 무능, 북한 핵실험 사태 수수방관 등 뭐 하나 제대로 풀린 게 없어 국민들의 불만이 폭발 직전 임계점에 도달해 있다는 것이다. 여기에다 어설픈 개혁의 흉내 내기로 오히려 나라가 흔들렸음을 의미하는 '교각살우(矯角殺牛)', 사회의 모순이 해결될 전망이 보이지 않는다고 하여 '만사휴의(萬事休矣)', 개혁과정에서 치졸한 전략과 전술로 강고한 기득권층과 맞서려는 형태를 표현한 '당랑거철(螳螂拒轍)'도 오늘의 우리 사회를 표현하는 말로 회자됐다.

정치 실종 시종일관 분열과 갈등 조성

정치의 본질은 '타협의 미학'에 있다. 하나를 얻고자 하면 반드시 하나는 줘야 한다. 노 정권은 '전부' 아니면 '전무'식으로 일관했다.

그로 인해 정치는 실종되고 투쟁이라는 결과만 남았다. 이는 노 정권의 중추를 이루는 구조적 문제에서 기인하는 모순이었다.

노 정권은 권력의 중추를 이른바 '386'이라 하여 운동권 세력과 정치지향적인 시민사회의 일부 세력, 권력지향적인 일부 지식인 사회의 진보적인 인사들로 채웠다. 이들은 매사를 '적이냐 아니냐'라는 편협한 이분법적 사고와 흑백논리에 의해 문제의 해결을 도모했다. 노 정권의 권력인식이 이와 같은 치졸한 논리에 의해 지배됨으로써 국론은 분열되었고, 계층 간 갈등의 골은 깊어 갔다.

노 정권의 정치스타일은 이틀에 한 번 꼴로 '수구언론'에 '시비(?)'를 걸고, 야당과의 협력을 통한 '국가운영'보다는 권력싸움으로 일관했다. 노 정권의 정치가 실종된 사이에 국민들은 아파트 값 55% 인상이 상징하듯 대통령 잘못 뽑은 덤터기만 뒤집어썼다. '부동산 거품'이 나라의 근간부터 흔드는 거대한 위기가 되어 시한폭탄처럼 다가오고 있다.

이를 방기한 노 정권은 총체적으로 평가하면 '함량미달', '자질부족'의 권력이었다. 따라서 다가올 새 정권은 노 정권이 저질러 놓은 국가적 위기를 해소할 자질과 능력을 지닌 인물이 절실하다. 미디어에 의해 거명되는 유력한 후보들의 면면을 보면 실망스럽기 짝이 없다.

'대통령 만들기' 프로젝트 가동한 미디어

한국언론은 스스로 "대통령을 만든다"는 오만에 젖어 있다. 특히 한국사회의 여론시장을 75% 이상 장악해 언론권력으로 회자되는 <조

중동> 등 수구언론이 더욱 그러하다. 여기에 지난 제16대 대통령 선거에서 노무현 후보를 지원해 ‘대통령 만들기’에 성공함으로써 권력의 짜릿한 맛을 봤던 <오마이뉴스>, <프레시안>, <네이버>, <다음> 등 인터넷언론 또한 손 놓고 구경만 하지는 않을 것이다.

현대인들은 언론을 통해 사회를 본다. 따라서 언론이 어떻게 비추는가는 매우 중요한 의미를 지닌다. 수구언론은 자신들의 입맛에 맞는 후보를 언필칭 ‘안정’과 ‘자유민주주의’ 등이라는 용어로 포장하고 집중적으로 부각시킨다. 반면 인터넷은 소위 ‘진보적 지식인’을 거명한다. 이를 탓할 이유는 하등 없다. 그것은 수구언론과 인터넷언론 각자가 향유할 천부적인 ‘언론자유’이다.

문제는 그 과정에서 진솔하게 ‘국민의 이익’을 생각했느냐 하는 것이다. 불행하게도 현재 한국언론이 추진하는 ‘대통령 만들기’ 프로젝트에서 국민의 이익은 도외시되어 있다. 수구언론은 그 나물에 그 밥인 것처럼 자신들의 이익을 옹호할 후보를 옹립한다. 특히 이회창 전 한나라당 총재의 ‘기관지’ 노릇을 마다하지 않았던 <조선일보>는 “좌파의 집권을 용인할 수 없다”는 명분 아래 “순신불사(舜臣不死)”를 외치며 정계 복귀에 대한 여론의 눈치 보기를 하고 있는 이회창 씨의 의중을 비중 있게 취급하고 있어 미묘한 파장을 일으키고 있다.

세상에 아무리 대통령 할 인물이 없다 하여도 이회창 씨는 안된다. 그가 누구인가? 그는 합법적이었건 아니었건 간에 대법원 판사로 재직하면서 아들을 군에 보내지 않았던 게 원인이 되어 지난 제15대 대선에 이어, 제16대 대선에서도 낙선한 인물이다. ‘대쪽’이란 이미지에 걸맞지 않은 이유가 원인이 되어 두 번씩이나 ‘좌파(?·그의 말대로)’에게 권력을 내준 그가, 이번에 다시 ‘좌파’를 운운하며 정계복귀를 시도하는 것은 역사와 국민에 대한 모독이다. 아니 국민들의 정신건강에 대한 '강간'이며 '폭력'이다.

두말할 나위 없이 이회창 씨가 지목한 김대중 정권이나 노무현 정권은 좌파정권이 아니다. 그들이 좌파라면 우리 사회는 이미 사회주의 국가나 공산주의 국가로 정체성이 전환되어야 마땅하다. 우리 사회는 아직도 천박한 물신 자본주의가 맹위를 떨친다. 이 하나만 보더라도 김대중 정부나 노무현 정부가 보수주의적 정권이라는 게 확연히 드러난다. 이회창 씨와 수구언론은 우리 사회를 '좌파'라고 매도한다.

'좌파' 공세는 수구본색 감추기 위한 속셈

독자들은 여기서 수구세력의 '빨갱이 공세'에 현혹되어서는 안된다. 수구세력이 말하는 '좌파정권'이라는 마타도어는 자신들의 본색을 숨기기 위한 '정치적 언어'에 불과하다. 수구세력은 왜정시대 이래 이 나라를 100년간이나 지배해 온 권력집단이다. 친일 앞잡이 세력, 친미 사대주의자가 자신들의 본모습을 감추고자 보수세력을 좌파로 매도한다. 보수가 좌파라는 급진적 진보로 자리매김시킴으로써 자신들이 보수세력의 주류로 자리하여 권력을 향유할 수 있기 때문이다.

역사는 전진한다. 수구세력은 이 땅에서 이미 사라져야 할 정치집단이다. 현실에서 이들의 권력은 강고하다. 우리가 참된 자유와 민주주의를 지키기 위해선 진짜 의미의 사회주의·공산주의라는 좌파가 이 땅에 발붙일 수 없게 하여야겠지만, 그에 앞서 수구세력부터 역사의 단두대로 먼저 보내야 한다. 수구세력은 '애국'을 전세 낸 양 입에

'게거품'을 물고 말하지만, 막상 나라에 위기가 닥치면 이중국적을 활용하여 누구보다 먼저 이 땅을 떠날 인물들이다.

연전에 MBC의 「PD수첩」이 방송한 자료에 따르면 전직 장관·국회의원·대학교수·정치인·의사·변호사·고급공무원·재벌·문화계 인사 등 우리 사회의 지도층 상당수가 미국 국적을 취득한 '2중국적자'라 한다. 영국의 귀족자제들 학교인 '이튼스쿨'의 재학생과 졸업생은 국가에 위난이 닥치면 가장 앞장서 지원하고, 또 국가를 위해 가장 많이 순국했다고 한다. 한국사회의 상류층 자녀의 많은 수는 2중국적을 취득하거나 병역면제를 통해 국민의 의무를 외면한다. 평시엔 나라는 자기 혼자만 사랑하는 하는 양 시도 때도 없이 '나라 걱정'을 늘어놓는다. 국민들이 그들의 '애국타령'을 경계하거나 지겨워하는 이유가 여기에 있다.

분명 말하거니와 수구세력의 '애국' 운운은 '거짓말'이다. 애국을 빌미로 자신의 기득권 향유가 그 속셈이다. 선거철만 되면 저 혼자 나라사랑의 화신인 양 떠드는 인간을 찍어서는 큰일 난다. 이들을 가장 먼저 정치권으로부터 퇴출시켜야 참된 민주주의가 구현된다. 이는 제17대 대선에서도 마찬가지다. 수구정당이 결코 권력을 잡아서는 안되는 이유를 이처럼 간명하게 요약할 수 있다.

회색빛 기회주의자 역시 청산 대상

선거가 '선택의 미학'이라면 그다음 현실적으로 대두되는 권력의 선택에 대해 한 번 살펴보자. 보다 직설적으로 말해 집권여당인 열린

우리당이 그 대안이 될 수 있을 것인가 하는 것이다.

역대 정권사상 최악의 지지율로 지리멸렬하고 있는 집권여당에겐 이회창 씨가 복귀하여 한나라당을 파고들면 들수록 '쾌재'를 부를 것이다. 이런 얄팍한 반사이득을 기대하며 정치를 한다면 큰 오산이다. 열린우리당은 노무현 대통령과 뜻을 함께 맞춰 집권의 모태였던 민주당을 깨고 나와 권력의 틀을 마련한 정당이다. 자신들의 정치적 선택에 대해 책임을 져야 한다. 노무현 정부가 인기가 없다고 하여 다시 정치의 틀을 깨고 새 정치집단을 만들려고 모색한다.

대통령이 인기가 없다고 하여 소위 '민주평화개혁세력'을 표방하며 다시 열린우리당을 깨고 신당을 추진하는 기회주의 세력은 수구정당보다 국민들에게 더 나쁜 해악을 끼치는 정치집단이다. 유리하면 빌붙고 불리하면 떠나는 기회주의적 회색분파야말로 국민들의 가치관에 돌이킬 수 없는 해악을 끼친다. 노무현 대통령의 정치적 이념과 신념에 동의해 기꺼이 집권여당이었던 민주당을 깨고 열린우리당을 창당했으면, 그 이념의 구현을 위해 최선을 다해야 한다. 대통령의 인기가 없다고 열린우리당을 뛰쳐나가는 것은 정치 패거리들의 집단행동이라는 의미밖에 없다.

열린우리당의 원죄는 자신이 보수파이면서도 진보를 자임한 데 있다. 노무현 씨는 대통령에 당선되자마자 자신을 추종하는 일부세력이 자신의 세력과 야당의 세력을 조선시대의 '사림파'와 '훈구파'라는 이분법적 구도에 놓은 것에 혹하여 새로운 정당을 창당했다. 조선시대의 사림과 훈구세력은 근본적으로 동일한 노선을 추구하는 정치의 동류집단이다. 따라서 노 정권이 기꺼이 여기에 동의했다면 노 정권 또한 청산되어야 할 수구세력의 하나임을 용인하는 꼴이다.

미국의 이라크 침략전쟁에 기꺼이 동의하고, 한미FTA를 무리하게 강행하는 등 노 정권은 결코 진보정권이 아니다. '정품진보'가 아니라 수구언론에 의해 '좌파'로 자리매김한 '짝퉁진보'이다. 수구언론은 노 정권을 진보에 자리매김시킴으로써 수구정당이 살아날 틈을 제공하고 있다. 수구정당이 권력을 쟁취하여야 자신들의 기득권을 확대하고 공고히 할 수 있기 때문이다.

노무현 정권은 수구언론의 이와 같은 이데올로기 공세로 취임과 동시에 '레임덕'이었다. 이제 국민을 위해 마지막으로 봉사 한 번 하고 퇴임할 필요가 있다. 지금이라도 수구정당과 수구언론, 해바라기성 기회주의자들을 여사의 무대에서 퇴출시키는 정치개혁을 시도해야 한다. 그러기 위해서는 사심을 지녀서는 안된다. 노 정권은 어차피 물러나야 하는 정권이다. 차제에 수구정당과 수구언론, 기회주의자들을 한꺼번에 끌어안고 함께 순사하기를 기대한다.

국민을 위해 발가벗고 순사하기를 기대

한나라당의 기존 후보들 입장에서 보면 이회창 전총재가 시대정신도 모르는 채 '정계복귀 대선출마(?)'라는 도로를 역주행하고 있어 경계하지 않을 수 없을 것이다. 정당 지지도가 40%를 넘고, 후보자 지지도 또한 타의 추종을 불허하는 마당에 '이회창'이란 복병(?)을 만난 것이다. 이회창 씨는 도움이 되기보다는 한나라당을 분열과 갈등으로 몰고 가 공멸시킬 '핵구름'임에는 분명하다. 한나라당을 장악한 기존 구도에선 어떠한 정계개편이나 정국변화도 원치 않는다. 이 모양 이

상태로 세월만 흘러가면 대권은 따 논 당상이나 다름없다.

따라서 반한나라당 세력에 이 씨의 복귀는 반갑기 그지없는 테마다. 노 정권에 국민을 위한 정치판의 새판 짜기를 주문하고자 한다. 수구정당과 기회주의적 해바라기 정치꾼을 역사의 뒤안길로 퇴조시키고, 참된 보수와 진보가 공존하는 정치권력의 재편이 그것이다. 그것이 지난 제16대 대선에서 노무현 후보를 지지했던 국민들의 성원에 보답하는 길임을 명심해야 할 것이다.

기회가 있을 때마다 그토록 "정치엔 관심 없다"던 전 서울대총장 정운찬 씨는 '범여권 후보'로 옹립해 준다면 대권에 나설 뜻을 넌지시 비친다. 단숨에 지리멸렬한 여권을 구원해 낼 유력한 구원투수로 등장했다. 학자·대학교수가 강단에서 학문연구는 팽개치고 유력 대권주자의 캠프에 기웃기웃하기 바쁘다. 바야흐로 정치의 계절이 성큼 다가왔다. "대통령을 잘 뽑아야 나라가 산다"는 말을 새삼 떠올리면서 독자 여러분의 가정에 만복이 깃들길 빈다.

< 2006. 12. 21.>

33

농협과 프로야구

농협중앙회기 134억 원을 투자해 프로야구단 현대 유니콘스를 인수할 예정이라고 한다. 농협이 프로야구단에 참여하는 것은 재벌과 동업자의 연을 공식적으로 맺는 것을 의미한다. 농협과 재벌, 농협과 프로야구는 아무리 생각해 봐도 어울리지 않는 명제이다. 농협이 누구인가. 농협의 정체성은 어디까지나 농민을 위한 농민의 조직이다. 그런 농협이 재벌들의 놀음판에 끼어들겠다는 것이다.

그동안 프로야구단은 건전한 스포츠 활동을 통해 국민건강의 증진과 국민통합에 기여한다는 거창한 이념과 명분 아래 출범했으나, 실제로는 재벌의 선전원·홍보원으로 기능하는 도구였다. 여기에 농협이 동참하겠다는 것이다. 농협은 그 명분으로 "종합금융그룹으로 제2 도약을 위해 'NH'로의 CI변경을 검토하고 있는데, 국민적 인기스포츠에 참여함으로써 돈으로 환산할 수 없는 홍보효과를 기대할 수 있을 뿐 아니라, 농산물 유통 및 종합식품그룹으로 경제사업의 활성화를 위해서"라고 밝혔다. 이는 일고의 가치도 없는 '말장난'에 불과하다.

농협이 프로야구단에 참여하는 것이 얼마나 졸속적으로 이뤄졌는가

하는 점은 농협 내부 논의나 농업인들의 의견 수렴 과정 없이 정대근 농협중앙회장이 신상우 한국야구위원회(KBO) 총재를 만난 뒤 갑작스럽게 인수 작업을 서두르는 데서도 알 수 있다. 이는 농협이 제도적으로 주도면밀하게 프로야구단 참여를 기획하고 준비해 왔던 것이 아니라는 점을 극단적으로 웅변해 주는 대목이다.

분노한 농심 농협 프로야구단 비난

농협의 이와 같은 무책임 경영에 대해 농민단체들은 분개했다. 한국농업경영인중앙연합회(한농연)는 16일 「농촌 현실 도외시한 채 프로야구단 창립이라니!」라는 제목의 성명서를 내고 "농협중앙회가 농촌 현실은 도외시한 채 부실 프로야구단을 인수하겠다는 방침을 세운 것을 용납할 수 없다"며 "국내 스포츠 마케팅 분야의 현실을 감안할 때 '밑 빠진 독에 물 붓기' 식의 구단 운영으로 농협중앙회의 수익 저하 등 각종 문제를 일으킬 우려가 높다"고 밝혔다. 한농연은 또 "한·미 FTA 협상과 DDA 농업협상 등 갈수록 어려워지는 여건 속에서 농협중앙회는 근본적 체질 개선과 경제사업 활성화에 매진할 때"라며 프로야구단 인수 계획의 즉각 철회를 요구했다.

전국농민회총연맹(전농)도 이날 「누구를 위한 프로야구단 인수인가, 차라리 농협 간판을 내려라」란 제목의 성명서에서 "한·미 FTA 협상이 진행되는 중요한 시기에 막대한 재원을 들여 농촌의 근본적 회생과는 아무 연관도 없는 프로야구단을 인수하겠다는 것은 농민을 무시한 처사"라고 비판했다. 전농은 "농업 회생에 대한 전 국민적인 공감대를 마련하겠다는 뚜렷한 전망과 계획도 없는 상황에서 프로야구단 인수 계획은 용납할 수 없다"고 주장했다.

농협노동조합도 프로야구단 인수에 반대한다는 입장을 밝혔다. 노조는 이날 "농협중앙회의 프로야구단 인수 시도는 중앙회가 반(反)농업·농촌·농민기구로 변모했는지 단적으로 입증하는 사례"라고 주장했다. 노조는 또 "농협 관리 감독의 주무부서로 규정된 농림부가 이번 프로야구단 인수건에 대해서만이라도 '상식'을 지켜 판단하기를 바란다"고 요구했다.

이에 대해 농림부 관계자도 "농협이 자회사 컨소시엄을 통해 야구단 인수를 추진하겠다는 것은 농림부의 감독을 피하려는 일종의 편법"이라며 "이에 대한 법률 사항을 검토 중"이라고 밝혀 주목을 끌었다. 이 관계자는 "지난해 농협이 세종증권(NH증권으로 변경)을 인수했을 때는 농림부 승인을 받았다"고 덧붙였다. 또 "농협이 야구단을 인수하는 일은 결코 몇몇 일부 사람이 주도해 졸속으로 결정될 성격의 것이 아니다. 제일 중요한 것은 농민단체와 농업인들의 생각이 아니겠느냐"고 부정적인 입장을 나타냈다.

이런 반대 여론이 들끓자 농협은 목우촌, 농협유통, 농협고려인삼 등 계열자회사를 동원하여 컨소시엄 형태로 인수를 추진하는 등 그 속셈이 뻔히 드러나는 편법을 동원하고 있으며, 한국야구위원회는 자신의 무능을 호도하기 위해 "농협의 인수가 좌절되면 올 시즌은 7개 구단으로 가야 할지도 모른다"며 야구팬들을 상대로 협박하면서, 다른 한편으로는 "프로야구단의 한 해 적자 200억 원은 과장됐다. 실제로는 80억 원 정도에 불과하다. 더구나 관중이 많은 수도권의 경우는 실질적으로 50억 원 미만이다"라며 프로야구단의 적자폭 200억 원에 대한 반론 여론을 퍼뜨리기 위해 안간힘이다.

돈장사서 프로야구까지 철저히 반농민

농협은 농산물의 공동생산과 공동판매 등을 통해 농산물 유통의 합리화와 효율화를 달성함으로써 농민들의 이익증대에 기여하는 농민조직이라는 그 본래의 목적에 충실하여야 한다. 농협이 이러한 본업에는 관심 없고, 농민들을 상대로 '고리대금 돈 놀이 장사(신용사업·금융업)'에만 혈안이 돼 있는 것은 본말이 전도된 처사다. 농협의 현 실정이 이러한데도 한 술 더 떠 프로야구단까지 뛰어들겠다는 것은 농민을 우롱하는 것이다. 나아가 농민조합원들의 소중한 자산을 상업화하여 흥청망청 쓰겠다는 농협 지도층의 도덕성이 어디까지 와 있는지를 적나라하게 보여 주는 대목이다.

농협이 해마다 프로야구단에 쏟을 돈 200억 원이 있다면, 그 돈으로 350만 농민을 위해 어떻게 쓸까를 고민하는 것이 농민을 위한 기업이 할 일이다. 농협이 농민단체들의 애정 어린 반대에 "프로야구단 운영을 비용으로만 인식하고 홍보효과를 생각하지 않은 결과"라고 무시하고, 프로야구단 사업을 강행한다면 분노한 농민들의 거센 저항을 막지 못할 것이다.

 2007. 1. 17.>

34

'세계육상' 중단하라

참으로 해괴하다. 이는 '세계적 코미디'다. 정신 나간 대구시의 '노망'으로 TK가 국내를 넘어 세계에까지 '웃음거리'로 전락할 위기에 처했다. 대구시는 느닷없이 '2011년 제13회 세계육상선수권대회(세계육상대회)'를 유치하겠다고 나섰다. 무지인지 만용인지 모를 일이다. '세계육상대회'는 올림픽, 월드컵과 더불어 '세계 스포츠 3대 제전' 가운데 하나다.

무릇 스포츠 대회를 유치하기 위해서는 필수적인 전제 조건이 있다. 하나는 스포츠와 관련된 인프라의 구축이고, 또 다른 하나는 개최국의 경기력이다. 이 두 가지가 겸비될 때 비로소 대회의 유치가 가능하다. 대구, 아니 한국은 어떠한가. 전국 지자체 가운데 1인당 비율로 빚이 가장 많은 곳이 대구다. 수천억 원의 대회경비를 부담할 돈이 없다. '세계육상대회' 유치론자들은 대회경비에 대한 근본적인 대책도 없이 우선 대회를 유치해 놓으면 어떻게 되겠지 하고 막무가내로 덤벼든다.

설령 백 번 양보하여 수천억 원이 소요되는 대회경비를 시민들에게

10원짜리 하나 부담 주지 않고, ‘세계육상대회’ 유치를 기획한 조해녕 전임 대구시장을 비롯한, 그 밑에서 정무부시장 노릇을 하다가 한나라당의 공천으로 시장에 당선된 김범일 현 시장, 유종하 대회유치위원장, 지역 한나라당 출신의 국회의원 및 시의원 등이 ‘자비’를 털어 비용을 마련했다고 가정해 보자. 성공적인 대회가 가능할까?

초등육상이 프로대회 열겠다는 꼴

어림도 없는 소리다. 한국육상의 경기력이 문제시된다. 마라톤을 제외하고 한국육상이 세계육상과 어깨를 견준다는 것은 현실성이 전혀 없다. 1984년이나 85년께로 생각된다. 당시 어느 도인(?)은 책을 통해 한국 육상이 88서울올림픽에서 42개의 메달 가운데 20여 개를 딴다고 예언한 바 있다. 물론 그것이 허무맹랑한 ‘헛소리’라는 것은 두말할 나위 없다. 한국육상의 경기력에 대해 대구시도 이와 같은 속 보이는 거짓말을 할지 모른다.

주최국의 경기력은 대회의 성공 여부를 좌우하는 가장 핵심적인 포인트이다. 자국 선수가 한 사람도 본선에 진출하지 못하면 국민들로부터 흥미를 유발할 수 없다. 관중들이 외면한 썰렁한 경기는 대회의 질을 떨어뜨리는 원흉으로 작용한다.

한국육상은 세계는 고사하고 아시안게임에서조차 금메달 1~2개를 따는 게 고작이다. 세계육상이 프로급이라면 한국육상의 현주소는 초등학교 저학년 수준에 불과하다. 따라서 한국육상이 세계육상과 흥미를 유발할 정도로 경쟁하기 위해선 100m 달리기를 예로 든다면 최소한 10m는 앞서 출발해도 상위권에 진출하기 힘든 것이 현실이다. 아무리 주최국의 심판 프리미엄이 작용한다 하더라도 육상경기를 그런 식으로는 진행할 수 없다. 스포츠 대회는 아무나 유치할 수 없는 이유가 바로 여기에 있다.

박수부대 동원으로 나라망신 자초

대구시는 강제로 동원된 '박수부대'를 스탠드에 앉혀 놓고 수천억 원의 돈을 들여 '거나한 잔치'를 벌이겠다고 한다. 대구시의 이와 같은 무지하고도 무모한 발상엔 '분개'가 치민다. 도대체 시민들을 어떻게 보고 그따위 발상을 할 수 있을까. 지금 당장 공무원의 반만 몽땅 잘라 내면 감히 이런 발상은 하지 못한다. 공무원들이 밥 먹고 할 일이 없어 그따위 생각을 할 여유가 없기 때문이다.

이에 대해 대구시는 수천억 원의 생산유발효과, 수천수만여 명의 고용효과, 돈으로 헤아릴 수 없는 천문학적인 홍보효과 등을 운운하며 시민들을 기만하고 현혹한다. 이는 객관적 근거나 과학적 토대가 전혀 없는 말이다. 뜬구름 잡기와 같다. 터무니없는, 허무맹랑하기 그지없는 '거짓말'이다. 시민들을 속이기 위해 동원된 그럴싸한 명분일 따름이다.

대구시의 유치 명분은 '2003대구하계유니버시아드대회' 때도 그러했다. 대구시는 흑자대회를 운운하며 본질을 왜곡하려 들지도 모른다. 대구U대회 당시 스탠드는 누가 메웠나. 자발적인 관중은 몇 명이나 있었나. 그때 수천억 원의 생산유발효과, 고용효과, 홍보효과를 봤다면서 새삼스럽게 또 세계대회를 유치하려는 진짜 이유가 뭐냐는 것이다.

한탕주의식 전시행정에서 못 벗어나

대구시가 유치하고자 하는 '세계육상대회'는 독재정권이 자신들의 파탄난 도덕성을 감추기 위해 국민들에게 보여 주기 위한 거대한 이벤트를 벌이듯이, 무능한 대구시정이 그 본질을 호도하기 위한 전형적인 전시행정의 극치다. 이와 같은 과시적이고 한탕주의적인 행정에서 비롯된 기회주의는 손바닥으로 하늘을 가리는 것과 다를 바 없다.

평창의 동계올림픽과 인천의 아시안게임 유치운동에 비해 대구시의 '세계육상대회' 유치에 대해선 대한체육회를 비롯한 관련 단 기관·단체 등의 반응이 싸늘하다. 누구보다 앞장서 뛰고 달려야 할 한국육상연맹조차 시큰둥하다. 유권자들의 표를 의식한 정치인과 국회의원 등은 마지못해 유치전선에 나선다. 그것은 대구시의 '세계육상대회' 유치가 그만큼 현실성을 잃은 '미친 짓'임을 잘 알기 때문이다. 이에 대해 대구시는 "TK가 권력에서 소외되었기 때문"이라고 강변할지 모른다.

거대한 '이벤트'를 통한 시정 발전이라는 단세포적인 패러다임에서 벗어나야 한다. 대구사회가 진정으로 되살아나기 위해서는 대구시 공무원부터 정신을 바짝 차리지 않으면 안된다. 부산이 뭐 하고, 인천이 뭐 하고, 광주가 뭐 하니까 대구도 뭐 해야 한다는 발상에서 해방되지 않는 한 대구사회의 발전은 요원한 얘기다. 지금과 같은 정신머리로는 대구가 더 끝없는 나락으로 추락해야 한다.

21세기 지식정보사회에서 대구가 진정으로 발전하기 위해선 공무원들의 창의적인 행정이 요구된다. 진심으로 시민을 위한 시민의 행정을 펴라는 것이다. 시정이 시민을 위해 존재할 때 비로소 대구의 발전과 미래의 틀을 논할 수 있다.

언론의 무지로 '눈 뜬 봉사' 된 시민들

대구시의 '세계육상' 유치와 관련하여 가장 큰 문제인 것은 대한민국의 모든 언론매체가 그 진실을 얘기해 주지 않고 있다는 점이다. 한국언론의 현실구조에서 중앙지의 주재기자에게 언론인으로서의 역할을 기대하기란 어렵다. 방송은 태생적으로 '관제'라는 한계를 벗어나기가 어렵다손 치더라도, 자유롭고 정의롭다는 지역언론이 입을 다물고 있는 것은 비판받아 마땅하다.

대구언론이 대구시와 한 몸뚱이가 되어 '세계육상대회' 유치에 발벗고 나서는 것은, 스스로 언론이기를 포기하는 것과 진배 없다. 언론이 아니라 프로파간다로 전락하는 순간이다. 언론의 생명은 사실을 사실대로 정확하게 바르게 알리는 것에서 출발한다. 그와 같은 초보적인 기능조차 수행하지 못하는 언론으로 인해 시민들이 점차 '눈 뜬 장님'으로 변해 가는 것은 결코 이대로 둘 수 없는 예사롭지 않는 일이다.

언론이 무능한 시정과 한통속이 되어 시민들을 기만하는 행위에 대해 독자들은 분개하여야 한다. 이런 현실을 타파하지 않고 대구의 내일을 운운한다는 것은 '말장난'에 불과하다. '세계육상대회' 유치 코미디는 대구사회와 대구언론의 적나라한 '생얼'을 비추는 거울이다.

시민언론운동이 현시점에서 절실한 이유가 여기에 있다. 이번 기회에
시민언론운동을 통해 대구사회를 지배하고 있는 수구적인 오피니언
리더와 사이비언론을 모조리 물갈이해야 한다.

<💾 2007. 2. 22.>

35
의료서비스와 의료시장개방

　경북대병원(慶大病院)이 개원 100주년을 맞아 오늘 칠곡에 제2병원 건립 기공식을 가진다. 총공사비 950여억 원이 투자될 경북대 칠곡병원에는 암치료전문병원과 대구경북지역암센터, 노인보건의료센터 등을 건립한다. 경대병원은 의료수준이 한 단계 더 업그레이드될 물적 토대를 갖추게 되었다.

　경대병원이 그동안 이룩한 의학적 성과는 눈부시다. 한때 서울대병원과 연세대병원 등과 함께 우리나라를 대표하는 3대 병원 중의 하나라는 사실과 명성을 지녔다. 사람의 생명을 건진 게 하나둘이 아닐 터, 병원 종사자들의 노고를 과소평가할 필요는 없다.

　그러나 최근 자원의 수도권 집중화에 밀려 그 위상 또한 급격히 추락하고 있다. 우수한 의료진을 서울에 빼앗겨 의료사고가 심심찮게 발생하고, 병원업무 서비스는 진료비의 이중청구, 관료주의적인 고압적 자세 등의 만연으로 위기를 맞고 있다.

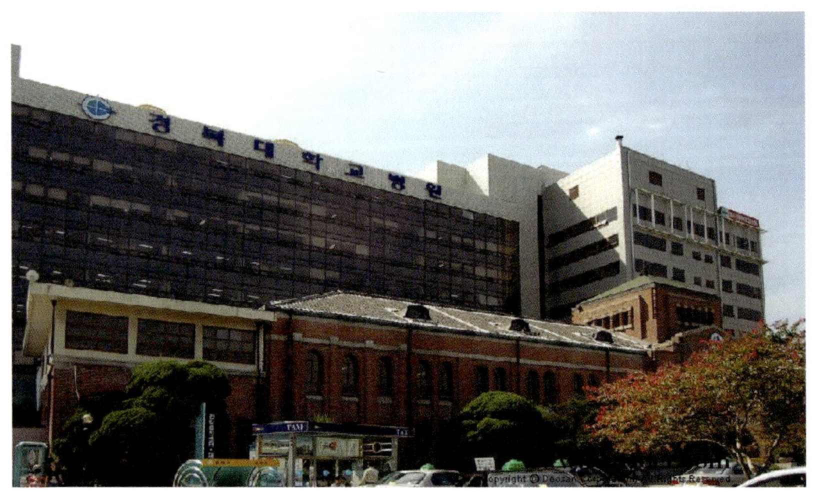

♠ 개원 100년을 맞은 경북대학교병원 본관. ⓒencyber.com

의료 질적 저하 심각 갈수록 명성 퇴색

이 가운데 가장 심각한 것은 의료진의 질적 저하다. 의사경력 1～2년차의 신출내기가 '주치의'를 맡는 것은 모순의 극치이다. 의과대학을 졸업하고 인턴, 레지던트 과정을 거쳤다고는 하나 임상경험은 환자들의 질환을 책임성 있게 담당하기엔 역부족이다. 의료업무는 무엇보다 임상경험이 중요하다. 임상경험이 일천한 이들이 주치의를 맡아 환자의 질환을 책임지는 시스템은 아무래도 의료편의주의라고 해석할 수밖에 없다.

의료사고도 가끔 발생한다. 입원실에서는 의료사고로 입원한 환자를 어렵지 않게 만날 수 있다. 의료사고에 대해 일반인들이 병원을 상대로 책임을 묻기란 매우 어렵다. 그것은 대한민국의 법이 소송 당사자가 상대방의 과실·과오를 증명해야 하는 시스템이기 때문이다. 일반인이 전문적인 의료인을 상대로 의료사고를 증명하기란 사실상 불가능하다.

병원은 이를 빌미로 자신들의 과오를 빠져나간다. 극단적으로 비틀어 말하면 환자의 치료가 아니라 사람을 상대로 의료실험을 하는 행위라 할 수 있다. 따라서 1~2년차의 주치의 제도는 시급히 개선되어야 할 과제다.

겉은 친절 속은 여전히 고압적 불친절

다음은 병원업무의 서비스에 대해서다. 겉으론 상당히 친절하고 상냥하다. 전문적이고 실질적인 서비스의 영역에 이르면 아직도 환자중심·고객중심이 아니라 병원중심·직원중심이다. 예를 보자.

필자는 부친의 질환 때문에 지난 3월 21일(수) 응급실에 입원해 있다가 3월 23일(금) 밤 9시께 퇴원했다. 퇴원 시 타 병원으로 진료처를 옮기기 위해 검사결과를 CD에 복사해 줄 것을 요청했다. 주치의는 3월 21일(수), 22일(목)분은 결과가 나와서 CD에 담아 갈 수 있으나, 23일(금)분은 26일(월) 오전에 결과가 나오므로, 오후에 '외래'에 가서 담아 가라고 했다.

필자는 29일(목) 병원에 찾아 23일(금) 검사결과를 CD에 담아 달라고 하니까 인감증명서와 위임장, 주민등록등본 등을 요구하였다. 보건복지부에서 정한 법이 그렇다는 것이다. 물론 보건복지부에서는 환자의 사생활 보호와 진료기록서의 악용방지 등을 위해 필요한 절차여서 법을 그렇게 제정했을 것이다. 법을 실제로 운영하는 병원의 일선 창구에서는 능동적인 대국민 서비스를 위해 '법의 정신'이 훼손되지 않는 범위 내에서 운영의 묘를 살릴 필요가 있다. 특히 필자의 경우는 환자 보호자로서 카드로 병원비를 결제하는 등 그 신원이 확실하고, 또 그 목적이 타 병원의 진료에 사용하려는 등 의도가 분명하므로 하등의 의심이 개입될 여지가 없었다.

환자는 이미 고향에 낙향했으며, 더구나 몸이 불편해 거동이 자유롭지 못한 상태임을 감안하면 사정을 봐줄 만도 했다. 병원 측은 앵무새처럼 규정만 들먹였다. 이를 어떻게 해석해야 할까? 이는 대국민 서비스를 할 생각이 전혀 없음을, 전형적인 공무원형 업무자세를 드러내는 것이다.

병원 측이 진료기록증명의 발급을 까다롭게 하는 것은 수시로 비일비재하게 터지는 의료사고에 대한 고소·고발 등 소송에 대해 자기방어를 위한 치졸한 생각이 그 일차적인 원인이다. 또한 병원 상호 간의 동업자 의식에서 진료결과와 정보를 될 수 있는 한 숨김으로써 이중진료를 해 병원비를 올리기 위한 담합정신에서 비롯된 이기주의가 그 두 번째 원인이다. 보건복지부의 법 제정자들이 의료인이라는 것을 감안하면 법안의 규정이 지닌 심층적 의미를 짐작하고도 남는다.

이웃 가게까지 오염 바가지 상혼 극성

경대병원의 불친절은 병원 자체에만 그치는 것이 아니라 이웃 가게에까지 영향을 미친다. 경대병원의 구내 간이식당의 경우는 김밥 한 줄에 2,200원을 받는다. 시중엔 1,000원이다. 350원짜리 우유는 500원, 500원짜리 음료수는 700원을 받는다. 시중과 같은 가격은 담뱃값과 신문 값밖에 없다. 나머지는 엄청난 폭리로 환자와 보호자, 문병객들의 호주머니를 턴다. 이는 칼만 들지 않았을 뿐이지 강도나 다름없다.

병원 안이 이 모양이라면 병원 밖 풍경 또한 불친절의 기압골에서 영향이 자유롭지 못하다. 경대병원의 고압적인 불친절은 인근 상가에까지 악영향을 미친다. 음식점을 예로 들면 음식이 지저분하고, 맛이 없으면서 값은 비싸다. 병원을 중심으로 형성된 식당가 전체가 그러하다. 보호자나 문병객은 울며 겨자 먹기로 비싼 돈을 지불하면서 불친절한 음식을 사 먹을 수밖에 없다.

경대병원의 서비스를 근본적으로 개혁해야 할 이유는 이것 하나만으로도 충분하다. 필자는 대구시내서 가장 음식 맛이 없고 비싼 곳을 들라면 단연 경대병원 주위를 들겠다. 경대병원 주위의 식당이 만일 다른 곳에서 그딴 식으로 장사를 하다가는 망해도 골백번은 더 망했을 것이다. 이처럼 경대병원을 둘러싼 모습은 하나같이 긍정적이라기보다는 부정적이다.

평균수명의 연장과 함께 현대인의 질병도 늘어나면서 병원은 현대인과 떼려야 뗄 수 없는 시설물 가운데 하나로 인식된다. 병원이 보다 현대인의 삶 속에 가까이 있다. 병원을 둘러싼 환경 또한 쾌적하고 즐거운 삶의 공간으로 바뀌어야 한다. 경대병원에 가면 처음부터 끝까지 불친절이라는 스트레스만 안고 오게 되는 것은 병 고치러 갔다가 또 다른 병을 안고 오는 꼴이다. 경대병원이 지나간 100년이 아니라 다가오는 100년을 새롭게 선도하려면 의료시스템을 개혁해야 할 이유다.

의료현장을 둘러싼 이와 같은 풍경은 비단 경대병원만 안고 있는 문제가 아닐 것이다. 그것은 한국의 의료시장 전반에서 제기되는 문제일 것이다. 그럼에도 굳이 경대병원의 풍경을 문제 삼는 것은 다름아니라 필자의 경험치 때문이다.

국민건강을 담보로 철밥통 수호 투쟁

IMF에 이어 한미FTA로 병원시장의 개방이 불가피한 환경이 조성되고 있다. 의료인들은 의료시장이 개방되면 공적 진료체계가 붕괴되고, 의료수가가 상승한다며 결사적으로 시장개방 반대를 외친다. 오늘도 의료인들은 자신들의 본분이라 할 환자의 진료를 팽개치고 의료법개정에 반대하는 데모에 나섰다. 왜일까? 언제부터 의료인들이 국민들을 위해 삭발까지 마다하지 않으면서 의료주권수호를 위해 투쟁해주었는지 참으로 눈물겹다.

의료시장이 개방되면 공적 진료체계의 붕괴와 의료수가의 상승으로 돈 있는 사람만 병원에 다닐 수 있고, 돈 없는 사람은 아무리 아파도 병원에 가지 못한다는 의료인들의 주장은 얼핏 들으면 참으로 그럴듯하다. 의료인들은 또 미국의 경우 의료비의 고가화로 인해 미국인 전체의 20%는 의료사각지대에 처해 있다고 한다. 과연 그럴까?

불행히도 이는 거짓말이다. 자신들의 철밥통을 지키기 위해 국민들을 상대로 공갈 협박하는 말에 불과하다. 싱가포르를 보자. 싱가포르는 의료시장의 전면 개방으로 아시아 의료시장의 허브가 되었다. 초고가의 의료수가에 저품질의 의료서비스 체계가 100% 적자생존이 치열한 시장경쟁으로 인해 초저가의 의료수가에 초고품질의 의료서비스로 탈바꿈했다. 물론 그 과정에서 실력이 없었던 싱가포르 의료진들의 시장퇴출은 불가피했다. 의료인들이 목숨 걸고 시장개방을 반대하는 근본적인 이유가 여기에 있다. 의과대학 정원을 줄여야 한다는 주장의 근저 또한 여기서 비롯된다. 의료인들의 주장을 정반대로 해석하면 한국의 의료는 장밋빛이다. 의료시장 개방으로 시장이 경쟁에 의해 실력 위주로 재편되면서 싱가포르에는 전세계에서 가장 값싼 의료수가에 최고 수준의 의료서비스를 받을 수 있는 곳으로 인식되어 수많은 환자들이 모여들고 있는 현실에서 한국 의료시장이 나아갈 방향을 가늠할 수 있다.

맹상 수술비 1,000만 원, 손가락 두 개 접합수술비 6,840만 원이라는 미국의 의료수가가 비싸다는 것 또한 완전 거짓말이다. 미국은 근본적으로 세계에서 가장 빈부의 격차가 심한 나라이다. 아파도 병원에 가지 못하는 미국인의 경우는 대개 국가에서 100% 생계를 책임지는, 우리나라로 따지자면 '서울역 노숙자'급 정도의 집단이다. 그럼에도 그들도 주요 병이 걸리면 보건소 등을 통해 100% 무료 진료를 받는다. 미국의 의료수가와 한국의 의료수가를 국민들의 실질적 소득 수준에서 비교하면 한국이 최소한 6~7배는 더 비싸다. 이것이 진실이다.

따라서 의료인들의 주장은 견강부회한 진실의 왜곡이며 조작이라 할 수 있다. 그들의 의료주권투쟁은 국민들을 위한 것이 아니라 자신들의 밥그릇 챙기기 위한 몸부림일 따름이다. 오히려 국민들의 생명을 담보로 자신들의 철밥통을 챙기기 위한 데모라는 것이 보다 정확한 표현이다. 의료인들의 분기탱천한 궐기와 분노는 명분이 없다.

의료시장은 전면적으로 개방되어야 한다. 의사중심·병원중심·직원중심의 의료패러다임이 근본적으로 붕괴되어야 한다. 의사가 환자

위에 군림하는 '선생님'이 아니라, 국민의 건강을 돌보는 지킴이로 전환되어야 한다. 의료민주화를 철저하게 배척하는 현행 의료시스템을 고집하는 한 의료사고를 막을 수 없으며, 의료의 질적 향상은 기대할 수 없다. 의료시장 개방은 의료 대중화의 전제조건이다.

공무원형 직원퇴출로 자립경영 다져야

경대병원의 의료비 수가는 결코 싸지 않다. 고가이다. 환자 수 또한 적지 않다. 병원수지는 늘 적자의 폭에서 헤어나지 못한다. 그것은 병원경영이 합리적·과학적 경영을 외면하기 때문이다. 가장 단적인 예로 경대병원의 직원이 너무 많다. 의사나 간호사 등 의료진을 제외한 행정·관리직원의 과다가 병원발전을 저해하는 가장 큰 요소다.

무능한 직원이 책상머리에 앉아 고작 생각해 내는 것이라곤 다름아닌 '규제의 강화'이다. 필자는 이번 CD발급사태를 겪으면서 그 실태의 해악을 뼈저리게 경험했다. 이들의 반만 잘라 내면 자립경영·과학경영을 이룰 수 있다. 현실적으로도 수납과 접수 등의 경우는 당장 사무자동화 등을 통해 얼마든지 인원을 축소할 수 있다. 이런 군더더기를 줄이고 나면 서비스는 더욱 원활해진다.

병원의 자본주가 국가라 하여 '공무원식 마인드'를 탈피하지 못하는 직원은 우선순위로 잘라 내야 한다. 이들은 병원발전을 저해하는 암세포다. 누가 이런 개혁을 할 것인가? 아무리 생각해도 할 사람이 없다. 오로지 의료시장을 개방하여 질적으로나 서비스적인 측면에서 외국의 수준 높은 병원이 최소한 전국 광역시마다 1곳 정도씩이라도 건립되어

무한시장경쟁을 한다면 경대병원의 개혁은 절로 이뤄질 것이다.

사람들은 누구나 친절하고, 오히려 치료비가 싼 외국자본주 병원으로 몰릴 것임은 분명하고, 경대병원은 쓰잘 데 없는 관리직원들 때문에 망해 갈 것이 분명하다. 따라서 생존을 위해서는 선택의 여지가 없다. 공무원 같은 관리직원을 잘라 내고, 서비스 마인드로 무장한 사람을 채용하여 의료서비스를 혁신하는 것이다. 물론 적절한 의료수준이 뒷받침되어야 함은 말할 필요조차 없다.

자율적으로 개혁할 것인가, 타율적으로 개혁할 것인가? 경대병원은 선택할 시점에 이르렀다. 결코 환자를 돈벌이의 수단이나 도구로 생각해서는 안된다. 이것이 100주년을 맞는 경대병원, 아니 나아가 우리나라 의료계에 하고 싶은 필자의 말이다. 병원시장 개방으로 '철밥통' 의료서비스를 개혁하자. 그렇지 않으면 의료산업의 붕괴는 시간문제이다.

< 2007. 3. 30.>

36
FTA의 정치공학

　노무현 정권이 전격적으로 미국과 타결한 '한미 FTA'를 두고 다양한 정치적 해석이 많은 걸 생각케 한다. 우리 사회에서 수구적인 기득권층의 이익을 대변하는 '한나라당'은 야당임에도 대통령의 FTA를 '적극 지지'하고 있고, 반대로 집권 여당은 '반대'의 목소리를 높인다. 성급한 평론가들은 '노무현 대통령＝한미 FTA＝한나라당과의 연정'까지 운운한다. "진보도 달라져야 한다"는 명분 아래 극렬 보수와 신진보를 오가며 '갈지자 행보'를 보이는 노무현 대통령의 현란한 정치노선에 대해 그 정체성이 혼란스럽기 그지없다.

　'애국'과 '반공'을 전세 낸 양 배타적으로 독점한 한나라당 류의 세력은 그동안 사갈시했던 노 대통령의 리더십을 찬양하며 '노비어천가'를 불러 대고 FTA를 쌍수 들고 반기는 것에서, 한미 FTA가 얼마나 반민중적인지를 극명히 알 수 있다. 재벌언론 <중앙일보>는 한미 FTA를 "제3의 개국", "대한민국 G7시대", "복 있는 나라" 등이라고 말하고, 개국에 능동적으로 대처하지 못해 나라가 망했다며 이번에는 우리가 적극적으로 개국을 단행, 'G7' 선진국에 진입하자는 여론조성에 광

분이다. 언론재벌 <조선일보>는 FTA가 "14조 달러 시장의 통합"이라
며, "한국경제가 마이너리그에서 메이저리그로 승격한 셈"이라고 추켜
세우고, "FTA 비준은 발전세력 대 후퇴세력의 대결"이라고 못 박았
다. <동아일보>는 "'안보＋경제' 포괄동맹으로 거듭난 KORUS"라고
낯간지러운 말로 'FTA 찬가'를 불러 댄다.

　어떤가? 참으로 그럴듯하지 않는가. 민중을 기만하는 이 말에 속아
서는 안된다. 현실적으로 수구세력은 분명 'FTA 찬성'을, 반면 양심
적인 시민사회의 진보세력은 'FTA 반대'를 주장한다. 이는 FTA가 지
닌 상징적 패러다임의 아이러니다. <조중동>의 논리에 따르면 FTA를
반대하는 진보세력은 '제3의 개국'을 반대하고 있어, 결국은 '쇄국'을
고집하는 집단이라는 것이다. 진보세력에 '쇄국집단'이라는 어두운 이
미지를 뒤집어씌움으로써 FTA 반대의지를 무력화시키겠다는 교활한
음모가 내포된 이데올로기 공세다.

　이 땅을 지배한 수구세력이 한미 FTA를 지지하는 것은 결코 '제3
의 개국'을 위해서가 아니다. 놀랍게도 그 상황은 대한제국을 일제에
게 팔아먹었던 때와 같은 논리에서다. 당시 친일 매국노 앞잡이 세력
은 이 땅의 최고위층 세력으로서 당대 최고의 지식인 집단이었다. 그
들은 "나라, 즉 왕실을 보전하기 위해서는 이 방법밖에 없다"며, 조선
을 왜적에게 고스란히 바쳤다. 그 대가로 호의호식과 부귀영달을 누렸
으며, 오늘까지 우리 사회의 상류층·기득권층의 뿌리로 살아남아 자
신들의 이익보전을 위해 한미 FTA를 지지한다.

　'제3의 개국', '발전세력과 후퇴세력의 대결'을 운운하며, 한미 FTA
비준을 기정사실화하려는 이들의 본질적 패러다임은 이처럼 '을사늑약'
체결 당시의 패러다임에 닿아 있다. 즉 당시의 친일 앞잡이 세력을 오

늘의 친미사대주의 패거리 집단으로 바꾸면, 역사는 '망국' 당시로 고스란히 재현된다. 한미 FTA는 결코 '제3의 개국'이 아니라 '제2의 을사늑약'이다. 따라서 한미 FTA가 결코 이 땅에 발을 붙여서는 안된다.

한미 FTA를 추진하는 노무현 정권의 정체성은 민중에게 있어서 무엇인가? 노 정권이 한나라당 류의 세력과 정치적 패러다임을 함께하는 것은 대통령 자신뿐 아니라 역사에서도 불행이다. 노 정권 스스로 민주화 권력을 자임했으며, 진보적 시민사회, 양심세력을 대변한다고 표방해 오지 않았던가.

노 정권이 타결한 한미 FTA에서 우리의 이익이 '2'라면, 미국은 '8'이다. 세계의 경찰국가로 군림하는 미국과 '5:5'의 협상이란 애시당초부터 성립될 수 없는 것이 현실이라면, 욕심을 내면 '4:6', 아무리 양보해도 '3:7' 정도는 돼야 국민을 설득할 명분이 있다. 노 정권이 '2:8'의 성적표를 받아 들곤, 최선을 다한 결과라고 우기고, 이를 강행하려 하는 것은 무책임하기 그지없는 짓이다.

매국적인 한미 FTA 추진을 강행하는 노 정권은 즉각 'FTA'라는 '저주의 굿판'을 걷어치워야 한다. 자신이 '짝퉁·사이비 진보정권'이었음을 고백하고, 지난 4년 동안 국민을 기만한 죄과에 대해 겸허히 용서를 빌어야 한다. 노 정권이 강행하려는 FTA는 극소수의 재벌과 기득권 세력에는 '축복'이겠지만, 대다수의 민중에게는 '재앙 덩어리'이다. 그것은 FTA 이후 멕시코 민중의 삶에서 그 미래를 '미리 보기' 할 수 있다.

< 2007. 4. 5. 植木日>

— 온 국민의 각자 마음에 자주적으로 민주화의 나무를 심는 날—

37 한미 FTA와 문화예술계

예술계에 거대한 변혁의 파고가 밀려온다. 한미 FTA다. 한미 FTA
는 예술의 패러다임을 근본적으로 전환케 하는 '예술혁명'을 몰고 올
조짐이다. 전통적으로 예술은 경제성보다는 사회적 공공재라는 성격
을 지녔다. 국가나 지방자치단체는 기꺼이 예술에 대해 공적 자금을
지원해 왔다.

한미 FTA는 이와 같은 예술관을 뿌리부터 부정한다. 미국식 자본
주가 사회성과 공익성을 대신한다. 예술의 자본주의화는 예술을 미학
적 개념으로보다는 산업화로 인식하게 한다. 산업화는 상업성을 전제
로 한다. 상업성은 대량소비를 의미한다. 이로 인해 예술의 창의적 소
수와 다양성은 획일화·대량생산에 의해 '존폐의 위기'로 내몰린다.

예술이 시장에서의 경쟁력만 지닌 매체만 살아남게 된다는 것은 심
각한 문화의 위기를 초래한다. 문화가 거대한 자본에 의해 지배되면
사회의 공적 제도로 기능하기보다는 사적 이윤추구의 도구로 전락한
다. 예술은 국민의 정신과 사상, 철학 및 가치관, 세계관에 직접적인
영향을 미치는 문화의 밑거름이다. 이에 예술은 곧 문화주체성으로

인식되고, 한 나라의 국가적 자존으로 규정된다.

문화예술의 다양성과 공공성 부정

문화예술은 단순히 경제적 의미만 있는 게 아니다. 정치·사회적인 의미가 더 크다. 자본의 논리가 문화예술을 지배할 수 없는 연유다. 한미 FTA가 무섭다는 것은 문화예술의 사회적 공공성과 다양성을 근본적으로 거부하고 문화예술을 하나의 상품으로 규정하여 문화정체성과 다양성을 파괴할 우려 때문이다.

문화는 본질적으로 위에서부터 아래로 흐른다. 이는 강대국의 문화가 약소국의 문화를 흡수·합병한다는 얘기다. 한국과 미국 사이의 현격한 국력의 격차는 문화의 격차로 나타난다. 한미 FTA로 문화산업이 아무런 제약 없이 국경을 넘나들게 된다면 한국문화와 미국문화의 충돌은 불가피하다. 문화의 속성이 강한 것이 약한 것을, 위에서 아래로 흐르는 것이라면 한국문화는 미국문화라는 거대한 용광로에 녹아들기 마련이다. 이는 한국의 가치관과 세계관이 미국화된다는 것을 의미한다.*)

이미 친미사대주의자들은 21세기 국가경쟁력을 빌미로 '영어공용화'론을 제기하는 실정이다. 누구보다 나라를 걱정하며, 광적인 매카시즘을 맹목적으로 신봉하고, 입으로만 애국을 전세 낸 양 행세하는,

---

*) 예컨대 미국 타임워너 영화사 연간매출액은 44조 원에 달한다. 반면 한국의 200개 CA-TV사 연간매출액은 4조 원에 불과하다. 이는 한국과 미국문화의 격차를 상징적으로 의미한다. 따라서 FTA 추진론자들의 문화시장 확대 운운은 정치적 언어의 수사일 뿐이다. 뿐만 아니라 한미 FTA는 지난 2005년 10월 유네스코총회에서 인류의 다양한 가치관과 정체성을 보호하기 위해 제정한 '문화다양성협약'에도 위배되는 '정치적 폭력' 외에는 다른 의미가 없다.

다시 말해 '보수주의'라는 근엄한 이데올로기로 입에 '게거품'을 물고 있는 이들의 나라걱정을 참으로 우려하지 않을 수 없는 것은 한미 FTA 이후의 전개될 상황 때문이다. 가령 지구촌 시대의 국가경쟁력을 명분으로 한 영어공용화론을 조금만 더 진전시키면 아예 미국의 51주가 되어, 세계 최일등 국가의 최일등 국민이 되자는 소리다. 기회주의적인 개인 영달주의자들의 우국충정은 이와 같은 '미국화'의 주장을 배경으로 한다. 반공에 대해 광신적인 반응을 보이는 수구세력의 행태를 보면 그것이 단순한 상상력만은 아닐 전망이다.

지적저작권은 문화침략의 첨병구실

한미 FTA는 극단적으로 말해 '미국의 문화침략'이 그 본질이다. 미국의 문화침략은 결코 요란스럽지 않다. 마치 그림자처럼 소리 없이 다가온다. 문화침략의 첨병은 지적재산권이다. 미국은 초국적 자본의 지적문화자본의 저작권을 강화하여 이익의 극대화를 꾀하려고 한다. 이를 위해 이윤회수의 다양화, 기간 연장, 절차 간소화 등을 추진한다.

지적저작권은 미국의 문화침략 전쟁에서 중성자탄(中性子彈)과 같다. 껍데기는 고스란히 놔둔 채 속에서부터 파괴한다. 한미 FTA가 비준되어 발효된다면 한국의 게임·영화·방송·출판·인쇄·음반·광고산업 등 지식정보산업과 문화산업이 초토화되는 것은 시간문제이다. 저작권 시장에서 한국문화가 미국문화와 겨루기란 애당초 불가능하다.

한미 FTA가 몰고 올 기초 예술분야에서의 변혁은 국공립 예술의 붕괴부터 우려하지 않을 수 없다. 한국의 예술은 중앙정부 및 지방자치단체가 직접적으로 투자·운영하는 국공립 예술이 주류를 이룬다. 시장주의와 자본화를 표방하는 FTA가 발효되면 필연적으로 재정자립도에 대한 압박이 제기되기 마련이다. 국공립 예술단체는 민영화로 내몰리게 되고, 이는 결국 공적 기능의 상실이라는 결과를 빚는다.

둘째, 예술성의 파탄을 예상할 수 있다. 자본이 예술을 장악하면 예술시장의 양극화는 불 보듯 뻔하다. 자본이 지배한 예술은 생리적으로 예술성보다는 수익성을 추구한다. 수익성은 상업성이 담보되어야만 가능한 명제다. 예술이 흥행성만 보장된 작품만 추구하게 되면 소규모의 작은 공연이나 실험적인 예술작품은 설 자리를 잃는다. 예술성과 실험정신이 배인 예술의 실종은 예술의 획일화를 초래한다. 곧 시장에서 잘 팔리는 예술만 존재하게 된다.

셋째는 예술교육의 질서재편과 붕괴를 예상할 수 있다. 현재 국내의 예술교육은 대부분 소규모의 사교육 시장에 의존한다. 한미 FTA로 예술교육을 개방하면 거대자본의 침투로 한국의 예술교육 체제는 붕괴된다. 교육이 외국자본에 의해 잠식되면 한 나라의 정체성은 시한부 생명과 다름없게 된다.

산업화로 국가정체성 강요와 훼손

한미FTA저지 문화예술인공동대책위원회와 민주노동당 천영세 의원실이 공동으로 마련한 '한미 FTA가 문화에 미칠 영향과 대처방안'에서 예술인들은 각 분야별로 한미 FTA가 몰고 올 파장에 대해 다음과 같이 말했다(일일문화정책동향, 삼성경제연구소, 2006년 5월 25일자).

- 전국문화예술노동조합 이중덕 부위원장: 장기적으로는 문화주권의 문제, 국민의 정신적 삶의 다양성과 정체성까지 포함하는 문제에서 심각한 문제가 제기될 수 있다. 한미 FTA가 공연계에 불러올 영향은 △ 국공립 예술단체의 민영화 또는 예술시스템의 붕괴, △ 공연예술시장의 축소와 양극화 심화 가중, △ 예술교육의 잠식, △ 미국이 제작한 공연물에 대한 지적재산권 발동으로 전통적인 기초예술의 토대 붕괴, △ 문화적 정체성의 상실 우려 등이다.
- 시인 송경동: 한미 FTA 타결로 문화를 산업으로 규정하는 국내 문화자본 및 초국적 자본이 언론·방송·영상·문학·출판시장을 장악하게 되면 소규모 양서출판사들은 설 자리를 잃을 것이다. 이는 또한 필연적으로 '문학인들의 자기부정'과 '사람들의 입맛에 맞는 작품창작의 강요'로 이어져 순수문학의 퇴조는 불가피할 것이다.
- 한국미술인회의 김윤환 사무처장: 한미 FTA 타결에 따른 미술계는 생산과 유통, 소비구조 등에서 난맥을 보이고 있는 미술계의 시스템에 대한 정비가 시급하다. 특히 미술시장의 장악과 미술교육 체계의 붕괴를 우려하지 않을 수 없다.
- 음악평론가 임은모: 한미 FTA는 음악의 보수화와 미국화를 강제적으로 촉진시킬 전망이다. 반면 대중음악시장은 미국산업의 자본에 의해 종속될 개연성이 다분하다.

문화예술계의 이와 같은 반FTA에 대해 문화관광부는 문화예술 붕괴 우려에 대한 해명자료를 배포했다. 문광부는 이 자료에서 이미 현재에도 예술시장은 개방되어 있어 외국인들의 시장접근(*market access*) 제한은 없다고 했다. 즉 외국인 문화서비스 공급자의 국내 공연은 공연법 제6조, 제7조에 의한 영상물등급위원회의 추천 외에는 특별히 관세장벽은 없다는 것이다. 때문에 시장개방논리는 성립이 불가능하다는 것이다.

다음으로 국공립 예술단체의 민영화 또한 어불성설이라고 해명했다. 문광부는 국공립 예술단체가 국민들의 문화예술 향수를 위해 설립되었으며, 중앙정부나 지자체에서 이를 지원, 운영 포기를 하지 않는 한 민영화는 불가능하다는 것이다. 이는 FTA의 본질을 호도하기 위한 수사일 뿐이다. FTA의 본질은 자본주의화다. 자본주의화는 효율화를 뜻하며, 효율화는 수익성의 추구를 전제로 한다. 이미 전국의 주요 국공립 예술단체장의 공모가 진행되고 있는 시점에서 문광부의 논리는 궁색하기 그지없다.

"한미 FTA의 협상무효를 선언하라"

요약하면 한미 FTA는 철회되어야 마땅하다. 990원을 가진 자가 10원을 가진 자의 돈을 빼앗아 1,000원을 만들고 싶은 게 인지상정이다. 국제질서 또한 이와 무관하지 않다. 미국은 "FTA 비준거부와 재협상"을 운운한다. 990원을 챙긴 미국이 10원을 챙긴 한미 FTA에서 비준거부와 재협상을 운운하는 것은 적반하장도 유분수다.

그것은 전적으로 국민들의 뜻을 무시하고, 비겁하게도 '미국의 호주머니' 속에 숨어서 한미 FTA 협상을 무리하게 추진한 노무현 정권 탓이다. '짝퉁 진보정권'인 노무현 정부가 수구적이며 기회주의적인 친미사대주의 패거리들의 농간과 간계에 의해 전격적으로 체결한 한미 FTA를 과대 왜곡 선전하고 있는 것에서 미국은 그 10원마저 내놓으라고 윽박지른다. 차제에 한미 FTA 협상의 무효를 선언하라.

사사건건 노 정권에 대해 적대적이었던 <조중동>을 비롯한 수구권력집단인 야당은 앞장서 한미 FTA를 지지한다. 여기에 더하여 권력의 앵무새인 방송과 통신, 인터넷 매체 등이 총동원되어 "한미 FTA

찬가"를 불러 댄다. 관제여론이 비등하면 비등할수록 미국의 'FTA 공갈협박'은 그 도를 더해 갈 전망이다. 이는 뭔가 잘못된 '여론조작'이 불러들인 자업자득의 인위적 재앙이다. 노 정권이 광분하여 관제여론의 확산을 통해 한미 FTA의 정당성을 역설하면 역설할수록 미국의 압력은 더 교묘하고 교활해진다.

미국은 세계의 강대국이다. 그러나 결코 강대국으로서의 존경은 받지 못한다. 노자는 이르기를 강대국으로 존경받기를 원하면 스스로 낮게 처하라고 했다(『老子』, 第61章: "大國以下小國, 則取小國"). 미국은 약소국 위에 군림하려고 든다. 이라크 침략전쟁은 미국의 속성을 극명히 보여 준다. 미국은 더 이상 '세계의 정의'가 아니다. '깡패국가'이다.

한미 FTA는 우리 스스로가 우리의 경제뿐만 아니라 문화까지 미국에 고스란히 갖다 바친 꼴이다. 물론 FTA로 극소수의 재벌과 친미 사대주의 지식인들의 앞날은 탄탄대로겠지만, 이 땅을 딛고 사는 대다수 민중들의 삶은 피폐의 나락으로 떨어질 것임은 두말할 나위 없다. 잘살아 보겠다며 미국과 FTA를 체결했던 멕시코의 경우가 타산지석이다.

한미 FTA는 '제2의 매국'이다. 이쯤에서 즉각 그만두자. 더 이상 한미 FTA의 추진 여부를 둘러싼 논쟁은 국력의 소비이며 낭비이다. 노 정권은 경거망동으로 미국과 체결을 약속한 한미 FTA에 대해 즉각 무효를 선언하고, 역사에 대해 '석고대죄'하라. 이는 이 땅의 민중이 경고하는 최후의 통첩이다.

< 2007. 4. 14.>

38

대구경북경제통합과 문화예술도시 창조

대구가 성장이 멈춘 도시라는 것은 한국사회의 구성원이라면 누구나 다 아는 공지의 사실이다. 이는 대구가 사회철학적으로 '극렬 수구'에 매몰되어 있는 탓에서 기인하는 소치이다. 대구는 고상하게 이를 '보수적'이라는 정치적 언어로 포장해 자기합리화를 기도한다. 다른 한편으로는 2011세계육상대회를 대구경제의 도약계기로 삼자고 캠페인을 벌인다. 독재정권이 국민들에게 보여 줬던 전형적인 외형성장·전시행정의 표본을 답습하는 것이다. 대구가 이런 패러다임을 지역사회의 공론이라고 내놓는 것은 'TK'라는 수구적인 의식구조와 무관하지 않다.

근본적으로 스포츠에 투자되는 자본은 생산성을 지니지 못한다. 1회성 소비지향이 그 본질이다. 대구가 세계육상대회에 투자하는 돈의 성격은 이벤트성 경비지출에 불과하다. 대구는 이미 전국적으로 1인당 총생산액이 꼴찌이며, 거대한 자본의 소비도시로 전락한 지 오래다. 호화사치 향락산업 도시화를 치닫고 있는데 언론에서는 스포츠대회를 성장과 도약의 발판으로 삼자니, 그 무지한 몰역사성이 참으로 개탄스럽다.

대구경북 경제통합론으로 빌붙기 인생 모색

대구가 참으로 한심하고도 후안무치한 사회라는 것은 대구와 경북의 경제통합론에서 '빌붙기 삶'에 의존하는 파렴치한 이기주의의 극치를 엿볼 수 있다. 대구경북의 경제통합은 결론부터 정직하게 말하면 서로 상생하자는 것이 아니라 "너도 죽고, 나도 죽자"는 소리와 다를 바 없다. 곧 함께 망하자는 소리다. 물론 말로는 상생과 시너지 효과를 운운하며 그럴듯하다. 실제로는 전국 생산 최꼴찌인 대구가 경북보고 "나 먹여 살려라"는 얘기다.*)

대구와 경북의 경제통합은 시집간 딸이 자기 힘으로 독립해서 살 생각은 않고, 쓸 것 다 쓰면서 친정에 어느 일정 수준의 문화생활을 보장하라는 주문과 다를 바 없다. 대구가 직할시로 승격해 분가했으면 홀로 자주적인 삶을 살아야 한다. 친정에 기대 "돈 달라"며 행패를 부리는 것은 이치에 맞지 않다.

대구의 홀로서기에 대한 경제적 바탕으로는 뭐니 뭐니 해도 섬유산업에 달려 있다. 섬유산업은 결코 사양산업이 아니다. 인간이 의식주를 포기하지 않는 한 섬유산업은 필연적으로 성장산업이 될 수밖에 없다. 섬유가 사양산업이 된 것은 섬유인들의 의식구조에서 기인한

---

*) 광역경제권의 형성 등으로 경제 효율의 극대화와 투자의 확대 등으로 통합의 시너지를 위해선 대구경북의 살림을 하나로 뭉치는 것이 어떤 의미에선 바람직할 수도 있다. 하지만 현재의 국가 시스템하에선 절대 아니라는 것이다. 그것은 대구경제가 경북경제를 뜯어먹고 살겠다는 소리와 다를 바 없다.

소치이다. 그들은 섬유공장해서 번 돈으로 건설회사를 차렸다. 섬유에서 부동산으로 업종변경을 한 것이다. 그 명분을 '섬유＝사양산업'에서 찾았다.

대구시는 섬유인들에게 '밀라노 프로젝트'로 1조 원에 가까운 돈을 투자했다. 그것은 고스란히 밑 빠진 독에 물을 부은 것과 같았다. 대구경제가 '망조'가 드는 것은 너무나 당연하다. 섬유인들의 의식구조가 진짜로 섬유를 살릴 생각은 않고, 거창한 명분을 만들어 정부로부터 지원금만 빼먹자는 심보로 가득한 것을 근본적으로 폐기하지 않는 한 대구섬유에 대한 백약이 무효이다.

대구섬유의 부흥은 밀라노 프로젝트에 의해서가 아니라, 섬유인들의 섬유에 대한 마음가짐에서 나온다. 섬유를 사양산업이라고 인식하는 섬유인들에겐 골백번 지원해 봐야 말짱 도루묵이다. 밀라노 프로젝트라는 섬유진흥정책은 섬유에 대한 섬유 CEO들의 가치관을 평가하여 지원하는 것이 바른 지원방법이다. 이를 간과한 그 어떤 섬유진흥정책도 모래 위의 성이나 다름없다. 섬유는 대구가 먹고살 유일한 밥그릇이라는 사실을 뼈저리게 각성할 때 비로소 대구경제의 내일을 얘기할 수 있다.

대구는 대구섬유의 바로서기를 통해 스스로 살길을 찾을 필요가 있다. 그 길이 멀고 험난하다 하여 손쉽게 친정에 쪼르르 달려가 있는 말 없는 말을 다 동원하여 살림을 다시 합치자고 하는 것은 너무나 속 보이는 처사다. 대구가 못살면 못사는 대로 투철한 자립심이 생길 때까지 놔둬야 한다. 그나마 밥 먹고 사는 경북의 숟가락마저 빼앗으려고 달려드는 것은 어불성설이다. 대구경북의 경제통합논의는 정직하게 그 진실을 고백하고, 즉각 중단되어야 한다.

21세기 대비해 문화예술산업에 투자하자

그럼 지금부터 100년 후의 대구사회에 대한 '미리 보기'를 해 보자. 21세기의 대구를 문화예술도시로 창조하자는 것이다. 그러기 위해서는 미국의 뉴욕을 벤치마킹할 필요가 있다. 오늘날 뉴욕은 세계 최고의 문화예술산업 도시이다. 1929년 대공황 당시부터 예술가를 유치하고 예술진흥으로 뉴욕 시민들에게 예술의 생활화를 유도함으로써 뉴욕에 생명력을 불어넣었다.

문화예술에 대한 투자는 현재에도 이어져 뉴욕시는 시 개설 이래 문화예술에 대한 예산을 한 번도 동결하거나 삭감한 적이 없다고 한다. 그것이 오늘의 뉴욕을 건설한 밑바탕이었음은 두말할 나위가 없다.

대구시도 문화예술산업을 미래의 성장신업으로 인식하고, 이에 대한 투자를 지금부터 하자는 것이다. 섬유가 떠난 제3공단과 서대구공단을 도심의 슬럼지대로 둘 것이 아니라 문화예술산업의 전진기지로 리모델링하자는 소리다. 음악·국악·미술·사진·문학·무용·연극 등 기초 예술에 대한 대대적인 투자가 그것이다.

예술에 대한 투자는 문화산업으로 피어난다. 문화산업이 창출하는 부가가치는 너무 방대하고, 그 파급효과가 정신적으로나 물질적으로 너무 커서 이루 상상하기 어렵다. 문화산업은 우선 그 시장성을 비단 국내뿐만 아니라 전세계를 대상으로 한다. 인터넷 등 정보통신의 발달은 문화산업의 시장을 폭발적으로 성장시키고 있다. 문화산업의 시장은 21세기 들어 지구촌 최대의 시장으로 대두될 전망이다.

문화산업은 물적 재화만 창출하는 것이 아니다. 곧 생산자의 정신과 이데올로기를 판매하는 무형의 가치도 지녔다. 문화를 지배하면 수용자의 삶과 정신을 지배한다. 문화상품을 통해 돈도 벌고, 정신도 판다. 문화산업을 건설하기 위해서는 기초예술에 대한 투자가 전제되어야 한다. 10년, 20년, 30년 후를 내다보고 집중적으로 투자하는 지도자의 혜안과 신념이 절실한 때이다.

문화예술에 대한 지원은 예술의 하드웨어 구축과 소프트웨어에 대한 지원으로 생각해 볼 수 있다. 예술인프라 구축을 위해서는 대구시는 제도적 정책적으로 제3공단과 서대구공단을 문화예술산업단지로 재개발할 필요가 있다. 음악단지, 미술기지, 문학촌, 화랑가, 패션거리, 출판단지, 게임마을 등등 문화예술인 마을과 문화예술의 생산 유통단지 등을 건설하여야 한다. 이에 대한 기본적 물적 시스템은 대구시가 장기적 마스트플랜을 마련하여 시행하여야 한다.

다음으로 예술가가 생산해 내는 예술품에 대한 지원은 예술인 개개인 위주로 지원하여야 한다. 현재 예술단체를 중심으로 지원하면 부패한 예술인 사회의 뒤치다꺼리밖에 안된다. 끼리끼리 패거리 지어 예술단체를 장악하고, 예술에 대한 지원을 '눈먼 돈'으로 인식하는 예술인들의 마인드를 타파하지 않고 지원을 하는 것은 오히려 부패만 더 조장하는 꼴이 된다. 따라서 예술인들에 대한 지원은 철저히 공적 지원이라는 제도를 확립한 후 지원하는 것이 바람직하다.

예술지원금에 대해 아무런 사후관리도, 사전관리도 없이 무조건 지원이라 하여 일부 예술인들이 관권에 빌붙어 각종 명목으로 지원금을 뜯어 먹고사는 현재의 행태는 예술에 대한 지원이 아니다. 오히려 예술인들의 부패를 부추기고 유혹하는 것임을 대구시는 명심하여야 한다. 따라서 예술지원은 예술인이 아니라 예술작품에 대한 공적 지원으로 그 패러다임을 전환해야 비로소 명실상부한 예술진흥을 일궈 낼 수 있다.

문화 자존으로 대구정체성 확립 시급

문화예술도시의 창조는 대구시가 선택할 최선의 가치이다. 이는 또한 대구의 정체성과도 부합된다. 대구가 진짜로 꼬장꼬장한 자존심을 지녔다면 문화적으로 한국사회나 지구촌 인류에게 뭐 하나 떳떳이 내놓을 것이 있어야 한다. 그것은 바로 '반골정신'이다. 반골정신이란 선비정신을 현대적으로 풀어낸 말이다. 반골정신의 기저에는 문화에 대한 자존이 있다.

문화를 낳는 것이 예술이다. 예술은 인간정신을 표현하는 매체이다. 따라서 대구가 문화예술산업을 21세기에 먹고살 산업으로 인식하고 여기에 대한 투자를 집중적으로 전개한다면 매우 현명한 선택일 것이다. 문화예술산업은 21세기 최대의 성장산업이면서 동시에 창의적인 사업이고, 또 최첨단 산업 중의 산업이며, 동시에 모든 산업의 기초산업이다.

대구는 문화예술산업을 선도할 조건을 갖췄다. 문화적으로 한때 대구는 '교육의 도시'였다. 대구의 초·중·고교·대학이 한국교육의 주역으로 당당히 우뚝 선 적이 있다. 가령 경북대학교의 위상이 서울대, 연세대, 고려대와 엇비슷하던 때가 그러하다. 그런 대구교육이 오늘날은 전국의 획일화에 편입되어 변방으로 밀려났다. 대구교육은 더 이상 한국교육의 중심이 아니다.

그러나 하드웨어적으로 경산은 '한국의 케임브리지', '한국의 보스

턴'으로 성장할 토대를 갖추고 있다. 대구는 경산이 대학도시로 성장할 수 있는 토대가 되어야 한다. 마침 정부의 공공기관 지방이전 정책에 따라 대구는 학술진흥기구가 들어서게 됐다. 21세기 대구의 발전은 이를 연계하여 종합적으로 파워풀하게 전개할 필요가 있다. 이것이 2011세계육상대회에 편승한 대구발전론보다 더 현실적이고, 실질적이며, 현명한 선택이 아닐까?

< 2007. 6. 30.>

39

지하철 부정이용과 시민의식

대구지하철공사(공사)는 65세 이상 노인과 장애인, 국가유공자 등에게 무임승차권을 제공한다. 경노효친과 사회적 약자의 보호, 국가유공자 예우라는 면에서 참으로 권장하고 격려하고픈 아름다운 제도다. 일부 몰지각한 시민들의 '양심불량'은 이 제도가 꼭 필요한지 근본적인 회의를 불러오게 한다.

열 명 중 두 사람이 양심불량 손님

공사가 밝힌 자료에 의하면 일일승차권의 80%가 무임승차권이라 한다. 하루 평균 6만 3천여 명이 남의 눈을 속이면서 공짜로 지하철을 타고 다닌다. 무임승차·부정이용 승객 비율은 해마다 20% 이상씩 폭증한다.

구분	2002년	2003년	2004년	2005년	2006년	단위
무임승차인원	7,464	4,940	8,848	12,473	23,062	천 명
손실비용	4,656	3,033	5,489	10,215	19,635	백만 원
전년대비 증감률	0 / 0	−66.18 −65.14	179.1 180.97	140.96 186.09	184.89 192.21	%

* 출처: 대구지하철공사 노동조합 팸플릿. 2007년 7월.

이는 지하철 운영에 큰 암 덩어리다. 대구지하철 하루 평균 이용 승객 수는 31만 7,381명이다. 이 가운데 약 20%인 63,183명이 무임 승차 인원이다. 즉 열 사람 중 두 사람이 '공짜손님'이다. 대구시의 인구를 종합적으로 분석하고, 통계학적 해석 틀을 도입하면 진짜 무임승객은 3~5%에 불과하다. 나머지 15%가량은 양심불량 손님이다.

지하철을 부정적으로 이용하는 사람들 유형은 학생이 아니면서 학생카드를 소지해 할인을 받거나, 경로대상과 장애인, 국가유공자가 아니면서 우대권을 발급받아 활용하는 사람들이 가장 많고, 아예 표를 구하지 않은 채 확인절차가 없다는 이유로 슬금슬금 피해(?) 다니는 사람도 있는 것으로 확인된다(박소윤, 「대구지하철, 양심불량 꼼짝 마」, 인터넷신문 브레이크뉴스, 2006년 2월 20일자).

지난 6월 17일 공사가 밝힌 자료에 따르면 올 초부터 지난 5월 말까지 부정승객은 1호선 896명, 2호선 888명 등 총 1,784명으로 하루 평균 11.8명이 적발된 것으로 집계됐다. 부정승객 유형 가운데 우대권 부정사용이 1,210명으로 전체의 68%를 차지했으며 할인권 및 교통카드 부정사용 511명, 무표입장 63명 순이었다. 이는 지난해 같은 기간 동안 부정승객으로 적발된 1,315명(1호선 647명, 2호선 668명)보다 27%가 늘어난 것이며 지난해 전체 부정승객 3,154명의 약 57%

에 이르는 수치이다. 특히 올해 적발된 우대권 부정사용은 지난해 5월까지 단속된 662명보다 2배 이상 많으며 지난해 1년 동안 단속된 905명보다도 300명이나 초과했다(문성호, 「지하철 부정승객 증가, 수입누수 커」, 대구신문, 2007년 6월 18일자).

부정이용 폐해 시민에게로 전가

시민들이 '나 혼자'만의 이기적인 생각에서 자신의 양심을 속이면서까지 지하철을 부정 이용함으로써 발생하는 폐해는 고스란히 자식과 이웃에게로 전가된다. 만성적인 적자에 허덕이는 대구지하철은 운임비 상승이라는 원가 압박에 시달리게 되며, 이는 결국 교통비 인상이라는 덤터기가 되어 되돌아온다. 따라서 지하철 부정이용 승객은 시민들의 호주머니를 터는 상습적인 '소매치기'와 다를 바 없다.

공사가 단속을 통해 기본운임 30배라는 부과금에도 아랑곳없이 부정승객이 오히려 늘고 있는 것은 총체적으로 파탄난 대구사회의 시민정신을 극명히 드러내는 것이다. 여기에는 공사의 강력한 단속의지가 실종된 것도 바닥난 시민정신에 일조했음을 간과하지 않을 수 없다. 공사는 매월 10일과 20일 두 차례에 집중적으로 단속을 실시한다고 하나 형식적이기 일쑤이다.

공사가 적발하는 부정이용 승객 건수는 하루 평균 11.8명에 그친다. 이는 전체 부정 이용자가 63,183명이라는 통계에 비춰 보면 사실상 단속을 하지 않고 있다고 봐도 무방하다. 이에 대해 공사는 일손 부족과 시민들의 반발, 비협조 등 할 말이 많을 것이다. 그러면서 정부에 무임권 비용부담을 요구한다. 이는 앞뒤 순서가 잘못된 처사다.

♠모든 책임을 정부 탓으로 돌리는 주객이 전도된 가치관을 보여 주는 대구지하철공사노동조합의 리플렛

물론 사회복지를 위한 비용 부담은 정부가 일정 부분 맡는 게 당연
하다. 그러나 그 전제는 어디까지나 치열한 자구노력이 있은 다음에

라야 명분이 정당성을 지닌다. 공사는 마흔 살만 되어도 보란 듯이 떳떳하게 무임승차권을 빼들거나, 아니면 초·중·고생 표로 승차하는 부정이용객들 단속은 '나 몰라라' 하면서 정부에 손을 내미는 것은 '모럴 헤저드'의 극치이다.

제 할 일 외면한 채 정부에 지원 요구

대구지하철에는 아직도 엘리베이터와 에스컬레이터 등 교통약자 이용 편의시설은 물론 안전펜스와 안전도어 설치 등 시설안전 개선사업 등에 지속적으로 투자해야 할 곳이 하나둘 아니다. 3호선, 4호선, 5호선 등 신규 노선 건설에도 천문학적인 투자가 요구된다. 막대한 지하철 건설부채를 안고 있는 대구시가 지하철 건설과 운영을 위해선 절대적으로 경영합리화가 필요하다. 자립경영의 첫걸음은 바로 지하철 운임수입의 관리이다. 운임수입조차 제대로 관리하지 못하면서 정부에 '지원타령'으로 일관하는 것은 너무나 무능하고 무책임한 '경영포기선언'이다.

공사가 무늬만 단속 흉내를 냄으로써 이제는 직원이 보건 말건 아랑곳없이 떳떳하게 고개 쳐들고 지하철을 부정 이용하는 것이 점차 상식화되어 가는 현실이다. 해마다 무임승차와 부정이용 승객이 급증하는 것은 전적으로 양심불량인 시민들 탓이겠지만, 그에 못지않게 이를 방기한 공사의 느슨한 관리능력에도 그 원인이 있다.

따라서 공사는 정부지원 타령을 함부로 해선 안된다. 역대 대구 시장처럼 자신의 무능을 감추기 위해 '언론플레이'로 '중앙정부의 지원

미비' 탓으로 둘러대고, 자신은 빠져나갔던 것을 본받아, 공사가 책임져야 할 부분을 외부의 탓으로 돌리는 파렴치한 짓을 되풀이해서는 해서는 안된다. 공사가 '신이 내린 직장'처럼 누구에게도 아무런 책임을 지지 않고, 오로지 '자신들의 밥그릇 챙기기에만 골몰하는 권리'만 존재하는 일터가 되어선 곤란하다. 책임경영·자립경영을 달성해 시민들의 삶에 민폐를 끼치지 않는 '시민의 발'이 되어야 한다.

공사 직원들은 더 이상 "일손이 없다"는 등의 핑계로 지하철 부정 이용 단속을 외면해서는 안된다. 일 년이 걸리든 십 년이 걸리든 24시간 내내 철저히 단속에 나서서 시민들의 빗나간 양심불량 의식을 뿌리 뽑아야 한다. 그럴 직원이 없다면 무슨 무슨 파라치처럼 실적급에 의한 아르바이트라도 도입하여 양심불량 고객을 솎아 내야 한다. 양심불량 고객을 그대로 두고선 지하철이 바로 설 수도, 바르게 달릴 수도 없다.

<🖫 2007. 7. 27.>

40
삼성과 '뇌물경영'

삼성그룹이 창사 이래 최대의 위기를 맞았다. 삼성그룹 법무팀장을 지냈던 김용철 변호사가 뇌물매수 불법비리, 자본 강탈 편법경영 승계, 비자금 조성 폭로 이후 대한민국 최대의 기업이 뿌리부터 휘청거리고 있다.

노블리스 오블리주가 실종된 '돈성'

삼성은 한국을 대표하는 몇 안 되는 글로벌기업이다. 우리나라 수출의 20%를 담당하는 매우 중요한 기업이다. 삼성의 기우뚱은 대한민국 경제 전체가 흔들리는 것과 같다. '일등주의'라는 초엘리트 의식 아래 한국을 넘어 세계를 무대로 기업을 경영하는 삼성은 분명 우리 국민들의 가슴에 '자긍심'을 심어 주기에 부족함이 없다.

삼성이 국민들에게 자랑스러운 기업이라는 자긍심을 대신하기 위해
선 기업적 성공뿐만 아니라 도덕적 윤리성에서도 세계의 초일류 기업
다워야 한다. 삼성이 세계의 초일류 기업으로서 갖춰야 할 노블레스
오블리주(*noblesse oblige*)가 그것이다. 삼성이 기업에 부여된 그와 같
은 사회적 책무와 의무를 다할 때 비로소 국민들은 자랑스러운 한국
대표 기업이라는 프라이드를 지닌다. 삼성에 노블리스 오블리주가 없
다면 삼성은 한낱 돈을 잘 버는 '돈성'에 불과하다.

국민들이 삼성을 대한민국 대표기업이라는 영광을 부여하는 데 있
어서는 삼성이 기업적으로나 도덕적으로도 세계의 초일류 기업과 어
깨를 나란히 한다는 믿음이 전제돼 있다. 김용철 변호사가 밝힌 바에
의하면 삼성은 세계의 초일류 기업은 고사하고 저 미개한 국가의 3류
기업과 같은 행태를 적나라하게 드러냈다.

수천억 원인지, 수조 원인지 아무도 알 수 없는 어마어마한 비자금
을 조성해 청와대·검찰·법원·재경부·국세청·언론계·학계 등
내로라하는 권력과 지식인 집단을 대상으로 뇌물 매수를 서슴지 않았
다. 검은 돈으로 권력과 지식인을 매수해 삼성의 경호견·충견화 사
업을 치밀하게 전개했다는 얘기다.

어디 그뿐인가. 이건희 회장의 아들인 재용 씨를 후계자로 만들기
위한 재산증식과정은 한마디로 재산의 불법·편법 승계가 아니라 기
업자산을 강제로 강탈한 범죄와 다를 바 없다. 오너가 자신의 경영능
력으로 회장이 된 것이 아니라 기업의 재산을 도둑질해 기업총수의
지배자에 오르려 한다.

개혁 통해 국민의 기업으로 거듭나야

삼성은 이에 대해 구구한 변명을 늘어놨다. 글로벌 초일류 기업으로선 걸맞지 않은 해명이다. 삼성은 차제에 환골탈태되어야 한다. 김용철 변호사의 문제제기를 계기로 강제로라도 개혁해 삼성의 이름에 걸맞은 삼성으로 거듭나야 한다. 삼성은 이건희 회장의 족벌가문보다는 국민들에게, 한국경제에 더 중요한 기업이다. 삼성의 부정부패를 더 이상 쉬쉬할 수 없는 까닭이다.

삼성은 이건희 회장의 것이 아니다. 국민의 기업이다. 이건희 회장 가문이 저지르는 불법적인 비리와 부정부패는 단호히 단죄하여 우리 사회로부터 격리시켜야 한다. 물론 그 과정에서 삼성이 촘촘히 얽어맨 삼성 앞잡이가 온갖 논리를 들고 나와 삼성의 개혁을 저지하려 들 것이다. 아직은 사회적 여론과 명분에 밀려 은밀히 숨죽이고 있지만, 경제지와 <중앙일보>, 아니 '삼성일보·이건희일보'는 이미 '삼성의 입'으로 치졸한 변명을 중계방송하기 시작했다.

뇌물로 얼룩진 삼성의 경영은 밝은 빛 아래로 나와야 한다. 한국경제도 21세기의 글로벌기업 하나둘 정도는 가질 때가 되었다. 삼성은 그 선두주자다. 자고로 선두주자는 많은 바람을 맞기 마련이다. 삼성을 따르는 다른 기업을 위해서라도 차제에 삼성의 어두운 경영은 털고 가야 한다. 그 총체적인 책임자는 바로 이건희 회장이다. 이 회장은 사회적 책임을 통감하고 삼성을 제자리에 돌려놔야 한다. 이는 삼성에 대한 국민적 심판이다.

< 2007. 12. 11.>

41
이명박 대통령 옹립 공신열전

　보수정권이 수구야당과 정권 교체를 하게 됐다. 자칭 ‘진보적 개혁정권’이 10년 만에 권력을 내놓게 된 것이다. 그동안 ‘짝퉁 진보정권’의 인재풀 역할을 해 왔던 시민사회단체가 ‘패닉 현상’에 빠졌다. 이건 문제가 아니다. 더욱 난감한 것은 권력 인수 주체가 역대 대통령 가운데 도덕적으로 가장 많은 문제점을 지녔다는 사실에서 ‘진보’의 자존심을 더욱 상하게 한다.

　한나라당 이명박 대통령 당선자는 과연 대통령이 될 만한 자격을 갖추고 있는지 의문이다. 그를 둘러싼 부정부패와 비리의혹이 양파껍질처럼 밑도 끝도 없이 불거져 나온다. 이런 사람이 어떻게 국민들의 신망을 바탕으로 국가를 운영할 수 있을까? 그의 정의와 양심은 ‘의혹’에 오염된 개념이다. 대통령의 언어가 이러하다면 이는 위선이며 역사에 대한 모독이다. 그런데도 어떻게 대통령이 되었을까?

1등 공신 수구언론 벌써부터 논공행상

이명박 대통령 옹립의 1등 공신은 언론권력 수구언론과 당선자 캠프에 합류한 권력지향형 해바라기 정치언론인들이다. 수구언론은 '여론조사'를 빌미로 이 후보의 절대적 우위 기사를 1년 내내 도배질했다. 권력의 마름으로 변신한 정치언론인들이 '공작'을 치밀하게 수행했다. 수구언론은 정치언론인들의 프로젝트를 제도적으로 뒷받침함으로써 권력 창출 도구로 기능했다. 물론 대통령 만들기 이후에 전개될 논공행상에서의 반대급부를 전제하고서 말이다.

이 당선자의 미디어정책 가운데 신문·방송 겸용 허용방침과 관련 언론계에선 벌써부터 각종 루머가 나돌기 시작했다. 들리는 소문은 선거과정에서 때때로 중립을 표방했던 <조선>, <중앙>이 약간 밀려나 있고, 이 당선자가 고려대 동문인 점을 매개로 <동아>가 처음부터 끝까지 화끈하게 총대를 멨던 혁혁한 공을 내세워 약간 앞서 가고 있다는 소식이다.

<조중동> 언론권력이 지상파 방송을 장악할 경우 왜곡된 언론파시즘 체제는 권력을 쥐락펴락하는 무소불위의 '권력공룡'으로 돌변한다. 또한 이 권력을 통제할 제도적 장치가 아무것도 없게 된다. 그렇지 않아도 한국사회에선 '선출되지 않은 언론권력'의 횡포가 심각한 지경이다. 따라서 언론과 정치가 감시와 비판, 견제의 관계가 아니라, 언론권력이 일방적 우위에 서서 정치권력을 제 입맛대로 주무를 경우 국민의 알권리와 언론자유는 심각하게 변형되고 왜곡되어 뒤틀리게 된다.

2등 공신 노 정권 역사에 대해 책임져야

2등 공신은 현 노무현 대통령이라 할 수 있다. 노 정권의 정치적 무능과 실정은 수구권력의 부활을 불러온 근본적인 원인을 제공했다. 여기에다 노 정권 자신의 권력이 이 후보에게로 쏠렸다. 수구언론은 노 정권을 '좌파', '빨갱이'로 매도했다. 미국에 이어 두 번째로 많은 군대의 이라크 파병, 시장에서의 친재벌 정책 등등 노 정권의 실체는 친미보수주의 정권임에도 불구하고 수구언론에 의해 '진보적 정권'으로 규정되었다. 노 정권은 이에 대해 문제 제기를 하지 않았다. 스스로 조선의 개혁군주 '정조(正祖)'라는 환상에 도취돼 '짝퉁 진보'를 은근히 즐기기까지 했다.

노 정권의 권력중추를 형성하는 골간이 아마추어리즘에서 벗어나지 못한 채 국정을 장악하여 운영함으로써 곳곳에서 정치적 무능을 드러낼 수밖에 없었다. 국정운영을 마치 운동권 단체 운영하듯이 "내 편인가", "네 편인가"라는 편 가르기에 토대를 두고, "내게 어떤 이익이 발생하는가"에 초점을 맞춰 운영함으로써 수구기득권층으로부터도, 기층 민중으로부터도 외면받았다. 물론 수구언론의 왜곡 조작된 언론 캠페인이 큰 부추김을 했다. 한나라당류 세력들은 그 틈을 비집고 부활했다.

다음으로 노 정권은 이번 선거에서 최소한 엄정중립을 지켰거나, 이명박 후보에게 호의적이었다. 검찰의 BBK 수사 '무혐의'가 그 증거이다. 대한민국의 권력구조에서 현직 대통령의 파워는 임기가 끝나는 그 순간까지 막강하다. 아무리 레임덕 현상이 만연화된 '식물정권'이라 할지라도 현직 대통령의 영향력을 능가하는 권력은 없다. 따라서 국정 최고 책임자인 대통령의 의사에 반한 검찰권의 행사에 대해서는 의구심을 지니지 않을 수 없다. 이는 노 대통령과 이명박 후보 간의 커넥션이 노골적으로 의심 들게 하는 장면이다.

첫째, 김경준의 귀국시기도 문제다. 한나라당 경선 초기에 귀국했다면 이 당선자는 당시 박근혜 경선후보에 패해 이번 선거에서는 출마조차 못 했을 것이다. 노 정권은 그의 귀국을 한나라당 후보 결정 이후로 미룸으로써 본선에서의 이 후보를 상대로 골랐다. 여기까지는 성공작이라 할 수 있다. 친노 직계였던 이해찬 당시 대통합민주신당 경선후보가 당내 경선에서 정동영 후보에게 패함으로써 노 정권은 후임정권의 권력재창출에서 손을 뗐다고 봐야 한다.

노 정권의 결정적 마지막 패착은 친노파의 단일세력으로 유시민을 밀어내고 이해찬을 선택했다는 점이다. 이해찬은 범여권과 친노세력의 정치적 열정에 불을 당길 역량이 모자랐다. 반면 유시민은 비록 기존의 보수적이고 수구적인 범여권은 아우를 수 있는 정치적 역량은 모자라는 '모난 돌'이지만, '노사모'라는 확실한 정치적 열정의 참여는 이끌어 낼 수 있는 자질을 지녔다. 따라서 노사모의 열성적인 지지층을 바탕으로 수구화·기득권화된 당내 세력과의 권력투쟁·이데올로기 투쟁을 전개했다면 오히려 한나라당 세력과의 극명한 대조를 통해 보다 선명한 지지노선을 창출했을 것이다. 설령 유시민이 정치적으로 패퇴한다 하더라도 젊은 지도자로서의 대권수업을 통해 차기 지도자라는 소중한 경험을 남겼을 것이다. 노 정권이 '정치적 경호실장'이라는 유시민을 버리고 이해찬을 선택한 것에서 대권창출 프로젝트는 어긋나기 시작했고, 이는 정치적 노선의 변경을 가져오는 직접적인 계기가 되었다고 봐야 한다.

둘째, 검찰이 **BBK** 사건에 무혐의라고 면죄부를 준 것에서 노 정권과 이 후보 간의 커넥션 성립을 짐작하게 한다. 수구언론이 그토록 좋아하는 여론조사에 의하면 국민들은 **60%** 이상이 검찰수사가 진실이 아니라고 믿고 있다. **BBK**와 이 당선자는 연관이 있다는 것이다. 검찰이 대통령의 영향력에 반하여 단독으로 무죄를 선언할 만큼 배짱이 있는 것도 의문이지만, 검찰의 정치적 독립이 그만큼 되어 있는지도 의문이다. 검찰은 대통령은 물론 대통령이 임명한 법무부장관의 명도 받드는 조직이다.

노무현 정권의 패착은 정치적 무능으로 실정한 것에 있는 것이 아니라 '배신자'가 밉다고 '수구세력'의 손을 들어 준 것에서 찾아볼 필요가 있다. 특히 이 당선자가 만일 특검에 의해 검찰수사와 반대되는 결과를 빚으면 그 혐의는 더더욱 고착화된다. 그것은 대통령 후보 열 명 가운데 다른 사람은 몰라도 이명박 후보만큼은 결코 대통령이 되어서는 안될 후보였다.

3등 공신 보수권력 수구세력 부활빌미

3등 공신은 아이러니컬하게도 정동영 후보 자신이다. 정 후보는 자신의 정치적 정체성에 대해 '평화·민주·개혁·진보·미래세력'을 자임했다. 이건 진실이 아니다. 대통합민주신당이나 열린우리당, 혹은 정 후보의 정체성은 '자유·민주 보수세력'이다. 이들이 정통 보수세력이면 한나라당 류는 극우·수구세력이다. 진보세력은 그 표방하는 정책이 최소한 민주노동당 정도는 되어야 '진보'와 '개혁'이라 이름

할 수 있다.

보수세력이 진보세력을 표방함으로써 진짜 진보세력의 설 자리를 빼앗고, 수구세력이 보수세력으로 위장하여 그 자리를 대신 차지했다. 수구세력에게 부활의 공간을 제공해 준 것은 다름 아닌 정 후보 자신이다. 정 후보 측은 결코 노 정권에 대해 섭섭해할 이유가 하등 없다. 수구세력에게 부활의 빌미를 제공한 자신들의 정체성 확립 실패와 아집, 독선, 오만에서 패착의 원인을 찾아야 한다. 그래야만 한나라당을 극복할 수 있다.

4등 공신 한나라당 국민 위해 봉사해야

마지막으로 4등 공신에는 한나라당을 들 수 있다. 이명박 후보의 대통령 당선은 한나라당이 잘해서가 아니라 상대방이 워낙 못해서 이긴 승리이다. 한마디로 상대방이 에러로 자멸하면서 승부를 헌납한 것을 챙긴 것에 불과하다. 가만히 누워 있다가 하늘에서 떨어지는 홍시를 받아먹은 격이다. 권력 인수 후 국가 운영에서 보다 겸허하게 국민들을 위해 봉사하여야 한다. 그것이 10여 년 만에 권력을 되찾는 의미를 구현하는 것이다. 한나라당 전신 정권들처럼 국민을 깔보고 우습게 여기며 무소불위의 권력남용을 자행할 때는 역사에 의해 두고두고 '독재자 집단'이라는 오명에서 벗어나지 못할 것임을 명심해야 한다.

중앙선거관리위원회로부터 '대통령 당선증'을 받아 든 이명박 당선자는 행복한 웃음을 가득 머금고 있다. 그 웃음이 역사에 의해 진실이 담긴 미소가 될 수 있도록 당선자에게 부탁하지 않을 수 없다. 당선자에게는 아직도 명쾌하게 해명되지 않은 부정부패와 비리의혹이 '천형'처럼 낙인찍혀 따라다닌다. 대한민국의 역사가 그를 대통령으로 선택한 까닭은 분명 있을 것이다. 당선자는 하나님의 세상에서 벗어나 인간의 삶에서 자신에게 따르는 의혹을 스스로 불식시키기 위해서라도 오만한 거짓을 버리고, 국민의 머슴으로 한없이 낮춰야 한다. 부디 대통령이라는 자리가 누구를 위해 무엇을 하는 자리인지 '양심'으로 하나님께 기도하여 물어보시길 기대한다.

<　2007. 12. 24.＞

42

대통령과 TK사회

TK사회는 참으로 희한한 곳이다. 이명박 정부의 '경부대운하'가 전 국민의 완강한 반대로 무산될 위기에 처하자 TK사회가 '낙동강 대운하'를 들고 나와 경부대운하 군불 때기를 도모한다. 참으로 어이가 없다. 대운하는 '득'이라곤 조금도 없는 '환경대재앙의 원흉' 외에는 아무런 의미도 가치도 없다. 독일, 네델란드 등 운하를 미리 건설했던 나라들은 돈을 들여 원상복구에 고민한다.

이명박 정부와 TK사회 지도부는 환경파괴를 하지 못해서 안달이다. 이는 군사독재정권 시절의 전형적인 보여 주기식 한탕주의에 매몰된 탓이다. 인권을 무참히 유린한 독재자였음에도 불구하고 박정희 전대통령이 아직도 국민들에게 '가장 위대한 대통령'으로 기억되는 것은 전시행적이었던 그의 개발독재가 아니라 '나라를 마음으로부터 사랑했던 지도자의 신념' 때문이다.

이명박 씨와 TK사회, 나아가 이 땅의 소위 말하는 보수세력(실제로는 대부분 수구반동세력)은 신줏단지처럼 떠받드는 박정희의 마음은 외면하고, 껍데기만 닮으려 한다. 이들에게서 국민과 나라는 안중

에도 없다. 고작 하는 짓거리가 대통령에 당선되자마자 조선시대 국
왕·세자 책봉처럼 미국으로 쪼르르 달려가 '한미정상회담'을 하고,
일본으로 달려가선 '한일친선 우호선린'을 부르짖는 것이다.

대통령의 몰골이 숭미·친일사대주의 망령에서 벗어나지 못하는
까닭으로 나라와 민족의 주체성과 자긍심은 어디에서도 찾아볼 수 없
다. 국민들에게 돌아오는 것은 광우병에 무방비인 미국산 쇠고기를
수입 개방해 자국의 축산농민을 죽이는 것이고, '독도가 일본 땅'이라
는 주장을 일본 정부가 공식적으로 내뱉을 수 있게 한 것이다.

이명박 정부의 실체가 이러함에도 더욱 가증스러운 것은 지역언론
이 매국적인 실정을 '실용외교'로 포장한다는 점이다. TK사회는 이명
박 정부의 출범에 대해 역사적으로 책임져야 할 몫이 남다르다. TK사
회가 낙동강 대운하로 경부대운하 살리기를 도모하고, TK언론이 아무
런 책임의식도 없이 이를 중계방송하기에 급급한 것은 역사의 범죄다.

이명박 정부와 TK사회의 대국민 기만극에 분노하고 절망한다. 특히
진실을 말해야 할 언론이 입을 다물고, 아니 오히려 앞장서 TK사회의
'명비어천가'를 합창하는 현실에 대해선 개탄하지 않을 수 없다.

<🖫 2008. 5. 1.>

43
양준혁의 도전과 혁신정신

양준혁(梁埈赫)이란 프로야구 선수가 있다. 지난 2007년 6월 9일 한국 프로야구 26년 사상 최초로 2,000안타를 돌파하고, 현재 타격 전 부문에서 신기록을 작성해 가고 있는 '살아 있는 전설'이다. 그의 나이가 올해로 서른아홉이다. 평균 34~35세면 은퇴하고, 코치를 할 연령이다. 그는 아직도 선수로 뛴다. 그것도 타격왕을 다투는 수위경쟁에서 좀체 물러설 줄 모른다. 이런 그를 두고 팬들은 '위풍당당 양신(梁神)'이라 부른다.

위풍당당 양신 부활 팬들은 굳게 믿어

그런 양준혁이 침체되어 있다. 급기야 지난 2008년 5월 18일에는 프로야구 데뷔 이래 16년 만에 성적부진을 이유로 생애 처음 2군으로 강등되었다. 2008 프로야구 시즌 개막에 앞서 선동열 감독은 '우승'을 선언했고, 전문가들도 SK와 더불어 '2강'을 보장했다. 팀의 기둥이자 주포인 '양·심의 침묵'과 함께 삼성은 '도깨비 팀'이 되었다. 4~5위를 오르락내리락하며 좀체 치고 올라가지 못한다. 승부사 기질을 보여 주면서 '이기는 야구'가 무엇인지를 보여 줬던 선동열 감독은 '도인'이 된 양 경기에 무감각(?)하기까지 여유롭다. 어찌 보면 감독이 태업(?)을 하고 있는 게 아닌가 할 정도다.

♠ 양준혁은 2007년 6월 9일 서울 잠실야구장에서 열린 두산베어스와 삼성라이온즈의 경기에서 9회초 1사후 두산의 이승학 투수로부터 2,000안타를 친 대기록을 수립했다. 사진 출처: 삼성 라이온즈, ⓒ김영구/news@photoro.com

그럼에도 희망적인 것은 양준혁의 부활을 확신하기 때문이다. 그의 활약 이면에는 '도전정신'과 '혁신'이 있다. 세계적으로도 프로야구의 최정상급 선수가 1,000개의 안타를 생산하기 위해선 평균 7~8년 정도가 소요된다고 한다. 그는 15년 동안 선수로 활약하면서 2,000안타라는 '불멸의 대기록'을 세웠다. 그 밑바탕에는 목표에 대한 확고한 신념이 있었다. 그의 눈은 어느덧 3,000안타에 쏠려 있다. 그것을 달성하기 위해 한 발짝 한 발짝 매 순간순간마다 혼신을 다한다. 자신이 지니고 있는 모든 것을 목표달성에 집중하도록 역량을 모은다.

"방망이를 거꾸로 잡아도 3할을 친다"라는 천부적인 자질을 지녔음에도 결코 자만하지 않고 끊임없이 자기변화를 스스로 창조한다. 나이와 체력 등 운동선수로서 매년 달라지는 자신의 몸 상태에 적합한 타격 폼을 만들기 위해 끊임없이 자신이 지녔던 습성을 버리고 또 버린다. 그리고는 새로운 것을 찾아 피나는 혁신을 거듭한다. 이와 같은 도전과 혁신이 오늘의 그를 만들었다.

도전과 혁신으로 TK사회 업그레이드

TK사회의 희망은 '양준혁의 부활'에서 찾아야 한다. 책상머리에 앉아 고작 하는 짓거리라는 게 환경대재앙을 몰고 올 '운하' 계획이나 세우고 그에 부화뇌동해 진실을 조작하면서까지 국민들을 기만하는 세력의 척결이 없으면 TK는 영원히 'TK'라는 굴레에서 벗어나지 못한다. 양준혁의 도전과 혁신정신을 통해 TK사회와 TK언론을 업그레이드해야 할 시점이다. 이것이 진짜 TK이다.

< 2008. 5. 19.>

이문열의 문학과 정치

소설 『초한지』 발간을 앞두고 소설가 이문열 씨가 촛불집회를 '불장난'이라고 매도하고, 촛불에 맞서 '의병운동 궐기론'을 주장해 뉴스의 중심에 섰다. 잊을 만하면 느닷없이 언론에 등장해 우리 사회에 정신적인 핵폭탄을 투하하는 이 씨의 수구적인 정치적 발언은 이문열 문학이 이명박 정부 시대를 맞아 부활을 기도하기 위해 고도로 계산된 상업주의적인 기회주의에서 기인한다.

촛불에 맞서 보수우익 총궐기 주장

이문열 씨는 지난 17일 <평화방송>의 「열린 세상 오늘! 이석우입니다」에 출연하여 촛불집회를 불장난이라고 매도하고, "불장난을 너무 오래 하다 보면 결국 불에 데게 된다. 너무 촛불장난도 오래 하는 것 같다"고 말했다. 이 씨는 이어 "쇠고기는 하나의 구실이었다. 설사 재협상을 한다 하더라도(촛불집회를 하는 사람은) 여전히 남을 것"이라며 '배후설'을 강조했다.

이 씨는 촛불문화제에 대한 누리꾼들에 대한 반작용으로 일종의 의병운동 같은 반대여론이 일어나야 한다고 주장했다. 그는 "마음속에 말이 하고 싶었는데 못 했던 것 중 하나는 예전부터 의병이라는 것이 국가가 외적의 침입을 받았을 때뿐 아니라 내란에 처했을 때도 일어나는 법"이라며 "사회가 자기방어기능을 전혀 발휘 못 하는 걸 보고 참 걱정스럽게 보았다"고 말해 수구반동 극렬 우익의 총궐기론을 역설했다.

이명박 대통령의 지지율이 12%대까지 떨어진 것에 대해서도 이 씨는 "대통령의 성급함, 부주의함, 말과 의욕이 앞서 가는 것 따위의 탓도 있었지만, 사회적 여론조작도 개입돼 있다"고 주장했다. 그는 "쇠고기(수입반대) 하던 사람들이 느닷없이 '정부의 공영방송 장악 음모'라며 이상한 말을 하는데, 정부의 대변인 역할도 할 수 있는 공영방송 인사권이 정부에 있는 것 당연한 것 아니냐. 그걸 저지한다는 걸 보면서 어디서 가장 강하게 왜곡이 일어난 것인지 짐작할 수 있었다"고 말해 삐뚤어진 언론관을 드러내기도 했다.

이 씨는 또 누리꾼들의 <조중동> 광고주 압박운동에 대해 "범죄행위이고 집단난동"이라고 비난하고, "합법적으로, 그것도 압도적인 표차로 당선된 정부의, 아직도 시행하지도 않은 정책을 전부 꺼내 가지고 반대하겠다고 하면서 촛불시위로 연결하는 것은 집단난동"이라고 몰아붙였다.

한국판 '미시마유키오'의 상업적 시국관

언론은 이문열 씨의 발언을 대대적으로 보도하면서 심각한 자기부정의 오류를 저질렀다. 먼저 이 씨의 발언을 우리 사회가 귀담아 들을 만한 가치가 있는가 하는 것이다. 이 씨의 말은 한 극우 파시스트 추종 문인의 정신 나간 넋두리 외엔 다른 의미를 찾기 어렵다. 언론은 이 씨를 우리 시대의 '보수 지성인'으로 예우하여, 무슨 대단한 지성이 우국충정의 목소리라도 쏟아 낸 양 호들갑을 떨고, 일고의 가치도 없는 그의 말을 확대재생산해 증폭시켰다. 이는 이 씨의 정체성을 바르게 인식하지 못한 탓이다. 이 씨의 정체성은 천황제의 부활을 주장하며 일본 중의원을 점거, 할복자살을 했던 극렬 우익 파시스트 소설가 '미시마유키오(三島由紀夫)'와 같다. 이 씨는 일본 문화계의 수구반동세력을 대표했던 한국판 미시마유키오이다.

대부분의 수구반동세력의 말이 지닌 특징은 첫째, 자기 목소리가 없다. 둘째, 논리가 없다. 셋째, 본질은 외면하고 극히 부분적인 흠집을 찾아 집요하게 말꼬리를 잡고 늘어진다. 넷째, 흑백논리를 바탕으로 한다. 다섯째, 단세포적이다. 여섯째, 말문이 막히면 법을 들먹이고, 공갈협박을 마다하지 않는다. 일곱째, 상대방의 말은 무시한다. 오로지 자신의 말만 다 하면 그것으로 더 이상 듣질 않는다. 언로의 유통구조가 지극히 폐쇄적인 것이다. 여덟째, 할 말이 없거나 말문이 막히면 '좌파', '빨갱이' 등 색깔공세로 매도하며 논쟁을 회피한다. 수구반동세력의 언어는 언제나 권세를 장악한 세력의 입장을 대변해야 하므로 궁색하고 구차하기 마련이다.

이 씨의 말도 이와 다를 바 없다. 그의 언설이 우리 사회의 진보와 생산적 담론 형성에 그다지 보탬이 되지 않고, 그냥 하수구에 버려도 무방한 말이라는 연유는 여기에서 기인한다. 그가 왜곡된 시국관으로 세상에 나온 것은 지난 2003년 시민사회단체의 활동을 '홍위병'에 비유하여 필화를 일으키면서부터이다. 그는 시대에 잊히지 않은 인물이 되려고 했다. 우리 시대가 잊을 만하면 시국을 빌미로 극렬 우익의 목소리를 쏟아 내 단번에 언론의 스포트라이트를 받고, 자신의 건재를 과시한다. 문제는 그것이 우리 사회를 근본적으로 뿌리부터 오염시키고 왜곡시킨다는 점이다.

제1인자로서의 도딕싱은 철저히 외면

따라서 이 글에서는 이 씨의 수구적인 언설이 옳으냐 그르냐는 따지지 않는다. 그럴 필요도 없다. 이 씨가 무슨 말을 어떻게 했던 간에 그것은 전적으로 그의 자유다. 공인으로서 이문열 씨의 말이 우리 사회의 건전한 발전을 저해하고 있으므로 진지하게 경계하지 않을 수 없다. 이 씨가 대한민국을 대표하는 대중적인 소설가라면 제1인자로서의 도덕성을 지녀야 한다. 그것은 절대다수인 우리 사회 구성원들의 건강과 안녕에 대한 책임 있는 말과 행동이다. 그래야만 그의 명예가 보호받을 가치가 있다. 그렇지 않다면 그의 명예는 결코 존경의 대상일 수 없다.

촛불집회에 나선 시민들은 미국산 쇠고기 수입이 자신들의 생명과 관계되는 절박한 문제다. 쇠고기 수입을 강행하는 강부자·강금실 내각과 이명박 대통령, 이문열 씨는 값싸고 질 좋은(?) 미국산 쇠고기를 먹지 않고 한우만 먹어도 될 만한 경제적 여유를 지닌 계층이다. 촛불 집회에 나선 난동꾼(?)들은 불행히도 그렇질 못하다. 점점 비싸지고, 또 비싸질 수밖에 없는 한우는 웬만큼 작심하지 않으면 쉽게 먹을 수 없다. 결국 미국산 쇠고기는 촛불만 먹어야 할 처지다. 미국산 쇠고기가 안전성을 담보하고 있느냐 없느냐는 것은 촛불에겐 사느냐 죽느냐는 심각한 문제다. 미국산 쇠고기에 의문을 제기하고, 또 안전성을 담보하라고 요구하는 것은 너무나 당연한 권리이다.

이 씨는 이를 '난동'이라고 몰아붙이고, '의병'의 봉기를 촉구했다. 어불성설이다. 만일 이 씨의 처지가 한우를 마음 놓고 먹지 못할 형편이었다면, 그의 말은 사회적 안정을 바라는 한 보수 문인의 우국충정으로 이해할 수 있을 것이다. 이 씨는 대한민국에서 기득권 중의 기득권이다. 그는 사회변혁을 바라지 않는 계층에 속해 있다. 그의 말은 필연적으로 '촛불'에겐 달갑잖은 헛소리로 들릴 수밖에 없다.

이 씨의 사회변혁세력에 대한 저주에 찬 문학적 표현을 수구적인 정치권력이 악용하기도 한다. 독재정권은 이 씨의 발언을 계기로 '친북 좌파'를 운운하면서 매카시 광풍을 빌려 비등하는 여론을 일거에 잠재우려고 기도한다. 이는 '이문열' 류의 세력과 한국의 수구권력이 공모하여 '보수'라는 껍데기로 위장한 채 은밀히 지하에서 전개하는 전형적인 정치공작이다. 모름지기 언론은 이를 간과해서는 안될 터이다.

<　　2008. 6. 19.>

45

지역이기주의와 지방의원

경상북도가 도청이전지로 안동과 예천을 선정한 이후 탈락한 지역 주민과 도의원들의 반발이 이어지고 있다. 상주발전범시민대책위원회에 이어 경북동남권혁신협의회도 도청이전지 선정과정이 공정치 못했다며 이전지역 결정 무효화를 요구하고 나섰다. 지역 주민들이 떼를 지어 도청 앞마당에 몰려와 데모를 하며, 일부 도의원은 무슨 민주투사라도 된 양 거적때기를 깔고 단식농성에 돌입하는 등 반발이 일파만파로 증폭되어 간다.

경북도의회는 6월 20일 정례회에서 52명 투표에 찬성 27명, 반대 23명, 기권 2명으로 신도청 예정지 선정과정에 대한 행정사무조사 발의안을 가결했다. 도의회는 도청이전 비신청지역 11곳 출신의원들로 과열유치 행위에 따른 감점 요인 등 도청이전을 둘러싼 의혹을 해소할 진상조사특별위원회를 구성했다. 특위는 앞으로 한 달간 도청이전지 선정과 관련된 잡음을 조사한다. 도청 이전사업은 마지막 법적 절차에 해당하는 도청 소재지 변경에 관한 조례를 진상조사가 끝날 때까지 만들 수 없어 상당한 차질이 불가피하게 됐다.

이는 명분이 없다. 도의회는 이전지 확정을 앞두고 도청이전추진위원회에 전권을 부여하고, 이전추진업무를 진행해 왔다. 이제 그 결과가 발표되고, 자기 지역이 이전예정지역에서 탈락했다고 불공정 시비를 이유로 딴죽을 거는 것은 옹졸한 지역이기주의 외엔 달리 설명할 길이 없다. 아니면 대구에서 도청이 옮겨 가는 것을 두려워하는 세력의 사주에 의한 것이거나 말이다.

경상북도의 도청이전은 나무만 볼 게 아니라 숲 전체를 봐야 한다. 경북도의 균형발전이란 측면에서 북부권으로의 도청이전은 거스를 수 없는 대세다. 없는 명분도 만들어서 도청이전을 추진해야 할 판에 편협한 님비주의에 사로잡힌 일부 도의원은 있는 명분조차 깨뜨리려고 달려든다. 경북을 크게 동남권, 서북권, 북부권으로 보면 포항, 구미, 안동이라는 거점도시를 중심으로 한 발달은 상식적인 얘기다.

여기에 왜 상주가 끼어들고, 영천이 끼어드는가? 이는 도청이전을 빌미로 강력한 딴죽을 걺으로써 떨어질 지역주의의 속셈 차리기 외엔 달리 설명할 길이 없다. 님비의 극치이다. 도청이전에 떼쓰기를 함으로써 그 반대급부로 주어질 부스러기라도 주워 먹겠다는 속셈은 너무나 천박하다. 참으로 한심한 발상이다. 이따위 치졸한 생각으로 지역발전을 꾀하겠다는 것은 이명박 정부의 '꼼수정치'를 벤치마킹한 '꼼수행정'의 극치이다.

대구와 경북으로 분리된 지 27년이나 지났다. 지난 1995년 안동으로 도청이전이 확정되었으나, 그때에도 일부 지역의 님비 때문에 무산된 적이 있다. 도청이 지난 95년에 안동으로 이전되었더라면 경북은 지금보다 훨씬 더 발전했을 것임은 삼척동자도 다 알 일이다. 도청을 대구에 묶어 두는 대신, 2003하계유니버시아드, 20011세계육상선수권대회 등을 통한 지역발전을 꾀하는 것은 TK 지도부가 아직도 전근대적인 사고에서 벗어나지 못했음을 의미한다.

　대구경북이 정체성의 나락에서 벗어나기 위해서는 도청이전이 성공적으로 마무리되어야 한다. 도청이전은 경상북도에 새로운 도시 하나가 생기는 것을 의미한다. 도청이전에 대한 명분 없는 딴죽 짓거리는 즉각 중단되어야 마땅하다. 아무 명분도 없는 단식농성 짓거리를 할 힘이 있다면 '10년 만에 되찾았다는 이명박 정권'에 달려가 예산 한 푼이라도 더 얻어 성공적인 도청이전의 기반의 틀을 닦는 데 온 힘을 다해야 한다. 그것이 진정으로 도의원이 할 일이다.

<　2008. 6. 21.>

46

야구와 축구

　한국야구대표팀이 13일 우커송구장에서 열린 2008베이징올림픽 야구 예선리그에서 미국을 8 대 7로 꺾고 첫 승리를 거뒀다. 미국전 승리는 단순히 1승 이상의 의미를 지닌다. 멕시코 주심, 이탈리아 1루심, 호주 2루심의 편파판정 농간을 실력 차로 극복하고, KBO의 무능으로 불펜 포수조차 없는 열악한 조건을 이겨 내고, 아시아야구연맹 회장국이면서도 당연히 파견해야 할 심판 한 명 배출하지 못한 상태에서 일궈 낸 승리이기에 더욱 값지다. 그것도 매 중요한 경기마다, 게임의 승패를 가늠하는 순간마다 심판을 동원하여 승부를 조작했던 미국을 통쾌하게 누른 결과여서 기쁨은 배가되었다. 한국은 그동안 올림픽에서만 미국과 다섯 차례 겨뤄 심판들의 승부조작 농간 때문에 모조리 졌다. 만일 심판들이 편파판정을 하지 않고 정정당당하게 중립을 지켰더라면 서너 차례 이상은 우리가 이겼을 게임이었다.

심판진 농간 극복한 1승 이상의 승리

스포츠는 정정당당함이 기본이다. 그것은 올림픽 정신이기도 하다. 실제 경기에선 승리를 위해 온갖 추악한 방법이 다 동원된다. 스포츠가 국가 이데올로기화되면서 올림픽 정신은 '빛바랜 헌장'으로만 존재할 뿐, 물밑 아래선 자국의 승리를 위해 심판 매수와 협잡이 공공연하다. 이를 점잖은 말로는 '스포츠 외교'라 한다.

때문에 스포츠는 국력에 비례해 나타나기 마련이다. 세계 최강 미국은 스포츠 외교에서도 국제사회에 가장 큰 영향력을 발휘한다. 그만큼 미국답지 못하고 추악하다는 얘기다. 미국의 협잡에 동원된 심판진은 이날도 3회 말 이종욱이 넉넉하게 2루 도루에 성공했으나 2루심은 아웃을 선언해 게임의 흐름에 찬물을 끼얹었다. 대표팀은 2루심의 고의적인 오심을 보란 듯이 기어이 추가점을 뽑고 말았다.

1루심은 헛스윙한 타자를 미국 팀엔 살려 주었고, 한국 팀엔 아웃을 선언하는 편파판정을 했으며, 주심은 시도 때도 없이 오락가락하는 스트라이크 판정으로 지극히 2중적인 판정을 내렸다. '미국 이기기'에 동원된 심판진들의 이와 같은 농간이 국제 스포츠계로부터 불신을 초래해, 야구는 2008베이징올림픽을 끝으로 올림픽에서 잠정 퇴출된다.

감독 코치진의 어이없는 투수교체 판단 미스로 경기를 잃을 뻔했다. 8회 등판한 김광현을 9회까지 던지게 했어야 했다. 코칭스태프는 한기주가 컨디션이 좋다는 이유로 마운드에 올려 홈런과 안타, 2루타를 연달아 맞고 아웃카운트 하나도 잡지 못한 채 내려오게 했다. 이번엔 준비가 채 되지도 않은 윤석민을 올려 기어이 역전타를 맞게 했다.

여느 때 같았으면 스스로 주저앉았을 흐름이었다. 치열한 국내 프로야구를 통해 수없는 경험을 축적한 선수들은 이를 극복해 냈다. 그 밑바탕엔 "이길 수 있다"라는 자신감이 전제되어 있었다. 봉중근은 미국전 선발을 앞두고 "내가 메이저리그였을 때 미국 팀 선수들은 마이너리그 선수였다"며 자신감을 북돋워 독려했다. 선수들 또한 '트리플A' 리그의 상위급 선수들이 국내 프로야구에서 기량미달로 퇴출되는 현실에서 자신감은 배가되었다.

이는 선취점을 내주고도 흔들리지 않고 돌아서서 곧바로 역전 점수를 뽑아내고, 동점이 되어서도 경기의 흐름을 빼앗기지 않는 것 등으로 나타났다. 한국 대표팀이 결코 미국의 트리플A나 더블A 리그 선수들과 겨눌 팀이 아니라는 것이다. 이날 심판의 농간만 없었다면 경기는 8 대 7 '케네디 스코어'가 아니라 일찌감치 한국 팀으로 일방적으로 흘렀을 것임은 의심의 여지가 없다.

다중인격국가 일본 꺾어 정의 구현해야

이제 남은 일은 일본을 꺾는 일이다. 일본은 강자에겐 철저히 굴종하고 아부하며, 약자는 무참하게 짓밟는 국제사회에서 가장 비열한 나라 가운데 하나이다. 일본인들의 교활성과 이중적인 인격은 국제스포츠 무대에선 온갖 로비로 나타난다. 일본에는 오로지 힘만이 정의로 존재한다. 양심이니 휴머니즘이니 따위가 존재하지 않는다. 수단과 방법을 가리지 않고 이기는 자가 대우받는 나라가 일본이다.

역대 정권의 '친일 정책'에도 우리에게 돌아오는 것은 "독도는 일본 땅"이라는 얼토당토 않는 주장과, "임나일본부설" 등을 통한 역사의 왜곡조작이다. 일본을 선린우방이라 여기는 이 땅의 보수세력에 부디 당부하고자 한다. 결코 일본과는 친하게 지낼 수 없는 나라다. 일본과는 싸워서 이겨야 하며, 박멸해야 할 대상이지 이웃사촌일 수는 없다. 일본은 선의의 친한 이웃에게 얼굴에는 함빡 웃음과 친절로 무장하고, 등 뒤에선 서슴없이 시퍼런 칼을 꽂는 나라이다. 일본은 유사 이래 기회가 있을 때마다 늘 한국을 약탈하거나 침략하려고 호시탐탐 틈을 엿보는 승냥이와 같은 나라다.

이번 대회에서도 세계야구연맹 부회장국인 일본은 로비로 '승부 치기'라는 해괴한 제도를 도입했다. 공개적으론 '승부 치기 반대'를 표방하는 이중성을 드러냈다. 일본이라는 나라가 겉과 속이 전혀 다른 '이중인격적 국가'라는 사실을 보여 준다. 자신들에게 유리한 제도라고 로비로 도입해 놓고는, 대표팀 감독이라는 작자가 나서 반대를 하는 일본을 꺾어 그들의 교활함을 만천하에 웃음거리로 만들어야 한다. 일본을 꺾는 것은 경기에서의 승리가 아니라 정의를 곧추세워 불의를 응징하는 사필귀정의 구현이다.

협회와 수구언론의 기만축구 확인

　야구와 더불어 국내에서 가장 인기 있는 프로 스포츠 가운데 하나인 축구는 8강 진출에 실패했다. 경기 전에는 수구언론에 의해 마치 4강은 보증수표인 양 포장된 축구의 몰락은 당연한 귀결이었다. 한국대표팀은 첫 경기인 카메룬과는 동네 축구를 하다가 1 대 1로 겨우 비기고, 이탈리아엔 3 대 0으로 완벽하게 깨졌으며, 모두가 3 대 0으로 이긴 최약체 온두라스엔 겨우 1 대 0으로 간신히 이겼다.

　박성화 감독부터 박주영 등 주요 선수에 이르기까지 그들이 기도로 매달렸던 '하나님'은 한국축구의 8강 진출 실패에 대해 뭐라 응답했을지 궁금하지 않을 수 없다. 여기에선 박성화 감독이나 박주영 선수 등이 찾은 하나님과의 기도응답은 결코 알 수 없으므로 말하기를 덮어둔다. 다만 한국축구 대표팀은 대한축구협회의 과대 선전과 수구언론에 의해 언제나 실력보다는 실체가 과대 포장된다는 점이다.

　예컨대 월드컵이나 올림픽 등에서 16강, 8강 진출은 고사하고, 현실적으로 1승 하기가 버거운 실력인데도, 수구언론은 8강, 4강 등을 제 입맛대로 부풀리는 '뻥튀기 보도'로 일관한다. 국민들을 교묘히 집단적으로 기만하는 것이다. 목표 달성에 실패하면 희생양 찾기에 몰두한다. 총체적으로 가장 큰 책임을 져야 할 축구협회는 감독 탓으로, 감독은 선수 탓으로, 선수는 시설이나 환경 탓으로 돌린다.

　한국축구는 2002월드컵 4강이 증명하듯이 무한한 발전 가능성을 지녔다. 축구를 지배한 세력, 즉 축구협회가 독선적이고도 배타적이며 관료주의적인 1인 지배행정에 의해 장악되어 있고, 실력보다는 혈연·지연·학연·종교에 따라 선수를 선발한다. 이것이 월드컵 대표팀이며, 올림픽 대표팀이다. 이런 팀이 잘되면 그게 오히려 이상하다.

2002월드컵 팀은 우리에게 가능성과 미래를 일러 줬다. 히딩크 이후의 한국축구 대표팀은 철밥통 자리 나눠 먹기에서 헤어나지 못한다. 그것은 '축구대통령'이라는 정몽준 축구협회회장 집행부부터 고여 있는 물이기 때문이다. 이들 집행부는 기득권 지배체제 세력을 구축해 축구발전을 위한 건전한 비판을 외면하고, '축구 쇼'를 통해 '정몽준 대통령' 만들기에만 골몰한다.

여기에 수구언론이 기존 기득권 세력의 앵무새 노릇을 하며 가세한다. 한국야구의 자신감은 선수들에게서 나오고 있으나, 한국축구의 자신감은 축구협회와 수구언론에 의해 포장되어 나타난다. 선수가 뛰는 경기에서 지는 것은 너무나 당연하고 자연스럽다. 한국축구가 정체성을 벗어나 2002 월드컵 4강처럼 세계의 축구로 우뚝 서기 위해선 정몽준 체제부터 개혁의 대상이 되어야 한다. 수구언론의 '앵무새보도'를 타파하지 않고서는 '동네축구', '사기축구', '유령축구' 신세를 면치 못한다.

올림픽 정신 갉아먹는 TV중계방송

한국 대표팀은 예상외의 선전을 한다. 올림픽에 나아가기 위해 선수들이 그동안 흘린 땀과 노력을 생각하면 안쓰럽기 그지없다. 이 땅의 젊은이들이 국위선양을 위해 비지땀을 쏟고 있다. 텔레비전은 이를 골고루 전달해야 할 의무가 있다. TV방송이 금메달 위주로만 방송해 젊은이들의 땀을 왜곡한다. 금메달을 따는 순간 아나운서가 내지르는 괴성은 금메달을 따지 못해 TV에서 외면당한 선수들의 한 맺힌 절규로 들려온다. 은메달밖에 못 땄다고 고개를 숙여야 하고, 동메달을 땄다고 죄인 취급을 하는 TV의 올림픽 중계방송, 즉 '금메달 방송'은 올림픽에 참가한 선수를 모독하는 방송이다.

국민들이 올림픽방송을 보고 즐기는 가운데 대한민국 서울에선 이명박 정부의 공영방송 장악 공작이 치열하게 전개 중이다. 관권의 앞잡이 <KBS> 이사회가 전격적으로 공영방송사장 해임을 요청하고, 이명박 대통령은 앓던 이를 뽑아내듯 <KBS> 사장을 해임했다. <MBC>는 「PD수첩」 관련자를 징계하고, 사과방송을 내보냈다. 국민들의 눈과 귀가 모조리 베이징 올림픽에 가 있는 사이에 공영방송이 정치권력에 의해 급속도로 와해되는 현실이다.

<🖫 2008. 8. 14.>

47
종교백화점과 종교전쟁

20여 만 불자들이 서울광장에 모여 '기독교 공화국 건설'을 획책하는 이명박 정부의 민족 분열 음모에 대해 준엄한 경고를 내렸다. 이명박 정부는 말로는 '종교차별금지'를 운운하나, 실제는 지독하게 기독교 숭배주의로 치닫는다. 이명박 정부에 들어 청와대 비서관, 경찰청장 등을 비롯한 일부 지역자치 단체장, 공공기관장 등 주요 공직자들의 노골적인 종교활동은 공직자의 중립성을 넘어 나라를 갈기갈기 찢어 내는 행위와 같다.

그 원인은 다름 아닌 이명박 대통령에게 있다. 이 대통령은 서울시장 재직 시 "1,000만 서울시를 하나님께 봉헌하겠다"고 망발하여 왜곡되고 삐뚤어진 '종교관'을 공공연히 표출한 바 있다. 이에 일부 '해바라기성' 공직자는 종교를 매개로 대통령에게 아부하기 위해 기독교를 빙자한 '명비어천가'를 불러 댄다. 그것이 공직자로서의 신분을 망각하고 '하나님의 나라' 운운으로 나타나는 것이다.

2천만 불자의 최고 지도자인 총무원장 스님을 일개 경찰관이 검문검색한다. 예산의 1%를 복음화 도시건설에 사용하겠다는 정신 나간

자치단체장도 있다. 경찰청장이 포스터에 직접 출연해 '전경찰의 신
자화'를 명령한다. 성스럽고 존중받아야 할 타 종교의 집회에서 "예수
천국! 불신 지옥!"을 외치며 강제 선교를 하는 광신적이고도 배타적
인 이 기독교인을 어떻게 설명해야 할까? 텔레비전 오락 프로그램,
라디오방송 등에 출연해 대중적 이미지를 쌓은 목사라는 인사가 공공
연히 "석가모니도 불교를 만들면 안되는 것이었다", "스님들은 쓸데
없는 짓 하지 말고 빨리 예수를 믿어야 한다", "불교가 들어간 나라는
다 못산다"는 등 막말을 쏟아 내는 실정이다.

이를 어떻게 해석하고 받아들여야 하는가? 참으로 곤욕스럽다. 불
교를 또 얼마나 우습게 봤으면 사태가 여기에까지 이르렀을까. 한마
디로 말하면 이런 기독교는 망해야 한다. 종교로서의 가치가 없다. 이
땅에 발을 붙여 둬서는 안된다. 이 땅의 기독교는 하나님의 사랑을 실
천하는 기독교여야 한다. 하나님은 "원수를 내 몸과 같이 사랑하라"
하셨고, 예수는 "오른뺨을 때리거든 왼뺨도 내주라"고 했다. 그것이
바로 기독교며, 하나님의 사랑이다.

우리나라는 종교백화점이라 할 정도로 다양한 종교가 평화롭게 공
존하는 지구상에서 몇 안되는 나라다. 유교·불교·기독교 등 수입종
교는 물론 천도교·대종교 등 자생적 민족종교가 한국인의 심성에 자
리하면서 민족적 에너지의 원동력으로 작용한다. 이는 한국문화가 지
닌 최대의 장점이다.

이명박 정부의 기독교는 "내 편이냐 네 편이냐"를 편 가름하고, 자
신의 종교 외에는 무조건 '사탄'이라 매도하여 배척하고 박멸하려 든
다. 이명박 정부의 종교편향 정책은 분별 짓고 패거리 지어 차별하며,
자신을 따르지 않으면 무참하게 갈기갈기 찢는 기독교다. 마치 군사

독재정권 시절처럼 폭력과 폭압으로 상대를 제압하고 억압하는 제왕적인 기독교를 지향하는 것이다.

이는 곧 좀 비약해서 말하면 "종교전쟁도 마다하지 않겠다"는 태도와 다를 바 없다. 한국인의 평화로운 종교백화점이 이명박 정부의 종교전쟁 고무로 이 나라는 대립과 분열과 갈등으로 내달을 조짐이다. 이것은 '내란'의 전조 단계이다. 이 대통령은 사태의 심각성을 자각하고 이해하여야 한다.

국민들은 지난 대선에서 수구언론이 조작한 '경제 살리기'라는 기만과 허상에 속아 이명박 대통령을 잘못 뽑은 것을 후회하고 있다. 수구언론에 의해 국민도 속았고, 불교도 속았다. 이 대통령이 바닥난 한국경제의 메시아가 될 줄 알고 대통령에 선출했는데, 경제를 살리기는커녕 오히려 노무현 정부 때보다 더 극심한 경제위기를 빚고 있다. '고소영', '강부자', '강금실' 등으로 일컫는 지주자본가는 물론 교육에서조차 학부모의 재력이 학력을 좌우케 하는 정책 시행 등으로 가진 자와 못 가진 자 사이의 빈부 양극화를 더더욱 심화시키고 있다.

이명박 정부와 자율화·선진화라는 명분 아래 시행하는 정책은 오로지 족벌재벌, 수구언론, 권력지향적인 관료와 정치인, 일부 극우 보수 개신교 집단을 위한 것이다. 국민들이 이명박 정부가 표방하는 '실용'에 대해 바르게 인식하지 못하면 광우병에 취약한 미국산 쇠고기 수입파동에서처럼 덤터기만 뒤집어쓰게 된다.

아울러 이제는 '종교전쟁'을 덤으로 걱정해야 하는 처지다. 일부 광신적인 이단 기독교도들은 기꺼이 내란마저 마다하지 않으며 하나님을 선교하려고 달려들기 때문이다. 단군상을 우상이라 하여 목을 베는 기독교는 이 땅의 심성에는 맞질 않는다. 법회장에 버젓이 나타나타 종교의 집회를 우습게 여기는 기독교도들의 선교를 이 땅의 기독교로 받아들일 수 없다.

이명박 정부의 종교편향정책을 초기에 주의 깊게 살피고, 세심하게 대비하지 않으면 배타적인 일부 보수 개신교 집단은 이를 왜곡, 악용하여 이 나라를 절단 낼지 모를 일이다. 그들은 '분열선교'를 '순교'라고 여기고, 종교의 자유를 처참하게 짓밟고도 남을 집단이다. 이라크나 아프가니스탄 등 국제적 분쟁지역에 침투해 선교를 하다가 뒈지면 하나님의 영광을 운운하는 것은 하나님에 대한 모독이다.

문제는 이들이 한국 기독교에서 커다란 세력을 형성하고 활발하게 신도를 포섭해 조직적으로 움직이고 있다는 사실이다. 이들에게 나라나 이웃 간의 평화로운 공존과 상생은 관심 밖이다. 오로지 자신의 배를 채워 줄 '하나님'만이 절대적인 가치관으로 자리 잡고 있다. 타 종교와의 공생은 꿈도 꾸지 못한다. 이명박 정부의 노골적인 기독교 편향성은 이를 뒤에서 부추기는 후광 노릇을 하고 있기에 지탄하고 경계해야 한다.

이명박 정부에 대해 잠시도 감시의 소홀함이 있을 수 없다. 이 정부는 어디로 튈지 모르는 럭비공처럼 매우 불안정한 정치권력이다. 특히 일부 광신적이고 배타적이며 이질적인 기독교도들이 대통령의 발밑에 엎드려 종교 갈등을 부추기는 현상을 주목할 필요가 있다. 범불교대회를 맞아 우리가 경계해야 하는 것은 종교백화점이라 할 공존과 평화를 깨뜨리려는 일부의 종교전쟁론자들과 그에 부화뇌동하는 이명박 정부의 정치권력이다.

< 2008. 8. 28.>

48

휴대폰의 경제사회학

전화가 인간생활의 필수품이 됨으로써 휴대폰은 신분과 인격을 대신하기도 한다. 한국사회는 자동차의 크기를 기준으로 사람을 차별하는 껍데기 사회다. 속보다는 외형을 더 중요시한다. 값비싼 고급차나 외제차를 몰면 신분적 상승이라도 된 듯 대우한다. 초고가의 휴대폰이 날개 돋친 듯 팔리는 이유는 인격의 대리만족을 찾는 사람이 많은 탓이다.

휴대폰 과소비 공적 주체가 조성

우리 사회에서의 휴대폰 평균 수명은 1년 남짓하다. 휴대폰 수명이 이처럼 짧은 것은 정부와 휴대폰 제조업체, 이동통신사, 휴대폰 단말기 판매업자의 속내가 일치한 데서 그 원인을 찾을 수 있다. 정부는 휴대폰 산업을 통해 경제발전을 꾀하려 한다. 휴대폰 산업이 경제성을 지니려면 적정 수준의 내수가 뒷받침되어야 한다. 그 내수시장을 조성하기 위해 정부는 정책적으로 휴대폰 과소비를 은근히 부추긴다.

단말기 제조업체는 새 기술을 채택한 신제품을 우선 국내시장에 내놓는다. 소비자가 새 휴대폰의 버그나 오류 등 사용상의 문제점을 지적해 주면 이를 바로잡아 세계시장에 내다 판다. 국내 소비자들은 자기 돈 내고 기꺼이 휴대폰 제조업체의 '기술 모니터' 노릇을 마다하지 않는다. 이는 소비자가 아니라 기업의 상품 테스트원으로 전락하는 순간이다.

이동통신 사업자는 새 휴대폰이 출시되면 새 요금제를 개발해 소비자를 끌어모으는 마케팅에 활용한다. 한계시장에 다다른 시장확대를 위해선 이용자들에게 보조금을 지불해 가면서까지 새 휴대폰으로 가입자 유치에 열을 올린다. 새 휴대폰이 이동통신사의 마케팅 보조 도구용으로 활용되는 것이다.

단말기 판매업자는 두말할 나위 없이 단말기를 판매함으로써 발생하는 수익과, 이동통신사에 고객을 몰아주는 대가를 챙길 수 있다. 새 상품의 판매주기가 짧으면 짧을수록, 기종이 다양하면 다양할수록 그 기회가 더욱더 많아서 좋다. 그만큼 새 상품을 활용한 판매기회가, 새로운 시장이 보장된다.

이처럼 시장에서의 휴대폰 과소비가 지닌 경제학은 정부와 단말기 제조업체, 이동통신사, 판매업자 사이의 서로 다른 탐욕과 속셈에 의해 구성된다. 따라서 한국에서의 휴대폰 새 제품이 시장에 나왔다가 단종되는 시기가 평균 6개월을 넘지 못하는 까닭은 여기에 그 원인이 있다. 물론 이는 역으로 IT제품의 시장교체를 한국이 주도하는 계기를 마련하는 장점이 있기도 하다.

디지털경제 손 놓고 노가다경제에 집착

휴대폰은 국가적으로도 매우 중요한 산업이다. 미국 퀼컴(Qualcomm) 사가 개발한 CDMA 기술을 세계 최초로 상용화시킨 휴대폰 산업은 디지털 기기 제품 가운데 몇 안되는 국제경쟁력을 지닌 제품이다. 한국 IT 산업의 '대표선수'라 할 수 있다.

삼성과 LG 등은 세계 유수의 브랜드로 자리 잡았으며, 수출품목 가운데 열 손가락 안에 드는 '효자'이기도 하다. 특히 삼성은 한국 상품은 '중저가 싸구려'라는 고정된 인식을 탈피하고, 고급제품으로 '디지털 명품'이란 이미지를 쌓는 데까지 성공했다. 세계시장 점유율 또한 노키아(Nokia), 모토로라(Motorola)에 이어 3위에 올랐으며, LG는 소니에릭슨(Sony Ericsson)의 뒤를 이어 5위 업체로 우뚝 섰다.

정치가 지향해야 할 이데올로기가 민주주의라면, 그 핵심은 바로 '양보'와 '배려'이다. 자본주의를 추구하는 경제에선 '정직'과 '신용'이 그 뿌리가 되는 이데올로기여야 한다. 한국의 휴대폰 시장을 둘러싼 환경은 매우 침침하고 우울하기 짝이 없다. 정부와 휴대폰 단말기 제조업체, 이동통신사, 판매업자가 공모하여 '휴대폰 시장 죽이기'를 조직적으로 자행하기 때문이다. 언론은 바람잡이로 등장해 사태의 '본질 흐리기'로 국민들의 눈을 가린다.

수구언론이 전개한 '경제 살리기' 캠페인에 힘입어 대통령에 당선된 이명박 정부의 경제성적표는 '낙제점'이 문제가 아니라 아예 '침몰' 일보 직전이다. 고유가에 이어 외환 유동성 위기가 더한 상태에서 미국발 금융 '쓰나미'는 한국경제를 어디로 날려 보낼지도 모를 '시계 제로' 상황으로 몰아간다. IMF가 '미풍'이나 '봄바람'이라면 미국에 들이닥

칠지도 모를 이 검은 태풍은 거대한 '토네이도'이다.

허위와 기만과 조작으로 국민들을 네다바이하여 탄생시킨 정치권력을 보호하느라 수구언론은 경제위기를 제대로 보도하지 않는다. 지난 2004년엔 온 나라가 곧 거듭날 것처럼 '경제 살리기'란 정치적 용어로 '좌파 정권'의 무능을 질타함으로써 멀쩡했던 경제를 절단 내고 국가적 위기를 초래했던 수구족벌언론이 진짜 경제를 살려야 할 현시점에선 '극우 정권'을 보호하기 위해 '모르쇠'로 입을 꼭 다물고 있다.

더욱 한심스러운 것은 디지털 경제에 문외한인 이명박 정부가 휴대폰 산업에 손을 놓고 있다는 사실이다. 대신 고작 생각해 낸다는 것이 틈만 나면 '노가다 경제'인 '한반도 대운하'를 끄집어내 "경제를 살리겠다"고 '사오정' 같은 정책을 들고 나오는 것이다.

이명박 정부는 대통령 취임 직전부터 휴대폰 요금의 20% 인하를 공언했다. 이동통신 사업자가 일제히 반발하자 단말기 보조금 혜택을 폐지하는 대신 통신요금 인하를 주문했다. 이동통신사들은 곧바로 일제히 보조금을 폐지했다. 통신요금 인하는 꿈쩍도 않고 있다. 결국 이명박 정부가 쓸데없이 어설프게 휴대폰 시장에 개입해 보조금 혜택 폐지로 이동통신사의 배만 불리고, 소비자에게는 덤터기만 안긴 꼴이다.

'꼼수 상술'로 일관하는 이동통신사

국민들이 이를 눈치챌까 봐 이동통신사와 이명박 정부는 재빨리 통화품질 향상으로 보답하겠다고 입 발린 소리를 한다. 특히 통신사는 '할부 지원'이니, '기본약정'이니 운운하면서 해괴한 말로 국민들을 네다바이

하려 든다. 웃기는 얘기다. 이들과 한패거리인 수구언론은 대대적으로 확대선전에 나섰음은 두말할 나위 없다. 다음의 글을 한 번 보자.

▷ 'T할부지원 프로그램이란': 고객이 신규가입 또는 기기 변경할 때 휴대폰을 통상 할부로 구입하는데, 이때 단말기 보조금을 사용기간 동안 분할해서 할인해 주는 제도입니다. 'T할부지원 프로그램'을 이용하여 가입한 고객은 선택기간 만료 이전에 해지하더라도 할인받은 금액에 대한 위약금을 낼 필요가 없습니다.

▷ 'T기본약정이란': T기본약정은 일정기간 이동전화 서비스 사용을 조건으로 이용기간 및 기여도에 따라 차등적으로 휴대폰 구입 금액의 일부를 할인해 주는 제도입니다. 이에 따라, SK텔레콤에 신규 가입(번호이동 포함)하거나 기존 고객 중 기기변경을 원하는 고객이 T기본약정을 선택하면 휴대폰 구입비용 중 일부를 할인받게 됩니다.

SK텔레콤 T월드 홈페이지 공지사항에서 가져온 글이다. 과연 이 글을 읽고 정확히 그 뜻을 해석할 수 있는 사람은 몇이나 될까? 분명 한글임에는 틀림없지만 보통사람들이 그 내용을 이해하기란 매우 어렵다. 한글이 어려운 것은 이동통신사가 대리점(판매업자)이 장난치기 좋도록 '알리바이'를 미리 마련해 두기 위한 배려 때문이다. '위의 글'에서 할부지원과 기본약정의 차이점은 정확히 무엇인지 알 수 있는 사람은 손들어 봐라. 손을 든 사람은 '허경영'처럼 IQ가 최소한 430 이상이다. 그걸 필자가 보증한다.

휴대폰 판매업자들조차 이에 대해 정확히 알고 있는 사람이 없었다. 대구시 중구 봉산동 일대는 수십여 개의 통신가게가 밀집된 속칭 '통신골목'이라 한다. 필자가 이곳에서 SK제품을 판매하는 전문 대리점에 문의한 결과 시원하게 대답해 주는 사람은 없었다. 이 가게 저 가게 문의하는 곳마다 달랐다. 심지어는 SK텔레콤 대구지사와 서대

구지사 직원들조차 별반 다르지 않았다. 이 중 가장 많이 들은 대답은

> ▷ 'T할부지원 프로그램이란': SK텔레콤 신규가입자나 타 통신사 이용 고
>   객이 기기 변경할 경우에만 해당됨.
> ▷ 'T기본약정이란': SK텔레콤 신규가입자나 SK텔레콤 기존 이용자가 기기
>   변경할 경우에만 해당됨.

이라고 유권 해석했다. 이 말이 맞나? 아니다. 이 또한 틀린 답이다. 정답은 무엇인가? 필자도 모른다. 그래서 글을 쓰는 것이다. 이 글을 읽는 누리꾼 가운데 이 차이점을 정확히 알고 있으면 제발 답 좀 주길 바란다. 설령 답이 맞는다면 SK텔레콤은 왜 명확하게 소비자가 알기 쉽게 해 놓지 않았는가 하는 면책에서 자유로울 수 없다. 그것은 곧 SK텔레콤이 네다바이 공범으로서의 혐의를 피할 수 없게 하는 장면이다.

> T할부지원은 약정기간이 길지만(T기본약정 12개월/T할부지원 18개월 또는
> 24개월) 그만큼 지원 금액이 더 많습니다. 따라서 고가의 단말기를 구입하
> 기 원하시는 고객님들께 적합합니다.
> T할부지원은 T기본약정에 비해서 약정기간은 길지만, 중간에 해지하더라도
> 위약금이 발생하지 않기 때문에 부담 없이 이용할 수 있습니다.

SK텔레콤의 티월드 홈페이지 FAQ에서는 위와 같이 차이점을 말한다. 직원들조차 잘 모르는 약관을 가지고 대한민국 제1의 이동통신사인 SK텔레콤은 장사를 하려 든다. 이는 좀 비약해서 말하면 SK텔레콤이 국민들을 상대로 네다바이하려는 속셈이 아니고 무엇인가 말이다.

이동통신사의 이와 같은 '꼼수 상술'은 요금제에서 극명하게 드러난다. 1사당 평균 200여 개가 훌쩍 넘는 요금제를 지니고 있다. 이동통신사가 국민들의 통신비용 절감을 위해서 이처럼 많은 요금제를 개발해 서비스하고 있을까? "예"라고 대답한 사람은 분명 IQ가 두 자리수 아래의 동물군에 속한다.

될 수 있으면 어떻게 하든 수단과 방법을 가리지 않고 고객들로부터 10원이라도 더 긁어 내기 위해 자신들도 모르는 요금제를 창출해 낸다. 정보통신 공무원들이 국민의 편이라면 이와 같은 짓거리는 어떻게든 막았을 것이다. 기업과 한패거리인 까닭으로 이동통신사가 새로운 요금체계를 만들어 올 때마다 척척 승인해 준다. 모르긴 몰라도 이동통신사에는 밥만 먹고 요금제만 전문적으로 연구하는 직원이 있을지도 모른다.

불리한 정본 쏙 뺀 얄팍한 상술

단말기 제조업체의 홈페이지는 휴대폰 가격이 얼마인지를 알려 주지 않는다. 같은 단말기가 이 가게 저 가게에 따라 값이 천차만별이다. 공산품이 부르는 게 값이어서는 곤란하다. 가격이 엿장수 맘대로라면 그 피해는 십중팔구 소비자가 떠안는다. 불투명한 휴대폰 가격은 소비자를 농락하고 기만할 소지가 다분하다. 소비자는 휴대폰 가격이 얼마인지 정확하게 알권리가 있다.

제품정보에서 불리한 것은 빼고 유리한 것만 선전해 대는 파렴치함도 보인다. 예컨대 전자파 흡수율이란 SAR(Specific Absorption Rate)

이 있다. 휴대폰 전자파가 인체에 얼마나 위험한지는 전세계적으로 논란이 진행 중이다. 전자파의 유해논쟁은 대체로 인체에 해가 된다는 데는 의견이 통일되고 있으며, 다만 얼마만큼 해가 되느냐만 관심의 대상이다. 따라서 휴대폰 사용자의 건강을 해치는 전자파 흡수율 정보는 무엇보다 반드시 고지하여야 할 필수 정보다.

삼성과 LG는 세계적 기업답게 SAR 수치를 명확하게 공개해 오고 있다. 그 나머지 업체는 아예 이를 공개하지 않는다. 어불성설이다. 이명박 정부는 법을 제정하여 이를 강제로라도 게재토록 해야 한다. 휴대폰 전자파는 우리 몸 가운데 가장 중요한 부분인 머리를 공격한다. SAR는 머리를 공격하는 '멜라닌'이라 할 수 있다.

자신에게 불리한 정보를 애써 감추려는 얄팍한 상혼을 지탄하지 않을 수 없다. 특히 세계 5위의 휴대폰 업체로 욱일승천 성장해 가고 있는 LG는 전혀 LG답지 않는 꼼수를 보여 주고 있어 실망스럽기 짝이 없다.

예컨대 샤인TV폰으로 알려진 LG-SB630 모델의 경우 단말기의 중량을 표기해 놓지 않고 있다. 속 보이는 짓이다. 휴대폰 무게는 구입 기준에서 큰 몫을 차지한다. 소비자 입장에선 매우 신중히 고려해야 하는 정보다. LG의 상술은 소비자가 현혹되어 살려면 사고 말려면 말라는 똥배짱이다.

판매업자는 칼만 들지 않는 강도

휴대폰 판매업자들은 칼만 들지 않았다 뿐이지 강도나 다름없다.

이 말에 대해 대리점주들은 인신모독이라며 펄펄 뛸지 모르겠다. 최소한 이 땅에서 휴대폰을 사기 위해선 잠시라도 방만한 틈을 보여서는 안된다. 긴장하고 세심한 주의를 기울여야 한다는 것은 참으로 피곤한 일이다. 수십만 원이라는 돈을 지불하면서까지 머리를 싸매야 한다는 것은 차라리 '희극'이다.

통신골목 가게에는 평소엔 가게마다 손님이 1~2명 정도 있는 게 정상이다. 보조금 혜택이 사라진 이후의 풍경은 을씨년스럽기 짝이 없다. 황량하다. 어쩌다가 손님이 문의라도 하려고 가게에 들면 서너 명의 종업원이 에워싼다. 이건 숫제 야바위꾼들의 장사수법과 조금도 다를 바 없다. 손님이 없어 문 닫거나 전업하는 업소가 하나둘 생겨나기 시작했다. 이대로 가다간 내년 상반기를 넘기지 못하고 '통신골목'은 사라질 전망이다. 그럴 수밖에 없는 구조다. 다음의 예를 보자.

삼성애니콜 SCH-V745의 출고가는 420,200원이다. 이 제품을 011을 그대로 사용하면서 순수 기기변경만 하고, 대신 T할부지원 24개월(180,000원 지원)로 구입하고자 했다. 판매업자들은 230,200~240,200원을 요구했다. 여기에다 매월 10,000원짜리 부가서비스를 1~2개씩, 24개월 사용해야 한다고 했다. 물론 할부채권 추심비용 15,000원은 별도다. 카드로 결제할 경우는 카드 수수료 10% 42,020원이 추가된다고 했다.

결국 이를 종합하면 240,200원(단말기 값)＋180,000원(통신사 할부지원비)＋240,000~480,000원(매월 1만 원짜리 옵션 1~2개)＋15,000원(채권 추심비용)＋42,020원(카드 수수료 10%)＝717,220~957,220원이 소요된다는 얘기다. 그럴 바에는 차라리 통신사 지원받지 않고 420,200원짜리 공기계를 사서 개통하는 것이 낫다.

이는 단말기 판매업자가 국민들을 상대로 네다바이하는 '요지경 현장'이라 해도 무방할 것이다. 이건 양반이다. 이른바 '공짜 폰'의 진실을 한 번 보자.

대학생 김 모 씨는 지난 3월 최신형 단말기를 '공짜'로 판매한다는 경기 부천시 원미구의 한 휴대전화 대리점을 찾았다. 대리점 직원은 "한 달에 휴대전화 요금을 얼마나 내느냐?"면서 "3만~4만 원 수준이면 41만 원짜리 단말기가 공짜"라고 말했다. 직원은 "알뜰할인요금제 24개월 약정에 가입하면 월 3만 원에 추가비용 부담이 없다."면서 신청서를 내밀었다.
그러나 김 씨는 한 달 후 집으로 날아온 요금청구서를 받아 보고 깜짝 놀랐다. 할인요금제 3만 원에다 단말기 할부금 17,125원이 청구됐기 때문이다. 김 씨는 본사에 직접 문의했지만 "3만 원에는 기본료와 국내통화료만 포함될 뿐 단말기 가격은 추가 부담해야 한다."는 답만 돌아왔다(임현주, 「'공짜 폰'은 없습니다. …… "약정하면 추가부담 없다" 유인/요금청구 때에는 "단말기 값 내라" 피해 속출」, 경향신문, 2008년 9월 30일자, 12면).

자 어떤가. 이쯤 되면 휴대폰 판매업주는 소비자를 상대로 범죄를 저지르고 있다고 해도 무방할 것이다. 소비자를 책임 있게 보호해야 할 국가기관인 관련 공무원이 한다는 소리는 고작 "'공짜 폰'은 없습니다. 주의하십시오"라는 말뿐이다. 이는 국가가, 공무원이 휴대폰 판매업자와 결탁해 국민들에게 칼을 들이대고 있는 것과 무엇이 다른지 알 수 없는 노릇이다.

뼈저리게 자성해야 휴대폰 미래를 담보

이뿐이 아니다. '휴대폰 대출'이라는 것도 있다. 사채업자가 급전이 필요한 사람에게 돈을 대출해 주는 대신 휴대폰을 개통하게 한다. 이런 휴대폰은 범죄에 악용되거나, SMS 발송업자에게 임대되거나, 외국인 노동자에게 판매되어 수백만 원의 통신요금이 나오게 한다. 돈이 없어 급전을 빌려 썼던 휴대폰 대출자는 통신비용을 부담하지 못해 신용불량자로 낙인찍힌다. 통신요금을 받을 곳이 없게 된 통신사는 이 요금을 손비 처리한다. 그것은 결국 전체 선의의 사용자가 요금을 부담하는 형국이다.

악덕 사채업자의 '휴대폰 깡'은 온 국민의 호주머니를 털어 메워 주는 행위다. 역시 우리의 정보통신 관련 공무원들은 "나 몰라라" 하고 외면한다. 이동통신 사업자의 일탈과 악덕 휴대폰 사채업자를 단속해야 할 대목에선 청개구리처럼 '규제 완화'와 '자율 타령'을 늘어놓으며 눈감고 '모르쇠'로 처신하는 것이다.

대한민국 공무원 가운데 3대 백해무익한 집단이 있다. 외교 공무원과 정보통신 공무원, 노동 공무원이 그것이다. 외교 공무원은 국익보다는 강대국의 국익을 먼저 챙기는 사대주의자들이다. 할 일이 없는 정보통신 공무원들은 사사건건 일거리를 스스로 만들어 자신들의 존재가치를 증명하려 든다. 한마디로 무능하면서도 부지런한 공무원 집단이다. 노동 공무원들은 노동자를 위해서 존재하는 것이 아니라 재벌의, 기업의 입장을 대신 대변하기 위해 존재한다. 이들이 없으면 민족주체적인 자강외교로 국제사회에서 한국의 위상은 더욱 올라갈 것이며, 자유롭고 창의적인 IT산업의 발전을 꾀할 수 있을 뿐만 아니라, 강성노조가 사라져 명실상부한 노사화합을 일궈 낼 수 있다는 말이 설득력을 지니게 하는 대목이다.

아무튼 말이 잠시 빗나갔다. 휴대폰을 둘러싼 시장경제사회학이 이래서는 곤란하다. 악덕 휴대폰 판매업자가 소비자를 상대로 사기영업을 하는 것은 휴대폰 산업의 골간부터 갉아먹는 행위이다. 휴대폰 판매업주의 바가지 상혼과 공무원들의 직무유기가 기지개를 켜고 있는 한국의 휴대폰 산업을 몰락으로 몰고 갈 물귀신으로 다가오고 있음을 간과해서는 안될 것이다.

휴대폰 산업이 21세기 한국을 먹여 살릴 주종산업으로 지속적인 발전을 하려면 정부와 이동통신 단말기 제조업체, 이통통신 사업자, 판매 대리점 등이 모두 각성해야 한다. 최첨단 기술을 훔쳐 팔아먹으려다 쇠고랑을 차는 휴대폰 연구원들이 하나둘 아니다. 심심하면 튀어나온다. 그 배후에는 '짝퉁 대국' 중국이 있다. 언제 이 중국산 짝퉁이 정품을 몰아낼지는 아무도 모른다. 명품 휴대폰 '애니콜의 신화'를 지속적으로 이어 가기 위해선 우리 모두의 자성이 절실한 시점이다.

<💾 2008. 10. 6.>

49

2008프로야구 플레이오프 프리뷰

삼성, 4차전 1승 헌납 후 지리멸렬 / 두산, 4승 2패로 한국시리즈 진출[*]

    삼성 라이온즈의 역대 감독 가운데 최고의 명장을 꼽으라면 단연 선동렬 감독이다. 그것은 우승 2회에 이어 연이은 4강 진출이라는 성적이 말해 준다. 더구나 2008 시즌은 그의 지도력이 더욱 극적으로 빛난다. 그는 팀 전력의 반이라는 '외국인 농사'에서 철저히 실패한 시즌을 보내야 했다. 스카우트의 졸렬한 안목으로 용병이 팀 전력에 도움이 되기는커녕 오히려 짐이 되는 상황에서도 기적처럼 4강을 일궈 냈다. 12년 연속 플레이오프 진출이라는 전무후무한 위업을 기어코 달성해 냈던 것이다.

    3위 롯데 자이언츠와의 준플레이오프에서도 대한민국의 모든 야구 전문가들이 일방적으로 '롯데 우세'를 보기 좋게 일축하고 3 대 0으로 셧아웃시켰다. 이처럼 야구 감독으로서의 그의 능력에 대해서는 의심의 여지가 없다. 대한민국 최고 감독 반열에 결코 손색의 여지가 없다.

---

[*] 이 글은 전적으로 필자의 독창적이고 임의적이며, 일방적인 주장과 자의적인 담론을 담았다. 자유로운 상상과 추리에 의해 쓴 글이므로, 실제의 진실과는 엄청나게 많이 차이날 수도 있다. 독자 여러분들은 이 글이 사실을 담보한다고 오해하지 마시기 바란다.

♠ 10월 20일 대구구장에서 열린 2008 한국 프로야구 플레이오프에서 선동렬 감독의 이상한(?) 게임 운영으로 1승을 거저 챙긴 두산 베어스 선수단이 '기쁨짓'을 하고 있다. 사진 출처: 한국야구위원회 홈페이지(www.koreabaseball.com).

곳곳에서 져 주기 게임 의혹 증폭

준플레이오프와 플레이오프 3차전을 거치는 동안 선 감독의 용병술에 대해 언론은 '부처님 마음', '무심 전략' 운운이라 하며 경의를 표했다. 범인(야구팬)들이 부처님(선동렬 감독)의 마음을 헤아릴 수 없는 것은 두산 베어스와의 플레이오프 4차전이었다. 첫 판에서 4점을 먼저 내고도 그의 전매특허인 '지키는 야구'가 8점을 내줘 역전패하더니, 이번에는 연이어 승리를 따내 시리즈 전적 2 대 1로 앞선 상황이었다. 4차전은 시리즈 전체 승부령이었다. 선 감독은 이상목을 깜짝 선발했다.

이상목은 전성기가 한참 지난 한물간 퇴물 투수다. 패전 처리용이 적당한 보직이라 할 수 있다. 아니나 다를까 기대에 어긋나지 않게도 이상목은 1회 등판하자마자 기다렸다는 듯이 타자 일순시키며 5점을 헌납해 일찌감치 두산에 1승을 자진해서 챙겨 주었다. 이 대목에서 성급한 팬들은 '방졸' 선동렬 감독이 '방장' 김경문 감독에게 미안해

'져 주기 게임'을 했다고 흥분했다. 그 이유는 다음과 같다.

선수단의 상태를 누구보다 정확하게 파악하는 것은 감독일 터이다. 이상목은 이날 선발투수 가운데 가장 컨디션이 좋았을 것이다. 그래서 선동렬 감독이 선발로 낙점했을 것이라는 게 우리의 상식이다. 그렇다면 이상목은 최소한 5회 이상 몇 점을 내주건 간에 계속 던져야 했다. 30대 중후반에 접어든 이상목은 프로야구 선수 가운데 베테랑 중에서도 베테랑이다. 산전수전 다 겪은 선수로서 게임 운영 능력이 최상위급이라면 더더욱 그렇다.

선 감독은 2회에 곧바로 전병호로 교체했다. 여기서 선 감독의 져 주기 의혹이 모락모락 되살아난다. 이상목의 이날 컨디션은 스트라이크를 던지지 못하는 C급 투수에 불과했다. A급 투수와 C급 투수의 차이점은 초구 스트라이크를 던지는 능력에 달려 있다. A급 투수는 초구, 2구를 스트라이크 던지고, B급 투수는 초구 스트라이크, 2구 볼, 3구 스트라이크를 던진다. 반면 C급 투수는 초구 볼, 2구 볼, 3구 스트라이크, 4구 스트라이크를 던지다가 통타당하기 일쑤다.

프로야구 선수가 스트라이크를 던지지 못하면 프로가 아니다. 아마추어다. 아니 동네 야구선수다. 이날 이상목이 그러했다. 이런 투수를 시리즈에서 가장 중요한 게임의 선발로 기용한 선 감독의 뜻을 보통 사람들이 헤아리기란 불가능하다.

선 감독의 져 주기 의혹이란 먹구름이 해소될 길은 이상목이 9회까지 완투하든가, 아니면 최소한 5회까지는 던졌으면 그 의혹에서 벗어날 명분이 있었다. 이상목 선발은 이도저도 아니었다. 그저 선수들이 미쳐 이겼으면 다행이고, 져도 그만이라는 생각이었다. 그것은 이상목 외에 주전을 그대로 내보내 팀이 쉬지도 못하고, 게임은 1회부터 포기해 이중부담만 안게 한 데서도 알 수 있다. 이를 어떻게 해명할 것인가? 그 대답이 궁금하지 않을 수 없다.

선 감독은 이날 분명히 경기를 이길 의사가 전혀 없었다. 감독이 이기고자 했으면 스트라이크조차 제대로 던지지 못하는, 공의 위력도 '리틀야구' 수준에 불과한 선수를 선발로 내지는 않았을 것이다. 이상목의 뒤를 이어 나온 전병호나 조진호도 좋게 말하면 '아리랑볼'을, 좀 거칠게 말하면 동네 야구공을 던지는 그저 그런 볼을 던지는 한물간 투수로, 사기가 오른 두산 타자들의 베팅볼 투수에 불과하기 때문이었다. 두산 타자들은 이날 선 감독의 배려로 1승을 거저 주었을 뿐만 아니라 한국시리즈를 앞두고 몸을 푸는 연습경기를 한 셈이다.

문제는 선 감독이 포기한 이날 1경기가 그다음 다음 경기에 지대한 영향을 뿌리에서부터 미칠 것이라는 사실이다. 준플레이오프 1차전부터 플레이오프 3차전에 이르기까지 선수단이 하고자 했던 의욕을 근본적으로 말살시키고, 게임에 대한 집중력을 흐트러뜨린다는 데 문제의 심각성이 있다. 뿐만 아니라 '천하의 명장', '족집게 도사'라는 선 감독 자신의 야구 지도자 명성에도 큰 손실을 초래한 악수 중의 대악수였다. 한마디로 일컬어 선동렬 감독 야구인생에서 최대의 치욕적인 경기 가운데 하나였다는 오점을 지울 수 없을 것이다.

이기고 지는 것은 병가지상사다. 모든 게임을 다 이긴다면 그것은 야구가 아니다. 이길 때도 있고, 질 때도 있다. 아무리 이기고자 발버둥 해도 이기지 못할 때가 있는 것이 야구다. 이기다가도 지고 지다가도 이기는 게 야구다.

프로는 어떻게 이기느냐보다 어떻게 지느냐에 따라 '진짜 프로'와 '무늬만의 프로'가 구분된다. 최선을 다해 이길 때보다 깨끗하게 질

때 진짜 프로의 진가가 드러난다. 어떤 모습으로 패배하느냐에 따라 프로의 자존심을 지킬 수 있다. 때문에 프로는 바둑에서 돌을 던질 때도 그 형편을 가름한 후 패배를 선언한다.

선 감독은 일방적으로 돌을 던졌다. 플레이오프 미디어데이에서 정치적으로 으레 말한 출사표, 즉 "4승 2패로 이기겠다"를 그 반대로 실천했다. 삼성이 4차전을 프로답지 못하게 치졸하고 졸렬하게 짐으로써 플레이오프의 명예를 훼손했다. 선 감독의 프로답지 못한 결정으로 두산 또한 찜찜한 승리를 챙기게 했다. 플레이오프의 품격이 일거에 나락으로 떨어진 것은 전적으로 선동렬 감독 탓이다. 이에 대해 전적으로 책임을 통감해야 한다.

퇴물 투수 엔트리서 제외했어야

선 감독은 그동안 준플레이오프와 플레이오프를 거치면서 지친 투수들을 쉬게 하기 위해서 불가피한 선택이었다고 해명할 수 있을 것이다. 그렇다 해도 '늙은 퇴물 투수'들을 줄줄이 내보낸 전략 또한 철저히 실패했다고 아니 할 수 없다.

투수는 맞으면서 큰다는 말이 있다. 투수가 맞지 않는다면 그것은 야구가 아니다. 이상목이나 전병호, 조진호 등은 아무리 두들겨 맞아도 더 이상 크려야 클 수 없는 선수다. 이미 그 생명이 막바지에 이르렀다. 그 대안은 차우찬, 조현근 등 차세대를 짊어지고 나아갈 젊은 투수들에게 '가을 야구' 무대를 경험케 하여야 했다. 경험보다 더 소중한 자산이 없다는 것은 바로 롯데와의 준플레이오프에서 선 감독

자신이 스스로 입증하지 않았던가 말이다.

이상목이나 전병호, 조진호가 시즌 중에 챙긴 승리를 실력이라고 착각해서는 안된다. 126경기를 하는 페넌트 레이스와 토너먼트 성격이 강한 플레이오프전은 그 성격이 근본적으로 다르다. 페넌트 레이스는 126경기 중의 하나일 뿐이지만, 플레이오프는 단판 승부이다. 시즌 중의 1승은 경험과 요령에 의해 얼마든지 가능하나 플레이오프에서는 그것이 원천적으로 불가능하다. 팀의 전력이 집중화, 극대화된 상태에서의 선발투수로 1승을 챙기기 위해선 경기를 지배하기 위한 진짜 자기 실력과 능력이 있어야 한다. 이것이 냉철한 현실적 판단이다.

이런 사실을 누구보다 잘 알고 있을 선동렬 감독이 게임을 이기려고 '늙다리 투수'를 냈다면 그것은 치졸하게도 요행과 행운으로 승리를 쟁취하려 했다는 평가에서 벗어나지 못한다. 게임을 포기하려 했다면 일찌감치 이들을 엔트리에서 배제하고 젊은 투수진으로 대체해 그들에게 기회를 줬어야 했다. 게임에서는 비록 졌을지라도 먼 미래를 위해 경험을 얻었다는 소득이 있었을 것이다. 그도 저도 아니라면 선 감독의 투수진 운용이 무엇을 말하는지는 분명하다.

바로 '져 주기'이다. 전격적으로 이번 시리즈를 포기하겠다는 선언을 한 셈이다. 감독의 플레이오프 포기선언으로 삼성의 2008 시즌은 여기서 막을 내리게 됐다. 이제 남은 것은 2009 시즌을 대비한 팀 정비가 남았을 따름이다. 새로 팀을 재정비해 새 시즌을 겨냥하는 것이다.

그 핵심은 세대교체의 강화여야 한다. 투수 부문에서는 노쇠화로 직구 시속이 145㎞ 이하를 던지는 30대 중후반의 고령 투수들을 과감히 퇴출시켜야 한다. 포수 부분에서도 진갑용 이후의 대안을 마련해야 한다. 야수 부분에서도 30대 중후반의 늙은이들을 퇴출시키고,

젊은이들에게 기회를 줘야 한다. 이들로 하여금 동기부여를 하고, 스스로 하고자 하는 활력소가 넘치는 팀으로 개편하여야 한다.

특히 이름만으로 야구를 하려 해서는 안된다. "돈 주고 선수를 사서 우승했다"는 오명으로부터 벗어나기 위해선 선 감독 자신이 진짜 자신의 힘으로 신인을 키워 낼 능력이 있음을 입증해야 한다. 김경문 감독처럼 선 감독도 신인을 발굴할 줄 아는 능력을 보여 줘야 한다. 엄밀히 말하면 올 시즌 혜성처럼 등장한 박석민, 최형우의 경우 선 감독이 키워 낸 신인이 아니다. 그 실체를 보자.

마지못한 세대교체 영광은 감독차지

2008 프로야구에서 삼성은 과감한 세대교체를 성공적으로 했다는 게 야구계의 평이다. 박석민, 최형우, 채태인 등의 등장과 성장은 삼성야구의 미래를 밝게 한다. 팀을 리빌딩한 그 중심에 선동렬 감독이 있다. 이 말이 과연 진실일까? 필자의 생각은 단연코 "아니다"다. 선 감독은 역대 여느 삼성 감독들처럼 이름만 믿고 야구를 하는 감독 가운데 하나이다. 가장 단적인 예가 심정수다. 한국 프로야구사에서 가장 대표적인 '먹튀'의 표상이 바로 60억 원짜리 선수인 심정수다.

심정수는 삼성에 입단한 이래 연봉은 대한민국 최고이나 그 성적은 3류 선수의 그저 그런 성적에 불과하다. 그런 선수를 선 감독은 팀의 주포이자 기둥인 4번 선수로 내내 기용했다. 올해도 치명적인 부상만 당하지 않았더라면 그동안의 행태에 비견해 심정수는 4번 타자에 머물러 있었을 것이다. 심정수가 팀 전력에서 완벽하게 이탈하자 궁여

지책으로 박석민과 최형우를 기용했으며, 이들의 빛나는 활약 덕분에 선 감독의 '성공적인 세대교체' 운운이 훈장처럼 영광으로 명성을 덧칠해 가고 있다고 봐야 한다.

선 감독이 한국 프로야구의 여타 감독들처럼 근본적으로 기존 선수들을 중심의 수구적인 자세로 팀을 꾸려 간다는 것은 의심의 여지가 없다. 따라서 선동렬 감독은 본질적으로 삼성의 세대교체 따위엔 관심이 없다고 해야 함이 옳다. 다시 묻지만 과연 심정수나 외국인 용병이 있는데도 박석민이나 최형우에게 자리를 줬을까 말이다. 시즌 초 심정수와 크루즈가 뛸 때를 돌이켜 보면 선 감독의 세대교체가 얼마나 허구인지를 알 수 있다.

아무리 뛰어난 선수라 할지라도 게임에 들어갔다 나왔다를 일정치 않게 하면 붙박이로 자리매김하기가 매우 어려운 것이 야구경기의 특징이다. 그런 의미에서 이종욱이나 오재원, 김현수, 고영민 같은 팔팔 뛰는 선수를 발굴해 팀을 젊게 하는 김경문 감독은 프로야구에서 진짜 세대교체를 성공적으로 하는 전문감독이라 할 수 있다.

선수단 거품 연봉 위화감만 초래

프로는 직업선수다. 따라서 책임의식이 있어야 한다. 책임이 있고 없느냐에 따라 프로와 아마추어가 구분된다. 자본주의에서 프로의 세계는 실력을 돈으로 말한다. 삼성 선수단에는 감독, 코치로부터 선수에 이르기까지 타 구단보다는 최소한 20~30%의 연봉거품이 존재한다.

예컨대 베팅볼 투수 수준에 불과한 조진호의 연봉은 5,000만 원이다. 결코 적지 않은 돈이다. 한국사회에서 중상류층의 생활수준이다. 선 감독은 조진호가 SK 와이번스전에서 1승을 하자 "올해 연봉 값은 다했다"고 평가했다. 프로야구 한 시즌에서 정상권에 있으려면 적게 는 60승에서 많게는 80승대에 이르러야 한다. 선 감독의 계산대로라 면 약 3조 원에서 4조 원이 투입된다는 얘기다. 아무리 삼성이 가진 게 돈밖에 없는 '돈성'이라 하지만 페넌트 레이스 1경기의 승리 값이 5,000만 원이라면 이는 머리부터 발끝까지 '비경제의 표본'이다.

프로의 세계가 돈으로 계량하는 사회라 하지만, 그 돈에는 사회적 책 임의식이 따라야 한다. 즉 선수는 돈을 받는 것만큼 돈값을 제대로 해 야 진짜 프로선수이다. 삼성에는 돈값을 하지 못하는 선수가 대부분이 다. 올 시즌 돈값을 제대로 한 선수는 박석민과 최형우 정도라 할 수 있다. 60억 원짜리 심정수에서부터 3억 원짜리 배영수, 5,000만 원짜리 조진호에 이르기까지 모조리 밥값을 하지 못한 '거품 선수'라는 비판을 면키 어렵다. 이들이 삼성 외에 타 구단에 가면 어떤 대접을 받을지를 생각해 봐라. 삼성이 무슨 프로야구 판의 만만한 호구냐 물주냐 말이다.

젊은 선수 중심으로 팀 리빌딩 과제

돈값 제대로 못 하는 선수들과 코치진의 져 주기 음모(?)에 의해 2008플레이오프 시리즈는 4차전을 두산에 자진 상납함으로써 오늘 5 차전, 내일 모래 6차전에서 끝날 것이다. 4승 2패로 삼성이 진다. 삼 성과 두산의 경기 시나리오가 그렇게 짜여 있다고 봐야 할 대목이 4 차전에서 극명하게 드러났다. 유달리 화기애애한 삼성과 두산의 플레이오프 경기 결과 내기에 관심 있는 야구팬들은 삼성의 4차전 경기를 분석하면 그 해답을 쉽게 얻을 수 있을 것이다.

삼성은 4차전을 두산에 헌납함으로써 올 시즌을 접게 됐다. 우승을 목표로 했던 당초의 기대는 저버렸지만, 12년 연속으로 플레이오프에 진출한 위업은 과소평가할 수 없다. 삼성은 한국 스포츠사에서 명문 구단으로 확고한 자리매김을 했다. 팬들이나 구단은 이것으로 만족해야 한다. 한 가지 더 위안거리는 시즌 4위가 3위를 꺾었다는 데서 최선을 다한 결과치라 자위할 명분을 지닌다.

2009 시즌을 앞두고 선동렬 감독에게도 진정으로 부탁드리고자 한다. 그것은 먼저 선동렬 감독의 야구철학인 '스몰볼'로 다시 돌아가라는 얘기를 주문하고자 한다. 신문에서 방송에서 재미없는 야구라고 비판을 하건 말건 한쪽 귀로 듣고 한쪽 귀로 흘려야 한다. 자신의 야구철학을 너무나 쉽게 버리는 데는 실망이 크다. 무책임하기 그지없는 '냄비언론'이 '소나기보도'로 "'스몰볼'은 재미없고, '빅볼'이 대세다"고 융단포격을 퍼붓는다고 인생관을 하루아침에 뒤바꾸는 것은 한 번쯤 깊게 생각해 볼 필요가 있다.

선 감독은 자신의 야구신념을 고집해야 하는 것이 옳다. 한국야구에는 선 감독의 스몰볼도 있고, 김경문 감독의 빅볼도 있고, 김성근 감독의 고교야구도 존중받아야 하며, 김재박 감독의 번트야구도 있어야 한다. 다양한 색깔의 다양한 야구가 존재할 때 한국야구의 수준은 한 단계 업그레이드된다. 그런 뜻에서 선 감독의 스몰볼 후퇴는 크나큰 손실이 아닐 수 없다.

선수층이 극히 얇은 한국야구 실정에선 선 감독의 스몰볼이 오히려 적합하다. 빅볼은 미국프로야구처럼 진짜 프로선수들이 자신의 몸값을 언제든지 다 해낼 수 있을 때나 가능한 야구철학이다. 한국처럼 무늬만 프로고, 실제는 아마추어나 별반 다를 바 없는 선수를 바탕으로 빅볼 흉내를 내는 것은 만용의 극치이다. 따라서 선 감독은 자신의 야구 색깔을 다시 찾아 한국적 야구의 토양을 튼튼하게 하는 데 일조하여야 한다. 그의 야구는 승리에 대한 확신이다. 뒤지고 있어도 언제든지 이길 수 있다는 신념이 들고, 왠지 질 것 같지는 않다는 최소한의 확신에 찬 야구를 다시 해 달라는 얘기다.

다음으로는 삼성야구의 먼 미래를 봐 달라는 얘기다. 2009 시즌이면 선 감독의 임기는 끝난다. 행여 선 감독이 삼성을 떠난다는 것은 상상도 할 수 없다. 선 감독 자신도 삼성을 떠나겠다는 마음을 추호도 생각해서는 안된다. 삼성 또한 무슨 일이 있더라도 선 감독만큼은 반드시 잡아야 한다. 선 감독은 야구를 통해 영호남 화합의 상징 인물일 뿐 아니라, 현실적으로도 그를 대신할 명장도 없다.

그런 의미에서 선 감독은 다시 5년 후를 미리 내다보고 박석민, 최형우, 채태인과 같은 삼성야구의 미래를 육성해 달라는 얘기다. 이는 전적으로 감독의 몫이다. 감독은 야구단을 실질적으로 지배하고 운영하는 사람이다. 감독의 의중과 역할은 팀을 재건하는 데 있어서 가히 절대적이라 해도 과언이 아니다. 삼성에는 우동균, 김상수(2009시즌 새내기) 등 미래의 자원이 하나둘 아니다. 제발 심정수나 이상목, 조진호, 전병호 같은 이름에만 매달리지 말고 젊은 선수로의 세대교체를 이뤄 달라는 얘기다.

늙은이들의 '양로원' 팀에서 젊은이들의 팀으로 리빌딩하는 김경문 감독을 벤치마킹할 것을 부탁드린다. 그래야만 올해보다는 내년을, 내년보다는 후 내년을 기약할 수 있다. 팬들은 젊은이들의 활력을 통해 내일에의 희망을 보고자한다. 삼성야구를 통해 TK인들의 미래를 볼 수 있도록 선동렬 감독이 활력소가 되어 주길 기대한다.

현재와 같이 이름에만 매달린 '노장야구'를 하다가는 수구적이고 퇴영적인 TK 풍조에 짓눌려 한 치도 앞으로 나아가지 못한다. 삼성 야구가 현재에 안주하고, 우승을 밥 먹듯이 했던 과거의 고교야구 영광이나 씹고 있어서는 내일을 기약할 수 없다. 그래서는 결코 시민운동장 야구장 언저리를 떠날 수 없다.

새로운 돔구장 시대를 열기 위해서는 삼성야구가 미래로 나아가야 한다. 그것은 젊은이의 팀을 통해서만이 가능하다. 그 중심의 핵에 선 동렬 감독이 있다. 선 감독은 비록 광주에서 태어나고 자란 사람이지만 이미 누구 못지않은 삼성맨이자 TK이다. 이 글이 선 감독을 마음 놓고 비판하는 것은 그를 광주 사람으로 여기지 않기 때문이다. 그를 '전라도' 사람으로 여겼다면 이 글은 매우 조심스러웠을 것이다.

두산, 고교야구 SK 꺾고 우승하길 기원

아무튼 4승 2패로 삼성을 꺾고(?) 한국시리즈에 진출한 두산에 축하를 보낸다. 승리를 위해선 고교야구를 마다하지 않는 SK를 꺾고 꼭 우승하기를 바란다. SK는 결코 한국 프로야구를 제패해서는 안되고, 또 우승팀으로서의 팬들로부터 존경을 받을 팀도 아닐뿐더러, 그럴 자격도 없는 팀이다. 그것은 SK가 한국 프로야구를 한 단계 업그레이드시키는 팀이 아니라 하향 평준화시키는 야구단이기 때문이다.

야구는 결과보다 과정이 중요시되는 민주적인 경기이다. SK엔 그것이 없다. 김성근 감독은 비민주적이건 말건 따지지 않는다. 오로지 이겼느냐 졌느냐만 살필 뿐이다. 결과가 모든 걸 말해 주는 팀이 SK 이다. SK야구는 승리지상주의, 결과만능주의이다. 천박하기 그지없는 파시즘 체제가 SK야구의 본질이다.

절차는 무시하고 결과만 좇는 전형적인 독재정권의 한탕주의, 전시행정, 실적주의를 벤치마킹한 SK야구가 한국시리즈를 제패한다는 것은 민주가 비민주에 짓밟히는 것을 의미한다. 야구 판에서까지 사이비 비민주가 정의를 대표한다는 것은 야구에 대한 모독이다. SK야구 스타일은 정정당당한 스포츠로서의 존경할 대상이 아니라 추방해야 할 쓰레기문화의 한 정형이다. 기꺼이 삼성을 대신해 두산이 이 일을 해 주길 기대한다. 그렇지 못하면 삼성이 애써 져 준 것이 무의미하게 된다. 더구나 두산은 지난해에도 SK에 진 적이 있지 않은가. 올해는 꼭 우승하길 바란다.

< 2008. 10. 21.>

* 사족 1: 2008 프로야구 플레이오프를 중계방송하는 족벌방송 〈SBS〉는 박노준 전 우리 히어로즈 단장을 해설위원으로 영입하여 공중파 방송의 마이크를 잡게 했다. 엊그제까지만 해도 프로야구팀 단장 노릇을 했던 박 씨는 화려한 말발로 편향되고 왜곡된 해설로 시청자들의 귀를 어지럽게 했다. 박 씨는 먼저 우리 히어로즈가 7위를 하고, 삼성이 플레이오프에 진출한 것이 배 아픈 모양이었다. 그것은 아마도 우리 히어로즈를 삼성의 라이벌로 여긴 심리에서 기인하는 것 아니야 하는 의구심을 지울 수 없다. 1차전과 4차전을 중계방송하는 과정에서 그의 해설은 친두산적이다 못해, 두산 프런트 직원이 해설하는 것과 다를 바 없었다. 따라서 맨 정신으로는 도저히 참고 시청할 수 없어 음성을 제거하고 화면만 봤다.
이런 인물에게 공중파 방송의 해설을 맡기는 〈SBS〉에 묻지 않을 수 없다.

사람이 그리도 없나 말이다. 필자는 사영방송 〈SBS〉와 박노준 씨가 해설하는 야구방송을 단 한 게임도 보지 않을 작정이다. 이로써 〈SBS〉는 시청자 한 명을 잃었다. 나와 같은 시청자 한 명 한 명을 잃다가는 언젠가는 족벌방송 〈SBS〉의 몰락은 불가피할 것이다.

필자는 근본적으로 공영방송 지지론자이다. 국민의 재산인 전파는 특정 족벌가문이 독점해 돈벌이 수단으로 악용해서는 안 된다는 생각이다. 따라서 완전한 민주정부가 들어서면 자연스럽게 사영방송 〈SBS〉의 전파를 환수해 국민들에게 되돌리는 것이 정의일 것이다. 그럴 때면 방송의 공정성에 대해 전혀 관심이 없는 박노준 씨와 같은 인사가 공영방송의 마이크를 잡고 해설하는 일 따위는 없을 것이다.

* 사족 2: 긴 글을 읽어 준 독자를 위해 마지막으로 돌발퀴즈 서비스. 2008 프로야구 한국시리즈 우승팀을 만드는 사람은 누구일까요? 감독! 땡! 정답은 한국야구위원회(KBO)입니다. 왜냐? 그 이유는 아래와 같다.

우선 KBO는 수입을 늘리기 위해 포스트시즌 경기를 준플레이오프, 플레이오프에서 각각 1경기씩 더 늘렸다. 이로써 한국시리즈에 직행한 1위 팀의 메리트는 더욱 커졌다. 터무니없이 불공평하다. 더구나 1위, 2위 팀엔 엄청난 혜택과 특혜가 있는 반면 3위 팀엔 그저 홈에서 한 경기 더한다는 것밖에 없다. 한국에서의 홈경기는 그다지 메리트가 되지 못한다. 미국의 경우는 시차 적응 등의 문제에서 홈경기의 이점이 있지만 한국은 그 의미를 무시해도 좋을 듯하다.

포스트시즌 경기는 페넌트 레이스 서너 경기 이상과 맞먹는 압박이 가중된다. 팀 전력이 종잇장처럼 얇은 상태에서 1경기씩 더 치러야 한다는 것은 사실상 3위 팀이나 4위 팀에겐 우승하지 말라는 얘기와 다를 바 없다. 구조적, 제도적으로 불가능한 것이다. 따라서 준플레이오프와 플레이오프는 가을축제라는 명분 아래 KBO가 수익이라도 올리려는 장삿속에서 진행되는 경기라 할 수 있다.

KBO가 단일리그를 고집하려면 준플레이오프나 플레이오프를 없애는 게 맞다. 준플레이오프와 플레이오프를 치르는 본질적 목적은 3위 팀이나 4위 팀도 우승할 수 있다는 가능성을 열어 놓기 위해서이다. 그러나 현재와 같은 시스템에서는 사력을 다해 3주 이내 적게는 7게임, 많게는 12게임을 치르고 난 기진맥진한 상태에서 3주간의 휴식을 취한 정규리그 1위 팀과 챔피언전을 치르라는 주문이다. 얼마나 어불성설인가. 3위와 4위제를 없애고, 차라리 1위 팀에 1경기 부전승 승점을 먼저 챙겨 주고, 2위 팀과 4선승제의 한국시리즈를 치르는 게 합리적이다.

두 번째, 무제한 경기도 문제다. 그것은 앞서도 얘기한 것처럼 선수층이 얇은 가운데 총력전을 승부가 날 때까지 펼친다는 것은 현실을 고려하지 않는 KBO의 돈벌이 속셈에서 나온 발상이다. 경기가 연장전에 접어들면 베이징 올림픽에서 도입한 승부타 제도를 도입하고, 12회 무승부제를 부활해야 한다. 그것이 경기를 한층 더 박진감 있게 하는 제도다. 무제한 승부는 미국처럼 선수층이 두터울 때나 생각해 볼 여지가 있다. 우리 실정에선 무리다.

세 번째, KBO는 정규시즌과는 다른 스트라이크존으로 야구 장사를 도모한다. 스트라이크존이 오락가락해서는 안 된다. 그러나 KBO는 손님을 모으기 위해 2008 준플레이오프와 플레이오프에서 스트라이크존을 대폭 축소했다. 특히 상하보다는 좌우 코너를 널리 활용하는 대부분의 투수들은 스트라이크존의 적응에 실패해 매 경기마다 동네야구 스코어를 빚고 있다. 이는 플레이오프 경기의 질적 수준 저하를 초래한다.

야구가 팽팽한 투수전으로 전개되면 재미가 없다. 관중들이 식상해할까 봐 친절하게도 KBO는 좌우 스트라이크존을 좁혀 공이 한가운데에 몰리게 했다. 이로 인해 승리 팀은 한 경기당 평균 10여 개가 넘는 안타와 5개가량의 사사구 등을 엮어 5~6점대의 점수를 뽑아낸다. 야구가 타격전으로 전개되면서 KBO는 흥행몰이에는 성공했으나, 그 질은 동네야구 수준으로 격하됐다. 오로지 야구흥행만을 위해 도입된 스트라이크존의 변경 또한 준플레이오프나 플레이오프를 거친 팀에겐 과부하로 작용하는 모순을 빚는 원흉이기도 하다. KBO는 스트라이크존이 양 팀에게 떡같이 적용되므로 아무런 문제가 없다고 인식한다. 그러나 준플레이오프와 플레이오프를 거친 팀은 투수력이 고갈된 상태에서 푹 휴식을 취하며 한국시리즈를 준비한, 생생한 팀을 만나야 한다. 더구나 야구는 투수놀음이라 할 만큼 투수의 비중이 팀 전력의 60% 이상을 차지한다. 모름지기 변경된 스트라이크존 또한 정규시즌 1위 팀의 승리보장을 위한 전략 가운데 하나라 할 수 있다.

결국 이와 같은 점을 모두 고려하면 2008 한국시리즈는 KBO가 정규시즌 1위 팀의 우승을 위해 음밀하게 꾸민 야구제전이라 할 수 있다. KBO의 이와 같은 모략에 의해 시리즈 우승 챔피언이 탄생한다면 모든 야구팬들로부터 축하와 존경을 받을 수 있을까? 그 책임은 전적으로 KBO가 질 탓이다. 따라서 KBO는 이를 자각하고 2009 시즌부터는 공평한 경쟁의 무대가 될 수 있는 합리적 방안을 마련하는 데 게을리하지 않아야 한다.

50

구단이기주의와 다수의 폭력

한국 프로야구 판에 저열한 구단이기주의와 다수의 폭력이 난무하고 있다. 지난 11월 14일 프로야구단 히어로즈와 삼성라이온즈는 "장원삼＝박성훈＋현금 30억 원" 트레이드를 발표했다. 프로야구계는 히어로즈의 "선수 팔기"라며, 강력히 반발했고, 심지어는 삼성과의 리그단절까지 운운하며 거세게 반발했다.

KBO는 17일 단장회의에 이어 19일 사장단회의(이사회)를 열고 장원삼 사태를 논의했으나 의견이 워낙 첨예하게 엇갈려 결론을 내리지 못했다. 21일 신상우 KBO 총재는 "트레이드 승인 불가"를 선언했다. 김응용 삼성라이온즈 사장은 "이번 사태의 책임을 지겠다"며 사의를 표명했다. 삼성은 충격 속에 "KBO의 결정을 전적으로 수용하겠다"며 한발 물러섰고, 히어로즈는 당혹 속에 대책 마련에 분주한 것으로 알려지고 있다. 이로써 이번 사태는 표면적으로 일단락됐다.

무능한 KBO 사태를 악화시킨 주범 노릇

장원삼 사태의 본질에는 무능한 KBO가 도사리고 있다. KBO 총재의 유권해석으로 결말날 사안을 단장회의니, 사장단회의니 뭐니 하면서 1주일간이나 오락가락하다가 문제점만 점점 키워 냈다. 마침내 단장회의는 총재가 승인하면 "소송도 불사할 것"이라고 하극상의 볼썽사나운 공갈협박을 하기에까지 이르렀다.

KBO와 프로야구단이 첨예하게 부딪히면서 고래 싸움에 새우 등 터지듯 본의 아니게 사태에 휘말린 장원삼과 박성훈이라는 야구선수의 인격체가 갈가리 찢겨졌다. 삼성과 히어로즈 VS 6개 구단의 이전 투구에서 장원삼과 박성훈은 이러지도 저러지도 못 하고 있다. 이 구단 저 구단에서도 '눈칫밥' 신세로 전락한 것이다.

선수의 권익을 옹호해야 할 선수협의회는 강 건너 불구경하듯 팔짱만 끼고 있었다. 이번 사태의 가장 큰 피해자는 다름 아닌 선수였다. 장원삼과 박성훈은 애꿎게도 구단의 횡포에 말 한마디 못 하는 희생양이 되었다. 구단에도 명예가 있듯이 선수에게도 존엄이 있다. 선수의 품위는 인격적으로 존중되어야 마땅하다.

무책임한 구단이기주의 야구발전에 암초

삼성은 세계 프로구단 사상 12년 연속 프레이오프 진출 팀이라는 명문구단으로서의 자존심에 먹칠을 했다. 더구나 6개 구단이 삼성과의 '경기 보이콧'을 운운함으로써 돌이킬 수 없는 '마음의 상처'를 입었다. ‘장원삼’을 확보하지 못한 6개 구단의 안타까움은 충분히 이해를 한다. 지나치게 넘지 않아야 할 선을 넘어서 반발했다. 감정적이고 경박하기 그지없는 무책임한 발언을 쏟아 낸 것이다.

프로야구는 원칙적으로 지역성을 프랜차이즈로 한다. 삼성라이온즈는 대구경북지역을 연고로 한다. 삼성라이온즈는 삼성이라는 기업집단을 대표하기 이전에 대구경북지역을 대표한다는 지역성을 지녔다. 6개 구단의 삼성과 경기 보이콧은 곧 대구경북지역의 야구와 경기를 하지 않겠다는 소리다. 6개 구단이 삼성을 리그로부터 퇴출시키거나, 경기를 보이콧하는 것은 전적으로 그들의 선택사항이며, 그들의 자유이다. 프로야구가 지역성을 대표하는 이상 대구경북지역의 야구와의 단절에 대해서는 6개 구단이 왈가왈부할 성질이 아니다.

6개 구단이 삼성과의 경기를 단절하기 위해선 먼저 한국 프로야구에서 지역성을 배제하는 조치부터 먼저 취해야 한다. 그 이후 재벌놀음이 되건 뭐가 되건 그들이 새로 프로야구 시장을 창출해 삼성을 퇴출시키면 된다.

6개 구단은 삼성을 리그에서 퇴출시키는 대신 대구경북지역에 새로운 구단을 창단해 그들과 함께 경기를 할 것을 공증한 연후에 삼성과의 경기 보이콧을 입에 담아야 한다. 그렇지 않은 상태에서 일방적으로 경기 보이콧을 입에 담은 것은 6개 구단이 대구경북지역 프로야구 팬을 우롱하고, 자존심을 깡그리 무시한 처사다. 6개 구단은 대구경북지역 팬들에게 사죄를 하여야 한다.

이번 사태를 계기로 6개 구단들 또한 진정한 프로 스포츠정신을 지닌 야구단이 아니라는 것을 스스로 만천하에 드러냈다. 6개 구단은 이번 사태에서 줄곧 ‘약속’, ‘신의’, ‘정당성’, ‘도덕성’ 등을 입에 달았다. 애꿎게도 삼성만 일방적으로 지탄의 대상이 되었으며, 부도덕한 야구단으로 매도되었다. 과연 그럴까? 이제 그 책임을 하나하나 따져 묻고 넘어가야 한다. 그래야만 한 단계 성숙된 프로야구시장을 지닐 수 있다.

가령 LG트윈스는 SK와이번스의 FA 이진영을 연봉 3억 6,000만 원에 영입했다고 발표했다. 이진영은 원구단인 SK로부터 4년간 총액 35억 원의 제시를 뿌리치고 달랑 1년 계약에 연봉 3억 6,000만 원을 받기로 하고 팀을 옮겼다는 것이다. 이 말이 진실일까? 정직성을 내포하고 있을까? 아니다. 웃기는 얘기다. 지극히 이중성을 내포하고 있는 협잡한 말이다.

야구계는 LG가 4년 계약에 35억 원~40억 원을 보장했을 것이라는 소문이 파다하다. 이처럼 6개 구단들도 규정의 허점을 찾아 온갖 편법을 다 동원해 '선수 낚기'를 마다하지 않는다. 삼성에만 엄격한 도덕성의 잣대를 요구하는 것은 다수의 횡포이자 폭력에 불과하다.

기회주의적인 KBO의 이중플레이 농간

다음으로 이번 사태를 야기한 삼성과 히어로즈부터 따져 보자. 삼성은 장원삼을 트레이드하기 전에 KBO에 수차례 문의하고, 확인한 다음 일을 추진했다고 한다. 삼성은 KBO의 누구에게 문의했는지 그 당사자를 밝혀야 한다. 설마 삼성이 KBO 여직원의 말을 듣고 '시한폭탄'과 같은 민감하기 그지없는 트레이드를 추진하지는 않았을 것이다. 아마도 상당한 권한과 책임을 지닌 사람에게 문의했을 것이다. 삼성이 이를 명명백백하게 밝혀야만 "돈 주고 선수 사 오기를 했다"는 누명으로부터 자유로울 수 있을 것이다.

21일 언론에 보도된 바에 의하면 삼성은 포스트 시즌 과정에서 수차례 KBO에 문의를 했다고 한다. 신상우 총재나, 하일성 사무총장, 이상일 운영본부장은 "가능하다"고 대답했다는 것이다. 하일성 사무총장은 14일 장원삼 트레이드가 발표되자 "어쩔 수 없는 일 아닌가"라며 안될 트레이드이지만 현실적으로 수용할 수밖에 없다는 반응을 보였다.

6개 구단이 "KBO의 묵인 속에 두 구단이 합의했다"며 강력하게 반발하자 "현금 트레이드인 줄 몰랐다"고 해괴한 발뺌을 했다. 6개 구단이 예상치 못한 강도로 화살을 겨누자 하일성 총장은 재빨리 정반대의 입장으로 선회한 것이다. KBO의 현란한 변명과 해괴한 발뺌, 보신주의적인 무소신은 이번 사태를 더욱 악화시키는 요인이 됐다. KBO 수뇌진과 핵심 실무층의 말만 믿고 트레이드를 추진했던 삼성은 KBO의 기회주의적인 이중 플레이에 발등만 찍힌 격이 됐다.

하향평준화 통해 리그 활성화 추진

프로구단이 우수 선수를 사 와 전력을 강화하는 것은 자본주의 스포츠의 생리이다. 삼성이 선수사재기로 선수단을 강화하는 것에 대해 6개 구단의 반발은 지나친 자격지심이고, 소아병적인 발상이다. 삼성이 한국의 양키스, 요미우리를 지향하는 것은 삼성의 선택이며, 삼성의 자유이다. 억울하면 6개 구단도 우수선수의 싹쓸이를 통해 그렇게 하면 된다. 엄격히 말하면 상향평준화 지향이 프로스포츠의 한 단계 발전을 견인할 수 있다. 굳이 하향평준화만이 올바른 답이 아니다.

6개 구단의 반발은 하향평준화를 통한 리그의 활성화 주장이다. 6개 구단이 장원삼 트레이드를 극렬히 반대하는 것은 프로야구시장의 전력 평준화를 통한 야구발전이라는 측면에서 참으로 눈물겨운 소리다. 상향평준화가 정답일지, 하향평준화가 정답일지는 별도의 논쟁의 여지가 있다.

다만 분명한 것은 우리보다 앞선 미국이나 일본이 뉴욕 양키스와 요미우리를 통해 야구발전을 도모한다는 선례다. 이는 6개 구단의 생각과 다르다. 오로지 삼성만이 뉴욕 양키스나 요미우리처럼 우수 선수 사제기를 통한 명문구단 육성에 초점을 맞추고 있는 듯하다. 6개 구단의 목소리가 당연하고 고뇌에 찬 목소리임에도 불구하고 정당성을 부여하기에는 뭔가 찜찜한 이유는 여기에 있다.

프로선수는 자신의 기량을 직업적으로 돈 받고 파는 것을 생업으로 하는 사람들이다. 뼈를 깎는 고통을 참아 가며 기량을 닦는 근본적인 이유는 돈을 많이 벌기 위해서이다. 어느 부자구단이 자신의 값어치를 정당하게, 혹은 후하게 평가해 주겠다면 선수로선 고마운 일이다. 선수가 돈을 찾아 이 구단 저 구단을 기웃기웃하는 것을 나무랄 일은 아니다. 프로의 세계에선 구단과의 '의리'를 운운하며 선수의 발목 잡기를 하는 것은 구단 스스로 아마추어 집단임을 선언하는 것과 진배없다. 그런 의미에서 히어로즈는 프로구단이 아니라 아마추어 야구단이었다. 선수의 몸값을 시장가치로 제대로 대우해 주는 대신 김시진 감독과의 의리를 찾고, 선수단과의 의리를 앞세워 야구를 하려 들기 때문이다.

엄격히 말하면 한국 프로야구는 8개 구단이 아니라 7개 구단 체제이다. 히어로즈 선수들은 2008 시즌부터 평균적으로 연봉의 30% 정도를 삭감당한 채 '야구노동'에 종사해 왔다. 타 구단 선수들에 비해 최소한 30% 정도는 적게 받는 처지였다. 이는 전적으로 구단의 책임이다. 나아가 KBO와 장원삼 트레이드에 반대하는 6개 구단이 책임을 통감해야 할 부분이다. 히어로즈 선수들만 저임금(?)에 혹사당하는 것은 너무나 불공평하고 가혹한 처사이다. 6개 구단이 장원삼 사태를 반대하려면 이에 대한 실질적이고 현실적인 해법을 제시하여야만 정당성을 지닌다.

즉, "히어로즈 구단이 부담하지 못하는 부분은 우리 6개 구단이 채워 줄 테니, 구단은 선수 팔기를 즉각 중단하여야 한다"는 것이다. 6개 구단이 히어로즈 선수단의 저임금(?)을 방치하면서 '선수 팔기'를 지탄하는 것은 더도 말고 덜도 말고 올해처럼 히어로즈 선수들은 타 구단에 비해 연봉의 30% 정도 덜 받고 야구노동에 종사하라는 무책임한 얘기이다.

6개 구단 모두 '선수 사 오기' 시도

장원삼 사태의 본질은 근본적으로 8개 구단 체제냐, 7개 구단 체제냐이다. 히어로즈는 프로야구단을 운영할 능력이 있는 기업이 아님이 명백하게 드러났다. 팀의 에이스인 장원삼 1명만 팔면 선수단이 안고 있는 재정적 문제가 해결될 기미를 보이지 않는다. 지난 1998년 '쌍방울 사태' 때처럼 주전 선수 팔기를 통해 살림을 꾸려 가야 할 처지다. 이를 간과하고, 그건 히어로즈 구단이 알아서 할 일이라 외면하고, "5년간 구단 매각 및 현금 트레이드 금지" 운운 타령을 하는 것은 전형적인 탁상공론의 공해일 따름이다.

프로야구 판에서 히어로즈는 깡통구단이다. 6개 구단이 장원삼 트레이드에 대해 게거품을 물고 반대하려면 히어로즈 구단에 대해 실질적인 대안을 동시에 내놓으면서 반대해야 반대의 명분을 지닐 수 있다. 예컨대 히어로즈 구단이 타 구단들처럼 정상적으로 운영되기 위해선, 즉 주전선수 팔기를 방지하기 위해선 모자라는 돈은 6개 구단이 십시일반 추렴해서라도 보태 줄 테니 선수 팔기를 하지 말라는 소리가 그것이다.

6개 구단은 이에 대해서도 모르쇠로 입에 자물쇠를 채운다. 정작 자신들이 책임을 통감하고 떠맡아야 할 의무에 대해선 "나 몰라라" 외면하면서, 자신들의 밥그릇 챙기기에는 한목소리를 내는 것은 지나친 구단이기주의이며, 다수의 폭력적 행위이자, 기득권 옹호 논리 외에는 다른 의미와 가치를 부여하기 어렵다.

스포츠 칼럼니스트인 박동희 기자의 2008년 11월 19일자 ≪스포츠춘추≫ 칼럼에 의하면 삼성에 앞서 LG트윈스와 두산베어스, 롯데자이언츠, SK와이번스가 히어로즈에 삼성처럼 "주전선수＝예비선수＋현금"으로 트레이드를 제안하고 논의했다고 한다. 히어로즈 이정석 대표도 19일 사장단회의 직후 기자들에게 "한화를 제외한 6개 구단이 자신들에게 선수 팔기를 제안했으며, 그 가운데 삼성이 가장 좋은 조건을 제시해 수용했다"고 밝혔다. 이에 대해 6개 구단을 대표한 KIA의 조수호 사장은 "오히려 히어로즈가 먼저 선수 팔기를 제안했다"고 되받아쳤다.

누구의 말이 옳고 그른지를 따지는 것이 무의미하게 됐다. 정의롭고 정직하여야 할 말이 핑퐁식 진실게임이 되면서 진리가 실종될 처지이다. 다만 분명한 것은 어떻게든 6개 구단도 히어로즈의 선수 팔기에 주판알을 튕겨 보면서 음모하고 동참했다는 사실이다. 그 가운데 삼성은 일을 성사시켰고, 나머지 6개 구단은 선수 사 오기를 해내지 못했다는 사실이다.

"히어로즈 차제에 야구포기 선언하라"

결국 이를 종합하면 삼성은 6개 구단이 성사시키지 못한 일을 성사시킴으로써 6개 구단으로부터 집중적인 비난을 받는다는 얘기다. 자신들이 해내지 못한 일을 타 구단이 해냈다고 집단적으로 왕따를 하는 것은 이치에도 맞질 않는다. 삼성과 히어로즈가 6개 구단식으로 대응하자면 이는 프로야구 판을 깨자는 소리와 다를 바 없다. 6개 구단의 이기주의가 이와 같다면 삼성과 히어로즈는 이들과 야구를 함께 할 이유가 없어진다.

이번 사태를 계기로 히어로즈가 프로야구를 운영하기엔 역부족인 상황이므로 야구단을 해체하는 것이 올바른 선택이다. 히어로즈가 구단에서 손을 떼면 이는 전적으로 6개 구단이 책임져야 할 몫이다. 6개 구단이 히어로즈를 실질적으로 프로야구 판에서 쫓아낸 원흉이며 당사자이다.

삼성도 6개 구단이 다수의 횡포를 부리는 야구 판에서 철수하면 금상첨화이다. 그로부터 파생되는 모든 파국의 뒷수습과 책임은 전적으로 이번 사태에 딴죽을 걸었던 6개 구단이 떠맡아야 한다. 삼성의 리그 퇴출, 경기 보이콧을 먼저 입에 담은 것은 6개 구단이다. 6개 구단이 그럴 대안도 없이 터진 입이라고 제멋대로 마구 지껄인 것에 대한 책임을 냉혹히 묻지 않는다면, 한국야구는 구단이기주의에 발목이 잡혀 한 치도 앞으로 나가지 못한다. 대구경북의 프로야구팬들이 6개 구단의 무책임한 횡포에 대해 분개하는 이유는 여기에 있다.

무능한 KBO, 구단이기주의 퇴출해야

KBO의 신상우 총재는 임기 전에 사퇴하겠다고 했다. 잘한 결정이다. 하일성 사무총장도 이번 사태의 책임을 지고 물러나야 한다. 프로야구단이 무슨 초등학생들의 소꿉놀이도 아니고, 수백억 원이 오가는 국민적 사업임을 감안하면 '구두 약속' 운운은 한 편의 코미디를 보는 것 같다. 하일성 총장의 기회주의적 처신은 카멜레온이 저리 가란다. 그것도 80년대 TV에서 보았던 심형래의 「변방의 북소리」와 같은 슬립스틱 코미디까지 서슴없이 해 대면서 말이다.

KBO 사무총장이라는 자리는 실질적으로 한국야구를 대표하는 최고위직 행정책임자이다. 대한민국에서 둘째가라면 서러워할 명야구해설가로 이름을 날리던 하일성 씨는 KBO 사무총장에 취임한 이래 보여 준 것은 붕어처럼 립 서비스뿐이었다. 멀리는 초중고, 대학, 실업 야구의 중흥을 통한 야구의 저변확대, 지방 야구장 개·보수, 신축 등을 통한 야구인프라 구축, 신규 프로야구단 창단 및 WBC 등 국제야구대회 준비과정 등에서 신상우 총재와 하일성 사무총장 시스템이 보여 준 무능은 야구발전에 아무런 도움이 되지 않았다.

이번 장원삼 사태를 뒤처리하는 과정에서도 이들의 무능으로 인해 프로야구 판은 깊은 생채기만 남게 되었다. 그에 대한 책임을 깊게 물어야 한다. 아울러 삼성과의 리그포기, KBO에 대한 소송불사를 운운하며 거친 말을 무책임하게 내뱉었던 프로야구단 사장과 단장들은 일제히 야구 판에서 떠나야 한다. 그것이 대구경북 프로야구팬들뿐만 아니라 올림픽 금메달을 딴 한국 야구팬들에 대한 최소한의 예다.

누군가가 아무런 책임도 지지 않고 유야무야 흐지부지하게 된다면 야구발전은 고사하고 제 밥그릇 챙기기에만 급급한 구단이기주의가 더욱 팽배해지면서 심화 확대된다. KBO가 새롭게 전개되고 있는 장원삼 사태의 후폭풍을 어떻게 수습할지 두 눈 시퍼렇게 뜨고 두고 볼 일이다.

<﹝ 2008. 11. 21.﹞

51
교회불신과 종교개혁

한국의 교회와 기독교인이 국민들로부터 불신의 대상이 되는 것으로 느러났다. 17일 기독교윤리실천운동(이사장 우종록)이 바른교회아카데미, <CBS>, <국민일보>, ≪목회와 신학≫ 등과 함께 여론조사기관 글로벌리서치에 의뢰해 지난달 23~27일 성인남녀 1,000명에게 전화를 걸어 '2008 교회신뢰도 여론조사'를 실시한 결과, 한국 교회에 대한 신뢰도는 5점 척도로 2.55점에 불과해, 겨우 낙제점을 면한 것으로 나타났다.

국민들 18.4%만 기독교와 교회를 신뢰

국민들은 한국교회와 목회자, 교인 등을 '신뢰하지 않는다'가 48.3%로 가장 많았고, '신뢰한다'는 18.4%에 그쳤다. 나머지 33.3%는 '보통'이라고 응답했다. 응답자들은 또 "기독교인의 말과 행동에 믿음이 간다"는 항목에 대해서는 '그렇지 않다'가 50.8%, '보통'(35.2%), '그렇다'(14%)로

답했다. "목사의 설교와 행동에 믿음이 간다"는 항목에 대한 평가에서도 '그렇지 않다'(43.3%), '보통'(33.8%), '그렇다'(22.9%) 라고 답해 기독교와 교인들이 대부분 불신을 받고 있는 것으로 조사됐다.

"개신교회 활동은 사회에 도움이 된다"는 평가 항목에서는 '그렇다'(38%)가 많았으나, '그렇지 않다'는 응답도 34.3%에 달해, 교회가 반성해야 할 것으로 지적됐다.

교회가 신뢰를 받기 위해 바꿔야 할 점으로는 '교회 지도자들'(25.5%), '교회의 운영'(24.4%), '교인'(17.2%)의 순으로 꼽았다. 교회가 신뢰받기 위해 해야 할 사회 활동으로는 △봉사 및 구호활동(47.6%) △윤리와 도덕실천 운동(29.1%) △환경·인권 등 사회운동(12.5%) 등을 들었다. 교회가 신뢰받기 위해 개선할 점으로는 △교인과 교회 지도자들의 언행일치(42%) △다른 종교에 대한 관용(25.8%) △사회봉사(11.9%) △재정 사용의 투명화(11.5%) △교회의 성장제일주의(4.5%) 등이라고 답했다.

호감을 가진 종교로는 불교가 31.5%로 가장 높았고 이어 가톨릭(29.8%), 기독교(20.6%) 등의 순으로 답했다. 조사 대상자들은 자신의 종교에 대해 47%가 '종교 없음'이라고 답했고 이어 불교(22.8%), 기독교(18.3%), 가톨릭(10.9%)이라고 밝혔다.

불량교회가 기독교 불신의 주범

종교로서의 기독교의 본질은 '사랑'에 있다. '하나님'은 교회의 중심이어야 한다. 한국의 기독교와 교회에는 하나님과 사랑이 없다. 오로지 세속적인 물신주의·황금만능주의뿐이다. 교회를 신자 한 명당 얼마씩 해서 사고파는 것을 당연시한다. 뿐만 아니라 자식 대대로 물려주는 족벌세습을 마다하지 않는다. 기독교와 교회를 '치부'의 수단과 방법과 도구로 악용한다. 이쯤 되면 '종교'라 이름 하기엔 너무나 부끄럽고 초라하다. 이에 비판의식이라도 지니면 곧바로 '하나님의 이름'으로 분기탱천 응징한다.

한국기독교의 천박한 패거리의식, 지극히 이질적이고 배타적인 자기중심적 사고는 사회적 갈등이라든지, 국민화합과 통합 따위는 당초 아랑곳하지 않는다. 오로지 개인의 영달에만 몰두한다. 전통 민족문화를 '우상숭배'나 '이단'이라 하여 마구잡이로 파괴하고, 끼리끼리 똘똘 뭉쳐 폐쇄적인 집단사회를 추구한다. 타 종교와의 평화적 공존은 꿈에서도 생각지 않는다. 오로지 "예수천국! 불신지옥!"만 되뇐다. 이런 광신적인 기독교 집단에서 하나님의 사랑을 찾기란 그야말로 '예수 부활'이 지금 당장 눈앞에서 현실화되기를 기다리는 것과 진배없다.

오늘날 우리 사회에서 교회는 '여관'이나 '다방'보다 더 많다. 서구의 기독교 국가라 일컫는 나라보다 교회의 숫자와 점유비율이 더 높다. 온통 하나님의 사랑과 말씀을 전하는 교회가 넘쳐나는데도, 우리 사회는 교회의 숫자가 늘어나는 만큼 점점 더 이중인격적인 사회로 진입한다. 왜 그럴까? 앞의 설문조사는 이에 대한 해답을 암시한다.

좀 거칠게 말하면 '예수쟁이'는 급증하는데 '크리스천'은 좀체 증가하지 않는다는 얘기다. 이게 무슨 소린가 하면 가령, 우리 주변에 거짓말을 밥 먹듯이 하는 기독교인을 많이 볼 수 있다. 물론 비단 거짓말쟁이는 기독교인만 그렇다는 얘기는 아니다. 타 종교를 믿는 사람들 중에서도 거짓말쟁이는 얼마든지 많다. 하지만 기독교인들 가운데 거짓말쟁이가 유독 많은 것은 사실이다. 목사건 신자건 가리지 않는다. 틈만 나면 입에 발린 소리로 거짓말을 해 댄다. 언행일치가 생명인 종교에서 언행일치와는 담을 쌓고 지낸다. 오죽하면 위의 여론조사에서도 언행일치를 강조했을까.

종교개혁으로 민족 기독교로 거듭나야

한국의 기독교와 교회는 거듭나야 한다. 옥석을 가려 용도 폐기할 기독교와 교회는 '하나님의 나라'로부터 과감히 퇴출시켜야 한다. 근세 100년 이래 한국은 전세계에서 가장 빨리 '기독교 복음화'를 이뤘다. 1884년 9월 20일 미국 북장로교 소속의 호레이스 뉴톤 알렌(Horace N. Allen)이라는 선교사의 가방에서 나온 한국의 기독교는 이승만 독재정권을 비롯한 역대 친미사대주의 정권의 비호를 받으면서 개인의 출세주의와 맞물려 '하나님의 얼굴'과 '성령의 말씀'을 앞세우며 우리 사회에 뿌리내렸다.

그 과정에서 오류에 사로잡힌 이질적인 기독교와 하나님의 사랑에 반하는 교회는 도태시켜야 할 시점에 이르렀다. 올해는 마르틴 루터(Martin Luther)에 의해 제기된 종교개혁 491년이 되는 해이다. 1517년 10월 31일 루터는 타락과 부패로 얼룩진 중세 유럽교회의 개혁을 요구하며 95개 조항에 이르는 반박문을 비텐베르크 성문 앞에 게재하고 종교개혁의 혁명을 드높였다. 한국교회도 종교개혁을 통해 원수를 사랑하는 하나님의 참된 말씀을 우리 이웃에게 전할 때이다.

우리 사회가 기독교를 포기하기에는 이미 늦었다. 기독교와 교회의 많은 가치가 한국인의 영성에 심대한 영향을 미친다. 기독교도 한국인의 종교가 된 이상, 우리 민족의 심성에 걸맞은 종교로 되살아날 책임과 의무가 있다. 그러기 위해서는 '불량기독교'와 교회부터 척결해야 한다.

< 2008. 11. 20.>

52

도박선수를 퇴출시켜라

2008 프로야구 스토브리그가 이번엔 도박 파문으로 휘청거리고 있다. 2008 한국야구는 베이징올림픽 금메달 획득에 이어, 500만 관중 돌파로 제2의 중흥기를 맞고 있다. 스토브리그에 들면서부터 이상 기류에 들었다. 한국시리즈 우승팀 감독인 김성근 씨의 제2회 WBC 감독직 고사를 시작으로 마치 무엇에 홀린 듯 히어로즈 장원삼 투수의 30억 현금트레이드 파문, 선수 간 사인거래 의혹, 프로야구 선수들의 인터넷 불법도박사건 등으로 이어진다. 그 한가운데에 이번에도 삼성 라이온즈가 있어 지역의 야구팬으로서 자존심을 상하게 한다.

"프로선수는 프로다워야 프로선수다"

서울중앙지검 마약조직범죄수사부(김주선 부장검사)는 7일 인터넷 상습도박혐의로 삼성 라이온즈 13명, 한화 이글스 2명, 롯데 자이언츠 1명 등 16명의 프로야구선수들을 조사할 계획이라고 밝혔다. 장원삼 선수의 현금 트레이드에 이어 이번에도 삼성 선수들이 대거 도박 혐의 선상에 오르면서 명문 구단으로서의 자존심에 먹칠을 했다. 검찰은 대부분 수천만 원대에서 3~4명은 1억~3억 원대의 도박을 상습적으로 한 것으로 파악한다.

도박혐의를 받는 선수들은 "'재미 삼아서', '스트레스 해소용'으로 멋도 모르고 했다"고 해명한다. 이들의 무책임한 현실인식에는 엘리트리즘에 빠진 프로선수의 현주소를 극명하게 드러내는 것으로 어이가 없다. 이는 선수나 구단이 아직도 제정신을 차리지 못하고, 무엇이 본질인지 모르고 있는 것 아니냐 하는 우려를 금할 수 없다.

먼저 프로란 무엇이야 하는 것이다. 프로는 직업선수다. 운동이 곧 자신의 생업을 담보하는 직업인 것이다. 취미 삼아, 제미 삼아 즐기며 하는 것이 아니란 얘기다. 자신의 밥줄을 좌우하기에 설렁설렁 대충대충 하는 것이 아니라 보다 치열하고 절박하게 하는 것이다. 이 점이 아마추어와 프로를 단적으로 구분하는 잣대다.

프로선수는 프로다워야 한다. 프로답다는 것은 운동이 존경스러워야 하며, 명예스러워야 하고, 성스러워야 한다는 것을 의미한다. 프로야구 선수는 야구장이 자신들의 삶을 영위하는 '공장'이며 '일터'이고, 야구는 자신들의 삶을 지탱케 해 주는 '기능'이며 '일감'인 것이다. 따라서 야구가 함부로 흐트러져서는 안되며, 야구팬들로부터 당당하게 존경받아야 한다.

그러기 위해서는 직업야구 선수들은 자신들이 먼저 프로선수로서의 자긍심을 자각하고, 야구의 명예를 지킬 필요가 있다. 프로직업 선수가 야구를 '개떡(?)'처럼 여기면서 팬들로부터 존경을 받기란 무리다. 프로직업선수가 선수답지 못한 행동을 하는 것은 스스로가 자신들의 밥상에 재를 뿌리는 것과 진배없다. 선수들이 스스로 야구를 존중하지 않는데, 일부 팬들이 그라운드에 소주병과 오물을 던진다고 그게 무슨 대순가 말이다.

껍데기만 '삼성 양키스', 알맹이는 천민자본주의

야구인 출신으로 프로야구단 최고의 지위인 CEO에 오른 삼성 라이온즈 김응용 사장은 "삼성을 한국의 '뉴욕 양키스', '요미우리 자이언트'로 육성시키겠다"고 포부를 밝힌 바 있다. 그는 "같은 기능을 지닌 선수라면 타 구단보다 20~30%쯤 연봉을 더 줘서 한국의 모든 프로야구 선수들이 삼성에 입단하는 것을 꿈으로 여기게 하겠다"고 다짐한 바 있다.

그의 사장 취임 이후 가진 게 돈밖에 없는 삼성은 '돈성' 근성을 발휘, 선수들의 연봉 고임금화를 주도했다. 프로야구 전체 선수들의 연봉 비교에서 삼성은 타의 추종을 불허하는 1위 구단이 되었으며, 꼴찌인 8위 구단에 비해 약 4배 정도 연봉 차이가 나는 것으로 알려지고 있다(2008년 기준으로 삼성 구단의 연봉은 58억 2,323만 원으로 1인당 평균 1억 1,418만 원이다. 2위인 SK는 48억 1,300만 원이며, 1인당 평균은 9,437만 원으로 삼성에 비해 1인당 약 2,000만 원이 적다.). 이는 프로야구 시장이 점차 부익부 빈익빈 형태로 재편되고 있음을 의미한다.

선수가 연봉을 많이 받는 것에 대해 시비 걸거나 나무랄 의도는 없다. 돈을 받는 만큼 선수는 돈값을 해야 한다. 능력도 없는 주제에 무조건 삼성 선수라고 타 구단보다 돈을 더 받는다는 것은 모순이다.

돈을 지불하는 구단에 대해서도 그냥 지나칠 수 없다. 자본주의 사회에서 "내 돈 내가 쓰는데 네가 왜 시비냐"라는 명제는 가장 천박한 논리이며, 동시에 가장 저급하게 말이 안되는 소리다. 자본이 정당하게 사용되어야 도덕성을 지니게 되고, 도덕성을 지녀야 사회적으로 효율성을 인정받게 되어 자본으로서의 구실을 다한다.

직업선수들에 대한 연봉은 선수 개개인의 능력만큼 엄격하게 개량화된 평가를 통해 정당하게 지불되어야 한다. 김응용 사장의 "삼성이니까 20~30%는 더 받아야 한다"는 것은 시장왜곡의 극치이며, 거대한 자본의 횡포 외에는 다름이 없다.

검찰의 인터넷 도박수사에 유독 삼성선수단이 집중적으로 많은 것은 이와 같은 '김응용'식 자본주의의 왜곡된 경제관이 도사리고 있다. 도박은 본질적으로 "너 죽고 나 살자"는 게임이다. 한마디로 상대방을 철저히 죽여야 하는 매우 잔인한 생존게임의 법칙이 지배한다. 내가 이기기 위해서는 상대방을 죽이지만, 나도 언젠가는 또 다른 상대방에 의해 죽게 되고, 결국에는 너와 나 모두가 공멸하는 인생파국의 현장이 바로 '도박의 세계'이다.

스포츠는 나와 상대방이 동시에 함께 사는 상생의 경기이다. 가령 나 혼자만 살고 상대방을 매번 죽인다면 스포츠는 애초에 성립하지 않는다. 그것은 스포츠가 아니다. 나도 이기고, 상대방도 언제든지 이길 수 있어야만 관중들의 흥미를 유발할 수 있다. 도박의 속성은 그렇질 않다. 나만 무조건 이겨야 한다.

도박선수는 프로야구를 모독했다. 프로야구는 국민들, 특히 어린이들에게 꿈과 희망을 주는 국민의 스포츠다. 도박파문에 관련된 삼성

선수단의 일부 프로선수들은 어떠한 변명을 내놓더라도 국민들의 지탄으로부터 자유로울 수 없다. 그들이 그동안 운동장에서 보여 줬던 파이팅과 정정당당한 스포츠맨십조차 '한 방'에 일확천금을 노렸던 도박이 아니었던가에 이르면 참으로 분개하지 않을 수 없는 노릇이다.

도박 책임은 선수관리 태만한 구단에도 있어

다음으로 야구단이라는 조직에 대해서 생각해 보기로 하자. 이번 사태의 책임을 전적으로 선수들 탓으로 돌리기에는 너무나 많은 문제점이 있다. 사실 오늘의 프로선수들은 누구누구 할 것 없이 하나같이 도덕적 인성에 매우 취약하다. 초등학생 때부터 엘리트 스포츠에 매몰돼 하나같이 '운동하는 기계'로 육성되어 왔다. 기계에 인성을 기대하기란 연목구어와 같다.

이들에게 도박의 반사회성을 얘기하고, 직업선수로서의 몸가짐과 스포츠정신 따위를 지니도록 건강한 인품을 배우거나 들을 기회는 그다지 없었다. 이들은 도덕적으로 매우 취약한 '허점 덩어리'라 할 수 있다. 이들에게 프로야구 선수로서의 직업윤리와 덕목을 현실적으로 알려 줄 의무는 구단이 떠맡을 수밖에 없다. 구단은 실질적으로 선수들을 관리 감독하는 조직이다. 구단은 야구선수들의 '직장'이다.

삼성야구단이 무엇을 했는가를 묻지 않을 수 없다. 삼성은 한국을 대표하는 '제일의 기업'이다. '관리의 삼성'이란 별칭을 듣는 삼성이 선수들을 방치하여 대거 도박혐의로 검찰을 들락날락하게 됐다는 것은 12년 연속으로 플레이오프에 진출한 '명문구단'이라는 자존심에 먹칠을 한 행위다.

선수관리에 태만하고 직무유기를 한 구단을 그대로 둬서는 안된다. 일벌백계로 도박선수와 함께 읍참마속을 하여야만 제2의 도박 사태를 막을 수 있다. 삼성야구단은 이번 사태를 결코 흐지부지 넘어가서는 안된다. 언론에 의해 누구나 알 만한 이니셜로 보도된 선수들은 하나같이 ‘억울하다’고 결백을 호소하며 항변한다. 도박선수라는 혐의에 대한 시시비비는 검찰에 의해 명명백백하게 밝혀지겠지만, 그것이 옳고 그름을 떠나 도박선수로 언론에 이름을 오르내리는 자체에서부터 이들의 명예는 더 이상을 찾을 수 없게 됐다.

차제에 도박선수는 프로야구 판으로부터 영구히 추방시켜야 한다. 주전급 선수가 연루되었다 하여 흐지부지 유야무야 넘어가면 스포츠에 스며드는 도박을 발본색원하여 추방하기 어렵다. 스포츠가 도박에 오염되면 그것은 이미 스포츠가 아니다. 삼성은 내년 시즌을 포기해도 좋다. 이번 사건을 계기로 도박을 엄중히 처벌하면 오히려 더 건강한 구단으로 거듭날 수 있다. 그것이 장기적으로 팀에 도움이 되는 현명한 선택이다.

이와 함께 제 할 일을 못 하고 있는 구단의 무능도 치유해야 한다. 선수들의 인격이 도박 파문으로 인해 형해화되는데도 삼성야구단의 위기관리 커뮤니케이션은 전혀 작동되지 않았다. 언론에 이름을 오르내리는 선수들의 인격은 돌이킬 수 없는 도박선수로 각인 찍히는 등 점점 깊은 치명상을 입었다. 삼성야구단 단장은 도대체 뭐 하는 사람인가? 선수들이 도박혐의로 사회적 물의를 빚은 것에 대해 야구단을 실질적으로 지배하고 운영하는 책임자인 단장도 책임을 통감하여야 한다.

단장은 결코 경영진과 선수단 사이의 메신저, 중재자 역할만 하는 게 아니다. 야구단의 살림살이를 책임진 사람으로서 선수들이 마음 놓고 운동에만 전념할 수 있도록 환경을 조성해야 하는 책임도 있다. 이번 사태로 선수들의 인격권이 날마다 언론에 의해 '부관참시'되고 있음에도 마치 남의 일인 양 손 놓고 무심히 구경만 하는 삼성야구단 단장은 단장으로서의 자격을 잃었다.

삼성야구단 경영진과 실무진의 대폭적인 물갈이를 통해 새롭게 거듭나는 삼성야구단을 기대한다. 뿐만 아니라 선수단 또한 도박선수를 팀으로부터 영원히 추방시켜야 한다. 도박선수들이 대거 빠져나가면 우선은 팀의 전력 약화가 불가피할 것이지만, 장기적으로 봐선 오히려 더 건강한 팀으로 재편할 수 있어 팀 전력에 플러스 요인으로 작용한다. 환골탈태한 삼성야구단의 새로운 모습을 보고 싶다.

<💾 2008. 12. 7.>

53

국가대표 감독직의 '폭탄 돌리기'

제2회 WBC야구 국가대표팀 감독을 둘러싸고 야구계가 '폭탄 돌리기' 중이다. 서로 감독을 하지 않겠다는 소리다. '구단이기주의'라는 얘기가 스스럼없이 흘러나온다. 프로야구 백전노장 감독들이 감독직을 기피하면서, 병역 특례가 없어진 선수들도 '국가대표팀 사양'이 나올까 염려된다.

WBC 대표팀 감독은 한국시리즈 우승팀 감독이 맡는 게 순리다. SK와이번스의 김성근 감독은 3개월 후 "아프다(?)"며 감독직을 사양했다. 한국시리즈 2연패를 일궈 낸 '야구의 신'이 이젠 미래의 건강까지 내다보는 혜안이라도 지닌 모양이다.

김성근 감독의 고사로 감독직은 제1회 WBC 감독이었던 김인식 감독에게 돌아갔다. 김인식 감독은 △국가대표팀의 하와이 전지훈련 △감독급 코치 선임 등 조건을 달아 수락했다. 이번엔 코치로 지명된 LG(꼴지) 김재박 감독, 6위 팀 감독인 KIA 조범현 감독 등이 팀 사정을 이유로 고사하자, 자신도 하지 않겠다고 한다.

야구인들이 하는 짓거리(?)가 참으로 '오졸' 없다. 이 모든 책임의

원흉은 하일성 KBO사무총장의 무능과 김성근 감독에게 있다. 차제에 하 총장이 감독을 맡아라. 3개월 후에 자신이 아프다는 것을 미리 예견한 김성근 감독의 '꼼수'는 국가대표 야구의 명예를 훼손한 주범이다. 자칭 타칭 '야구의 신'이라면 마땅히 나라를 위해서 봉사하는 것이 도리다.

국가의식이 전혀 없는 이런 사람에게 3년 동안 20억 원을 갖다 안기며 다시 팀 감독으로 위촉한 SK야구단은 틀림없이 '노망'난 구단임에는 틀림없으렷다. 김 감독이 국가대표팀 감독직을 팽개침으로써 SK는 KBO에 미운털이 단단히 박히게 됐다.

필자는 미리 예견한다. 앞으로 김성근 감독이 재직하는 한 천하의 전력이라 하더라도 SK는 우승하지 못한다. KBO는 지금 매우 격앙되어 있다. KBO가 자신들이 직접 통제하는 영향력하에 있는 심판들에게 스트라이크 존의 엄격한 적용을 주문하면, 아무리 강한 팀도 이기지 못하게 되어 있는 것이 야구다. 2008 한국 프로야구 준플레이오프와 플레오프, 한국시리즈에서의 각기 다른 스트라이크 존이 이를 증명한다. KBO와 척을 지고 한국시리즈를 우승하겠다는 것은 어불성설이다. 야구의 신이라는 김성근 감독의 이기는 야구도 이제 끝장났다고 봐야 한다.

< 2008. 11. 30.>

54

삼성야구단의 개혁 과제

2008 프로야구가 스토브리그 들면서 삼성 라이온즈가 연일 불미스런 화제의 중심에 서 있다. 장원삼 파동에 이어 선수들의 도박 연루 의혹, 사장·야구단장의 사퇴 표명에 이어 최근에는 선동렬 감독까지 '빅뱅'에 휩쓸려 들어가면서 끊임없이 언론보도의 지원지가 되고 있다. 예년 같았으면 조용히 마무리 훈련 및 해외전지훈련 스케줄을 확정하는 등 새 시즌을 대비하기에 분주했겠지만, 올해는 구단이 표류하고 있어 갈피를 잡지 못하고 심각하게 흔들리고 있다.

2009 시즌의 삼성 경기력을 우려하지 않을 수 없다. 특히 일부 언론이 제기하는 선동렬 감독 흔들기를 경계하지 않을 수 없다(OSEN, 12월 6일자, '선동렬 괴담' 감독들 떨고 있나?). 먼저 어느 특정세력의 조직적인 사주와 '군불 때기'에 의한 주문생산 기사가 아닌지를 살펴봐야 한다. 만일 그것이 사실이라면 삼성 파괴 음모라 규정하지 않을 수 없으며 개탄해 마지않는다. 아무튼 기사의 요체는 이렇다.

감독 흔들기로 2009 시즌 무력화 음모

선동렬 감독은 2009 시즌을 마지막으로 삼성과 계약기간이 끝난다. 선 감독은 취임사에서 "5년간 3번은 우승하고 싶다"고 말했다. 지난 2005년 감독 취임 이래 소위 '지키는 야구'라는 선동렬식 야구 패러다임으로 2005, 2006 잇따라 한국시리즈를 2연패했다. 2007, 2008 시즌에는 연이어 4강에 진출시켜 가을잔치에 나갔다. 선동렬 감독은 한국 프로야구에서 선수시절의 "국보급 투수"라는 별칭 못지않게 '제1의 명장'임을 여실히 증명했다.

기사는 삼성과 선동렬 감독과의 결별을 모락모락 피운다. 그 요체는 대개 두 가지로 요약된다. 첫째는 선 감독이 삼성 외에 타 구단으로 이적하여 자신의 지도력을 인정받고 싶어 한다는 얘기다. 공교롭게도 LG와 KIA 감독이 2009 시즌을 끝으로 계약기간이 끝나 선 감독의 거취에 주목을 끌고 있다는 것이다.

이는 선 감독과 삼성을 흔들기 위한 음모가 아닌지 의심하지 않을 수 없다. 선 감독은 한국 최고의 감독으로서 계약기간이 끝난다 하더라도 재계약을 하지 않을 이유가 없다. 선 감독은 '모래알과 다를 바 없는 거품 야구의 대명사' 삼성을 단단한 팀워크로 조련시켜 2회나 우승시킨 천하의 명장이다. 그의 지도력 시험 운운은 말도 되질 않는다.

두 번째는 TK의 지역감정을 교묘하게 선동에 악용한다는 점이다. 선 감독 흔들기에서 그동안 일부 언론은 "삼성의 공격야구가 실종됐다", "야구가 재미없다"는 등의 이유를 들어 선동렬 감독의 야구를 비판한 바 있다. 이는 야구에 대한 무지한 언론이 감독의 야구철학을 이해하지 못한 네서 비롯된 무책임한 언설의 남발로 '선동렬 흔들기' 외에는 다른 의미를 부여하기 어렵다.

기사에서는 '자기색깔 찾기' 명분을 내세운다. TK지역 특유의 폐쇄적 정서를 들먹이면서 은근히 광주 출신인 선 감독 배제 여론을 조성하는 것이다. 이는 일부 TK세력의 선동렬 흔들기 공작이 아닌가를 의심하지 않을 수 없는 대목이다.

TK야구가 60~70년대 한국 야구를 대표했던 것은 사실이다. TK야구는 기본기를 무시하고 이기는 야구에만 골몰했다가 오늘날 저 밑바닥으로 곤두박질했다. 겉으론 TK야구를 운운하며 속으론 경북고·대구상고(상원고) 등 출신고교에 따라 진골·성골로 편 가름을 기도하는 것이 TK야구의 현주소다. 이는 천박한 패거리주의 외에는 달리 이름 할 것이 없다.

TK정서의 이와 같은 패거리 의식은 참으로 백해무익한 분열정신의 극치이다. 한국사회에서 TK정서를 가장 잘 대변한다는 수구적인 이데올로기를 전문적으로 생산해 내는 조선일보사 발행의 <월간조선>조차 TK사회의 폐쇄성을 "동종교배의 도시, 근친상간의 도시민 정서"라고 혹평한 바 있다.

TK정서 표방한 일부 TK 의혹 주목

따라서 이 시점에서 몰지각한 일부 TK세력이 TK정서를 운운하며 선동렬 감독 흔들기를 기도하는 것은 삼성야구 판에서 근친상간의 열등생 낳기를 도모한다고 봐도 무방하다. 근친상간은 학문에서나 스포츠에서도 열등생을 낳는다. 광주 출신이 대구야구를 지배하는 것은 야구발전을 위해서 가장 이상적인 시스템이다.

일부 언론은 "TK야구는 TK에게"라는 거친 슬로건을 공공연히 주장한다. 경북고 출신을 감독으로 앉히면, 대구상고 출신 야구인들이 뒤에서 뒤틀고, 대구상고 출신이 지휘봉을 잡으면 경북고 출신들이 태업을 자행해, 압도적인 전력임에도 우승의 고비마다 주저앉았던 것이 80~90년대 삼성야구가 증명한다. 근친상간의 야구가 빚어내는 상황이 이러한데도 TK야구를 운운할 것인가 말이다.

김응용 사장의 퇴진을 기정사실화한 일부 언론은 흔들리는 팀의 구심점이 되어야 할 선동렬 감독 흔들기를 경계해야 하는 대목이다. 삼성은 이를 조기에 잠재울 필요가 있다. 2009 시즌의 성적과 관계없이 선동렬 감독에 대한 재신임을 일찌감치 공식화할 필요가 있다. 단연코 말하거니와 현재의 TK야구인들 중에는 선동렬 감독을 대신할 만큼의 인재가 없다. 따라서 삼성이 주저할 이유는 하등 없다. 그것이 선동렬 감독 흔들기를 조기에 잠재우는 유일한 첩경이다.

전지훈련 취소는 야구단 운영 포기선언

한편 삼성은 또 실추된 구단의 명예회복과 최근의 경제난을 맞아 자성하겠다는 뜻으로 해외전지훈련 취소를 검토하고 있다고 한다.

이는 앞뒤가 잘못된 처사다. 먼저 전지훈련이란 무엇인가? 전지훈련은 유람성 해외여행이 아니다. 내년 시즌을 대비하기 위한 전력보강의 기회다. 기업으로 말하면 R&D다. 기술에 대한 투자가 곧 전지훈련이다. R&D 없이 부가가치를 창출하고 지속적으로 발전할 수 없음은 상식이다. 야구단에 있어서 해외전지훈련은 R&D 성격을 지닌 투자의 개념으로 이해할 필요가 있다.

삼성이 '경제난'과 일련의 물의에 대한 '자성'을 핑계로 해외전지훈련을 취소하겠다는 것은 내년 시즌을 포기하고, 프로야구에 대한 더 이상의 투자를 하지 않겠다는 소리와 다를 바 없다. 그렇지 않다면 어떻게 프로구단이 전력보충을 위한 전지훈련을 포기하겠다는 말인가.

거꾸로 가는 삼성야구단의 행보

삼성은 그동안 전형적인 '거품'을 만들어 내던 구단이었다. 돈을 꼭 필요한 부분에는 쓰지 못하고, 제멋대로 써 댔다는 것이다. 삼성이 프로야구시장에서 자성해야 할 대목은 아무리 돈이 많다고 하더라도 흥청망청 써서 시장을 흐리게 하지 말라는 것이지, 프로야구에 대한 R&D 투자조차 하지 말라는 얘기는 아니다.

예컨대 프로야구의 저변 확대를 위한 초·중·고교 및 대학·실업야구에 대한 직·간접적인 투자확대나 야구장 신·개축을 위한 인프라 구축 등에는 보다 더 적극적인 투자가 요구된다. 지역 야구팬의 입장에선 삼성답지 않는 소극적인 야구투자에 대해 실망을 금하지 않을 수 없다.

삼성은 그동안 대구경북지역 야구의 먼 미래를 보고 투자해 오지 않았다. 타 팀의 우수선수를 돈 주고 사와 즉시 전력화하기에 급급했다. 이는 전형적으로 우승 지상주의에 매몰된 야구단 운영이다. 차제에 삼성의 프로야구단 패러다임부터 새롭게 정립하여야 한다. 그것은 지역야구의 10년, 20년 후를 내다보는 야구단을 운영해 달라는 것이다. 지역의 초·중·고교 및 대학·실업야구를 제도적으로 지원하고, 활성화시키는 일이다.

삼성은 대구경북을 지역적 연고로 하는 프로구단이다. 대구경북의 야구는 한때 한국야구를 대표했다. 그러나 오늘날 실정은 초라하기 그지없다. 선동렬 감독조차 "지역에 우수한 선수가 없다"며 메마른 지역야구의 현실을 개탄하는 실정이다.

삼성은 지역야구의 영광을 되살리기 위해선 10년, 20년, 30년을 내다보는 미래에 대한 투자를 강화할 필요가 있다. 지역의 초·중·고 야구팀에 수백만 원어치의 배트나 야구공, 글로브 등 야구용품을 지원하는 것으로서 삼성은 아마추어 야구육성을 위해 할 일 다 했다 할지 모른다. 이는 형식적인 지원으로서 생색내기용이지 결코 지역야구 육성이 아니다.

지역의 야구를 되살리기 위해선 1군과 2군 체제로 운영되고 있는 삼성 라이온즈에 육성군은 3군을 창단할 필요가 있다. 또한 삼성 계열사에 실업야구팀을 창단해 지역학교 출신 야구선수들이 직업을 가질 수 있도록 해야 하는 게 우선이다. 이와 같은 체계적이고 제도적이며, 조직적인 육성책이 있어야 대구경북의 야구가 다시금 한국야구의 주역으로 우뚝 설 수 있다.

프로야구단 운영도 삼성답게 운영하여야 한다. 삼성답다는 말은 기업의 이미지처럼 국내 최고, 나아가 세계 최고를 선도하고 지향하여야 한다는 뜻이다. 삼성은 그동안 프로야구를 국내 최고는커녕 주먹구구 무대가리식 운영으로 일관해 왔다. 프로야구단을 실질적으로 운영하는 총책임사가 확실한 자기신념과 철학도 없이 좋은 성적만 내면 정의라는 착각 속에 야구단을 경영해 왔다. 무조건 이기는 게 능사라 여겼다. 이기기 위해선 합법적 테두리 안에서 공격적인 선수 사들이기도 마다하지 않았다. 이는 8개 구단 가운데 연봉에 거품을 가장 많이 끼게 한 원인이 됐다.

정작 했어야 할 야구장 인프라 구축과 야구팬 확보를 위해선 손 놓고 아무런 일도 하지 않았다. 아니 무슨 무슨 데이 등 1회성 반짝 이벤트인 '네이밍 데이'는 줄기차게 해 왔다. 대구시장을 비롯한 시의원 등이 거짓말로 시민들을 속이면서 '야구장 신축 기만극'을 벌이고 있는데도 구장 최고의 소비자인 삼성야구단은 '나 몰라라' 침묵으로 일관해 왔다. 프로야구 선수들의 직장이라 할 야구장이 인조잔디인 까닭으로 선수들은 늘 부상 위협을 무릅쓰면서 경기를 한다. 자사 공장이 산업재해가 발생할 가능성이 농후한 가운데도 삼성은 애써 눈을 감고 있었다.

결코 부산에 못지않은 구도 대구의 명예를 지키기 위해 야구장을 찾아 달라는 부탁은 참으로 염치없는 짓이다. 대구시민운동장 야구장에 다녀오면 유쾌하기는커녕 하루 종일 기분이 나빠진다. 좁은 의자에 꾸겨지듯이 앉아 서너 시간을 족히 버텨야 한다. 그사이에 한 번이라도 화장실을 가고 싶으면 이건 생지옥이다. 불결한 화장실은 그런대로 참는다고 하자. 문제는 야구장이 노후로 언제 붕괴될지 모르는 시한폭탄이라는 것이다. 목숨을 담보하고 야구경기를 즐겨야 한다는 얘기다.

이를 누가 말해야 할까? 바로 대구시민운동장을 홈구장으로 사용하고 있는 삼성야구단이다. 삼성은 '모르쇠'로 일관한다. 손님이 없다고 관중 타령만 해 댔다. 이런 후안무치가 어디 있는가 말이다.

뿌리 깊은 관료·보신주의 문화

대한민국에서 가장 앞서 나가야 할 삼성이 계급적 관료주의에 매몰돼 있다. 무사안일과 복지부동이 삼성야구단의 행정문화를 지배하고 있다. 도전적이고 능동적이며 적극적, 활동적, 진취적 사고는 "모난 돌이 정을 맞는다"며 묵살된다. "네가 맡은 바 일이나 잘하라."는 핀잔에 이어, 좀 심할 땐 '왕따'를 각오하지 않으면 무슨 일을 하지 못한다. 야구단 문화가 이처럼 폐쇄적, 소극적이 되면서 창조적인 경영은 설 자리를 잃었다. 프로구단은 무엇보다 역동적이어야 한다. 그래야만 자립경영을 달성할 수 있다.

삼성 라이온즈는 1년에 약 200억 원 규모의 적자를 본다. 그 부족한 부분은 그룹 홍보비에서 가져와 충당했다. 삼성이 프로야구단 창단 이래 지금까지 쏟아부은 돈은 5,000억 원을 상회한다. 5,000억 원이라면 50,000석 규모의 돔구장을 짓고도 남는 돈이다. 삼성은 그 천문학적인 돈을 아무런 효과도 없이 탕진하고 말았다. 삼성이 영국의 프리미어 리그처럼 조금만 스포츠 마케팅에 눈을 떴더라면 그처럼 허무하게 돈을 탕진하지는 않았을 것이다. 이는 전적으로 무능하기 짝이 없는 삼성 라이온즈 경영진 탓이다.

삼성야구단이 삼성답지 못하게 폐쇄적이고 수구적인 관료주의 문화에서 헤어나지 못하는 사이 만년 꼴찌 팀 롯데가 한국 프로야구 시장을 선도할 조짐을 보인다. 프로야구단의 자존심은 12년 연속 포스트시즌 진출이라는 세계 프로스포츠사에서도 보기 드문 기록을 가진 삼성의 몫이어야 한다. 롯데가 삼성을 제치고 한발 앞서 나가는 것은 전적으로 삼성야구단을 지배하는 무사안일과 복지부동의 관료주의 문화가 그 원흉임이다. 꼴찌구단 롯데에 관중들이 연일 만원사례를 이루는 것은 부산시민의 야구 사랑만이 아니라 롯데야구단의 선진적인 노력의 결과치임을 먼저 자각하여야 한다.

야구단 개혁으로 헤게모니 장악해야

차제에 삼성야구단에 대한 대대적인 구조조정과 개혁이 단행되어야 한다. 고액 연봉을 받으며 자리만 지키려는 공무원형 직원은 과감히 퇴출시켜야 한다. 조직을 합리적으로 재편하여야 한다. 그 목표는 선수단이 야구에만 전념할 수 있도록 지원체계를 완벽하게 갖추는 것이다. 그 가운데 가장 시급한 것은 선수들의 고민을 상담·치유해 주는 카운슬러와 경기에서 스트레스를 받는 선수들의 마음을 보듬어 줄 스포츠 심리전문가 등을 채용, 현장에 배치하는 일이다.

관중들을 야구장으로 불러들이기 위한 장·단기 마케팅 계획과 야구장 인프라 확충, 선수 저변확대 등 야구단 발전계획을 수립, 차질 없이 차근차근 진행하는 일이다. 미국이나 일본, 영국 등 선진 프로스포츠 시장을 주밀하게 연구하여 한국의 실정에 맞는 프로스포츠 시장을 만드는 데 주도적 역할을 해야 한다. 프로스포츠는 자본주의 꽃이다. 산업적으로도 프로스포츠는 성장이 무궁무진한 블루오션이다. 21세기의 황금알을 낳는 거위다.

야구단 살림을 사는 행정부서가 선수단의 경기력을 갉아먹는 일은 중단되어야 한다. 삼성야구단은 창단 이래 지원부서가 경기력 향상에 보탬이 되기는커녕 늘 발목을 잡아 왔다. 가장 비근한 예로 '장원삼 파동'을 들 수 있다. 경영진이 어설프게 추진한 장원삼 트레이드가 실패함으로써 선수단이 입은 상처는 이루 말할 수 없다.

삼성은 이번 사태를 전화위복의 계기로 삼아야 한다. 새 사장과 단장에는 야구에 대해 애정과 전문성을 지닌 CEO가 부임하여야 한다. 프로스포츠 경영에도 일가견이 있어야 한다. 윗사람과 아랫사람의 눈치 보기에만 급급해서는 안된다. 삼성을 지배하는 뿌리 깊은 관료주의와 보신주의를 타파하고 개혁해야 할 인물이어야 한다. 야구발전을 위해서라면 좌충우돌 말썽을 빚더라도 소신을 버리지 않는 강직한 인물이어야 한다. 꼴찌구단 롯데가 한국 프로야구를 선도하겠다는 헤게모니의 선점에 대해 분노하고 자존심을 지킬 줄 아는 CEO만이 명가 삼성을 재건할 수 있음을 명심하여야 할 것이다.

< 2008. 12. 16.>

55
대학선택의 잣대, 대학도서관

국제사회에서 한국의 국력은 대체로 세계 제12위권이라 일컫는다. 그 가운데 대학교육 이수율은 세계 제4위라고 한다. 스위스 국제경영개발원(IMD)이 발표한 2008년도 세계 경쟁력 연차보고서를 보면 대학교육 경쟁력은 조사대상 55개국 가운데 제53위라 한다. 이는 대학이 우수한 인재가 입학해 아둔한 둔재로 졸업하는 고등교육기관으로 전락했음을 의미한다.

대학교육이 학문에서 부실하다면 사회에서 요구하는 직업인으로서의 인재를 길러 내냐 하면 그것도 아니다. 한국경영자총협회가 2005년 전국 536개 기업을 대상으로 조사한 자료에 따르면 대졸 신입사원 재교육에 1인당 평균 1억 원 이상이 소요되며, 교육기간도 평균 20.3개월이나 필요하다고 한다. 이쯤 되면 한국의 대학교육은 총체적으로 실패한 '부실 덩어리'라 아니 할 수 없다.

무늬만의 대학 말로만 '세계화' 운운

　대학교육의 부실 한가운데에 대학도서관이 있다. 대학도서관은 대학의 여러 조직과 기구 중에서 가장 중요한 기관이다. 학문의 생산과 유통 현장이 가장 첨예한 곳이 바로 대학도서관이다. 따라서 대학도서관의 부실은 곧바로 대학의 부실과 대학교육의 부재로 이어진다.

　대학도서관 문제에서 가장 먼저 지적할 것은 책이 없다는 것이다. 책이 없는 대학도서관은 그냥 콘크리트 건물일 따름이다. 책은 도서관을 도서관이라 이름 하는 소프트웨어다. 책이 없다면 도서관이라 이름 할 수 없다.

　한국교육학술정보원이 경제개발협력기구(OECD) 가입국 가운데 28개국을 대상으로 도서관 현황(2001~2002년 기준)을 분석한 결과를 보면 미국 하버드대 1,518만 1,349권, 예일대 1,111만 4,308권, UC 버클리대 957만 2,462권, 일본 도쿄대 811만 2,335권, 영국 옥스퍼드대 713만 5,000권, 케임브리지대 556만 7,505권을 보유하고 있다고 한다(한국교육학술정보원, 「OECD 가입 28개국 대산 대학도서관 장서보유 현황조사」, 2001~2002년 기준).

　대한민국은 어떠한가? 서울대 256만 6,652권, 경북대 236만 8,574권, 고려대 207만 7,158권, 연세대 197만 4,017권, 이화여대 143만 2,168권이 고작이다(대학알리미 통계자료, 2007년 12월 31일 현재 기준). 세계적 수준과는 거리가 멀어도 한참 멀다.

　대구경북지역 대학도서관의 실태를 보면 100만 권 이상 장서를 보유한 대학은 △ 경북대 236만 8,574권 △ 영남대 147만 5,792권 △ 계명대 146만 6,973권 △ 대구대 118만 3,649권 순이다. 재학생 수가

12,112명으로 메이저대학인 대구가톨릭대는 81만 7,227권에 불과해 미국 보스턴시의 한 동네 도서관보다 못했다.

<표 1> 대구경북지역 대학도서관 장서보유 현황

교명	재학생 수	동양서	서양서	총계	1인당 장서비율	비고
대구						
경북대	24,394	1,575,348	793,226	2,368,574	97.1	
경북외국어대	292	16,711	245	16,956	64.9	
계명대	19,732	1,184,783	282,190	1,466,973	74.3	
대구교대	3,120	208,619	18,171	226,790	72.7	
경북						
가야대	149	0	0	0	0	
건동대	346	21,000	411	21,411	61.9	
경북대 제2캠	5,148	219,757	20,582	240,379	48.7	* 구 상주대
경운대	3,751	182,476	11,664	194,140	51.8	
경일대	4,089	330,210	70,777	400,987	98.1	
경주대	4,079	274,161	65,619	339,780	83.3	
금오공대	5,397	226,022	34,272	260,294	48.2	
대구가톨릭대	12,112	661,200	156,027	817,227	67.5	
대구대	16,930	907,841	275,808	1,183,649	69.8	
대구예술대	1,052	66,346	1,128	67,474	64.1	
대구외국어대	324	11,000	301	11,301	34.9	
대구한의대	6,762	306,638	50,915	357,553	52.9	
대신대	518	72,512	4,457	76,969	148.6	
동국대 경주	8,633	450,921	57,148	508,069	58.6	
동양대	3,975	209,574	55,748	265,322	66.7	
안동대	6,649	512,635	92,705	605,340	91.0	
영남대	21,816	1,128,618	347,174	1,475,792	67.6	
영남신학대	916	79,753	19,157	98,910	108.0	
위덕대	2,828	157,473	37,660	195,133	69.0	
포항공과대	2,942	106,129	238,275	344,404	117.1	
한동대	3,584	88,902	60,733	149,635	41.8	

* 출처: 대학알리미. 2007년 12월 31일 현재

도서관은 지식의 저장창고다. 학생 1인당 소장 책 수는 **44.2**권이다 (한국교육학술정보원, 「앞의 글」). 1위인 아이슬란드 **141.6**권, 미국 **131**권, 일본 **92.6**권에 비해 3분의 1이나 반밖에 안된다. 대구경북지역 대학도서관의 경우는 포항공대가 **946.7**권으로 가장 많고 영남대 **140.0**권, 경북대 **115.3**권, 안동대 **113.1**권으로 1인당 **100**권 이상을 넘었다.

도서관 예산이 대학 총예산의 **1%**가 넘는 곳은 국공립 대학인 △경북대 △대구교대 △금오공대 △안동대 △포항공대 등이다. 사립대학은 △영남신학대 **1.9%**를 비롯하여 △경주대 **1.3%** △대구가톨릭대, 영남대 각각 **1.2%** △대구한의대, 동국대 경주캠퍼스, 위덕대 각각 **1.0%**이다. 실제 도서구입비는 영남대가 **31**억 **3,050**만 원으로 가장 많았고 △경북대 **28**억 **1,262**만 △포항공대 **27**억 **8,505**만 △계명대 **17**억 **200**만 △대구대 **13**억 **6,222**만 △대구가톨릭대 **11**억 **1,431**만 원 순이었다.

<표 2> 대구경북지역 대학도서관 예산 현황

교명	도서관 본예산	대학 총예산	A	도서 구입비	B	비고
대구						
경북대	3,430,779	272,798,503	1.3	2,812626	115.3	
경북외국어대	15,811	2,903,800	0.5	2,611	8.9	
계명대	2,132,783	268,399,926	0.8	1,702,000	86.3	
대구교대	360,691	30,176,169	1.2	181,950	58.3	
경북						
가야대	0	21,789,350	0.0	0	0.0	
건동대	17,000	6,823,000	0.2	7,950	49.1	
경북대 제2캠	277,408	34,912,905	0.8	211,208	41.0	* 구 상주대
경운대	262,907	39,299,932	0.7	80,000	21.3	
경일대	369,262	48,711,636	0.8	299,500	73.2	

교명	도서관 본예산	대학 총예산	A	도서 구입비	B	비고
경주대	419,224	32,777,401	1.3	397,781	97.5	
금오공대	563,356	47,162,808	1.2	503,670	93.3	
대구가톨릭대	1,966,226	184,172,695	1.2	1,114,319	87.5	
대구대	1,802,997	216,050,901	0.8	1,362,220	80.5	
대구예술대	44,500	10,412,707	0.4	40,000	38.0	
대구외국어대	8,520	1,648,985	0.5	4,800	14.8	
대구한의대	628,832	60,784,879	1.0	500,000	73.9	
대신대	35,000	4,450,000	0.8	33,100	63.9	
동국대 경주	961,035	93,906,716	1.0	862,620	99.6	
동양대	272,457	33,278,870	0.8	154,500	38.9	
안동대	950,560	62,512,997	1.5	751,703	113.1	
영남대	3,550,603	295,894,323	1.2	3,130,508	140.0	
영남신학대	116,600	5,993,516	1.9	90,000	98.3	
위덕대	305,905	31,268,512	1.0	245,753	86.9	
포항공과대	3,325,528	222,651,130	1.5	2,785,057	946.7	
한동대	390,230	44,610,108	0.9	286,793	80.0	

* A: 총예산 대비 도서관 예산(%), B: 학생 1인당 도서구입비(%)
* 출처: 대학알리미, 2007년 12월 31일 현재

<표 2>를 보면 대구경북지역 메이저대학이 대학 재정의 1% 남짓한 도서관 예산을 책 사는 데 다 쓰는 것이 아니라, 이리 쪼개고 저리 쪼갠 후 책을 사고 있는 것 아니냐고 해석할 수 있다. 도서구입비 외에 지출되는 항목이 지나치게 많은 것이다.

또 어떤 책을 사는가도 문제다. 아무리 학생들이 원한다고 해도 대학도서관이 무협지나 대중통속소설, 심지어는 만화까지 사들이고 있다. 이는 아무리 생각해도 대학도서관으로선 할 일이 아니다.

껍데기로 치장한 사이비 유령대학 즐비

지역의 대학이 로스쿨 유치전쟁에 이어 다시 한 번 연구거점중심대학으로 선정되기 위해 치열한 경쟁에 돌입했다. 천연자원이 부족한 우리나라는 미래의 성장동력을 인적 자원에서 찾을 수밖에 없다. 교육은 인적 자원의 밑거름이다. 교육은 도서관에서부터 시작된다. 도서관은 우리나라의 미래를 비춰 주는 거울이다. 대학도서관은 도서관 중의 도서관이다.

지역의 각 대학이 말로만 연구중심대학 타령을 하기 전에 도서관부터 한 번 되돌아봐야 한다. 도서관을 실질적으로 운영하는 사서를 교육하는 것도 빼놓을 수 없다. 사서가 무지하여 뭐가 옳은 자료인지, 폐기해도 괜찮을 자료인지 구분조차 하지 못하는 경우가 허다하다. 시민들이 기증한 자료를 소중히 하느냐 하면 그것도 아니다. 무조건 복본이라 하여 마구잡이로 폐기한다. 부실한 도서관이 부실한 사람에 의해 운영되고 있다는 얘기다.

대학도서관이 바로 서야 교육이 바로 서고, 교육이 바로 서야 나라가 바로 선다. 도서관만 최일류이면 교육이 최일류가 되는 것은 시간 문제다. 비록 시세가 수도권 집중시대라 대구경북의 대학경쟁력이 수도권에 밀리는 형국이지만, 대학도서관만 경쟁력을 잃지 않는다면 예전처럼 지역 대학이 수도권 대학과 경쟁할 날이 반드시 찾아온다.

지역의 대학도서관이 그날을 대비할 때이다. 세계의 최일류 대학처럼 대학도서관의 예산을 대학 총예산의 10%까지는 확보하지 못한다고 하더라도, 그 반인 5%라도 확보하라. 도서관 예산의 최소한 80%는 책이나 자료를 구입하는 데 사용하라. 도서관을 운용하는 사람에 대한 투자를 아끼지 마라. 그리고 남는 돈이 있거든 시설확충에 쓰라는 것이다.

도서관은 대학의 시발점이자 종착역

대학입시철이다. 지역의 각 대학은 신입생 모시기(?)에 분주하다. 수험생들은 옥석 고르기에 돌입했다. 순간의 선택이 평생을 좌우하므로 대학 선택을 소홀히 할 수 없다. 특히 전공학문보다 어느 대학 출신이냐를 먼저 따지는 한국의 학력풍토 사회에서 대학 선택은 신중을 기하지 않을 수 없는 노릇이다. 그 가운데 대학도서관을 살펴보면 그 대학의 속내를 속속들이 알 수 있다.

해마다 대학들은 신입생 유치를 위해 '홍보전쟁'을 치른다. 그 행사가 전혀 대학답지 못하다. 천편일률 먹고 마시고 노는 데 정신이 팔려 있다. 신문에 대대적으로 광고를 내고, 재학생들을 모교에 보내 학교 선전에 열을 올리고, 교직원들을 각급 고등학교에 파견하여 교사들을 접대케 하며 학생유치에 안간힘이다. 이는 대학이 대학답지 못한 가장 저급한 선전활동이다.

대학도서관을 활용한 대학선전활동은 아주 고차원적이고, 장기적인 효과를 발휘하는 선전 전략이다. 학생유치비용에 소요되는 돈을 아껴 대학도서관에 투자해 우직하게 장서와 자료를 사들이는 데 인색하지 마라. 가령 경북대가 서울대에 앞서 장서 300만 권 돌파운동을 전개해서 이길 경우 언젠가는 서울대에 필적할 인재가 경북대에서 나온다. 경북대도서관이 서울대도서관을 능가할 때 발생할 홍보효과는 이벤트성 신입생 유치 전략과는 감히 비교할 수 없을 만큼 메가톤급 영향력과 위력을 발휘한다.

위의 <표 1>과 <표 2>에 의하면 대학도서관이라 이름 할 수 없는 대학이 즐비하다. 대학도서관이 부실한 대학은 유령대학, 사이비대학이다. 문제는 이 짝퉁이 제 혼자 썩는 것이 아니라 정품까지도 함께 물들인다는 사실이다. 대학도서관은 대학경쟁력의 시발이자 원천적인 종점이다.

<🖫 2008. 12. 24.>

56
송구영신 2008년

戊子年 묵은해가 지고 己丑年 새해가 밝아 온다. 설은 아직 20여 일 남짓 남아 있지만 양력론 2009년 새해 새 달력의 첫 장을 연다.

돌이켜 보면 무자년은 참으로 다사다난했다. 우리는 丁亥年 12월 18일 실시된 제17대 대통령선거에서 "경제를 살리겠다"는 말에 앞뒤를 찬찬히 재 보지도 않고, '경제대통령'을 자임하는 한나라당 이명박 후보를 압도적 지지로 대통령에 덜컥 뽑았다.

개발독재 사고로 21세기 지도자 자임

70년대 박정희 시대의 개발독재 패러다임을 지닌 후보를 21세기 디지털 지식정보사회의 리더로 선출한 것이다. 이는 거대한 '집단적 오류'였다. '광우병 파동'이 이를 증명한다. 스스로는 '주식회사 대한민국'의 'CEO'로 여기는 그는 대통령에 취임하자마자 미국으로 달려가 임기 6개월밖에 남지 않은 부시 정권에 '미국산 쇠고기 수입 전면 자유화' 선물을 안긴다.

국민들의 건강권을 헌신짝 내버리는 듯한 이명박 대통령의 '사대주의 외교'를 수구세력과 족벌언론은 '실용외교'라 포장했다. 국민들은 검역주권을 포기한 '우파대통령'의 행보를 단호하게 비판했다. '협상무효! 재협상!'을 촉구하는 '촛불집회'는 이명박 정부에 대한 국민들의 준엄한 경고가 고스란히 표출된 '직접정치의 장'이었다.

수구세력이 국민들의 눈치나 국익보다는 미국의 이익만 충실히 지키면 '권력안보는 만사 OK일 것'이라는 독재정권의 패러다임을 지니게 된 배경에는 국민들의 참여론 전달을 차단한 수구적인 족벌언론의 '교사'가 도사리고 있다.

전임 정권을 '좌파 무능정권'이라 딱지 붙여 '대통령 만들기'에 성공한 족벌언론은 자신들이 옹립한 수구정권(명분은 '보수정권'이라 위장한다.) 지키기에 나섰다. 전임 정권하에서 누구보다 앞장서 "광우병에 취약한 미국산 쇠고기의 무분별한 수입은 안된다"던 수구언론은 그동안의 보도태도를 하루아침에 180도 싹 바꿔 이번엔 "안전하다"고 강변한다.

수구언론·족벌언론의 이와 같은 반언론적인 언론행태에 대해 국민들은 <조중동> 평생절독운동과 광고주철회운동으로 응징했다. 이는 한국 언론사상 최초의 자발적인 언론소비자주권운동으로서 바른 언론 건설의 초석을 다진 매우 귀중한 시민운동이었다. 수구세력과 '이란성 쌍둥이'인 족벌언론은 즉각 정치검찰과 경찰, 방통위, 국세청 등 권력 촉수를 총동원하여 누리꾼들의 '여론 억누르기'를 기도했다. 요원의 불길처럼 타오르는 수용자들의 저항을 무마하기에는 역부족이었다.

수구언론·족벌언론이 독자에 대한 탄압을 자행함으로써 독자들의 언론에 대한 불신은 한층 더 깊어 갔고, 이는 독자들의 이탈로 현실화되었다. 그동안 수구언론의 현란한 말솜씨에 속아 신문을 봤던 독자들이 족벌언론의 실체를 바르게 인식함으로써 <조중동>의 시장 확대는 더 이상 불가능하게 됐다. 자전거 페달을 밟지 않으면 무너질 수밖에 없는 구조에 처한 수구언론·족벌언론이 살길은 권력과의 동거밖에 남지 않게 되었다. 이명박 정부와 수구언론·족벌언론이 한 몸이 될 수밖에 것은 필연적인 결과다.

부자 감싸고 서민 죽이는 정책 답습

'한반도 대운하'는 노가다경제·토목공사경제로 잔뼈가 굵은 이명박 대통령의 신념이자 상징이며, 경제철학이 농축된 공약이다. 그에게 한반도 대운하를 포기하라는 것은 임기 5년 동안 아무 일도 하지 말라는 소리다. 전국민의 80% 이상이 한반도 대운하 건설을 반대하는 것은 그에게 임기 5년 동안 내내 아무 일도 하지 말고 놀고먹는 대통령이 되라는 얘기다. 현실은 그가 놀고먹는 대통령 노릇을 할 수는 없는 노릇이다. 따라서 한반도 대운하는 어떤 얼굴을 하고서라도 반드시 실체화되어 국민들 앞에 나타나기 마련이다. 더구나 대한민국에서 일 벌이기에 둘째가라면 서러워할 대통령이 아닌가 말이다.

온 국민이 한목소리로 한반도 대운하 건설을 반대하는 것은 그것이 현세뿐만 아니라 내세에까지 두고두고 재앙을 안길 우환덩어리이기 때문이다. 우리보다 대운하를 미리 건설한 독일, 덴마크, 네덜란드 등은 자연을 되돌리기 위해 천문학적인 돈을 되레 쏟아붓고 있는 실정이다. 또한 이 시점에서 대운하 건설에 소요될 천문학적인 비용을 투자할 만큼 경제성도 없다. 국가의 재정 또한 그만큼 넉넉한 것도 아니다. 한마디로 한반도 대운하는 아무짝에도 쓸모없는 '보여 주기식 정책'의 표본이다. 이 진실을 '이명박 구하기'에 동원된 수구언론 · 족벌언론은 침묵으로 외면한다. 고작 한다는 소리는 '관광산업 · 지역개발'을 운운하여 한반도 대운하의 본질을 왜곡하는 것이다.

바야흐로 국민들은 올해 정신을 바짝 차리고 이명박 정부를 감시하여야 한다. 2010년 6월 지방선거 이후면 레임덕을 맞아 사실상 식물정권으로 전락할 이명박 정부에게 권력의 실체로서 남은 기간은 2009년 1년밖에 없다. 따라서 이명박 정부는 어떻게든 올해엔 최대한의 일을 벌일 것이다. 그것이 수구언론 · 족벌언론을 통해 '경제난 극복'이란 가면을 쓰고 나타날 것임은 의심의 여지가 없다.

이명박 대통령은 한반도 대운하 공약 포기를 자신의 입으로 말해 놓고도 연말연시 국민들의 관심사가 들뜬 틈을 타 '4대강 정비계획'이란 이름 아래 다시 끄집어냈다. 동시에 국민들의 관심사를 다른 곳으로 돌리기 위해 미디어 관련 법안 개정을 추진한다. 국민에게 지대한 영향력을 직접적으로 미치는 지상파 방송을 재벌과 수구 · 족벌언론에게 안김으로써 친정부적인, 친여권 매체로의 제도개편을 통해 수구세력의 정권안보를 도모하는 것이다. 방송의 민영화로 정권안보를 공고히 하고, 그 바탕 위에서 대통령의 권력을 행사하겠다는 심사다.

미국의 금융 시스템이 국제적인 유가 투기에 이어 부동산 거품 붕괴로 신용경색을 초래하면서 우리 경제에 금융 '쓰나미'를 몰고 오는데도 수구언론 · 족벌언론은 꿀 먹은 벙어리였다. 이명박 대통령의 복심이라는 강만수 재정경제부장관이 잠꼬대와 같은 '7 · 4 · 7'을 운운하며 '고환율 정책'을 폈다. 이는 미국발 금융위기의 도래와 함께 부메랑이 되어 한국경제를 제2의 'IMF'로 몰아가는 원인이었다. 수구·족벌언론은 진짜 경제위기가 닥쳤는데도 '경제를 살리자'고 하지 않는다. 주가와 펀드가 반 토막이 나는 형국인데도 "주식을 살 때! 펀드에 가입할 때!"라는 잠꼬대 같은 대통령의 말을 옮기기에만 급급하다.

방송장악으로 정권안보 권력재창출 기도

이제 이명박 대통령이 수구언론·족벌언론에 보답할 차례다. 그것은 신문법·방송법 등 미디어 관련법안을 뜯어고쳐 <KBS - 2TV>와 <MBC>를 재벌과 수구언론·족벌언론 등에게 내주는 것이다. "신문·방송·통신의 융합시대에 규제는 시대착오적인 것이며, 글로벌 매체의 육성으로 세계화에 대비하여야 한다"는 명분 아래 미디어 관련 7대 법안의 개악을 서두른다.

이명박 정부와 수구세력, 족벌언론은 떼려야 뗄 수 없는 공동의 정치운명체다. 정치권력은 정권안보와 권력재창출을 위해 수구언론·족벌언론에 은밀한 시그널을 보내고, 수구언론·족벌언론은 자본을 앞세워 여론시장을 배타적으로 독과점한 파워를 바탕으로 권언유착(權言癒着)에 돌입한다. 그사이에 국민들의 알권리와 언론자유는 철저하게 유린되고, 형해화된다. 언론자유의 역사가 순식간에 '거꾸로 도는 보일러'처럼 저 암울했던 유신공화국과 '5공언론'에 이른 듯하다.

'있는 것을 없는 것처럼, 없는 것을 있는 것처럼' 왜곡 조작해 대던 수구언론·족벌언론의 '언론파시즘' 시대를 우리는 이미 경험했다. 그

언론범죄의 해악이 얼마나 악랄하고 교활하며, 국민들의 가슴에 깊은 생채기를 남기는지도 익히 알고 있다. 5공의 제도언론이 민주주의에 가한 대언론테러가 엊그제같이 생생하다. '5공언론'이 제 맘대로 국민 여론을 떡 주물듯 했던 시대를 국민들은 상기하여야 한다. 수구언론·족벌언론이 철옹성처럼 구축한 '언론파시즘' 체제의 악몽을 되새김하여야 할 시점이다. 언론과 민주주의 후퇴가 그만큼 심각하다는 얘기다.

이명박 정부의 임기는 아직도 4년이나 남아 있다. 그사이 정언동거(政言同居)에 들어간 수구세력과 언론파시즘이 어떤 제도로 국민들 앞에 나타날지는 아무도 모른다. 다만 분명한 것은 기축년 새해는 '경제위기의 해'가 아니라 '민주주의 위기의 해'라는 점이다. 온 국민들은 이 사실을 바로 알고, 바로 새기자.

<🖫 2008. 12. 31.>

57

─1.4다이옥산 오염 사태와 대구시

대구시 달서구·서구·북구·중구·달성군민들에게 수돗물을 공급하는 매곡정수장이 ─1.4다이옥산에 오염되었다. 지난 19일 낮 12시 현재 55.9ppb를 기록하여 세계보건기구(WHO)의 한계기준치인 50ppb를 초과했다. 250만 대구시민 가운데 약 65%에 해당하는 시민들이 '페놀 수돗물'에 이어 다시 '─1.4다이옥산 수돗물'을 마시게 된 것이다.

─1.4다이옥산은 주로 폴리에스테르 섬유를 생산하는 과정에서 발생하는 발암 의심물질로 눈과 코, 목에 염증을 일으키고 다량 노출되면 간과 신장기능이 손상될 수 있는 것으로 알려진다. 맹독성 화학물질로서 수돗물에는 결코 있을 수도 없고, 있어서도 안된다.

임시 처방식 대책남발 사실상 무대책

시민들은 수돗물의 안전성에 대해 매우 심각하게 회의하고 있으며, 불안과 공포에 휩싸여 있다. 시민들의 안전에 대한 책임과 의무를 진 대구시는 '－1.4다이옥산 오염 사태'를 그저 남의 일인 양 한심스럽기 그지없는 대책을 내놓고 있다. 김범일 대구시장은 "5분간 끓이면 50%, 10분간만 끓이면 90%가 휘발되니까 수돗물을 끓여서 드십시오"라고 말했다.

대구시장의 이와 같은 안일한 사고는 대구시정을 총체적으로 웅변한다. '－1.4다이옥산 오염 사태'에 대한 대책은 한마디로 무책임하기 그지없는 무대책이다. 김천·구미·칠곡 등 낙동강 수계에 소재한 화섬업체에 대해 폐수 저감대책 수립 촉구가 고작이다. 안동댐에서 방류한 물이 낙동강에 유입되어 -1.4다이옥산 농도를 희석시켜 주기를 기다리는 것밖에 없다. 사실상 아무런 대책이 없는 셈이다.

대구시민들에게 -1.4다이옥산 오염물을 먹이고 있는 경북도도 한심스럽기는 매한가지다. 경북도는 코오롱 김천공장과 웅진케미컬 등 -1.4다이옥산을 배출하는 대형업체에 폐수 위탁처리를 하겠다는 게 전부다. 도의 예산, 즉 시도민들의 혈세로 사기업의 폐수처리를 지원해 주겠다는 것이다. 임시땜방식 졸속 대책이라 개탄하지 않을 수 없다.

대구시민의 생명수인 낙동강이 -1.4다이옥산에 오염되었다는 것을 처음 인지한 것은 지난 1월 7일이었다. 공무원들은 말간 겨울하늘을 쳐다보며 비가 내려 -1.4다이옥산을 중화시켜 주기만을 기다렸다. 1월 14일 언론에 의해 첫 보도가 나갈 때까지 쉬쉬 감추고 숨기기에 급급했다. 대구시나 경북도 공무원들이 얼마나 '공무원'답게 무사안일·복지부동으로 근무하는지를 적나라하게 보여 주는 대목이다. 근무태도를 나무라면 예의 '인력부족'과 '예산 타령'을 들먹이며 빠져나갈 구멍 찾기만 궁리한다.

"끓여서 먹으면 안전하다"는 대책 내놔

이번에는 그냥 넘어가서는 안된다. "끓여서 먹으면 안전하다"는 대책밖에 없는 대구시정에 대해 시장 소환 등 주권재민의 힘을 보여 줘야 한다. 김범일 시장부터 말단 공무원에 이르기까지 읍참마속으로 베지 않으면 정신을 차리지 않는다. 지난 1991년 3월에 발생한 '낙동강 페놀 오염 사태' 때 시장을 비롯한 공무원들에게 준엄한 책임을 물었더라면, 이번과 같은 수돗물 오염 파동은 재발되지 않았을 것이다. 이번에도 흐지부지 유야무야 넘어가면 언제 또다시 '−1.4다이옥산 수돗물'과 '페놀 수돗물'을 먹어야 할지 모른다.

− 낙동강 수질오염 사고 일지 −

▲ **1991년 3월**: 두산전자 구미공장에서 페놀원액 300여 톤이 낙동강에 유입돼 대구시내 수돗물에서 심한 악취가 나는 등 낙동강 수계 1천만 주민이 큰 불편을 겪었음.

▲ **1994년 1월**: 대구 달성지역 수돗물에서 악취 발생을 시작으로 낙동강 수계에서 벤젠과 톨루엔 등이 검출되는 등 수질오염 파동.

▲ **2004년 6월**: 대구 매곡·두류정수장 등 영남지역 6개 정수장에서 발암물질인 −1.4다이옥산 검출.

▲ **2006년 7월**: 낙동강 주요 취수장서 퍼클로레이트 검출.

▲ **2008년 3월 2일**: 경북 김천 코오롱유화에서 화재 사고로 페놀이 유출돼 낙동강 구미광역취수장서 먹는 물 기준치 이상의 페놀이 검출되면서 취수 일시 중단.

* 출처: 〈연합뉴스〉, 2008년 3월 2일자.

대구시정과 경북도정이 무능하여 수돗물 오염 사태의 본질을 근본적으로 해결할 수 없다면 중앙정부와 이 지역 출신 국회의원들에게 그 책임의 소재를 따져야 한다. 선거 때마다 대구 경북 지역민들은 한나라당을 '우리 정권'이라 여기고 무조건 찍어 줬다. 고작 시도민 유권자에게 돌아오는 것이 맹독성 화학물질에 오염된 수돗물이라면 이건 배신 중에도 가장 악질적인 배신이다.

유권자들은 표로써 한나라당을 지지했던 것만큼 응징하고 심판하여야 한다. '−1.4다이옥산 오염 사태'는 유권자가 정신을 차리지 못하고, "우리가 남이가"라며 무턱대고 한나라당을 꾹꾹 찍어 준 자업자득이다. 지난 페놀 오염 사태 때 시도민들이 한나라당을 심판했더라면, 이번 사태는 발생하지 않았을 것이다. 정치권력이나 지방정부가 어떻게든 근본적인 대책을 마련했을 것이다.

'－1.4다이옥산 오염 사태'나 '페놀 사태'를 근본적으로 방지하기 위해선 상수원 보호구역 주변엔 맹독성 화학물질을 배출하는 공장을 짓게 해서는 안된다. 만일 설립되었더라면 폐수를 완벽하게 자체적으로 정화·처리하여 배출시키는 시스템을 갖추도록 해야 한다. 그렇지 못할 경우는 즉각 공장 가동을 중단시키고, 폐수처리 시설의 보완을 지시하여야 한다.

이와 같은 본질적 대책은 외면하고, TV뉴스에 출현하여 "제발 끓여서 드십시오"라고 호소하고 있는 김범일 대구시장의 해맑은 미소는 파렴치하고 역겹기까지 하다.

환경감시기능 포기한 언론도 책임

지역언론에도 책임을 물어야 한다. 지역언론은 페놀 사태에 이어 이번 '－1.4다이옥산 오염 사태'를 보도하면서도 중계방송보도를 하기에 급급했다. 대구시나 경북도가 발표한 자료를 요란스럽게 보도만 할 뿐, 그 근본적인 대책수립이나 환경감시기능은 아예 외면했다. 언론이 무지해서인지, 아니면 촌지에 매수되어 관변의 '앵무새' 노릇을 하는지는 알 수 없는 노릇이다. 다만 한 가지 분명한 것은 '냄비언론'의 '소나기보도'에 진실이 실종된다는 사실이다.

지역언론의 해악 가운데 가장 큰 죄악은 무능하고 무책임하기 짝이 없는 '한나라당 지방정부'를 그럴듯한 포장으로 지지하도록 선전·선동했다는 점이다. 선거 때마다 지역언론은 사실상 특정 정당을 지지

하도록 왜곡·조작보도를 서슴지 않았다. '한나라당 지방정부'는 지역언론이 집단적으로 시도민 유권자들을 기만했기에 가능한 시스템이다. 지역언론이 지역사회의 유지로 군림하면서 지방정부와 한패거리가 된 '공동운명체'가 아니라면 환경감시기능을 발휘해, 사태의 본질을 파헤치는 보도를 해야 한다.

<조중동>이 이명박 정부를 탄생시켰다면, 지역언론은 '한나라당 지방정부'의 모태다. 지역민들이 지역언론에 대해 어떻게 그 책임을 물어야 할까? 그에 대한 해답은 지역언론 스스로가 답하길 바란다.

시도민들은 안전한 수돗물을 마실 권리가 있다. 공무원들은 '−1.4 다이옥산'이나 '페놀'에 오염되지 않은 수돗물을 공급해야 할 의무가 있다. 언론은 독자를 대신해 사람이 먹을 수 있는 수돗물이 공급되고 있는지를 감시할 책임이 있다.

<　2009. 1. 21.>

58

경북대 발전과 대구사회 도약

경북대학교가 지난 25일 2008학년도 전기 학위수여식을 거행했다. 경북대는 이번 졸업식에서 학사 4,117명, 석사 811명, 박사 175명 등 총 5,103명의 인재를 배출했다. 그동안 온갖 역경을 딛고 형설의 공을 쌓아 영광스런 졸업을 맞게 된 졸업생들에겐 축하와 격려를 보낸다. 다른 한편으론 '이태백'과 '88만 원 세대'라는 어두운 말이 현실에서 차갑게 와 닿아 젊은이들을 보는 눈이 안쓰럽기 그지없다. 이 글은 경북대 발전 전략을 제안하려고 한다. 지역사회에 유수한 명문대학 하나를 육성하는 것은 글로벌 대기업 하나 유치하는 것 못지않은 영향력과 파급효과를 지닌다.

수도권 집중화에 피폐 가속화

대한민국 사회에서 인적·물적 자원은 물론 최근에는 정신적 자원까지 모조리 수도권에 집중된다. 역대 정권이 오로지 '수도권 살리기'

정책으로 일관한 결과 대한민국은 '서울공화국'만 존재하는 듯하다. 서울을 위해 지방이 존재하는 나라를 지향함으로써 수도권을 제외한 지방은 껍데기만 남은 채 피폐화가 가속화되는 실정이다.

대구는 '제3의 도시'라는 옛 영광을 '수도권 집중화'라는 추세에 밀려 인천에 그 자리를 내준 지 오래다. 이대로 가면 인천이 부산을 제치고 '제2의 도시'로 부상할 날도 머지않았다. 욱일승천하는 인천의 발전을 우두커니 바라보고 신세타령만 할 수 없다. 대구는 스스로 자존의 틀을 다잡고, 다시금 웅비할 패러다임을 찾을 때이다. 무엇으로 대구발전의 패러다임을 찾을까. 한때 '교육도시'로 불렸던 가치관을 회복하자는 것이다.

대구사회를 지배한 오피니언 리더층의 발전전략과 리더십을 기대했다간 쪽박 차기 딱 알맞다. 이들은 아무런 전략도, 대책도 갖고 있지 않다. 우물 안의 개구리처럼 자기들만의 폐쇄적인 공간에서, 닫힌 세계에서 스스로 잘났고, 스스로 제일이라는 착각 속에 빠져 있다. 따라서 이들이 내놓는 안이라고 해 봐야 자생적인 해결능력보다는 쪼르르 정치권력에 빌붙어 문제의 해결을 도모한다. 오늘날 대구가 '보수성(실제로는 수구성)'에 안주해 망조가 든 것은 전적으로 대구사회를 지배하는 오피니언 리더층들의 무소신과 무능 탓이다.

지역사회가 얼마나 무능한지는 다음의 사례를 보자.

◆ 구미 LG전자의 수도권 이전과 삼성휴대폰의 베트남 생산공장 이전에 경북도지사가 하는 짓거리가 고작 기업에 찾아가, 국회의원 찾아가 "구미에 머물러 달라."고 하소연하는 것이 고작이다. 기업을 할 토대를 마련할 생각은 않고 '로비'로 문제의 해결을 도모하는 것이다. 기업은 본질적으로 돈을 찾아다니는 집단이다. 돈만 된다면 지옥에 가서라도 사업을

하는 게 바로 기업이다. 로비로 기업에 읍소할 것이 아니라 기업할 터전
을 마련해 줄 생각을 해야 한다.

◆ 낙동강 상류 수계에 −1.4다이옥산, 페놀 등 발암의심물질을 배출하는
공해업소가 잊을 만하면 오염물질을 쏟아 낸다. 170만 대구시민이 오염
된 상수도 물을 마시며 산다. 대구시장이라는 사람은 사태의 본질은 해
결할 생각은 않고 대책을 내놓는다는 것이 고작 "제발 끓여서 드십시
오."라는 것이다. 얼마나 시민을 우습게 봤으면 이런 '코미디' 같은 정책
을 대안으로 내놓을까 말이다.

지역사회 오피니언 리더층이 이와 같은 무능에다가 모럴헤저드마저
상식 이하다. 지역사회의 오피니언 리더층은 시민들의 삶에 아무런
보탬이 되지 않는 거추장스러운 집단이다. 오히려 발전의 걸림돌로
작용하는 것이 현실이다.

이 글에서는 '명문 경북대학교의 부활'을 통한 대구사회의 발전방안
을 제시한다. 지역사회에서 대학교는 비교적 '열린 공간'이라 할 수 있
다. 대구사회가 극소수의 폐쇄적인 기득권층의 토호화로 '닫힌 사회'인
데 비해, 대학사회는 아직도 '그들만의 공간'은 아니다. 더구나 경북대
는 대구의 옛 영광을 재현할 펀드멘탈(*fundamental*)이 튼실하다. 마음
먹기에 따라 경북대는 얼마든지 지역발전의 원천이 될 수도 있다.

♠ 경북대 본관 전경 ⓒ경북대학교

경북대 발전으로 지역사회 발전견인

경북대는 한때 "한강이남 최고의 명문대학"이라는 명성을 지녔었다. 오늘날 그 명성은 퇴색되었고, '그저 그런 대학'으로 전락했다. 전통적으로 경북대는 농대, 사범대, 의대 등에서 명성이 높았다. 최근에는 전지전자공학부도 시장경쟁력을 지녔다. 경북대는 메디컬, IT, 메카트로닉스 분야 등의 특화전략으로 제2의 도약을 꿈꾼다. 정부가 추진하는 WCU(세계 수준의 연구중심대학 육성산업) 선정과 '세계 100대 대학'에 진입하기 위해 '강의의 명품화'를 추구하는 등 잠재력과 경쟁력의 극대화를 위해 안간힘을 쓰나 아직까지 그 성과는 미미하다.

경북대 도약의 첫걸음은 우수 교수의 초빙에서 실마리를 찾을 필요가 있다. 전국적으로 학문적 명성을 쌓은 '스타교수'를 확보하지 못하면 일류대학으로의 발돋움은 공허한 메아리이다. 학문적으로 정체된 교수사회를 개혁해야 한다. 국립대 법인화로 무사안일과 복지부동의 매너리즘에 젖어 있는 교직사회에 경쟁력과 자생력이란 개혁 과제를 심어 줘야 한다.

옛날 경북대학이 한강 이남의 최고대학이라는 자부심의 근원은 전국적으로 드높은 명성을 지닌 교수가 있었기에 가능했다. 경북대가 쇠락한 가장 큰 원인은 우수 교원이 서울로, 서울로 자리를 옮긴 탓이다. 지방대학은 경력을 쌓는 중간 정류장 정도로 여기는 풍조에서 '세계 속의 대학' 운운은 '말장난'에 불과하다.

경북대의 행정서비스는 교수사회가 자생력과 경쟁력을 지닐 수 있도록 뒷받침되어야 한다. 행정이 공무원형 관료주의에 매몰돼 서비스 정신을 망각하고 있으면 '학사개혁'은 결코 이룰 수 없다. 학사개혁이 없는 교육개혁은 허구다. 경북대의 주인은 학생과 교수여야 한다. 교직원이 실질적인 주인으로 행세하는 현실은 모순이다. 교직원들은 어디까지나 대학사회의 심부름꾼에 불과하다.

경북대가 정체된 밑바탕엔 '공무원형 교직원 사회'도 한 원인이다. 대학사회도 벤처기업 조직처럼 실패를 두려워해서는 안된다. 끊임없이 새로운 것에 진보적으로 도전하여야 한다. 교직원들이 교수와 학생을 위해 봉사하겠다는 마인드를 지닐 때 일류대학의 꿈은 열매를 맺기 시작한다.

도서관과 출판부는 양대 핵심기능

경북대 발전을 위한 현실적 제안은 먼저 중앙도서관을 한강 이남에서 최고의 도서관으로 키워야 한다. 대학도서관은 학문의 저장창고다. 도서관을 구성하는 핵심은 장서다. 경북대 발전의 장단기 비전에 우선 양적으로 장서 500만 권 갖추기를 전개해야 한다. 학교 총예산의 최소한 5%는 도서관 자료구입에 배정되어야 한다.

지역민들로부터 책 기증운동도 조직적으로 전개할 필요가 있다. 책 기증운동 활성화에서 무엇보다 유의할 것은 복본에 대한 세심한 배려이다. 기증자는 자신의 책이 지식유통의 첨병으로 기능하길 염원한다. 필자의 경험에 의하면 경북대 중앙도서관은 분류와 관리 등에 인력과 예산이 소요되는 점 등을 들어 복본은 폐기했다. 그래서는 안된다. 복본은 1차적으로 중앙도서관이 소장한 자료 중 해진 것을 대체하는 데 활용해야 한다. 제2분관, 제3분관 및 각 단과대학·학부·학과 자료실은 물론 지역사회의 공공도서관·사설도서관 등과도 도서목록 데이터베이스를 구축하여 상태가 양호한 자료는 나눠 배치함으로써 단 한 권의 책이라도 허투루 폐기하지 않고, 기증자의 뜻에 따라 공공으로 소중하게 활용할 수 있는 체계를 갖춰야 한다.

미국의 하버드대학은 이름만으로 세계 최고의 대학이 된 게 아니다. 1636년 하버드대학 설립 이래 1638년 설립자인 존 하버드(John Harvard)가 기증한 400권으로 시작하여 오늘날에는 중앙도서관에만 1,540만 권의 장서를 보유하고, 11개의 분관에 900만 권의 장서를 보유한 세계 최고의 대학도서관이다.

대학출판부도 활성화시켜야 한다. 하버드대학은 중앙도서관이 개관한 그해(1638년) 영국으로부터 인쇄기를 들여와 1643년에 출판부를 설립하여 본격적으로 대학이 생산한 학문의 대중화에 나섰다(맥스 홀(Max Hall), 『하버드대학출판부 역사(Harvard University Press a History)』, 1986). 2008년 12월 현재 그동안 발행한 책의 종수가 무려 50만여 종 이상에 이른다.

하버드대학은 학문생산과 유통의 중추인 '세계 최고의 대학도서관과 대학출판부'를 지녔기에 오늘날 세계 최고의 대학이 됐다. 경북대는 모름지기 하버드대학의 사례에서 대학발전 전략을 벤치마킹할 필요가 있다. 경북대학이 한국이나 세계에서 경쟁력이 있는 대학도서관과 대학출판부를 지닐 때 세계에서 인정받을 수 있는 대학으로 성장할 수 있다.

　학문의 생산과 유통이 활성화되지 않고선 대학발전을 운운한다는 것은 '립 서비스'에 불과하다. 대학출판부는 학문유통의 기수로 시장 진출을 능동적으로 모색해야 한다. 출판시장이란 본디 황량한 광야와 같다. 잘만 캐면 산삼이나 장뇌삼을 캘 수도 있지만, 잘못하면 더덕은 고사하고 아무짝에도 쓸모가 없는 야생화의 뿌리만 캘 수도 있다. 그만큼 리스크가 크다. 산삼을 캐려면 실패의 위험을 무릅쓰고 도전하여야 한다. 시장 리스크가 두려워 몸조심하느라고 제자리에 가만히 앉아 있으면 자리보전은 할 수 있다. 결국엔 아무것도 캐지 못하고 시장퇴출이라는 날벼락을 면키 어렵다.

학생보다 교수가 먼저 '열공'해야

학문의 생산이 제도적으로 활성화되기 위해선 학생들보다는 교수사회가 먼저 각성하고 열심히 공부하여야 한다. 가르치는 사람이 배우는 사람보다 공부를 적게 하면 교육은 아예 성립될 수 없다. 10년 전 강의 노트나 10년 후 강의 노트가 한결같다면 가르치는 사람이 아니다. 이미 그 자격을 상실했다. 교수사회가 학문적으로 앞서 갈 때 비로소 학문의 생산이 이뤄진다.

온실 속의 화초는 자생적인 생명력을 지니지 못한다. 비바람과 찬바람이 부는 들판에 갖다 놓으면 금방 죽어 버리고 만다. 아무리 밟아도 밟아도 굴하지 않고 끝까지 살아남는 잡초의 생명력을 지녀야 한다. 그것이 바로 경쟁력이다. 경북대는 '한강 이남 최고의 명문대학'이란 옛 영광의 재현을 위해 경쟁력을 원점에서 다시 시작할 필요가 있다. 대구사회를 경북대의 부활을 위해 물적·정신적 지원을 아끼지 말아야 할 때이다.

<　　2009. 2. 26.>

돔구장의 정치학

돔구장을 둘러싼 정치공학 속셈이 치열하다. 우선 KBO는 WBC의 준우승 감동을 야구중흥에 연결시키기 위해 야구 인프라 구축이라는 측면에서 돔구장을 띄운다. 정치권이나 지자체 등에선 야구팬들의 환심을 잡기 위해 돔구장을 들먹인다. 야구계와 정치권, 지자체 등에서 회자되는 돔구장은 국민들과 야구팬들을 기만하는 대표적인 공약(空約) 가운데 하나다.

돔구장 타령보다는 야구장 신축이 급선무

서울시를 시발로 광주시, 대구시, 경기도 안산시가 돔구장을 짓겠다고 나섰다가 슬그머니 유야무야했다. 최근에는 WBC 열기에 편승, 다시 서울시가 상암동에 돔구장 건설을 검토하고 있다고 한다. 경기도 안산시의 경우는 KBO와 양해각서까지 체결한 상태에서 돔구장 건설을 흐지부지시켜, 야구팬들을 상대로 지자체가 '네다바이'한 꼴을 보여 준다.

♠ 국내 첫 돔구장으로 건설될 안산스타돔(내부 사진)은 1우러 현대 컨소시엄과 허상이 완료되는 대로 프로 구단 유치에 박차를 가할 예정이다. 사진 출처: 안산도시공사

　3만 명 수용 규모의 돔구장 하나를 지으려면 최소한 3,000억～4,000여억 원이 소요된다. 이 정도의 돈이라면 3만 명 수용 규모의 야외 야구장 3개를 짓고도 남는다. 구장 유지관리 비용에서도 돔구장은 일반 구장에 비해 3～5배의 비용이 더 소요된다. 돔구장은 생산성과 효율성에서 그만큼 합리성을 담보하고 있지 못하다는 얘기다. 물론 언젠가는 돔구장을 꼭 지어야 하고, 반드시 필요하겠지만, 아직은 그 시기가 아니라는 것이다.

　대구·광주·대전야구장은 유효기간이 지나 용도 폐기 처분해야 할 구장이다. KBO는 현실적으로 불가능한 돔구장 건설 타령에 매달릴 게 아니라 3만 명을 수용할 수 있는 지방 새 야구장 건설 캠페인을 전개해야 한다. 그것이 보다 실현 가능성이 높은 얘기고, 또 현실적으로도 당면한 과제다.

대구·광주·대전야구장은 좀 심하게 말하면 목숨을 담보로 야구경기를 즐겨야 하는 위험천만한, 안전성이 전혀 보장되지 않는 야구장이다. 이런 야구장에 야구팬들을 모아 놓고 야구경기를 하는 것은 언제 깨질지 모르는 살얼음판 위에서 스케이트를 타는 것과 다를 바 없다. 이와 같은 원시적인 야구문화를 추방해야 할 최전선에는 KBO가 있다.

"대구 새 야구장 건설 어떻게 되었나"

새 야구장 건설과 한국시리즈 우승과의 정치적 연관성을 파헤쳐 보기로 하자. KBO는 지방야구의 발전과 야구 인프라 구축에 투자하는 구단에 한국시리즈 우승이라는 보너스를 챙겨 주고자 한다. 예컨대 대구야구장의 경우 삼성이 지난 2002년, 2005·2006년 시즌 우승 이후 KBO는 새 야구장 건설을 기대했다. 삼성과 대구시는 앞서거니 뒤서거니 새 야구장 건설을 요란스럽게 홍보했다.

새 야구장 건설은 그 후 대구시장의 선거공약으로만 회자되었을 뿐, 실질적으로 건설할 기미는 전혀 보이질 않는다. 대구시는 삼성에, 삼성은 대구시에 서로 떠넘기기만 한다. 특히 2006년 시즌 우승 직후엔 당장이라도 새 야구장 건설공사에 착수할 듯 호들갑을 떨었다. 2009년 3월 현재 새 야구장은 부지조차 확정하지 못하고, 대구시 공무원의 책상 속에 낮잠을 자고 있다.

1948년 건설된 대구시민운동장 야구장은 그간 부분적으로 보완공사를 했다고는 하나 언제 무너질지 모르는 안전진단 D등급의 '시한폭탄'과 같은 건물이다. 대구시민이 안전하고 쾌적한 3만 명 수용 규모의 새 야구장을 갖고 싶으면 두 가지 방법이 있다. 먼저 내년 지자체 선거에서 한나라당 후보를 모조리 떨어뜨리는 것이다. 그러면 한나라당은 '차떼기'를 해 와서라도 당장 새 야구장을 지어 줄 것이다.

다음으로 시민들의 희생이 요구된다. 즉 시민들이 무심코 야구경기를 즐기다가 어느 날 갑자기 야구장이 폭삭 무너져 떼죽음을 당한 연후에라야 새 야구장이 착공될 전망이다. 독자 여러분들은 "설마 야구장이 무너질까?"라고 필자의 선정적 기사를 매도하고 규탄할지 모르겠지만, 아무튼 "설마가 사람 잡는다"는 말도 있는 것을 알아야 한다. 설마 성수대교가 무너지고, 설마 삼풍백화점이 붕괴될 줄은 꿈엔들 생각했겠느냐는 말이다. 대구야구장이라고 무너지지 말라는 법은 없다. 더구나 대구야구장은 지은 지 진갑을 넘겼다.

KBO는 WBC의 열기를 돔구장 건설이니 뭐니 하면서 헛바람만 잡을 게 아니라, 눈앞에 닥친 현실을 잡는 데 지혜를 모아야 한다. 3만 명을 수용할 대구·광주·대전의 새 야구장 건설이다. 그것이 돔구장 건설보다 한국 야구의 장기적 발전을 도모하는 길이다.

< 2009. 3. 31.>

60

노무현 정권과 이명박 정부

　스스로 조선의 개혁군주 '정조(正祖)'를 운운했던 노무현 전대통령의 구속 여부를 둘러싸고 검찰이 숨 고르기에 들어갔다. 혐의는 태광실업 박연차 회장 등으로부터 불법으로 받은 600만 달러 수수 등의 부정부패다. 역대 어느 정권보다 양심적이고 도덕적이며 진보적이라 자임했던 권력이 부정부패 혐의로 사법처리를 면치 못할 운명이다. 일부에서는 받은 뇌물이 전두환·노태우 두 전직 대통령에 비해 미미하므로 "불구속 하자"는 의견을 제시한다. 어림도 없는 얘기다.

　정신적으로 노무현 전대통령의 부정부패는 전·노 씨의 부정부패보다 몇십·몇백 배 죄질이 무겁고 중하다. 노 정권의 성립은 도덕적 양심에 근거한다. 따라서 긁어모은 돈은 전·노 씨에 비해 '새 발의 피'에 불과하지만, 문제는 그것이 곧 자신을 기만하고, 권력의 존재 기반을 스스로 부정하는 것이라는 데 있다. 즉 자신의 입으로 도덕과 양심을 팔아 대통령이 된 자가 온 국민들의 믿음을 배반하고, 역시나 부정부패에 가담했다는 점이다.

　나라의 부정부패를 엄격하게 징치해야 할 책임과 의무를 지닌 대통령이라는 사람이 십 원짜리 하나 정직하지 못한 돈을 받아서는 안되는 것은 상식이다. 백 번 양보하여 전·노 씨처럼 도덕과 양심을 입에 올리지 않았다면, 해 먹은 돈이 그다지 많지 않으니 '불구속'으로 처리하자고 얘기할 수도 있을지 모른다. 검찰은 만일 노무현 전대통령의 부정부패 혐의가 확실하다면 당장 구속하여 법원으로부터 심판을 청구하여야 한다. 구속수사를 망설일 이유가 하등 없다. 국격을 운운하며, 전직 대통령 예우를 운운하는 것은 사태의 본질을 흐리기 위한 음모에 불과하다.

겉 다르고 속 다른 정치권력의 속성

문제는 검찰 측에서 흘러나오는 정보가 진실하냐는 여부이다. 그것이 사실에 근거한다면 노무현 전대통령은 대한민국 역사에서 가장 '이중인격적인 정치권력'이었다는 비판을 벗어나기 어렵다. 아마추어 정권이 로또복권 당첨되듯 대통령에 당선됨으로써 대한민국은 그의 재임 5년 동안 역사의 수레바퀴를 한 치도 전진시키지 못했다. 그는 대통령으로서의 책임과 의무로 국가를 정치할 생각은 않고 허구한 날 <조중동>이라는 수구언론과 말싸움만을 일삼다가 허송세월했다. 그 결과 수구언론의 '경제 살리기' 이데올로기 공세에 휘말려 역사로부터 퇴출되었어야 할 수구세력이 다시 권력을 장악하게 된 원인 제공자이다.

노 정권의 역사에 대한 가장 큰 실정은 다름 아닌 이명박 정부의 탄생을 불러왔다는 점이다. 수구언론에 의해 'CEO 대통령'으로 포장된 이명박 정부가 출범한 지도 어느덧 1년 반이 다가온다. 그동안 한 게 뭐냐? 국가의 검역주권을 포기로 광우병에 취약한 미국산 쇠고기 수입 전면 자유화를 단행하여 국민들이 청와대에 몰려들까 봐 컨테이너로 '명박산성'을 쌓은 데서 국민과 동떨어진 이명박 정부의 현주소를 상징적으로 보여 준다. 고작 한다는 것이 어설픈 '개발독재' 흉내를 내려고 안간힘이다. 수구언론이 아무리 '전봇대 뽑기'니, '쇠말뚝 개혁'이니 미화하며 왜곡 조작해 대지만, 그 본질은 기만 그 자체다.

"나도 속았고, 국민도 속았다"라는 말은 이명박 대통령과 한나라당 대통령후보 경선을 치렀던 박근혜 전대표의 입에서 나온 소리다. 물론 박 전대표가 속은 것과 이 글에서 말하는 국민들이 속은 것이 지닌 정치적 의미는 사뭇 판이하다. 하지만 겉으로 드러난 사실은 명백히 국민들도 속았다는 것이다. 이 땅의 여론을 배타적으로 지배한 수구언론은 그 바람잡이였다.

디지털경제는 모르쇠 삽질경제 대통령

'한반도 대운하'로 상징되는 이명박 정부의 경제 살리기는 한마디로 '삽질경제'로 대변된다. 수구언론의 얘기대로라면 경제 대통령이 취임한 이래 이 나라의 경제는 장밋빛 천국이어야 한다. 이명박 정부 출범 이후 각종 산업통계를 보면 토목건설업을 제외하곤 모조리 -2.0%~-8.0% 포인트대까지 마이너스 성장을 했다. 유독 토목건설업만 6.9% 포인트라는 높은 성장을 기록했다.

노가다경제 전문가다운 경제 운용 솜씨다. 이 삽질경제가 경제성에서 철저히 비효율을 지녔다. IT, 반도체, LCD, 유전공학, 생명산업, 의료과학, 항공우주산업 등 첨단 디지털 경제에 투자해야 할 국가의 자본을 토목공사 경제에 퍼붓는 것은 앞뒤 순서가 잘못돼도 한참 잘못된 처사다. 일본의 첨단기술이 저만큼 앞서 가고, 저임금을 바탕으로 한 중국의 생산기술이 곧이어 뒤쫓아 오고 있다. 자칫 한눈을 팔다가는 '샌드위치 경제' 신세가 될 조짐이다.

따라서 넉넉지 못한 국가의 자원을 효율적으로, 집중적으로 투자해야 함은 상식이다. 그것은 곧 첨단과학기술에 투자를 해 국가의 경제 시스템을 고도의 효율성을 지닌 21세기형 디지털 경제로 리빌딩하는 것이다. 현실은 어떠한가? 이명박 정부가 투자하지 않아도 될 분야에 국력을 낭비함으로써 그 폐해는 당장이 아니라 다음다음 정권에서 나타난다. 국민들은 이를 간과해서는 안된다.

코미디 같은 정책을 경제 살리기로 포장

온 국민이 그가 성장의 신줏단지처럼, 요술의 방망이 양 여기는 '한반도 대운하'에 대해 환경재앙만 불러일으킬 정책이라며 폐기를 요구하자, 이번에는 '4대강 살리기'라는 명분 아래 "4대강 정비 사업"으로 들고 나왔다. 수구언론은 '저탄소 녹색성장', '한국판 뉴딜정책' 등등 온갖 듣기 좋은 소리를 모조리 갖다 붙여 대대적인 여론몰이와 선전 이벤트를 늘어놓고 있다. 참으로 어이가 없다.

이명박 정부의 삽질경제가 얼마나 엉터리인가는 정부뿐만 아니라 수구언론 스스로 국민들에게 알려 준다. 예컨대 "가까운 곳은 자동차로 가고, 먼 곳은 자전거로 가라."는 정책이 그것이다. 이명박 정부는 4대강 살리기에 쏠린 국민들의 차가운 여론을 의식하여 자전거 도로를 건설해 '세계 3대 자전거 대국 건설'을 운운한다. 환경을 살리고 국민들의 건전한 여가생활 정착으로 지상낙원의 유토피아를 보여 주겠다는 것이다.

이건 한 국가의 실정적인 정책이 아니라 「뿌레땅 뿌르국」에서나 통할 법한 코미디다. 노 정권이 정신 차리고 똑바로 했으면 이런 정권의 출범은 아예 꿈도 꾸질 못했을 것이다. 국민들이 지금 분노하는 것은 노 정권의 부패가 아니라 실제론 이명박 정부에 대한 실망이 진짜 그 원인이다. 이명박 정부에 대한 총체적 책임은 전적으로 노무현 정권의 몫이다. 우리가 노 정권을 사법적 심판에 앞서 역사적 심판으로 냉혹하게 비판하는 이유는 여기에 있다.

<💾 2009. 5. 12.>

61

대구시의 '메디시티' 발전방향

대구시는 최근 '메디시티(*Medi City*)'를 표방하며 의료특별시로의 발전을 천명했다. 대구경북병원협회와 지난달 4월 16일 대구 중구 국채보상공원에서 메디시티 선포식을 갖고 의료산업 선도도시, 동북아 의료허브 조성에 본격적으로 나섰다. 이를 위해 오는 6월 말께 결정되는 첨단의료복합단지를 유치하기 위해 총력을 기울이고 있다.

타 시도에서 선점한 행정을 벤치마킹해 좋은 점만 골라 짜깁기하는 시정을 펴는 데 이골이 난 대구시가 모처럼 창의적인, 제대로 된 시정의 방향 틀을 잡았다. 필자는 먼저 대한민국 의료특별시를 지향하는 '메디시티 대구'를 크게 격려하는 바이다.

의료수준 향상 인프라 확대 기대

'메디시티 대구'의 정착과 발전을 위해선 몇 가지 보완할 점이 있다. 먼저 의료수준의 향상과 의료 인프라의 확대 및 구축이다. 대구의

의료수준은 한때 서울과 견줄 정도로 전국에서도 톱 수준이었다. 현재는 그 명성이 많이 퇴락했다. 곧 중앙집중화의 영향으로 지역의 우수 의료인이 모조리 서울로 올라갔다 해도 과언이 아닐 정도다. 그로 인해 지역의 의료 수준은 답보상태를 면치 못했다.

의료인들은 이를 각성하여 서울에 결코 뒤지지 않을 의료수준을 유지하기 위한 배전의 노력이 필요하게 됐다. 이는 전적으로 의료인들의 몫이다. 의료수준이 낙후하면 '메디시티 대구'는 '빛 좋은 개살구'에 지나지 않는다.

다음으로 의료교육을 강화해야 한다. 대구경북 의료교육의 중심센터는 뭐니 뭐니 해도 국립경북대학교 의과대학이다. 경대는 의대를 비롯하여 치의과대학, 간호대학 등 서양의학 중심의 교육체계를 지니고 있다. 경대가 명실상부한 의료교육중심센터로 기능하기 위해선 당장 약학대학과 한의과대학, 한약대학을 설립해 동서양을 아우르는 생명산업과학대학 체제를 갖춰야 한다.

또한 의료기기를 전문적으로 연구하는 공과기술대학과 의료 행정

및 경영 등을 체계적으로 가르치는 의료전문서비스대학 설립도 빼놓을 수 없다. 종합 의료교육센터로서의 위상을 구축해 양질의 의료관련 인력 배출을 담당할 때, '메디시티 대구'의 앞날은 창창 대로다.

경북대학교의 종합 의료교육센터를 모태로 하여 안동과 구미, 포항에 의과대학과 대학병원을 설립해, 의료서비스를 경북지역까지 확대해야 한다. 대구시와 경상북도는 이와 같은 진료체계를 구축하는 데 소요되는 비용을 기꺼이 부담하여야 한다. 돈이 없다고? 천만의 말씀이다. 멀쩡한 보도블록을 뜯어내고 다시 포장하는 등 돈을 물처럼 흥청망청 쓰는 예산만 절감해도 얼마든지 충당하고도 남는다. 공무원들이 조금만 신경 쓰면 예산 걱정은 하지 않아도 된다.

관계자들의 경영마인드 확충 절실

의료산업단지를 조성해야 한다. 오는 6월께 최종 선정될 첨단복합의료단지는 2038년까지 시설운영비 1조 8,000억 원, 연구개발비 3조 8,000억 원 등 총 5조 6,000억 원이 투입되는 국책사업이다. 100만㎡ 규모로 조성되는 첨단의료단지에는 신약개발지원센터와 첨단의료기기개발지원센터, 첨단임상시험센터 등이 들어선다.

대구시가 첨단의료복합단지의 유치에 성공하면 덧없이 좋겠지만, 만에 하나 실패한다 해도 실망할 필요는 없다. 대구시는 자체적으로 의료 클러스트를 구축할 계획을 세밀히 세워 주도면밀하게 의료산업 발전을 견인할 수 있도록 만반의 준비를 하여야 한다. 그 핵심은 곧 의료기기와 의약품을 생산하는 의료산업단지가 그것이다. 의료산업의 발전 없이 의료의 질적 수준 향상은 있을 수 없다.

한의과대학과 약전골목을 갖춘 대구의 한방산업은 영천의 한약도매 시장을 배후로 두고 있어 조금만 체계적으로 생각하면 우리나라는 물론 전세계적으로도 경쟁력을 갖추고 있다. 대구시 공무원들과 한방 관계자들의 창의적인 아이디어와 사회과학적인 경영마인드가 없어서 그 진가를 묵히고 있다.

대구의 한방산업이 지닌 잠재력과 인프라를 어떻게 활용할 것인가가 과제다. 문제는 무지하기 그지없는 담당 공무원과 한방 관련 관계자들이 얼마나 이를 절실히 깨닫는가에 따라 획기적으로 발전할 계기를 마련할지, 아니면 그대로 현상 유지에 급급할지가 결정된다.

의료전문 클러스트의 개발도 검토할 필요가 있다. 예컨대 교통이 사통팔달한 북구 제3공단에 대형종합병원단지를 비롯하여 의학연구소단지, 호텔 등 의료관광시설, 의료기기 및 의약품 생산단지, 의약품 전문 유통상가 등을 건설하는 것이다. 사업적으로도 얼마든지 타당성이 있다.

연구개발 체제도 강화해야 한다. 의료는 인간의 삶의 질과 복지증진, 행복을 설계하는 산업이다. 그 부가가치와 성장동력은 이루 말할 수 없이 크다. 의료산업의 첫걸음은 얼마만큼 우수한 인재를 확보하느냐이다. 우수한 인재가 마음 놓고 연구에만 몰두할 수 있는 사회적 여건을 마련해 줘야 한다. 대구는 의료인들이 선망하는 도시가 되어야 하며, 대한민국 최초의 노벨의학상 탄생지가 되어야 한다.

메디시티는 대구의 장기적인 성장동력

대구시의 '메디시티 대구'는 결코 구조로 그쳐서는 안된다. 첨단의료복합단지 유치를 위한 캠페인이어서는 곤란하다. 대구시의 장기적인 도시발전 성장동력이라는 측면에서 소홀히 할 수는 없다. 대구시 공무원들과 의료인들은 머리를 맞대고 하나하나 계획을 실천하는 데 지혜를 모아야 한다. 여느 행정처럼 1회성 반짝 '이벤트 시정'이어서는 안된다.

21세기의 선진적 산업발전은 굴뚝에서 나오는 게 아니다. 서비스에서 창출된다. 대구시가 산업화에서는 패러다임의 실종으로 소비도시로 전락했지만, 서비스에서는 선진적인 선도도시로서의 위상을 되찾아야 한다. '메디시티 대구'가 시민들의 삶에 제대로 뿌리내릴 때 대구는 사람을 살리는 사람다운 휴먼도시가 된다. 그 도시 브랜드가 창출할 부는 미래의 대구시민이 일용할 양식이 될 것임은 의심치 않는다.

첨단의료복합단지 선정을 위한 서류마감일 오는 6월 9일이라 한다. 대구시와 경상북도, 그리고 각 대학 관계자 및 관련 의료인들이 이번에는 제발 한마음 한뜻으로 뭉쳐 대구경북인의 저력을 온 나라에 제대로 한 번 보여 주길 바란다. 시민들의 큰 관심과 따뜻한 격려를 기대한다.

< 2009. 5. 15.>

62

▶◀ 노무현 전대통령을 보내며

이제는 그 질긴 인연의 끈을 놓아야 할 것 같다. 그 스스로 세상과 절연하자고 했다. 아마도 전직 대통령으로서 더 이상 구질구질해지는 것이 싫었던 모양이다.

태광실업 박연차 회장으로부터 불법으로 640만 달러를 받았다는 혐의로 검찰의 수사대상이 되었던 노무현 전대통령이 지난 주말(5월 23일) 오전 6시 45분께 경남 김해시 봉하마을 봉화산 부엉이바위에서 투신, 자살했다. 국민들의 당혹감과 애통함은 이루 말할 수 없다. 그 충격의 여파는 아직도 가시지 않고 가슴을 먹먹하게 한다. 마음이 아프다. 짱하다. 애처롭다. 다른 한편에선 분노가 치민다. 그 지지자건 아니건 상관없다. 처참하게 산산조각이 난 그의 몸은 바로 우리의 몸이며, 우리 민주주의이다.

노무현 전대통령의 몸은 자연인 노무현 개인의 몸이 아니다. 대한민국 제16대 대통령을 지낸 공인이라는 성격이 더 강하다. 곧 천수를 다할 때까지 국민을 위해, 나라를 위해 성실히 봉사할 책임과 의무를 지닌 몸이라는 것이다. 국민들도 그가 늘 봉하마을에 있을 줄 알았다.

이를 모를 리 없는 그가 왜 스스로 몸을 죽음으로 내던졌는지는 알 수 없다.

그것은 아마도 죽음으로 국민과 의사소통을 하기 위해서가 아닐까 하고 짐작해 본다. 대한민국 역대 대통령 가운데 노무현 전대통령만큼 국민과 소탈하게 대화하길 원했던 대통령은 없다. 그는 국민의 곁에서 허심탄회하게 국민과 직접적 대화하길 갈구했다. 정권과 검권, 언권에 의해 국민과의 대화소통 창구가 완벽하게 차단되자, 그는 죽음으로써 국민과의 직접적 대화를 생각해 냈는지도 모를 일이다.

산산조각이 난 우리의 민주주의와 삶

전직 대통령이 낙향해서 그저 평범한 이웃집 아저씨로, 노인으로 살아가는 평화로운 모습은 생각만 해도 즐겁다. 고 노무현 전대통령은 지난 1년 반 동안 국민들에게 그 안락한 평화를 줬다. 그런데 왜 자신의 몸을 던져 생을 마감해야 했을까? 왜 우리는 넉넉한 삶을 즐기는 전직 대통령을 갖지 못할까? 우리 민주주의에 뭔가 문제가 있다는 얘기다. '제왕적 대통령제'의 권력집중과 보스 중심의 정치문화가 빚어내는 제도적 비극이다. 노 전대통령도 이 속박의 굴레에서 벗어날 수 없었다.

이 땅의 전직 대통령의 삶이 하나같이 굴곡진 것은 그들 개개인의 불행에 앞서 온 국민의 수치이다. 자존심이 상하는 일이다. 이승만 대통령은 팔십 고령에도 권력에 눈멀어 무지막지한 야만적인 독재를 하다가 야반도주, 해외에서 생을 마감했다. 이런 인물은 어느 족벌·세습언론은 "대한민국 건국의 아버지"를 운운하며, 우상숭배에 열을 올린다.

군사 쿠데타로 집권한 박정희 전대통령은 인권을 유보한 개발독재로 경제성장은 이뤄 냈으나 심복에게 사살당했다. 전두환·노태우 두 전직 대통령은 1조 원 가까운 돈을 부정 축재했다가 감방을 들락날락하였다. 김영삼·김대중 두 대통령은 말년에 자신의 손으로 비리혐의에 연루된 자식을 감옥에 보내야 했다. 윤보선·최규하 대통령은 정치군인들의 총칼에 의해 권좌에서 쫓겨나야 했다.

노무현 전대통령은 퇴임 후 최초로 낙향한 대통령이었다. 그는 농부로서, 환경운동가로서의 삶을 목표로 제2의 인생을 살겠다며 귀향소감을 밝히곤 했다. 그러나 정치적으로 '반MB세력의 핵심 포스트'가 될 것을 우려한 현 정권에 의해 늘 주목의 대상이 될 수밖에 없는 처지에 놓였다. 이 또한 불행을 잉태하는 씨앗이었다. 낙향했으면 정치적인 것과는 일체 완벽하게 금을 그었어야 했다. 노 전대통령은 지난해 10·4 공동선언 1주년을 맞아 정부 정책을 우려하는 발언을 피력하는 등 현실정치에 깊은 관심을 표명했다.

성급했다. 무모했다. 자중했어야 했다. 참모들이 말렸어야 했다. 전직 대통령의 말이 지닌 정치적 영향력은 여느 정치인들과는 감히 견줄 수 없다. 현직 대통령 다음가는 파워를 지녔다. 권력 서열 '넘버2' 정도의 위력을 간과한 것이다. 이명박 정부는 화들짝 놀랄 수밖에 없었다. 자신들이 추구하는 정책을 근본적으로 부정하는 전직 대통령의 발언에 긴장하지 않을 수 없었던 것이다. 정치적으로 억제해야 할 필요성을 절실하게 느꼈을 것이다.

즉시 박연차 회장에 대한 수사에 가속도를 붙였다. 일사천리로 진행된 검찰수사에서 노무현 전대통령 자신은 물론 부인과 아들, 딸, 친형, 주요 참모들이 연이어 소환되거나 전격 구속됐다. 검찰의 저인망식 수사가 진행되면서 도저히 밝혀서는 안될 사안들이 낱낱이 언론에 의해 확대 재생산되어 퍼져 나갔다. 한 인간으로서는 견디기 힘든 벼랑의 나락으로 몰아댄 것이다.

승부사 기질이 몸에 밴 그가 단 한 방에 상황을 역전시킬 수 있는 방안을 찾은 것은 '투신'이라는 극약처방이었다. 노무현 전대통령의 갑작스런 서거 배경에는 이와 같은 권력의 작용과 정치공학이 게재돼 있다. 그런 점에서 그의 무능한 참모들이 노 전대통령을 끝까지 잘못 보필해 오늘의 비극을 맞았다고 할 수 있다.

글의 전개에 앞서 필자는 고인을 추모하고 애도하고 추모한다. 더구나 필자는 기회 있을 때마다 노무현 정권을 매섭게 비판하고, 혹독하게 질책해 왔다. 왜 그렇게 너그럽고 풍요롭게 감싸 안지 못했는지, 무엇 때문에 그렇게 팍팍하게 굴었는지 지금 이 시점에선 후회가 앞선다. 개인적으론 마음이 아프고, 또 미안하기 그지없다. 그것은 아마도 노 정권에 대한 기대치가 남달리 컸던 탓 아닌가 한다.

미리 말하거니와 필자도 노무현 정권의 지지자 가운데 한 사람이었다. 그럼에도 늘 노 정권에 비판의 칼날을 매섭게 들이댄 것은 대한민국의 보수적인 정권으로선 인정할 만한 가치가 있는 권력이었기에 상대적으로 날 선 비판이 많았다. 아무튼 그가 필자의 글을 단 한 줄만 읽었어도 비극적인 삶은 면했을 것이라는 게 필자의 지론이다.

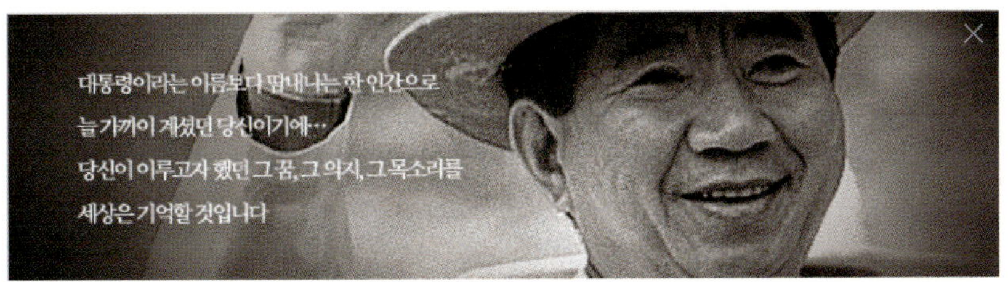

♠ 인터넷 포털 〈네이버〉 노무현 전대통령 추모페이지   ⓒ네이버

자살은 반인륜적인 무책임한 행동

그의 비참한 죽음 앞에 이와 같은 글을 쓰는 필자의 심정도 편치만은 않다. 마냥 슬퍼만 할 수 없는 노릇이다. 먼저 유명인의 자살이 사회에 미치는 이른바 '베르테르 효과'를 걱정하지 않을 수 없다. 그렇지 않아도 올봄 들어 강원도 등지서 동반자살이 유행병처럼 번지고 있는데, 노 전대통령조차 자살자 대열에 참여했다는 사실은 유감이 아닐 수 없다.

물론 자살하는 사람들의 절박한 심정을 헤아린다는 것은 불가능하다. 당사자가 아니고선 그 고통을 아무도 모른다. 하지만 이유 여하를 불문하고 인간이 스스로 생명을 끊는다는 것은 정당성을 지닐 수 없다. 그것은 신을 믿건 안믿건 상관없다. 자살은 인간존엄, 곧 인간 최고의 가치를 스스로 부정하고 훼손하는 것이다.

생명은 소중하다. 무엇하고도 바꿀 수 없는 최고의 가치이다. 인간의 모든 인권 가운데 가장 고귀한 것이 생명이다. 노무현 전대통령은 한 나라의 최고 권력이었던 인물이다. 그 누구보다 생명의 존엄과 인권의 고귀함을 아는 정치인이 자신의 생명을 스스로 끊었다는 것은 국민에 대해 참으로 바른 도리를 다했다고는 할 수 없다. 그의 말대로 '면목' 없는 행동을 한 것이다.

따라서 그의 자살은 인격적으로 성숙이 덜 된 무책임한 행위라는 지탄에서 자유로울 수 없다. 그는 이삼십 대 철부지가 아니다. 이순을 넘겼다. 환갑과 진갑도 지났다. 철들 때가 훌쩍 지난 연륜이다. 인생이 무엇인지 완숙하게 판단할 연배다. 한 나라의 최고 통치자까지 지낸 인물이다. 이런 사람이 자신에게 닥친 '스트레스'를 이겨 내지 못하고 '자살'로 생을 마감하였다는 것은 무책임한 현실도피라 아니 할 수 없다. 정신적으로 이처럼 허약하기 그지없는 사람이 대한민국의 대통령이었던 것은 과거의 불행이 아니라 현재에 진행되는 불행이다.

그런 의미에서 노무현 전대통령의 서거에 대한 책임은 노 전대통령 자신에게도 일정부분 있다. 노자는 정치지도자의 자격을 말하면서 이르기를 "天地不仁, 以萬物爲芻狗. 聖人不仁, 以百姓爲芻狗"라 했다. 즉 "천지는 만물을 추구(풀강아지)로 여길 정도로 어질지 않다. 성인도 백성들을 짚으로 만든 강아지와 같이 여길 정도로 어질지 않다."는 것이다. 그만큼 이지적이고 냉철하여야 하며 무심하여야 한다는 것이다.

노무현 전대통령은 국민들에게 눈물을 직접 보일 정도로 너무나 감성적이었다. 인간적으로 다정다감했다. 국민들은 누구나 쉽게 다가갈 수 있지만 또 쉽게 버릴 수도 있었다. 자유분방한 그의 성격은 근본적으로 정치적 생리와 그다지 맞는다고는 할 수 없었다. 그 자신도 '바보 노무현' 별명이 가장 좋다고 했다. 이는 인간적으론 장점이었지만 정치적 지도자로선 그다지 좋은 점이 아니었다. 이 또한 그가 서거하게 된 배경으로도 작용했다.

그의 죽음을 왜곡한 '국민장' 수락

너무 많은 사람들에게 신세를 졌다.
나로 말미암아 여러 사람이 받은 고통이
너무 크다.
앞으로 받을 고통도 헤아릴 수가 없다.
여생도 남에게 짐이 될 일밖에 없다.

건강이 좋지 않아서 아무것도 할 수가 없다.
책을 읽을 수도 글을 쓸 수도 없다.
너무 슬퍼하지 마라.
삶과 죽음이 모두 자연의 한 조각 아니겠
는가?
미안해하지 마라.
누구도 원망하지 마라.
운명이다.

화장해라.
그리고 집 가까운 곳에 아주 작은 비석
하나만 남겨라.
오래된 생각이다.

♠ 노무현 전 대통령 유서

노무현 전대통령이 이 세상에 남긴 유서를 보면 인간적으론 참으로 마음이 아프다. 애통하다. 대한민국 역대 대통령 가운데 누구보다 민중들의 사랑을 많이 받았던 '서민대통령'이 우리와 함께하지 않는다는 사실에 하늘이 무너지는 심정을 가눌 수 없다. 그의 몰락은 어쩌면 예정된 수순이었는지도 모른다.

국세청 세무조사를 시작으로 그의 핵심 참모는 물론 친형, 부인, 아들딸 등에게까지 사정의 칼날이 겨눠졌다. 그의 정치적 기반이었던 도덕성이 하나하나 갈기갈기 찢겨지면서 그는 정치적 식물인간화되어 갔다. 무엇이든 가능했던 권력의 최정상에서 하루아침에 아무것도 할 수 없는 '보통 사람들'로 전락한 데 따른 패배감, 무기력함, 섭섭함 등을 이루 말할 수 없었을 것이다.

노무현 정권의 실질적인 제2인자로 정가에서는 '좌희정'으로 불렸던 민주당 안희정 최고위원은 "이명박 정부와 검찰, <조중동>이 저지른 정치적 타살"이라고 울부짖었다.

이명박 정부는 그의 서거를 애도하며, 장례를 국민장으로 하고, 대통령이 직접 봉하마을을 찾아가 조문할 것이라 한다. 1억 원짜리 명품시계를 받았다니, 미국에 고급 아파트를 샀다니 등의 혐의를 흘리던 검찰은 애당초부터 불구속 수사를 하려 했다며 한발 발을 뺀다. 연일 지면과 방송으로 그를 파렴치한으로 몰아세우던 언론은 태도를 180도로 돌변하여 '우상화·성인화'하기에 급급하다. 그의 지지자들이 참으로 분개하고 개탄하는 것은 너무나 당연하다. 대통령이 보낸 조화를 땅에다 팽개치고, 한나라당의 문상을 가로막고, 기회주의적인 해바라기 언론에 거칠게 항의하는 것은 너무나 자연스럽다.

이해하지 못할 죽음의 왜곡은 지금부터 전개된다. 유족과 참모들은 그의 장례를 '국민장'으로 하는 데 기꺼이 동의했다. 그가 남긴 유서를 보면 분명 '가족장'으로 해석할 수 있다. 국민장은 그의 죽음을 왜곡하는 첫 걸음이다. 이제 노무현에게 남은 것은 현 정권이나 체제와의 화합이나 평화가 아니다. 그것은 무엇이 과연 진실인가 하는 것이다. 그는 그것 때문에 자신의 목숨을 버렸다.

국민장이냐 가족장이냐는 선택은 노무현 전대통령의 죽음을 어떻게 해석하는 것인가에서부터 비롯된다. 유족과 참모들은 그의 죽음을 잘못 해석한 것 같다. 그의 죽음은 신세를 비관한 개인의 투신자살이라기보다는 전직 대통령이 정치적 굴욕감에서 비롯된 사회적 타살에 가깝다. 그는 분명 죽음으로써 우리 사회에 자신의 처지를 설명하려 했을 것이다. 권력과 언론으로부터 제기되는 의혹에 대해 온몸으로 항거하려 했던 것이다.

그의 죽음은 결코 영광스럽지도 않으며 자연스럽지도 않다. 그것은 고도의 정치공학이다. 따라서 국민장은 얼토당토않다. 오히려 가족장으로, 그의 유지대로 조촐하게 거행함으로써 그의 죽음이 지닌 의미를 차분하게 되돌아보고, 과연 우리 사회가 전직 대통령을 어떻게 해야 할지를 곰곰이 되씹어 볼 계기가 됐어야 했다. 유족과 참모들이 정부의 국민장에 동의함으로써 그의 명예는 완전히 회복되었는지를 묻지 않을 수 없는 대목이다.

그의 소원대로 봉하마을에서 농사나 지으며, 천수를 누리다가 평화롭게 갔다면 전직 대통령의 국민장이 아름다운 이별식이었을 것이다. 갈기갈기 난도질당한 그의 삶은 날선 정치적 칼날 위에서 인위적으로 자신에 의해 비참하게 마감해야 하는 선택을 강요받고 생명을 끊었다. 현 권력과 같은 크기의 권력을 지녔다면 그는 분명 투쟁의 길을 선택했을 것이라는 것은 의심의 여지가 없다. 그의 삶의 역정이 중요한 고비마다 고난을 마다하지 않는 형극의 길을 선택해 왔던 것에서 그의 의지를 짐작할 수 있다. 그의 죽음을 자살이 아니라 타살이라 하는 이유다.

후안무치한 참모진 죽음의 뜻도 몰라

전임 대통령을 타살에 이르게 하는 책임의 첫 줄에는 단연코 무책임하기 그지없는 그의 참모들을 올려야 한다. 그것은 모두에서도 얘기했듯이 대통령을 잘못 보필한 죄다. 일부 참모진들의 조사 소감을 듣노라면 그들의 현실인식이 참으로 뻔뻔하고 후안무치하기 그지없다. 아직도 뭐가 옳고 그른지 구분조차 못 한다. 한심하다 못해 개탄스럽기까지 하다. 노 전대통령을 죽음에 이르게 한 가장 큰 원인은 이명박 정부도, 정치검찰도, 수구언론도 아니다. 바로 노무현 전대통령이 총애했던 바로 그들이다.

이들은 권력을 향유할 줄만 알았지, '정치'할 줄 몰랐다. 주어진 권력의 무게를 감당할 능력도 없으면서 권력을 꿰차고는 개인적 영달과 부귀영화만 꿈꿨다. 대통령이 어떤 처신을 하여야 한다는 윤리적 감각을 채워 줘야 할 의무를 저버리고, '노비어천가'에만 코드를 맞춘 정치를 해 왔다. 상식을 지닌 인간이라면 자신들의 처신이 얼마나 대통령에게 누를 끼쳤는지 알아야 할 참모가 뭐 잘했다고 TV 카메라 앞에서 정부의 책임을 운운하는 것을 보면 구역질이 난다.

사람이 죽으면 신이 된다고 한다. 신이 된 노무현 전대통령은 이제 이 사실을 깨달았는지도 모르겠다. 살아서는 결국 책임의식이라곤 털끝만큼도 없는 부하들을, 정치에 대해선 '정' 자도 모르는 부하들을 정치적 참모로 총애했던 그 과오에 대한 업보가 그의 죽음으로 나타났다. 그는 이를 깨닫고 파란 많은 생을 마감하면서 새로운 형태의 정치를 기도했는지도 모를 일이다. 당장 추모라는 이름의 정치적 촛불이 타오르기 시작했다.

양파껍질 비리 권력의 정치보복

자연스럽게 이명박 정부의 '정치보복'이라는 책임론이 나온다. 그에 대한 구체적인 평가는 후일의 역사가 증명할 것이다. 그 진실은 지금 베일에 숨어 있다. 이명박 대통령의 임기가 끝나는 3년 6개월 후면 봇물처럼 터져 나올 것이다. 현시점에서 다만 한 가지 분명한 것은 노무현 전대통령은 부정부패에 대해 지나치게 순진했던 것만은 틀림없다. 누구처럼 양파껍질 부정부패였다면 쉽게 들통 나지 않았을 것이다. 분명 비리라는 지탄받을 만한 혐의가 있기는 한데 까면 깔수록 새로운 의혹이 나오고, 마침내는 그 실체가 아무것도 나오지 않아 흐지부지되는 우리 사회 지도층의 부정부패학 구조 말이다.

사람 잡은 검찰수사 책임론 못 면해

다음으로 검찰 책임론이다. 그의 사망 이후 흘러나오는 보도를 종합하면 결국 '깜냥'도 되지 않는 사안으로 전직 대통령을 집요하게 수사했다는 얘기다. 한마디로 검찰이 정치권의 주문수사에 억지수사, 편파수사로 일관했다는 것이다. 대한민국의 공권력을 대표하는 검찰이 이처럼 정치권의 주구 노릇을 했다는 소리다. 따라서 정치검찰의 명분 없는 무리한 수사가 전직 대통령을 죽음으로 몰아갔다는 얘기는 상당한 설득력을 지닌다.

범법행위가 있으면 지위 고하를 막론하고 끝까지 추적 조사해서 발본색원하는 게 검찰의 의무이다. 그런데 노 전 대통령의 사망과 동시에 검찰은 곧장 수사종결을 선언했다. 이는 이 사건이 애당초 범법행위에서 비롯된 것이 아님을 검찰 스스로 말하고 있는 것이다. 마치 장자연 성상납 사건에 연루된 일간지 대표가 사람들의 구설수에 오르자 어느 일간신문이 분기탱천하여 "관련 없다"며 나서는 것과 같은 이치다.

검찰은 노무현 전 대통령의 자살에 대해 직접적으로 책임져야 한다. 검찰총장이 물러나고, 관련 검사가 옷을 벗는다고 해서는 될 일이 아니다. 차제에 강도 높은 검찰개혁·사법개혁이 이뤄져야 한다. 정치로부터 독립하여 명실상부하게 국민의 인권을 지키는 '국민의 검찰'로 거듭나야 한다. 검찰에 숨은 정치검찰을 색출해 반드시 검찰조직으로부터 추방시켜야 한다. 명실상부한 '검찰독립'을 구현해 국민의 인권을 지키는 최후의 보루로서 거듭나야 한다. 그것이 노무현 전 대통령의 죽음에 대해 검찰이 속죄하는 길이다.

국가 공권력을 대표하는 검찰이 정치검찰화되어 전직 대통령의 인권조차 우습게 여기면서 국민의 인권을 운운한다는 것은 참으로 비극이다. 그 악명 높던 '5공검찰'로 회귀한 것이라 하겠다. 국민은 아랑곳없고 권력자의 비위만 맞추려는 공안검찰이 도덕적으로 얼마나 정정당당할지 검찰 스스로 자성할 때이다. 고작 권력의 주구 노릇이나 하려고, 정권안보의 기둥 노릇이나 하려고 그 어려운 사법시험 공부를 했는지 똑똑한 검찰 조직이 스스로 자기성찰을 해야 한다.

정치권력이 조직적으로 지시하는 반국민적인 부당 압력이나, 반검찰적인 지시사항에 대해서는 용감하게 거부하는 '양심선언'이 연이어 나와야 한다. 그래야만 검찰독립, 사법개혁을 일궈 낼 수 있고, 국민들을 위한 검찰로 거듭날 수 있다. 이명박 정부를 대신해 노무현 전대통령을 죽음으로 몰고 간 정치검찰은 이번 기회에 그 책임을 통감하여야 한다.

표리부동 언론보도 고인을 또 죽여

이 땅의 제도언론도 이번 사건과 무관하지 않다. 한국언론은 정치검찰과 MB정부가 제공하는 '노무현 비리'를 아무런 검증절차도 없이 연일 대문짝만 하게 보도했다. 정치인의 생명줄인 도덕성과 명분을 훼손하는 '인격적 살인'에 동참했다. '여론 몰이식 인민재판'을 서슴지 않던 제도언론은 그가 사망하자 이번에는 아무 죄책감도 없이 태도를 돌변하여 '노비어천가'를 불러 댄다. 그의 죽음이 마치 천수를 다한 영광스러운, 명예로운 죽음인 양 온갖 찬사를 퍼붓는 제도언론의 이중성·양면성엔 아연 전율할 따름이다.

한국사회가 아무리 사자에 관대한 사회라 하지만 이건 아니다. 그의 죽음을 다시 한 번 확인사살하고 부관참시해 두 번 세 번씩이나 죽이는 행위이다. 죄가 있으면 일벌백계하고, 죄가 없으면 인권을 지켜야 하는 것은 언론의 의무이다. 사법당국에 의해 죄가 확정되지 않기까지는 무죄라는 것은 상식이다. 한국언론은 그 상식마저 부정했다. 그 표리부동한 하이에나 언론의 냄비보도는 이제 사람을 죽이는 데까지 이르렀다. 참으로 섬뜩한 일이다.

한국언론이 이 지경에까지 이른 데는 노무현 전대통령 또한 그 책임으로부터 자유로울 수 없다는 얘기는 너무 많이 했다. 요컨대 노 전대통령은 대통령 재임 중 언론개혁을 했어야 했다. 그는 '언론과 전쟁'만 했지, 수구언론·족벌언론·세습언론을 구조적으로, 제도적으로 정책화하여 개혁하는 데 실패했다. 그것은 무능한 참모를 둔 데 따른 자업자득의 결과치다.

그 자신 또한 <조선일보>와의 권력투쟁으로 대통령에 오르면서 생

리적으로 왜곡된 언론관에서 헤어 나오지 못한 오류도 지적하지 않을
수 없다. 그의 정치적 실패는 그 자신이 보수정권이면서 '짝퉁 좌파'
라는 환상에 취해 스스로 진보적 정권이라 자임한 데서 비극이 잉태
되었다. 그가 '진보'를 표방함으로써 훈구세력이었던 한나라당 류의
기득권 세력이 여전히 보수권력을 참칭하며 기생할 공간을 마련해 줬
다. 대신 수구언론으로부터는 '좌파', '빨갱이'라는 딱지만 덤터기로
뒤집어썼다. 그 결과 정작 중요한 것은 진짜 진보세력이라 할 민주노
동당 류의 집단이 설 자리에 그가 대신 차고앉은 오류를 범한 것이다.

그는 정치의 현실에서도 한나라당이라는 수구세력과의 권력투쟁은
외면하고, <조중동>과의 말싸움으로 일관했다. 마침내 수구언론으로
부터 무능한 좌파정권으로 매도되어 권력재창출에 실패한 권력으로
전락했다. 정치적으로 권력재창출에 실패한 것에 대한 역사적 책임도
그의 몫이다. 그가 정치를 알았더라면 후임자 정권을 내세웠을 것이
다. 그는 정치를 몰랐던 아마추어 권력이었다.

정치 실패한 권력의 자업자득

후계자를 양성치 못해 노무현 정권 이후 한나라당이 집권함으로써
대한민국의 역사는 답보 내지는 정체를 가져왔다. 그가 국민들로부터
책임을 지는 프로정권이었다면 권력을 재창출해 후임자에게 넘겼어야
했다. 이를 하지 못해 결국은 오늘의 비극을 맞았다면 그 또한 자업자
득이라 아니 할 수 없다.

제왕적 대통령 중심제를 채택한 나라에서는 권력의 속성상 반드시

후임정권이 전임정권을 단죄할 수밖에 없는 구조다. DJ로부터 권력을 물려받은 그도 DJ정권의 불법적인 대북특검 등으로 전임 정권을 단죄했다. 권력의 모태였던 민주당을 깨고 나와 자신 추종세력으로 열린우리당이라는 정치집단까지 꾸려야 했던 권력적 속성을 몸소 체득한 바 있다.

그는 여기서 명백한 진리를 깨달았어야 했다. 그럼에도 그 또한 제2인자를 키우지도 않았을 뿐만 아니라 역대 여느 대통령들처럼 자신의 권력을 지키기에만 급급했다. 그로 인해 차기 정권으로부터의 공세에 무방비였던 것이 오늘의 비극을 불러온 또 하나의 큰 원인이라 하겠다.

노무현 전대통령은 대한민국의 민주주의와 정치개혁에 큰 몫을 했던 정치인이라는 평가에는 인색할 필요가 없다. 그 스스로 극단적인 방법으로 생을 마감하면서 국민들의 가슴에 안긴 마음의 상처는 두고두고 씻을 수 없는 과오라 아니 할 수 없다. 아직도 많은 국민들은 '바보 노무현'을 믿는다. 그래서 그의 죽음은 더 억울하다.

그가 죽고 난 이후 유족들이나 참모들이 노무현 전대통령의 투신자살을 해석하는 방식을 보면 더더욱 참담함을 금치 못한다. 그의 죽음이 결코 헛되어서는 안된다. 우리 사회의 정치개혁을 일궈 내는 사회적 죽음이어야 한다. 그가 죽지 않고 살아서 의연하게, 꿋꿋하게 그에게 닥친 업보를 안고 갔어야 했다.

그것이 진리와는 상관없게 검찰이 말하는 대로 아들 집 사는 데 100만 달러를, 부인이 500만 달러를, 딸이 40만 달러를 받았다고 시인할 것이지 …… 그리고 감옥 가라면 감옥 갈 것이지 …… 그러다 보면 세월이 흐르고 언젠가는, 아니 3년 6개월 후에는 반드시 그에게도 공평히 말할 기회기 올 것인데 ……. 그는 그만 두 어깨에 짊어진

무거운 삶의 무게를 스스로 놓고 홀로 갔다.

　문제는 죽음으로서 문제가 해결된 것이 아니라, 문제 해결의 시작이라는 점이다. 그 몫은 이제 우리에게 남겨졌다. 살아남은 우리가 그를 대신해야 할 차례다. 부디 좋은 곳에 가셔서 편히 쉬시라. 당신이 사랑했던 이 땅의 민중을 축복하라. 삼가 노무현 전대통령의 명복을 빈다.

<　2009. 5. 25.>

* 노무현 전 대통령 서거 관련 일지

2005년
- 6월 말 박연차 태광실업 회장, 세종증권 주식 대량 매수
- 12. 6. 농협－세종캐피탈 기본합의서 체결
- 12. 16~27. 박연차 회장, 세종증권 주식 매도

2006년
- 6. 30. 농협－태광실업 휴캠스 주식 양수양도 계약 체결

2008년
- 2. 25. 노무현 대통령 퇴임
- 4. 3. 인터넷 홈페이지 '사람 사는 세상' 개통
- 5월께. 대통령 기록물 유출사고 발생
- 7월께. ∘노 전 대통령, 인터넷 토론사이트 '민주주의2.0' 구축 / ∘청와
  대, 촛불정국 반전 카드용 세무조사 기획 / ∘ 국세청, 태광실업·정산
  개발 세무조사에서 박연차 회장 탈세사실 확인
- 7. 30. 서울지방국세청, 태광실업 등 세무조사 착수
- 8월께. 한상률 국세청장 연임 희망하며 세무조사 내용 이명박 대통령에
  게 직보
- 9월께. 대검 중수부, 세종증권 매각비리 내사 착수
- 10. 4. 노 전 대통령 이명박 정부의 10·4 남북기본합의서정책 후퇴 우
  려 공개 비판
- 11. 25. 서울지방국세청, 박연차 전태광실업 회장 검찰에 고발
- 12. 4. 노 전 대통령 친형 노건평 씨 구속
- 12. 12. 박연차 태광실업 회장 구속

2009년
- 3. 14. 대검 중수부, 박연차 회장 정관계 로비의혹 수사 본격화
- 3. 25. 박정규 전 청와대 민정수석, 장인태 전 행정자치부 제2차관 구속
- 3. 26. 민주당 이광재 의원 구속
- 4. 6. 정상문 전 청와대 총무비서관 체포

- 4. 7. 검찰, 정상문 전 청와대 총무비서관 체포 / ◦노 전 대통령, "저의 집에서 부탁하고 돈 받아서 사용" 홈페이지에 박 회장과 권양숙 여사 돈거래 시인 …… 사과문 발표
- 4. 10. 법원, 정 전 비서관 영장 기각 / ◦강금원 창신섬유 회장 구속 / ◦노 전 대통령 조카사위 연철호 씨 체포
- 4. 11. 대검 중수부, 권양숙 여사 부산지검에 비공개 소환조사(권 여사 첫 소환일)
- 4. 12. ◦대검 중수부, 노 전 대통령 아들 노건호 씨 첫 소환 / ◦홈페이지에 '해명과 방어가 필요하다'는 글 게시
- 4. 14. 검찰, 노 전 대통령 처남 권기문 씨 조사
- 4. 16. 대검 중수부, 강금원 창신섬유 회장 소환 조사 / ◦노건호 씨 3차 조사
- 4. 21. 정상문 총무비서관 구속
- 4. 22. 검찰, 노 전 대통령에게 서면질의서 발송 / ◦〈KBS〉 명품시계 첫 보도
- 4. 25. 노 전 대통령 이메일로 답변서 제출
- 4. 30. 대검 중수부, 노 전 대통령 소환 …… 권 여사 추가소환 계획 발표
- 5. 4. 대검 중수부, 노 전 대통령 수사기록 검토보고서 임채진 검찰총장에게 보고
- 5. 6. 서울지방국세청 조사4국, 국세청 법인납세국장 사무실 등 압수수색
- 5. 10. 권 여사 재소환일, 검찰, 돌연 소환조사 연기
- 5. 11. 대검 중수부, 딸 노정연 씨 부부 소환 조사
- 5. 13. 〈조선일보〉 노 전 대통령, "피아제시계 논두렁에 버렸다" 진술 보도 / 〈SBS〉, "봉하마을에 시계 주우러 가자"는 인신공격성 보도
- 5. 15. 민유태 전주지검장 소환 조사
- 5. 21. 이택순 전 경찰청장 소환 조사
- 5. 23. 노 전 대통령 봉화산 부엉이바위서 투신 서거. / 검찰 수사종료 선언

63
마린보이와 사회학

인간 박태환

  박태환. 눈부시도록 아름다운 대한민국의 청년이다. 온 세상을 가득 담고도 남을 만큼 커다란 꿈과 잠재력을 지닌 젊은이다. 큰 학문을 배우며 익히는 성실한 청춘이다. 2007년 세계선수권, 2008 베이징올림픽에서 한국선수론 최초로 수영에서 금메달을 따 국민에게 깊은 감동을 줬다. 이후 피겨스케이팅의 김연아 선수와 더불어 일약 '국민동생'이 되었다. 또 하나 자본주의 세상에서 간과할 수 없는 것은 이미 그 나이에 누구보다 돈을 많이 버는 스포츠 스타다.

  약관에 보통 사람들 같았으면 배움의 단계에 머무를 때이나 박태환은 이미 세상의 중심에 우뚝 섰다. 오늘의 자리에 이르기 위해선 얼마나 많은 물을 마셔 가며 수영장에서 피땀을 흘려야 했을지 생각하면 짠하기 그지없다. 그 물질적 풍요와 정신적 사랑은 그가 정직하게 흘렸던 피와 땀에 대한 당연한 보답이다. 따라서 인간 박태환에 대해선

유감이 있을 수 없다. 인간 박태환의 삶은 전적으로 자연인 박태환의
몫으로 엄격히 존중되고 보호받아야 할 가치이다.

수영선수 박태환

　수영선수 박태환은 한국 수영의 대들보이자 미래다. 이는 사적인
영역의 개인이 아니라 국가대표선수라는 공적인 영역의 공인임을 함
축하는 말이다. 수영선수 박태환은 2009 로마세계선수권에서 참담히
실패했다. 스포츠에서 이기고 지는 것은 병가지상사다. 수영선수 박태
환의 침몰에는 따끔한 비판을 받아야 하며, 뼈를 깎는 치열한 자기반
성이 뒤따라야 할 대목이 하나둘 아니다.
　박태환은 먼저 자신의 주 종목이었던 400m 자유형에선 3분 46초
04로 전체 12위로 예선 탈락했다. 지난해 올림픽에서 금메달을 딸 때
세운 3분 41초 86에 비하면 무려 5초나 뒤진다. 200m에선 자신의
최고 기록인 1분 44초 85에 비해 약 2초가량 뒤진 1분 46초 68을 기
록하여 16명 중 13위를 차지해 역시 예선 탈락했다. 미국서 역점을
두고 했다던 1500m에서도 자신의 최고기록인 14분 55초 03에는 훨
씬 못 미치는 15분 00초 87을 기록하여 예선 탈락했다.
　박태환 선수와 노민상 감독, SK스포츠단, 대한수영연맹은 '박태환
의 로마몰락'에 서로 책임 떠넘기기로 일관한다. 해괴한 변명거리를
찾아 자신들에게 쏠리는 비난의 화살을 모면하기에 급급하다. 뭐니
뭐니 해도 가장 큰 책임을 통감해야 할 사람은 바로 박태환 선수 자
신이다. 그가 '전담팀 타령'을 입에 담고, 수영계의 '파벌싸움'을 운운

해서는 안된다. 그건 치졸한 자기변명이다.

그가 있어도 그만 없어도 그만인 평범한 선수라 해도 이와 같은 꼼수로 당면한 위기나 모면하자는 처신도 비난을 면치 못할 형국이다. 하물며 그는 대한민국과 대한국민을 대표하는 선수다. 국가대표선수라면 국가대표선수다운 자긍심과 책임감, 의무감을 지녀야 한다.

현재 박태환 선수가 향유하는 모든 기득권은 모두가 특혜요 특권이다. 그것은 그가 국가대표선수로서 국제대회에서 국위를 선양하고 국가와 국민의 명예를 드높였기에 그 보상으로 부여된 것이다. 이를 간과하고 "올림픽 금메달리스트가 세계대회에서 금메달을 못 따면 어떻게 하는가 해서 부담이 된다. 수영은 기록경기라 항상 기록이 잘 나올 수 없다"며 "이번에 메달을 못 따더라도 런던올림픽 등 장기적으로 봐서 많이 응원해 줬으면 한다(한겨레, 2009년 7월 17일자, 26면)"는 말로 면피하려는 것은 너무 무책임하다.

박태환은 스스로 노메달을 어느 정도 미리 암시했다. 로마로 출국하기 하루 전인 7월 16일 기자회견에서 그는 스스로 자신의 상태를 솔직하게 언급했다. 그것이 면피의 구실이 될 순 없다.

가령 펠프스(Michael Phelps)를 봐라. 그는 마리화나 파문에 휩쓸려 사법당국을 들락날락하면서도 자신의 출전 종목에선 금메달을 놓치지 않았다. 그것이 진정한 챔피언의 자존심이며, 정신력이다. 만일 박태환의 정신력으로는 아마도 수영에서 은퇴한다고 야단법석이었을 것이다.

펠프스와 박태환의 차이점은 국가대표선수라는 공인의식의 여부에서 비롯된다. 펠프스는 자신의 위치와 도덕성, 책임감 및 의무감 등을 충분히 각성하고 자각했지만 박태환에겐 이것이 전혀 없다는 얘기다.

박태환이나 노민상 감독, SK스포츠단, 대한수영연맹이 이를 간과하는 한 박태환의 부활은 없다.

선수의 경기력은 정신력에 의해 지배받는다. 정신력이란 선수가 어떤 마음가짐으로 경기에 임하는가 하는 자세를 말한다. 정신력은 선진국형과 후진국형으로 구분할 수 있다. 선진국형은 "내가 곧 챔피언! 최고!"라는 스스로의 자존심에 대한 자긍심이다. 후진국형은 소위 말하는 "헝그리정신"이다. 주로 물질적 동기유발에 근거한다. 곧 우승만 하면 일확천금이라는 부와 명예가 보장된다.

우리나라 선수들의 정신력은 대부분 전형적인 후진국형에 속한다. 올림픽이나 세계선수권 등에서 금메달을 딸 때까지는 무섭게 집중한다. 챔피언이 되고 난 이후 수성엔 곧 한계를 드러낸다. 냄비언론에 의해 급조된 스타는 하루아침에 온 국민의 관심과 사랑을 받게 되고, 기업이 잽싸게 돈으로 선수를 유혹한다. 방송출연에 유력인사 찾아다니며 인사하기에 세월을 보내게 되며, 훈련에 집중할 여건을 극복하지 못해 이내 챔피언으로서의 자존심을 찾기 어렵다.

아마추어뿐만 아니라 프로선수도 마찬가지다. 비근한 예로 프로야구에서 FA제도가 도입된 이래 90% 이상이 '먹퇴'인 현상이 이를 반증한다. FA가 되기 전까진 몸이 망가지는 것을 숨기면서까지 물불 안 가리고, 앞뒤 재지 않고 경기에 임한다. FA로 '대박'을 터뜨린 이후엔 프로선수가 매일 아프고, FA 전의 경기력을 보여 주지 못한다. 물론 양준혁 같은 극히 예외적인 경우도 있다. 이는 일반적이어야 함에도 극히 예외적인 현상이다.

박태환의 몰락은 이와 같은 전형적인 FA 먹퇴 현상과 닮은꼴이다. 이를 근본적으로 짚고 넘어가지 않으면 그의 부활은 불가능하다. 이번 대회에서처럼 내년 아시안게임이나 런던올림픽에서 로마대회처럼 평범한 성적(?)을 내는 그저 그런 선수(?)에 그칠 공산이 크다. 박태환 선수 자신이나 노민상 감독, 수영연맹 등이 택도 없는 뻥튀기 자신감으로 말로만 세계 최고 성적을 운운해서는 안된다. 그것은 곧 국민을 또다시 우롱하는 것이다.

모델 박태환

박태환의 공식적인 신분은 단국대 3학년인 대학생이다. 동시에 사회적으론 SK스포츠단이 집중적으로 지원, 관리하는 핵심선수이다. SK스포츠단은 박태환 전담팀을 꾸려 체력, 경기력, 정신력 등 일거수일투족을 집중 관리한다. 박태환은 SK전담팀의 스케줄에 따라 이번 대회를 앞두고 미국에 2차례 전지훈련을 다녀왔다. 문제는 과연 SK스포츠단의 박태환 전담팀이 박태환의 경기력 향상에 얼마만큼 기여했느냐는 것이다. 지금까지 드러난 형태로 보아 그다지 긍정적으로 평가할 수 없다.

대기업이 이윤의 사회환원 차원에서 스포츠와 스포츠 스타를 지원하는 것을 나무랄 수 없다. 오히려 적극적으로 권장해야 할 대목이다. 그런 의미에서 SK스포츠단의 박태환 전담팀 활동은 참으로 고맙고 갸륵하게 생각한다.

SK스포츠단의 박태환 전담은 순수하게 운동선수에 대한 지원이 아니라 아무래도 박태환이라는 국민적 인기를 얻고 있는 스포츠 스타를 이용한 치밀한 상업적 선전·홍보 전략에 따른 기업적 활동이 아닌가

하는 의심이 짙다. 보도에 의하면 박태환 전담팀에는 "수영 기술을 가르칠 코치는 없고, 단지 웨이트트레이닝과 마사지 등을 담당하는 스태프만 있다"고 한다(동아일보, 2009년 7월 27일자, 20면).

이를 달리 말하면 박태환이 SK전담팀과 함께하는 시간이 많으면 많을수록 정작 수영선수에게 가장 긴요한 기술을 습득할 시간을 허비한다는 얘기다. 박태환은 국가대표선수로서 태릉선수촌에 입촌해 훈련하는 시간보다 SK전담팀과 함께하는 시간이 더 많았다. 여기에는 대한수영연맹의 파벌싸움으로 박태환이라는 슈퍼스타를 적절히 통제하지 못한 탓으로 선수에게 질질 끌려다니는 무능이 도사리고 있기도 하다.

따라서 이번 대회를 앞두고 박태환의 경기력은 일취월장이라기보다는 답보 내지 정체, 후퇴가 불가피했다. 그것은 누구보다 선수 본인이 더 잘 안다. 세계 정상에 이르기 위해선 얼마나 힘들고 괴로운 훈련이 뒤따라야 하는지를 그 스스로 너무나 잘 알 것이다. 노민상 감독은 출사표에서 "시간이 부족하다. 태환이 본인은 열심히 했지만, 심적으로 상당한 강박에 시달리고 있다. 세계선수권을 하나의 과정으로 봐 달라. 내년 광저우 아시아경기와 2012년 런던올림픽에서 금메달을 따는 게 최종목표(동아일보, 2009년 7월 17일자, 24면)"라며 한발 물러섰다.

이미 박태환은 '수영선수'가 아니었던 것이다. 국민적 기대감과 성원이 어떠하다는 것을 그 스스로 잘 알기 때문에 자신의 정체성을 솔직하게 밝힐 순 없었다. 현실은 SK스포츠단의 스포테이너로서의 역할이 기다리고 있었다. SK전담팀과 박태환은 현지 시차 적응을 핑계로 일찌감치 로마로 떠났다. 패션잡지 N사 관계자 등이 동행한 박태환 일행은 외국계 의류업체 C사의 화보촬영 등을 했다. 세계선수권이라는 중요한 대회를 앞둔 국가대표선수가 CF스타로서 처신을 한 것이다. 이는 무늬만 수영선수일 뿐 실제론 CF모델 노릇을 한 것이다. 누가 박태환을 그렇게 만들었나? 바로 SK스포츠단이다. 박태환은 지난해(2008년) SK텔레콤으로부터 광고출연료로 8억 원을 받았다.

전도유망한 국민적 선수를 체계적으로 관리, 키워 주지는 못할망정 돈으로 유혹하여 상업적 활용으로 스포츠 인생을 망치는 SK그룹과 박태환은 이 대목에서 매섭게 질책받아야 한다. 그가 펠프스처럼 불세출의 세계적 선수로서 자신의 기량을 고스란히 간직하면서 상업활동을 하는 것도 비난받아야 할 처진데, 하물며 SK스포츠단과 어울리면서 그의 경기력이 점차 퇴조하고 있으니, 이는 어떠한 말로도 변명이 성립되지 않는 부분이다.

인간 박태환이 자신의 직업으로 수영선수를 택하건, CF모델을 택하건 그건 전적으로 그가 선택할 몫이다. 그의 자유다. 다만 박태환이 CF모델을 택하려면 강호동처럼 떳떳하게 선수의 옷을 벗고 난 후 그 길을 가면 된다. '국민적 수영선수'란 인기를 발판으로 '상업적 CF스타' 행세를 해 돈을 벌겠다는 속셈은 지나친 욕심이다. 수영이란 스포츠를 모독하는 행위다. 국민의 기대를 배신하고 또 국민을 기만하는 행위다. 그가 어떤 길을 택하더라도 국민들은 그의 선택을 존중하고 왈가왈부할 사람은 아무도 없다.

백 번 양보하여 선수로서의 'CF부업'이 정당화되기 위해선 최소한 자신의 기량은 현상 유지해야 한다는 전제 조건이 뒤따른다. 그래야만 국민들도 뭔가 납득할 만한 구석이 있다. SK텔레콤을 비롯하여 국민은행, 낙농조합우유소비촉진광고 등 박태환은 현재 8개의 TV광고모델로 활동 중이다. 전문모델조차 1달에 1편의 CF 촬영이 버겁다고 하는 형국이면, 모델 경험이라곤 전혀 없는 스포츠 스타가 8개의 CF 촬영을 위해선 얼마나 많은 시간과 노력을 투자했을까를 짐작할 수 있다. 이는 그만큼 경기력 향상을 위해 집중적으로 연마해야 할 훈련 시간이 공중으로 날아갔다는 얘기다.

스포츠 스타를 지원, 육성하겠다는 SK스포츠단의 목적이 본질을 벗어나 스포츠 스타를 CF모델로 전직시키는 매개 역할을 하는 것은 본말이 전도된 처사다. 박태환이 내년 광저우 아시아경기와 2012년 런던올림픽에 출전할 의향이 있는 수영선수라면 지금 당장 SK스포츠단이라는 망령부터 떨쳐 낼 필요가 있다. 돈을 앞세운 SK스포츠단이라는 상업주의 망령의 유혹을 벗어나지 못하면 박태환은 무늬만의 수영선수에서 벗어나지 못한다.

스포츠 스타 박태환

천박하기 그지없는 황색저널리즘의 무분별도 비난의 화살에서 자유로울 수 없다. 박태환이 올해 세운 400m 최고 기록은 3분 50초 27로 세계 랭킹 44위에 해당한다. 반면 베이징올림픽에서 박태환에 이어 은메달을 땄던 장린(중국)은 3분 42초 63으로 올 시즌 세계 최고 기록을 작성했다. 이는 명백히 세계 톱 수영선수로서 박태환에게 뭔가 문제점이 있음을 말해 주는 대목이다. 언론은 "박태환의 경기운영 능력은 더 우수하기 때문에 승산이 있다"라며 금메달 획득 가능성을 부풀려 보도했다(경향신문, 2009년 7월 17일자, 26면).

언론이 이성을 바탕으로 과학적·객관적 보도를 하는 것이 아니라 일방적으로 막연한 기대감을 가시화하여 보도함으로써 국민적 기대감을 부풀려 올리는 거품보도를 자행한다. 언론은 대회 시작 전부터 박태환과 노민상 감독을 펠프스와 밥 노먼 감독에 견준 뻥튀기보도, 400m 올 시즌 세계 최고 기록을 세운 장린과의 대결구도, 심지어는 "아나콘다가 몸을 조여 죽을 뻔했는데, 구렁이가 구해 줘 살아났다"는 꿈까지 견강부회하게 해석해 장밋빛 희망보도로 국민들의 기대치를 펌프질해 댔다.

언론의 펌프질 보도 가운데 하이라이트는 7월 24일 포로 이탈리코 콤플렉스 내 콩그레스홀에서 열린 미국 경영 대표팀 기자회견에서 펠프스가 "박태환은 킥이 믿어지지 않을 정도로 좋다. 자유형에선 확실히 위협이 된다(*definitely threaten on freestyles*)"는 말을 아선인수격으로 해석하여 "박태환은 킥이 믿어지지 않을 정도로 정말 좋다. 내게는 가장 강력한 위협이 될 선수다"라고 보도했다(연합뉴스, 2009년 7월 25일자). 이 기사를 한국의 모든 언론이 "펠프스, 박태환이 가장 위협적"이라고 보도하여, 마치 박태환과 펠프스의 싸움인 양 국민기만 보도를 자행했다.

언론이 일방적으로 기대감을 증폭시킨 보도를 했다가 박태환이 초라하기 그지없는 성적을 내자, 이번엔 희생양 찾기에 바쁜 발뺌보도로 일관한다. 첫째, SK스포츠단의 수영전문가 부재를 이제야 물고 늘어졌다. 둘째, 고도의 집중력을 요하는 대회 기간을 전후 '화보촬영' 등으로 부업활동을 한 것을 지적했다. 셋째, 선수에 질질 끌려다니는 수영연맹의 파벌싸움 문제를 들었다. 넷째, 최첨단 수영복을 외면한 박태환의 복장불량을 지적했다.

수영선수로서 박태환의 문제점은 하나둘이 아니다. 예컨대 AP통신은 박태환의 로마참패에 대해 "박태환은 최근 시장에서 가장 빠른 수영복으로 일컫는 옷을 입고 출전한 것이 아니라 옛 수영복을 착용해 그 대가를 치렀다"고 보도했다. 한국 언론은 시합 전까지는 "자신의 몸에 잘 맞고, 심적 부담이 없는 수영복을 착용하는 것이 더 효과적"이라며 박태환의 주장을 일방적으로 옹호하는 논리를 전개했다(한국일보, 2009년 7월 22일자, 22면).

대회가 끝나자 언론은 '마린보이 구하기'에 나섰다. 그 선두주자는 시청료 대폭인상 캠페인을 전개 중인 공영방송 <KBS>다. 언론은 박태환의 입을 빌려 "초심으로 돌아가라"고 했다. 로마참패는 돈 주고도 사지 못하는 좋은 경험이 됐을 것이라며 국가대표로 처음 뽑혔을 때의 마음으로 돌아가 처음부터 다시 시작하라는 충고를 아끼지 않았다.

그러기에는 냉철하게 말해 이미 너무 늦었다. 우선 박태환의 위치가 수영연맹조차 어찌할 수 없을 정도로 너무 컸다. SK스포츠단이 제공한 돈맛도 봤다. 이런 환경을 딛고 그 혹독한 훈련이 기다리고 있는 초심으로 돌아가 새로 수영인생을 시작한다(?) 웃기는 얘기다. 현실성이 전혀 없는 책임회피 모면의 '립서비스'에 불과하다.

박태환이 초심으로 돌아가기 위해선 뭐니 뭐니 해도 SK스포츠단의 돈질 유혹과 대표팀 훈련장소(태릉선수촌)를 마음 내키면 들어갔다가, 마음에 들지 않으면 해외전지훈련을 훌쩍 떠나는 그릇된 자세부터 뜯어고쳐야 한다. 파벌싸움으로 친연맹 지도자 가운데는 박태환을 지도할 지도자가 없고, 반연맹 측 지도자가 박태환을 지도하는 모순도 개선되어야 한다. 이것이 현실상 하나같이 실현 불가능한 것들이다.

따라서 당연히 언론보도는 여기에 초점을 맞춰야 하고, 그 이후에 200m냐, 400m냐, 1,500m냐의 '선택과 집중'의 문제가 있다. 언론은 이와 같은 사실보도는 외면하고 막연한 심정보도로 다시 유턴했다. "한 번 실수는 병가지상사니 개의치 말고 앞으로 잘해 보자"는 격려 보도가 봇물이다. 언론의 따뜻한 박태환 감싸기 보도는 인간적으로 더할 나위 없이 고맙고 눈물겹다.

언론의 이 같은 온정보도 이면엔 간교한 숨은 이빨이 있다. 박태환이 다시 좋은 성적을 거두지 못할 땐 다시 하이에나로 돌변하여 그 잔인한 이빨로 물어뜯을지 모른다. '인격살인'마저 주저하지 않는 한국언론의 하이에나 저널리즘은 전직 대통령조차 죽음으로 몰아갔다. 박태환이 타산지석으로 삼아야 할 대목이다.

수영선수 박태환 보도는 언제 어떤 식으로 훈련했고, 연습 때의 기록은 얼마이며, 부족한 점과 개선할 점은 무엇이고, 세계 수영의 흐름은 어떤지 등 철저한 객관적이고 사실적인 근거에 기초하여야 한다. 선수의 단순한 바람을 기자가 대변하여 온 국민의 기대감으로 뻥튀기 보도를 해 뉴스장사나 하겠다는 얄팍한 기회주의적 상업주의 근성을 버리지 않는 한 박태환은 언론의 덫에서 벗어날 수 없다.

언론은 박태환을, 아니 김연아 등 스포츠 스타를 활용한 언론장사를 즉각 중단하여야 한다. 미디어가 스포츠 스타의 개인화 보도를 통해 수용자들의 관심을 끌고, 그 관심을 바탕으로 장사를 도모하는 상업적 저널리즘 시스템 또한 스포츠 스타의 생명을 죽이는 행위이다. 이번 로마 세계수영선수권대회에 출전한 박태환 마케팅의 정점에는 공영방송 <KBS>가 있었다. 사영방송 <SBS>가 '김연아 마케팅'으로 돈벌이에 나선 것을 벤치마킹한 <KBS>는 박태환 마케팅으로 대박을 노렸다. 미국 전지훈련 때부터 취재기자를 파견해 금메달은 따 놓은 당상이라고 호헌장담 보도를 했던 <KBS>는 박태환의 초라한 성적으로 장삿속 이문은 죽을 썼다.

반면교사 박태환

박태환과 닮은꼴 저편엔 국민요정으로 통하는 국제적 피겨스케이팅 스타 김연아(20·고려대 1학년)가 있다. 그녀는 지난 3월 LA에서 열린 세계피겨선수권대회에서 역대 최고 점수로 금메달을 획득하면서 단숨에 세계적 스타덤에 올랐다. 김연아 또한 박태환에 못지않은 국민적 사랑을 받는 선수 가운데 하나이다. 이제 그녀에게 남은 목표는 내년 밴쿠버 동계올림픽에서 금메달을 따는 것뿐이다.

박태환 선수의 몰락을 보면 김연아 또한 박태환의 전철을 밟는 것 아니냐 하는 우려를 금할 수 없다. 세계선수권 제패 이후의 김연아 행보와 베이징올림픽 금메달 이후의 박태환 행보가 한 치도 틀리지 않다.

김연아는 금융, 에어컨, 우유, 자동차, 학생 교복, 물, 아이스크림, 운동화 광고 등 15편이 넘는다. 요즈음 광고시장은 김 선수가 나오는 광고와 나오지 않는 광고로 분류할 정도라는 것이다. 전문 애드포털 'TVCF'에 따르면 김연아는 장동건, 이나영 등 정상급 스타를 제치고 최근 1년간 가장 많은 CF를 찍었다고 한다. 작년 한 해 광고수입만 30억 원이다. 올해 최소 50억 원을 벌어들일 전망이란다.

이쯤 되면 김연아 또한 피겨선수라 하기보다는 CF모델이라 하는 편이 더 적합하다. 스포츠는 정직하다. 성실하게 흘린 땀만큼 성적이 나온다. 요행이란 없다. 그래서 대중들은 스포츠를 존중하고 좋아한다. 바로 누구에게나 공평한 기회가 주어지며 명명백백한 룰에 따라 경기를 펼쳐야 하는 등의 사회적 정의가 균등하게 실현되기 때문이다.

김연아나 박태환이 자신의 좋은 이미지를 팔아 돈을 버는 행위에 대해 앞서도 얘기했듯이 결코 시비 걸 생각이 없다. 온 국민의 관심과 사랑을 받는 스포츠선수라면 그 얘기가 다를 수 있다. 선수는 선수의 본분이 먼저다. CF는 그다음의 일이다. 본말이 전도되어선 곤란하다. 김연아나 박태환이 CF모델로 돈벌이에 욕심이 난다면 선수를 그만두고 직업을 전환한 후에 그렇게 하길 바란다.

기회주의에 만연한 상업적 저널리즘이 언론장사에 눈멀어 이를 간과해서는 안된다. 한국 스포츠 선수들의 정신력은 이제 선진국형에도 눈을 떠야 할 때이다. 언론은 그 향도가 되어야 한다. 김연아는 박태환 사건에서 교훈을 찾아 내년 올림픽에서 금메달을 따는 데 차질이 없도록 해야 할 것이다. 대중의 사랑은 언제 식을지 모른다.

< 2009. 8. 12.>

64
나로호와 과학적 진실

　지난 8월 25일 오후 5시 전남 고흥군 나로우주발사기지센터에서 한국 최초로 발사된 우주 발사체 나로호(KSLV - 1)는 국민들에게 신선한 과학적 충격을 주었다. 우주를 향한 모든 한국인들의 염원과 꿈이 고스란히 담겨 있었기에 더더욱 그러했다. 나로호는 지난 2005년, 2007년, 2008년, 2009년 2분기, 7월 30일, 8월 11일 등 무려 6차례에 걸쳐 러시아의 기술협력 지연과 발사대 시스템 부품공급 차질, 1단 로켓 연료시험의 기술적 문제 등으로 연기되었다. 첫 계획에서 4년이나 지난 뒤 그야말로 천신만고 끝에 발사되는 것이어서 국민들의 감동은 더욱 컸다.

　나로호 발사의 감동은 채 10분이 지나지 않았다. 발사 10여 분 만에 페어링 한쪽이 분리되지 않아 위성 궤도 진입에 실패했다. 발사체 1단에도 문제점을 드러내 정성고도인 302㎞을 훌쩍 넘어 387㎞까지 치솟았다. 2단 엔진 또한 정상 점화되었는지에 대해서도 논란이 일었다. 자동으로 발사체의 상태를 점검, 표시하는 우주선 통제센터 상황판엔 2단 엔진이 점화되지 않은 것으로 표시되었다. 교육과학기술부

관계자는 "2단 엔진이 점화된 동영상이 확보돼 있다"고 주장했다. 그러면서 동영상은 공개하지 않고, 나로호에 장착된 카메라가 촬영한 흐릿한 사진을 증거로 내놨다.

교과부는 나로호의 발사를 '부분 성공'이라고 강변했다. 반면 전문가들은 철저히 실패한 '과학 실험'이었다고 평가했다. 아울러 교과부가 "나로호 발사에 따른 정확한 과학적 진실을 알고도 이를 은폐하고 조작하여 허위 발표를 했다"고 개탄했다.

실패를 성공으로 포장하는 속사정

나로호는 우주선의 건설비용을 포함해 8,000여억 원이 소요된 국가적 과학 프로젝트였다. 이번 발사에만 5,000여억 원이 소요되었는데, 그중 로켓 1단을 사용하는

♠ 하늘로 치솟는 나로호

대가로 2억 달러(약 2,500여억 원)를 러시아에 지불했다.

문제는 2억 달러나 주고 사 온 러시아의 1단계 로켓이 개발이 덜 된 '미완성의 추진체'라는 사실이다. 이는 나로호의 엔진을 개발한 러시아 에네르고마시(Energomash)사도 인정했다. 러시아는 나로호를 '앙가라 프로젝트(Angara Project)'의 일환으로 여긴다. 전문가들은 "나

로호의 엔진은 러시아의 차세대 우주 발사체인 앙가라의 실험용"이라고까지 혹평했다. 국제사회로부터 "한국은 앙가라 개발의 물주(투자자)이자 테스트베드(testbed · 시험대)"라는 조소를 들었다.

"2억 달러나 주고 비행시험을 대신해 주는 꼴"이라는 국내외의 비난에 교과부와 항공우주연구원은 "나로호 1단 로켓은 개발이 완료된 것"이라고 일축하고, "나로호 발사가 성공하면 우리 손으로 개발한 발사체로, 우리나라의 우주센터에서, 우리가 개발한 인공위성을 쏘아 올린 국가가 된다"고 주장했다.

이 또한 과대 포장된 허위였다. 1단 로켓이 지닌 진실은 이렇다. 즉 로켓이 발사 중 공중 폭발했을 경우 그 파편의 수거조차 한국이 전혀 손댈 수 없다. 오로지 러시아의 몫이다. 이런 상황에서 기술이전 · 공동개발은 꿈도 꿀 수 없다. 교과부는 잠꼬대와 같은 말로 국민들을 기만하고 우롱했다.

당초 정부는 2004년 2억 달러를 주고 러시아와 개발협약을 맺을 때 1단 로켓 기술 전체를 이전받기로 했다. 이후 러시아의 요구로 우주관련 기술이전을 금지하는 보안협정(TSA)을 체결하여 우리 연구원이 러시아 개발현장에 참여할 수도 없고, 우리나라에 인도한 1단 로켓 내부를 들여다볼 수도 없게 됐다.

이처럼 나로호 발사체 기술은 처음부터 끝까지 러시아가 배타적으로 독점했다. 우리는 러시아가 하는 일의 경비만 대 주는 사금고 역할 뿐이다. 이것이 현실이다. 교과부나 항우연은 세 치 혀로 국민들을 기만하기에만 급급할 뿐 그 진실을 밝히려 하지 않는다.

나로호 1단 액체추진 로켓에 사용되는 기술은 대륙간탄도미사일(ICBM)과 같은 과학기술이다. 미국과 유럽 · 중국 · 일본 등 여느 선진국도 모조리 기술협력을 거부하는 근본적인 이유다. 2002년 당시 경제난에 처해 과학기술예산 확보에 어려움을 겪던 러시아는 한국의 제의에 "이게 웬 떡이냐"며 덜컥 승인했다. 그 후 오일달러로 재정이 풍부해지자 태도를 돌변, 기술장벽을 완벽하게 쳐서 한국 과학자의 접근을 일체 허용치 않는다.

언론은 나로호를 둘러싼 과학적 진실을 국민들에게 성실히 전해야 한다. 과학 저널리즘이 이성과 지성을 잃고 먼저 흥분해 "우리도 드디어 우주로 나간다"는 환상에 젖어 정부의 국민기만 선전원 노릇을 마다하지 않는다. 그래서는 진정한 과학기술 발전을 이룰 수 없다. 독자적인 우리의 우주기술을 개발하기 위해선 막대한 자금이 소요된다. 국민들의 이해와 동의는 필수적이다.

나로호의 실패를 반면교사로 삼아 교훈을 찾아야 한다. 성급하게 '성공'이라는 결과만 취해선 안된다. 우리 과학기술자와 연구원들이 하나하나 과학적 진실이라는 과정을 찾을 수 있도록 사회적 분위기를 조성하는 것은 언론의 몫이다. 언론이 결과만 좇으면 과학에서 과정은 사라진다. 과정이 사라진 과학 현실은 이번 나로호의 실패가 단적으로 보여 준다.

과학기술인들 연구 자세 자성

끝으로 정부는 2018년까지 우리 힘으로 우주 발사체를 개발하여 우주과학기술의 독립을 일궈 내겠다고 한다. 그 과정에서 과연 러시아를 계속 기술협력의 상생 파트너로 여겨야 할지 다시금 원점에서 재검토해 볼 필요가 있다. 나로호와 관련한 러시아의 태도는 신뢰성에 의문을 갖게 한다. 무뢰하기 그지없는 일방통행이다. 우리는 러시아에 돈을 대 주면서 아무 소리도 못 한다. 러시아로부터 날아온 '팩스 한 장'에 나로호 발사가 연기되어야 하는 것은 한국 과학기술의 자존심이 형해화되는 것과 다를 바 없다.

　과학기술입국을 위해선 교과부, 항우연은 물론 과학기술자들도 정신을 새롭게 가다듬어야 한다. '성공'이라는 결과만 좇아 국민들을 기만하기에 급급한 마음가짐으론 기술의 진보에 한 치도 앞으로 나갈 수 없다. 과학은 원론적으로 실패의 결과물이다. 국민들에게 숨김없이 솔직해짐으로써 진정한 과학기술을 터득할 터전을 마련할 수 있다. 비단 나로호와 관련된 과학자들뿐만 아니라 한국의 모든 과학기술인들이 자성하고 명심해야 할 대목이다.

< 2009. 9. 16.>

65
간도되찾기운동과 동북공정

1909년 9월 4일 청나라와 일제의 밀약으로 간도가 중국 땅으로 넘어
간 지 100년이다. 그동안 뜻있는 지사들을 중심으로 민족회의통일준비정
부(Korean National Council the United Preparatory Govermment)를
구성하고, 지난 9월 4일 네덜란드 헤이그 소재의 국제사법재판소에 간도
반환 청구를 위한 정식 소장을 제출했다. 우리 땅 간도를 찾아야 한다는
국민적 여론에도 중국과의 마찰을 우려한 역대 정권은 내내 쉬쉬했다.
그것은 이 땅을 지배한 권력이 친일에 뿌리를 둔 사대주의적 기회주의
정권이었기 때문이다.

♠ 간도의 위치. 그림 출처: 간도 되찾기 운동본부

간도는 길림성 일대의 동간도, 요하 동쪽·송화강 서쪽의 서간도, 흑룡강성 일대의 북간도로 이뤄져 있으며, 현재 104만 명의 조선족이 거주한다.

간도가 한국과 중국 사이에 국경으로 문제가 된 것은 조선 숙종 38년(1712) 백두산에 정계비를 세우면서부터이다. 청과 조선은 "서위압록 동위토문(西爲鴨綠 東爲土門·서쪽은 압록강을, 동쪽은 토문강을 경계로 한다)"을 국경으로 하기로 합의했다. 이 비문의 해석을 둘러싸고 19세기부터 분쟁이 일기 시작했다. 문제는 토문이었다. 토문을 송화강 지류로 해석하면 간도를 포함한 만주 일대가 조선의 영토가 되고, 두만강으로 해석하면 청나라의 땅이 된다.

을사늑약으로 조선의 외교권을 강탈한 일제는 1909년 9월 4일 청나라와 밀약을 맺고, 남만주 철도 부설권(심양 – 대련)을 보장받은 대가로 간도를 청나라에 넘겨주었다.

그에 앞서 간도가 한국 땅이라는 사실은 당시 해외에서 발간된 고지도도 이를 증명한다. 건설교통부 산하 국토지리연구원이 올 3월 외국고지도 400점을 수집해 분석한 결과에 따르면 18세기 초반부터 1910년까지 간도를 조선 땅으로 표기했다. 지도 제작자마다 약간 다른 국경을 표기하고 있지만 그중 100여 점의 지도는 한결같이 간도지역을 우리 영토로 나타내고 있었다고 밝혔다.

민족회의통일준비정부를 비롯하여 북방민족나눔협의회 간도 되찾기 운동본부, 한국간도학회, 국제법협회 한국지부와 네티즌 등은 '간도 영유권 회복을 위한 국민운동본부'를 결성하고, 9월 4일을 '간도의 날'로 지정하여 정부와 국회 차원의 대응을 촉구했다.

국민운동본부는 지난 9월 4일 오전 서울 광화문 동화면세점 앞에서 기자회견을 열고 "정부가 외교적으로 민감하다는 이유로 간도 문제를 외면하는 사이 중국은 간도를 실질적으로 지배해 왔고 동북공정을 통해 영구지배를 꾀하고 있다"며 "정부 · 국회는 영토주권을 지키지 못한 책임을 통감하고 영유권 회복에 적극 나서라"고 요구했다.

국민운동본부는 또 "간도협약은 청나라와 일본 사이에 맺어진 조약으로 당사국인 우리가 그 주권을 포기한 일이 없고 애초 협약 자체가 이미 무효로 한 을사늑약에 근거해 체결됐으므로 국제법상 어떤 구속력도 갖지 못한다"고 주장하고, "1951년 체결된 중일(中日) 평화조약에서도 1941년 이전에 체결한 모든 조약과 협약의 무효화를 명시했다”고 덧붙였다(송진원, 「정부, 간도문제 ICJ에 제소해야/국민운동본부 정부·국회 대응촉구 …… 국민청원운동 벌이기로」, 연합뉴스, 2009년 9월 4일자).

간도협약은 무효이다. 간도는 두말할 나위 없이 한국 땅이다. 간도는 역사적으로나 문화적으로도 중국과 무관하다. 고조선과 고구려의 주 무대였던 만주는 예부터 우리 땅이었다. 일제의 식민사관에 찌든 관학자들에 의해 제도권의 역사교육에서 우리는 만주 땅의 주인인 여진족과 읍루, 물길, 말갈, 숙신 등을 오랑캐로 배우고 우리 역사에서 배제했다. 박은식·신채호 등 민족주체사관 선학자들은 우리 조상과 여진족과의 문화적·역사적 DNA가 한 치도 다르지 않다고 했다. 우리가 배워야 할 역사적 진실이 무엇인지는 두말할 나위 없다.

중국은 지난 2004년부터 소위 말하는 ‘동북공정(東北工程)’으로 고구려사를 중국사에 포함시키려는 역사말살책동을 전개해 왔다. 우리는 이에 대해 넋 놓고 멀거니 구경만 한다. 정부와 역사학계는 분발하여야 한다. 역사의 시각을 식민사관에 기초한 한반도에서 민족 주체사관인 대륙으로 확대하는 작업도 시급하다. 고조선과 고구려사뿐만 아니라 부여사, 발해사, 금사, 후금사, 청사도 우리 국사에 포함시켜야 한다.

특히 금사와 후금사, 청사와 관련해서는 최근 <KBS>의 「역사스페셜」에 의해 여진족을 이끌어 나라를 건국한 리더가 신라인이라는 사실이 밝혀졌다. 만주족 황실인 아이신줴뤄(愛新覺羅)는 신라김씨를 일컫는다. 그렇다면 금사와 후금사, 청사는 마땅히 한국의 역사가 되는 게 순리다. 중원 대륙을 통일한 청사의 경우는 결국엔 중화민족이라는 거대한 문명에 흡수되어 마침내 중국의 역사가 되었다고 할 논

란의 소지는 있다. 하지만 금
사와 후금사는 분명 신라 왕족
인 경주김씨의 역사임은 새삼
거론할 필요가 없다.

역사를 잃어버리면 민족의
정신을 잃는 것과 같다. 땅을
잃으면 언젠가는 되찾을 수 있
지만, 역사를 잃으면 영원히
되찾지 못한다. 중국의 반역사

♠ 금나라의 시조가 신라인이었다는 『송막기문』 ⓒKBS
역사스페셜

적인 동북공정을 이대로 방치할 수 없는 이유다. 간도 되찾기 운동을
전개하는 것도 시급한 일이거니와 그에 못지않게 잃어버린 역사를 되
찾는 일이 보다 더 시급하다.

지금 당장은 아니더라도 간도를 찾을 수 없다 해도 먼 미래를 위해
선 간도를 잊어선 안된다. 특히 그 역사를 차근차근 배우고 익힐 필요
가 있다. 사대주의적 기회주의 정권이 간도를 중국에 내주면서도 꿀
먹은 벙어리인 양하는 작태를 모르쇠를 놓아서는 안된다. 국제 정세
상 현실은 비록 그러하다 할지라도 간도와 연계된 끈을 놓아선 안된
다. 역사와 문화를 연계 고리로 꽉 쥐고 있다 보면 오늘이 될지, 내년
이 될지, 10년 후, 50년 후, 100년 후가 될지 언젠가는 땅을 되찾을
기회가 반드시 온다. 역사와 문화를 잃어버리면 그런 기회가 온다 하
더라도 우리는 간도를 영영 수복하지 못한다.

< 2009. 9. 17.>

66

대통령 후보와 국무총리

정운찬 총리 내정자에 대한 국회 인사청문회가 오늘과 내일 양 일간 국회에서 열린다. 본인은 극구 부인하지만 유력한 잠재적 대권 후보자로서 본격적인 인사검증을 미리 받게 되었다. 이미 이런저런 흠이 하나둘 정가에 나돌기 시작했다.

지난 '9·3개각'에서 이명박 대통령은 정운찬 서울대 교수를 국무총리에 지명했다. 정치권은 일대 충격에 휩싸였다. 특히 민주당으로선 더욱 그러했다. 그것은 정 씨가 지닌 정치적 무게에서다. 서울대 총장을 지낸 경제학자에다가 충청도 출신이라는 지역적 프리미엄을 바탕으로 정 씨는 지난 대선에서 범여권 후보로 옹립되었다. "현실정치에 경험이 없다"는 이유로 여권의 구애를 뿌리치고, 스스로 대권 레이스를 포기했다.

민주당으로선 내 사람으로 여겼던 사람이, 한때 가장 유력한 이명박 대항마에서 느닷없이 MB정부의 총리직을 맡겠다니 당혹할 수밖에 없는 노릇이다. 정 총리 내정자는 총리직을 발판으로 먼 훗날 대권의 꿈을 설계할 수 있다는 점에서 '정치생명'을 건 독배를 기꺼이 받아들인 듯하다. 아울러 대권 후보자로서 매도 먼저 맞는 것이 낫다는 정치적 속셈도 작용했을 것이다.

이명박 대통령으로선 정 씨 카드를 무기화하여 '여의도 대통령'으로 군림하는 박근혜 전대표를 견제하겠다는 속셈을 노골적으로 드러냈다. 오세훈 서울시장, 김문수 경기지사, 정몽준 대표, 이재오 전의원 등 잠재적인 대권 주자군에 정 씨를 합류시킴으로써 권력을 보다 효율적으로 조정, 통제할 수 있다는 정치적 계산을 했을 터이다. '포스트 이명박'을 꿈꾸는 대선주자들이 정 씨의 입각을 계기로 물밑에서 치밀하게 움직임으로써 차세대 주자에게로의 줄서기가 본격화돼 오히려 대통령의 권력누수가 앞당겨지게 하는 부작용을 기꺼이 감내하면서 말이나.

정 씨는 총리직 지명 직후 "대권 도전 계획이 없다"고 했다. 또한 "경제정책에 대한 생각은 MB와 다르지 않다"고 했다. 이는 뭔가 어색하다. 그는 기회가 있을 때마다 MB정부의 규제완화 및 시장우위, 부자감세, 금산분리, 녹색뉴딜 등 삽질경제정책, 특히 4대강 문제에 대해 공공성, 공정한 경쟁, 경제력 집중 견제, 재정건전성 등을 역설하면서 부정적인 발언을 쏟아 냈다.

학자적 신념과 양심이 하루아침에 MB정부의 총리로 탈바꿈하면서 조변석개했다. 그가 자신의 말을 100% 그대로 받아들여 이명박 정부의 국무총리에 머물겠다면, 그저 '총리직'이라는 감투를 위해 말 바꾸기를 한 것이라는 이해가 성립된다. 잠재적 대권주자라면 얘기가 다르다. 그 역시 거짓말을 밥 먹듯이 하는 기성 정치인과 조금도 다를 바가 없는 셈이다.

본인은 현재 손사래를 하지만, 국민들은 이미 권력의 맛을 본 학자가 차기 대선 주자를 포기하지 않을 것으로 인식한다. 정 씨의 유일한 정치적 자산은 권력에 때 묻지 않는 참신성과 개혁성, 정직성이다. 여기에다 경제학자로서의 굽히지 않는 소신과 강직이다. 그 이미지가 허상으로 과대 포장되어 있음이 입각과정에서 하나둘 속살을 드러내기 시작했다.

한국사회의 여느 지배층처럼 주민등록 위장 전입에 병역기피 의혹이 제기되었다. 학자로선 해서는 안될 논문 중복 게재도 도마에 오른다. 사회 지도층들의 보편적 풍조인 부동산 임대료 수입 누락에 의한 탈세, 강연료·인세 신고 누락 혐의도 받는다. 교수 월급 모아 수십억 원대의 자산가가 되기 위해선 사회 상류층의 보편적 풍조인 아파트 투기 의혹도 제기됐다.

한나라당과 수구세력은 "아무런 문제가 없다"고 강변한다. 특히 지난 노무현 정권 아래선 주민등록 위장전입을 끈질기게 물고 늘어져 기어코 총리와 장관직을 물러나게 했던 수구언론은 이번엔 언제 그랬느냐는 듯이 '모르쇠'로 입을 다물고 있다. 수구언론의 이중 잣대는 언론개혁이란 쇠망치가 왜 필요한지를 역설하는 듯하다.

아무튼 총리 내정자의 인사청문회에서 그 진실이 얼마나 말끔하게 해소될지는 지켜봐야 하겠으나, 사실 여부의 옳고 그름을 떠나 대선 주자 정운찬으로서는 실망스럽기 그지없다.

옛날에는 야당을 하다가 여당을 하면 변절자라 했다. 그런 잣대라면 여당의 러브콜을 뿌리친 소신 있는 인물이었다. 이번엔 여당의 구애를 선뜻 받아들였다. 이는 무엇인가? 타고난 기회주의자인가, 아니면 변절자인가? 아리송하다. 독자 여러분에게 물을 수밖에 없다. 다만한 가지 분명한 것은 지식인으로서 그의 처신은 그다지 바람직하지 않다. 모름지기 지식인의 신념과 지조가 그처럼 가볍게 변해서는 대통령은 고사하고 동네 반장도 해선 안될 처신이다. 지식인의 출처는 함부로 옮기지 않는 법이다. 국무총리 내정자 정운찬 씨의 행보를 주시하는 까닭이다.

<🖫 2009. 9. 21.>

67

한국육상과 2011대구세계육상대회

2009 대구국제육상대회가 오늘 대구시 수성구 대구스타디움에서 열린다. 여자 장대높이뛰기 세계신기록 보유자인 이신바예바(Yelena Isinbayeva, 29·러시아)를 비롯하여 세계적 육상스타가 출전하여 2009 베를린세계육상선수권대회에 이어 다시 한 번 기량을 겨룬다. 이번 대회는 2011 세계육상선수권대회를 종합적으로 점검하는 리허설 성격의 대회다. 대회를 준비하는 과정을 보면 관계자들의 빈곤한 창의력에 실망을 넘어 절망하지 않을 수 없다.

빈곤한 창의력 국제적 망신 초읽기

두말할 나위 없이 대회 성공의 관건은 시민들이 얼마만큼 참여하느냐에 달려 있다. 육상은 모든 스포츠 중의 가장 기초가 되는 스포츠이다. 모든 운동선수는 육상부터 시작한다. 한국에선 육상이 철저히 외면받는다. 선수도 없고 관중도 없다. 빈곤의 악순환이다. 한국육상 100m 기록은 1979년 멕시코 유니버시아드 대회에서 서말구가 세운

10초 34가 여태껏 깨지지 않고 있다. 그 이윤 단 하나, 육상을 해선 밥 먹고 살기 어렵기 때문이라는 것으로 집약된다. 선수들도 일찌감치 타 종목으로 바꾼다.

이런 풍토에서 전시행정·모방행정엔 타의 추종을 불허하는 대구시가 세계육상선수권대회를 덜컥 유치한 것은 만용 그 자체다. 오로지 올림픽, 월드컵과 더불어 세계 3대 스포츠 제전 가운데 하나인 메이저 대회라는 점, 대회를 유치해 놓으면 어떻게든 되겠지 하는 무대포로 대회를 맡겠다고 나선 것은 국제적으로도 모순이다. 그것은 너무나 빈약하고 초라한 한국육상의 현주소가 말해 준다. 여기에다 대구언론은 냉철한 검증도 없이 "생산유발효과만 몇 조 원"이라는 시정의 보도 자료를 앵무새처럼 되뇌며 시민들을 기만하는 앞잡이 노릇을 마다하지 않았다.

시민 따로 시정 따로, 이 해괴한 세계적 코미디가 바야흐로 눈앞에 다가왔다. 2011 대구세계육상선수권대회 조직위원회는 2009대구국제육상대회를 제13회 세계육상선수권대회의 리허설로 여기고 자원봉사자를 실전 배치하고, 티켓을 발매하는 등 실전 체제로 전환하여 치르기로 했다. 대구 중심가인 동성로에 대회 홍보박스를 설치하고 관조직을 총동원해 지난 1달 동안 티켓을 판매한 결과 21일 현재까지 예매 1,100여 매, 현장판매 1,300여 매, 티켓링크 판매 3,000여 매 등 총 5,400여 매밖에 팔지 못했다고 한다. 6만여 관중석 가운데 나머지 5만 5,000여 석은 공짜 동원 관중이 불가피하다는 얘기다. 창의력이 빈곤한 대회조직위가 지닌 능력의 한계를 보여 준다.

대회조직위는 냉담한 시민들의 관심을 끌기 위해 세계적인 육상 스타 모시기에 안간힘이다. 그 한가운데에 2009 베를린대회에서 세계 신

기록을 2개나 작성하고 3관왕에 오른 단거리의 황태자 우사인 볼트
(Usain Bolt, 23 · 자메이카)가 있다. 대회조직위는 볼트를 초청하기
위해 초청료만 50만 달러를 베팅했다. 볼트는 8월 30일 "9월 20일 중
국 상하이에서 열릴 초청대회에 참석한 후 곧바로 내한하겠다"고 밝혔
다가 돌연 피로누적과 향수병 등으로 들어오지 않겠다고 번복했다.

♠ 남자 100m서 세계 신기록을 수립한 우사인 볼트. 사진 출처: 세계육상연맹 홈페이지

　　대구조직위는 모든 것을 돈으로 해결하겠다는 천박한 상업주의 근
성을 버려야 한다. 아직도 볼트를 포기하지 못하고 물밑에서 은밀히
초청 작업을 진행하고 있다면 당장 그만둬야 한다. 국제사회에서 대
구가 더 이상 호구가 되어선 안된다. 대구는 돈을 펑펑 쓸 만큼 그리
부자도시가 아니다. 전국에서도 제일 가난한 도시 가운데 하나이다.
특정 스타에 목이 매여 돈으로 질질 끌려다니면 대구는 또 한 번 망
신을 자초하는 꼴이다.

공무원 퇴출 민간인에 이양해야

이대론 2011 대구세계육상선수권대회를 치를 수 없다. 뭔가는 획기적인 대책을 수립해야 한다. 대회조직위의 혁명적인 구조조정과 대수술이다. 대구시 공무원들 중심으로 구성된 현행 대회조직위를 해체하고, 민간 전문가 위주로 개편해야 한다. 대회조직위가 복지부동 무사안일 매너리즘을 특징으로 한 전형적인 공무원형 스타일에서 벗어나지 못하면 창의력의 고갈은 피할 수 없다. 그것은 이번 대회가 단적으로 보여 준다. 그저 남 잘하는 것을 보고 베끼는 데는 선수지만, 제 머리에서 끄집어내는 것은 백지인 상태론 성공적인 대회 개최는 불가능하다.

2011대구대회 조직위 관계자들이 2009 베를린세계육상선수권대회를 참관하고 받은 충격은 단연 관중들의 자발적인 참여 문제일 것이다. 그럼에도 조직위원장부터 말단 직원에 이르기까지 뾰족한 대안을 내놓지 못한다. 시민들을 참여시킬 대구만의 자발적인 특색과 창조력이 없기 때문에 정답이 없는 것이다. 속수무책이다. 그저 텅 빈 육상경기의 현주소를, 관중석을 적나라하게 전세계 시민들에게 보여 줄 수 없으니, 관제 동원하여 북한처럼 '조직적으로 연출된 응원 풍경'을 보여 주면 된다는 한심스런 생각을 하고 있다. 21세기 대명천지에 이보다 더 바보 같은 짓이, 코미디가 또 어디에 있는가. 그것도 제 돈을 천문학적으로 쓰면서까지 말이다.

대구시가 막대한 시민 형세를 흥청망청 써 대면서 그와 같은 희대의 세계적인 비웃음거리를 자초하려 한다. 이 진실을 만천하에 알려야 할 지역언론은 시와 한패거리가 되어 '모르쇠'로 입에 자물쇠를 채우고, 시민들의 참여를 독려하는 바람잡이를 마다하지 않는다. 어디서부터 어떻게 개혁해야 할지 참으로 암담한 노릇이다. 극단적인 방법이긴 하지만 대안은 있다. 그것은 내년 지자체 선거에서 현행 기득권인 자치단체장을 비롯한 현직 의원 등 주민 직선 선출직을 모조리 물갈이하면 된다.

세계선수권 외면 연금 점수 따기 올인

한국육상이 지닌 구조적 문제도 간과할 수 없다. 2009 베를린세계육상선수권대회가 지난 8월 23일 폐막했다. 차기 대회 개최지인 대구시가 대회기를 공식적으로 인수함으로써 제13회 세계육상선수권대회는 공식적으로 카운트다운에 돌입했다. 세계육상선수권대회사상 가장 파격적인 혜택 제공을 내세워 대회를 유치한 대구는 이제 세계 스포츠사상 초유의 웃음거리로 전락할 처지를 맞게 됐다. 그 이유는 바닥권을 맴돈 한국육상의 현주소에서 찾을 수 있다.

세계 신기록이 줄기에 호박 열리는 듯한 2009베를린세계육상선수권대회에서 세계 신기록은 고사하고 한국 신기록조차 하나 세우지 못한 채 한국육상은 단 한 종목도 본선에 오르지 못했다. 한국은 차기 대회 개최지로서 남녀 19명의 역대 최대 선수단을 출전시켰다. 2007년 오사카대회에서 본선에 올라 기대치를 높였던 남자 세단뛰기, 높이뛰기 등 트랙과 필드 종목은 물론 단체전 은메달을 땄던 마라톤과 경보 등에서도 중하권에 머물러 뒷걸음질하는 현실만 보여 줬다.

반면 일본은 남자 마라톤 단체전에서 3위에 오르고 남자 400m 계주에서 4위를 차지하는 등 상징적인 종목에서 아시아의 자존심을 세웠고, 중국도 은메달 1개와 동메달 2개로 선전했다.

한국 육상의 퇴보는 어찌 보면 당연했다. 선수들은 하나같이 무기력한 졸전을 펼치고도 해명하기를 "아팠다", "컨디션이 좋지 않았다", "부상 중이었다", "피곤했다", "지원이 부족하다"는 등등 핑계거리부터 찾았다. 한마디로 '뛰고 싶지 않았는데 억지로 출전시켜서 마지못해 뛰었다'는 것이다. 패배주의에 사로잡혀 어차피 오르지 못할 나무인 세계대회는 대충대충 겅중겅중 뛰고, 선수 연금 점수에 가산되는 가을철 전국체전에서나 열심히 뛰자는 지독히 폐쇄적인 이기주의가 도사리고 있다.

이번 대회 출전선수 중 남자 창던지기에서 50㎝가 모자라 결선에 진출하지 못한 박재명(대구시청)만 언론과의 인터뷰에서 "열심히 훈련했고, 컨디션도 좋았는데 아쉽다"고 말했을 뿐 나머지는 모조리 '자신의 탓'이 아니라 '남의 탓'으로 돌렸다.

선수들의 이와 같은 빗나간 정신력에선 국가대표로서의 자긍심이란 애초부터 찾아볼 수 없다. 세계선수권대회는 국가를 대표하여 국가의 명예를 걸고 경기력을 가늠한다. 모름지기 선수라면 누구나 한 번쯤 참여하는 것을 영예로 여기고 최선을 다하는 '꿈의 무대'이다. 한국 육상엔 그 명예가 없다. 오로지 자신의 잇속만 있다.

육상연맹의 무책임함과 무능함 또한 이와 못지않다. 지도자들끼리도 헐뜯기가 예사다. '밥그릇'을 위해선 사사건건 트집 잡고, 책임전가에 혈안이다. 패거리 지어 반목과 갈등을 일삼는다. 선진 기술은 받아들일 생각은 않고 우물 안 개구리처럼 자신의 지도법만 배타적으로 고집한다. 자기희생과 양보란 찾을 수 없다. 잇속만 따진다. 지도자들의 무한 이기주의를 이대로 두고 나약한 선수들의 정신력만 탓할 수 없는 노릇이다.

돈으로 문제해결 황금만능 부채질

　그뿐이 아니다. 더욱 한심스러운 것은 대회조직위원회가 모든 것을 돈으로만 해결하려 한다는 점이다. 조해녕 2011 대구세계육상선수권대회 공동조직위원장은 대회 붐 조성을 위해 필수적인 경기력 향상을 돈으로 해결하겠다고 했다. 그는 "총 50억 원의 포상금을 책정해 금메달 3개를 따내자"는 것을 대한육상경기연맹과 관계 기관에 제안할 것이라고 밝혔다. 올림픽과 세계선수권대회에서 금메달을 따내는 선수에게 지급하는 경기력 향상금이 현재 1억 원인데 대구대회 땐 10억 원으로 늘릴 것이라는 소리다. 모든 스포츠 종목이 다 그러하겠지만 특히 육상은 결코 어느 날 하루아침에 열매를 따는 종목이 아니다. 인프라는 갖추는 데는 장구한 시일이 걸린다.

　대구가 2011 세계선수권대회를 유치하고, 진정으로 성공적인 대회를 개최하기로 마음먹었다면 육상의 저변 인프라 구축부터 해야 했다. 즉 육상만 해도 밥 먹고 살 수 있는 선수들의 직장 마련이 그것이다. 2011 대회 유치 이후 대구서 육상 실업팀이 몇 개나 창단됐는지 되묻지 않을 수 없다. 과문한 탓이지만 그런 소린 들어 본 적이 없다. 이제 와서 발등에 불이 떨어지니까 돈으로 뭔가를 해 보겠다는 궁리다. 대구육상조직위를 '참새 대가리'라고 비판하는 이유다.

　이대로 가다간 대구대회에서 한국은 세계육상선수권대회를 유치한 나라 가운데 가장 저조한 성적을 낼 것임이 분명하다. <조선일보>는 한국 육상의 냉혹한 현실을 진단하고, 그 현실적 대안으로 아프리카 선수들을 귀화시키자는 기사를 게재했다. <조선일보>는 이 기사에서 육상연맹의 외국인 선수 등록 및 활동 조항 등을 비판하고, 중동이나 미국, 일본 등도 육상 강국의 선수들을 모셔 와 단기간 내에 뚜렷한 경기력 향상을 꾀했다며, 우리도 용병선수를 수입해 와야 한다고 지적했다(조선일보, 2009년 9월 8일자, A26면).

이는 하나만 알고 둘은 모르는 소리다. 중동이나 일본, 미국 등은 육상의 기초 경기력이 매우 단단하다. 한국육상은 기초가 없다. 선수를 해외에서 수입해 온다고 하더라도, 국내 육상 경기력 향상에 접목시키기란 구조적으로 불가능하다. 용병선수의 귀화는 국내 육상 경기력의 기초를 다진 후에나 검토할 사안이다.

지난 17일엔 육상계에 쏟아지는 국민들의 비난과 우려를 의식해 대한육상경기연맹이 경북대 체육진흥센터에서 대표팀과 전국 초·중·고교 및 실업팀 지도자 120여 명이 참석한 가운데 베를린 참패에 따른 반성과 새 출발을 다짐하는 '소통'의 시간을 가졌다. 참석자들은 토론회에서 육상의 냉혹한 현실을 짚어 보고, 발전방안을 토의했으나, 얼마나 실효를 거둘지에 대해선 참석자나 관전자나 모두가 회의적임은 말하지 않아도 알 수 있다. 이런 가운데 시간의 추는 멈추지 않고 재깍재깍 2011 대구세계육상선수권대회를 향해 흘러간다. 2011대회를 준비하는 관계자들의 행동을 보면 참으로 얼마만큼 국제적 망신살이 뻗힐지는 대구시민의 한 사람으로 걱정이 아닐 수 없다.

<   2009. 9. 25.>

68
세종시, 잘못된 선택

　세종시가 그동안 한나라당을 일방적으로 지지해 왔던 대구경북 시
도민의 정치적 반면교사가 되고 있다.

　이명박 정부는 전임 노무현 정권이 충청남도 연기군 남면·금남
면·동면, 공주시 장기면·반포면 일원에 9부2처2청 이전 행정중심
도시를 건설키로 했던 세종시를 기어코 백지화시킬 요량이다.

　세종시는 지난 2002년 9월 30일 노무현 당시 민주당 대통령 후보
가 충청권 표를 의식하여 "한계에 부딪힌 수도권 집중을 억제하고 낙
후된 지역경제 해결을 위해 충청권에 행정수도를 건설하겠다"며 선거
공약을 발표하면서 가시화됐다.

　세종시는 고도의 정치적 계산에 의해 태어난 '사생아 도시'임에는
틀림없다. 행정의 효율화와 통일한국의 미래를 위해서도 정부의 충청
권 이전은 바람직하지 않다. 그럼에도 민주당과 한나라당은 2005년 3
월 2일 행정중심 복합도시 건설특별법을 국회에서 통과시킴으로써 세종
시는 국가의 정책이 되었다.

　이명박 정부로 정권이 교체되면서 행정도시는 이전 백지화될 처지

다. 국가의 정책이 정권이 바뀌었다고 하루아침에 뒤바뀌는 것이다.

지난 대선에서 지역민들은 쌍수들고 이명박 대통령 만들기에 동참했다. 마침내 김영삼, 김대중, 노무현 정권으로부터 빼앗긴 권력을 기어이 되찾아 왔다고 좋아했다. 이 지역 출신 이명박 대통령에 대한 기대치는 그래서 더욱 컸었다. 장승을 출마시켜도 '묻지 마 투표' '떼거리 투표'로 한나라당을 지지해 왔던 지역민은 대통령을 또 배출했다고 흐뭇했다.

대구경북 시도민은 이제 그 잘못된 선택에 대한 혹독한 대가를 치러야 한다. 내년 지방자치선거에서 한나라당 후보가 모조리 낙선한다면 이명박 정부가 세종시에 안기는 특혜보다 열 배, 백배나 더 큰 특혜를 가지고, 대구경북을 발진시키겠다고 딜러올 것이다.

대구경북은 아무렇게나 대해도 선거 때만 되면 무조건 한나라당 후보를 꾹꾹 눌러서 찍어 주니까 정치권이 대구경북을 철저히 업신여겨서 세종시 특혜로 대구경북 죽이기를 감행하고 있는 것이다.

세종시의 이전 백지화와 함께 대구경북이 최대의 피해자로 떠오르고 있다. 그 실제를 보자. 지역의 제도권 언론인 <대구MBC> 뉴스를 검색했다. 10월 7일자부터 11월 25일자 사이에 '세종시'로 검색된 뉴스의 제목과 주요 뉴스의 내용을 아래에 게재한다. 뉴스 저작권은 <대구MBC>의 고유 권리이다. 제2차적 활용하실 분은 반드시 원저작자의 허가를 받아야 한다.

● 세종시 대응, 소극적인 이유 김철우 2009-11-25
◀ANC▶ 정부의 세종시 관련 수정안이 발표됐는데도 대구시와 경상북도는 이른바 '차분한 대응'을 주장하고 있습니다. 발등에 불이 떨어졌는데도 차분하게 대응하자는 이면에는 내년 선거를 의식한 것 아니냐는 비판 여론

이 높습니다.

김철우 기잡니다. ◀VCR▶ 정부의 세종시 안에 대해 경상북도는 나름대로 긴급대책을 세웠습니다. 아태이론물리센터는 포항공대에 세워진 지 9년이나 됐고 막스플랑크 연구소도 3년째 공들이고 있으니 세종시로 가기 어렵다는 의견을 정부에 전달한다는 겁니다.

이 외에 가속기 클러스터를 만들기 위해 유치하려던 중이온 가속기를 비롯한 사업들은 사실상 포기했고 기업유치 부분은 정부결정이 나야 움직일 수 있다는 겁니다.

◀INT▶ 김수용 경상북도의원: "경북도의 대책을 봤을 때 너무 미흡하기 때문에 지사님의 중대결심을 바라고 또 적극적 대처, 정부에서 하는 일이 바르지 않다고 할 때는 도민들의 목소리를 담아서 정부에 전달해야 합니다."

세종시 프로젝트가 지역의 대형 현안사업들과 상당 부분 겹치는데도 불구하고 대구시와 경상북도 둘 다 시끄럽지 않게 대응한다는 입장만 고수하고 있습니다.

◀INT▶ 조광현 사무처장/대구경실련: "내년 지방선거의 공천을 의식한 단체장들의 눈치 보기란 측면이 강하고 중앙정부에 밉보이면 손해 본다는 중앙집중적인 의식이 뿌리 깊게 박혀 있기 때문에 ……"

이래저래 눈치만 보다가 자칫 시기를 놓치면 대구·경북 미래 십 년의 청사진이 퇴색될 수밖에 없을 것이란 지적과 비판이 일고 있습니다. MBC NEWS 김철우입니다.

* 만평]세종시특별법 개정 국회통과 불가! 2009 - 11 - 25 14:16
* R]정부의 세종시수정안, 국회통과 안 된다 2009 - 11 - 24 14:07
* 만평]세종시라는 폭탄 2009 - 11 - 24 17:44
* 만평]세종시, 대구경북 역차별 없어야 2009 - 11 - 24 16:51
* 대구시의회 세종시 논란 결의 2009 - 11 - 23 17:31
* R]세종시 해법, 대구시와 의회 큰 이견 2009 - 11 - 23 16:48
* R]지역 국회의원, 세종시 수정 반대 가시화 2009 - 11 - 23 16:41

* 세종시 대책, 시장 시의회 시각차 커 이태우 2009 - 11 - 23

정부의 세종시 수정안을 둘러싸고 대구시와 시의회가 큰 시각차를 보이고 있습니다.

시정 질문에 나선 정해용 의원은 세종시 대책이 이대로 확정된다면 이는 지역이 사느냐 죽느냐 중대한 사안인데도 지금까지 대구시의 대책은 미흡했다며 집행부를 질타했습니다.

류병노 의원도 첨복과 혁신도시 등이 큰 타격을 입을 터인데도 대구시의 반응과 대책 요구는 눈치 보기 수준에 그치고 있다고 시장을 압박했습니다.

답변에 나선 김범일 대구시장은, 정부의 대책안은 지역으로서 절대 수용할 수 없다는 데는 뜻을 같이하지만 아직 확정 단계가 아니어서 감정적이고 과격한 대응은 자제하면서 단계별로 논리적으로 차분히 문제를 풀어 가겠다는 뜻을 분명히 했습니다.

특히 첨복과 관련된 중복된 기능을 세종시에 주는 것과 토지 분양가를 낮춰 기업을 유치하는 것은 수용할 수 없다며 청와대와 총리실, 국회, 한나라당에 이 같은 뜻을 전달하고 있다고 덧붙였습니다.

- 만평]세종시 수정, 친이핵심도 반대 2009 - 11 - 23 18:28
- 시의회, 세종시 대책 추궁 2009 - 11 - 23 17:24
- R]중부권소식 - 세종시 vs 혁신도시 2009 - 11 - 23 15:11
- 세종시, 의료관련 구상 구체화; 대구는? 2009 - 11 - 21 13:04
- 구미풀뿌리연대 "세종시는 구미 버리는 것" 2009 - 11 - 21 16:59
- 만평]세종시 사태는 예견된 일 2009 - 11 - 21 12:22

- 세종시 대책, 지역 성장동력 모두 훼손 이태우 2009 - 11 - 20

◀ANC▶ 정부의 세종시 대책이 이대로 확정되면 대구에 치명적인 영향을 줄 것이라는 게 분명해지고 있습니다. 대구는 차세대 성장 동력을 모두 잃고 3류, 4류 도시로 떨어지게 됩니다.

이태우 기잡니다. ◀VCR▶ 세종시를 의료도시로 육성한다는 정부의 방침은 벌써 올해 초부터 확고했던 것으로 드러났습니다. 그러면서도 대구를 첨단의료복합단지로 지정한 것을 두고 속았다는 반응이 지역에서 터져 나오고 있습니다.

◀INT▶ 양명모 대구시의원: 국민적 저항, 특히 첨단의료복합단지에 대한 대구·경북민들의 저항은 엄청나게 거셀 것

세종시의 의료과학시티 규모는 대구 첨복의 무려 8배, 알맹이는 세종시에, 껍데기는 대구에 배정했다는 비아냥거림이 전혀 근거 없는 이야기가 아닙니다. 대구시가 지정을 받기로 했다가 내년으로 연기된 연구개발특구도 세종시 때문에 그렇게 된 것 아니냐는 의구심이 있습니다.

앞으로 지정된다고 해도 정부의 관심은 과학비지니스 도시로 키운다는 세종시에 있는데, 약속했던 5,200억 원의 투자가 이뤄지겠냐는 걱정이 많습니다.

◀INT▶ 정해용 대구시의회 의원: 과연 대구연구개발특구 지원이 정상적으로 이뤄질 수 있겠느냐?

정부의 세종시 대책이란 게 비수도권 도시끼리 경쟁시키는 것이어서는 대책이라고 볼 수 없다는 목소리가 큽니다.

◀INT▶ 이한구 한나라당 국회의원: 정부 신뢰성은 땅에 떨어지고 모든 지역이 모든 지역을 상대로 싸움을 벌이는 형국이다.

이유 없이 3개월 연기된 동남권신공항 건설 용역도 수도권을 강화하겠다는 정부의 계획에 따른 것이 아니냐는 분석도 나옵니다.

정부가 생각하는 세종시 대책이 다른 지역의 존립마저 흔들 수 있는 것이라면 세종시는 물론 그 지역의 의견을 듣고 대책을 마련해야 한다는 목소리가 힘을 얻고 있습니다. mbc뉴스 이태우입니다.

- 세종시 정부 대책, 지역 성장 동력 모두 훼손 2009-11-20 11:23
- 만평]세종시 지역 정치권 침묵은 직무유기 2009-11-20 16:27
- R]세종시-원칙대로, 원래대로 가야 2009-11-19 16:32
- 지방분권운동본부 세종시 원안 추진 촉구 2009-11-19 15:36
- 세종시 논란, 대기업 입질 2009-11-19 11:40

- 세종시 특혜 반발 확산, 지역은 잠잠 이태우 2009-11-19

정부가 세종시에 대한 특혜를 쏟아 내면서 전국적인 반발이 확산되고 있지만 유독 지역만은 목소리를 내지 않고 있습니다.

대구시와 경상북도는 세종시 논란과 관련해 정부와 반대되는 입장을 내지 않기로 하고 내부 입단속을 강화하고 있습니다.

이에 비해 부산, 경남권은 세종시 백지화는 균형발전을 포기하겠다는 발상이라며 시민단체와 함께 세종시 문제를 집중 거론하고 있습니다.

대전과 충청권도 세종시 원안 건설 촉구 성명서를 내는 것을 비롯해 연일 정부를 압박하고 있습니다.

호남권도 새만금 사업은 물론 무안과 영암, 해남 기업도시 건설 등이 타격을 입을 것이라며 세종시를 당초 원안대로 추진하라고 목소리를 높이고 있습니다.

한편 정부가 세종시 대책을 흘리면서 정부 대책대로 수정안이 확정된다면 대구, 경북의 혁신도시와 첨단의료복합단지 건설, 산업단지 건설을 통한 기업 유치 등이 어려워질 것이라는 어두운 전망이 연일 나오고 있습니다.

● 세종시 논란, 눈치만 보는 단체장과 정치인 이태우 2009－11－18
◀ANC▶ 대구시와 경상북도가 세종시 논란의 최대 피해 지역이 될 것이라는 전망이 현실이 되고 있지만 단체장과 지역 정치권은 말이 없습니다. 내년 지방선거 공천을 의식해서 눈치만 보고 있다는 질타가 쏟아지고 있습니다. 이태우 기잡니다. ◀VCR▶ 세종시에 특혜를 준다는 정부 방침이 정해지자 지역으로 옮겨 오려던 기업들이 벌써 방향을 틀고 있습니다.
◀INT▶ 박광길 대경권 광역경제발전위원회: 그쪽에서 세종시와 동일한 조건을 두고 검토해야겠다고 한다. 미칠 파장이 현실이 됐다.
첨단복합단지와 경제자유구역, 혁신도시 건설, 연구개발특구 조성 같은 지역 현안도 타격을 받게 됐지만 문제를 제기하는 목소리가 없습니다.
김범일 대구시장이 첨복에 영향을 줘서는 곤란하다는 말을 한 게 그나마 전부입니다
경상북도도 구미와 포항 공단에 큰 타격이 예상되지만 지사와 단체장은 말이 없습니다. 내년지자체 선거 공천을 의식하고 여당과 청와대 눈치만 보고 있다는 곱지 않은 시각이 일고 있습니다.
◀INT▶ 조광현 경실련 사무처장: 피해가 올 것이 뻔한 사안에 대해서 침묵하는 것은 직무유기이다.
대구시의회와 경북도의회도 입장 표명이 없고 조금만 어려우면 죽겠다며 목소리를 높이던 경제단체도 눈치만 보고 있습니다.
◀INT▶ 오창균 지방분권운동본부 정책위원장: 주민 살림살이를 진정으로 걱정한다면 보다 구체적, 단호한 입장 표명 있어야
무엇보다 지역 유권자들이 표로 뽑아 준 국회의원들도 청와대와 여당의 눈치만 보며 지역의 이익보다는 스스로의 몸 사리기에만 신경을 쓰고 있습니다. mbc뉴스 이태우입니다.

● 세종시 특혜에 구미공단 비상 도건협 2009－11－18
◀ANC▶ 남] 정부가 세종시를 행정중심도시가 아닌 기업도시로 조성하기로 하고 파격적인 혜택을 제시하고 있는데, 이것이 지역 기업을 빨아들이는 블랙홀이 되지 않을까 하는 우려가 제기되고 있습니다.
여] 세종시가 아닌 다른 지역에는 기업이 이전할 리가 없을 테고 특히 IT 산

업 중심도시인 구미가 직격탄을 맞을 가능성이 높습니다.

첫 소식 도건협 기자가 보도합니다. ◀ＶＣＲ▶ 정부는 세종시를 행정중심도시에서 기업도시로 전환하면서 IT와 BT 등 첨단산업도시로 가닥을 잡고 있습니다. 삼성과 LG 등 구미에 사업장을 둔 대기업에도 투자 의사를 타진하고 있는 것으로 알려졌습니다.

◀ＩＮＴ▶ 김용창/구미상공회의소 회장: "총리께서도 파주와 구미 같은 첨단산업단지를 유치하겠다 이렇게 얘기하셨는데 구미에 미치는 영향이 가장 크지 않겠나."

구미 5공단과 경제자유구역에 기업을 유치해야 하는 구미시도 비상이 걸렸습니다. 정부가 세종시에 대기업을 유치하기 위해 산업용지 분양가를 구미 5공단의 절반 수준으로 낮추는 방안을 검토하고 있고 각종 세제 혜택도 약속했기 때문입니다.

올 들어 삼성과 LG의 연구 인력이 대거 수도권으로 빠져나가고 있는 상황이라 위기감은 더욱 큽니다.

◀ＩＮＴ▶ 남유진/구미시장: "구미는 수도권 규제완화로도 타격을 입고 있는 입장에서 또 이런 문제가 악재로 작용되지 않을까 걱정된다."

정부는 연일 세종시에 대한 특혜를 쏟아 내고 있습니다. 수도권 규제완화에 이어서 지역의 기업 공동화를 가속화시킬 것이라는 우려가 커지고 있습니다. MBC뉴스 도건협입니다.

● 세종시 논란, 지역 피해 가시화 2009 - 11 - 18

● 세종시 논란의 최대 피해자는 '대구' 이태우 2009 - 11 - 17

◀ＡＮＣ▶ 남] 정부가 세금 면제 등 세종시에 대한 특혜를 쏟아 내면서 '나머지 지자체는 뭐냐?'는 반발이 커지고 있습니다.

여] 대구시가 세종시 논란의 최대 피해 지역이 될 것이라는 우려가 제기되고 있습니다.

이태우 기자의 보도. ◀ＶＣＲ▶ 세종시 논란의 직격탄은 시작조차 못 한 대구 첨단의료복합단지가 맞게 됐습니다. 대통령의 모교인 고려대가 첨복단지보다 큰 바이오메디컬 단지를 세종시에 만들겠다고 선뜻 나섰습니다. 이렇게 되면 첨복 선정에 곁다리로 끼어든 오송과 함께 충청권이 대구 첨복을 제치고 우리나라 바이오·제약 산업의 중심이 됩니다.

◀ＩＮＴ▶ 이상길 대구시 첨복추진단장: 의약, 바이오를 첨복 중심으로

추진한다는 정부 방침이 바뀌어서는 안 된다.

대기업 본사 등 기업유치도 불가능합니다.

대구에는 국가산업단지를 비롯해 성서 5차, 이시아폴리스, 테크노폴리스까지 1,800만 제곱미터가 넘는 공장 터가 조성 중인데 정부가 세종시 땅값을 30만 원대로 낮춰 공급한다고 하니 지역 공장 터는 그냥 빈터로 남게 생겼습니다.

◀ＩＮＴ▶ 박돈규 대구시의원: 30만 원대에 분양한다고 하니 어떤 기업을 유치하고 분양가는 어떻게 조치하나

구미와 포항의 국가산업단지, 그리고 경제자유구역도 힘들어지기는 마찬가집니다. 특별한 이유 없이 용역을 3개월 연기시킨 동남권 신공항도 없던 일로 하고, 대신 인천공항을 확장하는 쪽으로 방향을 잡지 않을까 하는 걱정도 나오고 있습니다.

◀ＩＮＴ▶ 김상훈 대구시 경제통상국장: 기업 접근성을 높이기 위한 동남권 신국제공항 등이 착공되어야 한다.

서울이 우리나라 경쟁력이 핵심이라고 보는 현 정부의 시각에서는 나라 전체가 조화롭게 성장해야 한다는 균형발전의 논리를 전혀 찾을 수 없고, 이런 생각 속에서 지역발전은 발목을 잡혀 가고 있습니다. mbc뉴스 이태우입니다.

- R]공장용지 분양. 세종시 불똥 튈라 노심초사 2009 - 11 - 17 15:46
- 구미공단 세종시 기업유출 우려 2009 - 11 - 16 11:17
- 만평] 대구, 경북 재앙 될 세종시도 남 탓만 2009 - 11 - 14 14:33

- 세종시 수정안, 대구·경북은 속수무책 오태동 2009 - 11 - 13

◀ＡＮＣ▶ 세종시가 행정중심도시가 아닌 정부 특혜도시로 변질될 가능성이 커지면서 기업과 대학, 병원 유치 경쟁을 벌여야 하는 대구·경북에는 재앙이 될 가능성이 높아졌습니다.

그러나 지역 정치권도, 대구시와 경상북도도 정부의 눈치를 보느라 적극적인 대응에 나서지 못하고 있습니다.

오태동 기자가 보도합니다. ◀ＶＣＲ▶ 정부가 세종시 수정안 마련에 나서면서 대구·경북 혁신도시도 유령도시로 전락할 가능성이 높습니다. 중앙부처 공무원은 서울에 남는데, 왜 우리만 지방으로 가라고 하느냐는 지방 이전 대상 공공기관들의 볼멘 목소리가 벌써부터 터져 나옵니다.

◀ＩＮＴ▶ 김부겸 의원/민주당: "이 문제는 국토균형발전이라는 가치와

철학의 문제, 수정 변질시킨다는 것은 대구·경북 혁신도시, 과학비즈니스
단지 조성도 불가능하게 된다."
또 대구, 경북이 사활을 걸고 추진해 온 첨단의료복합단지와 경제자유구역
도 물거품이 될 가능성이 높습니다.
◀ＩＮＴ▶ 유승민 의원/한나라당: "기업, 대학, 병원 모두 특혜가 있는 세
종시로 가는데, 대구·경북에 올 곳은 하나도 없다."
그러나 지역 정치권도 친박근혜계 의원들만 반대 목소리를 높일 뿐 친이명
박계 의원들은 오히려 세종시 수정 찬성여론 조성에 나서고 있고, 중립의원
들도 시·도만 탓하고 있습니다.
◀ＩＮＴ▶ 이한구 의원/한나라당: "시·도는 다들 뭐 하는가? 철저하게
분석하고 공동대응 방법을 찾아라."
세종시 수정안이 어떻게 마련되더라도 대구·경북에는 재앙이 될 것이라는
사실이 분명해지고 있지만, 지역 정치권도, 대구시와 경상북도도 대응책 마
련에 손을 놓은 채 정부의 속도전만 바라보고 있습니다. mbc news 오태동
입니다.

● 세종시 논란, 과학비즈니스벨트 유치전 비상 이성훈 2009 − 11 − 06
◀ＡＮＣ▶ 남] 요즘 정치권의 최대 쟁점인 세종시 문제의 불똥이 대구·
경북으로 튈 것이라는 우려가 제기됐습니다.
여] 대구·경북이 유치에 공을 들이고 있는 국제과학비즈니스벨트가 물 건
너가는 것이 아닌가 하는 우려입니다.
이성훈 기자가 보도, ◀ＶＣＲ▶ 대구시와 경상북도, 지역 상공인들은 그동
안 알게 모르게 국제과학비즈니스벨트 유치를 위해 공을 들여 왔습니다.
생산유발 효과가 첨단의료복합단지의 세 배나 되는 메머드급 국책사업이기
때문입니다.
정부가 세종시 논란을 잠재우기 위해 국제과학비즈니스벨트를 세종시에 건
설하려는 움직임이 곳곳에서 감지되고 있습니다.
◀ＩＮＴ▶ 유승민 한나라당 의원: "세종시 성격을 바꾸는 수정안이 제출되면
과학비즈니스벨트는 공주, 연기로 가는 거다."
실제 국토연구원의 연구용역에서 세종시가 국제과학비즈니스 벨트의 유력 후보
지로 거론되고 있습니다. 대전과 충남에 과학 관련 국책사업이 집중되면 R&D
특구나 디지스트, 테크노폴리스 같은 지역 사업은 덩달아 추진이 어렵습니다.
하지만 대구시와 경상북도는 강 건너 불구경하고 있다는 정치권의 질책이

이어지고 있습니다.

◀INT▶ 한나라당 이한구 의원: "지역 이익에 관계되면 적극 나서야 하는데 가만 앉아서 왜 그러는지 모르겠다."

국제과학비즈니스벨트 유치를 위해 원래 지난달 출범하기로 했던 대구상공회의소의 미래 전략 아카데미 포럼은 일정이 차일피일 미뤄지면서 연말에나 출범이 가능할 것으로 보입니다.

- 이인기 의원 "세종시 원안대로" 주장 2009-10-07 17:27

<🖫 2009. 11. 25.>

총리와 국가의 자존심

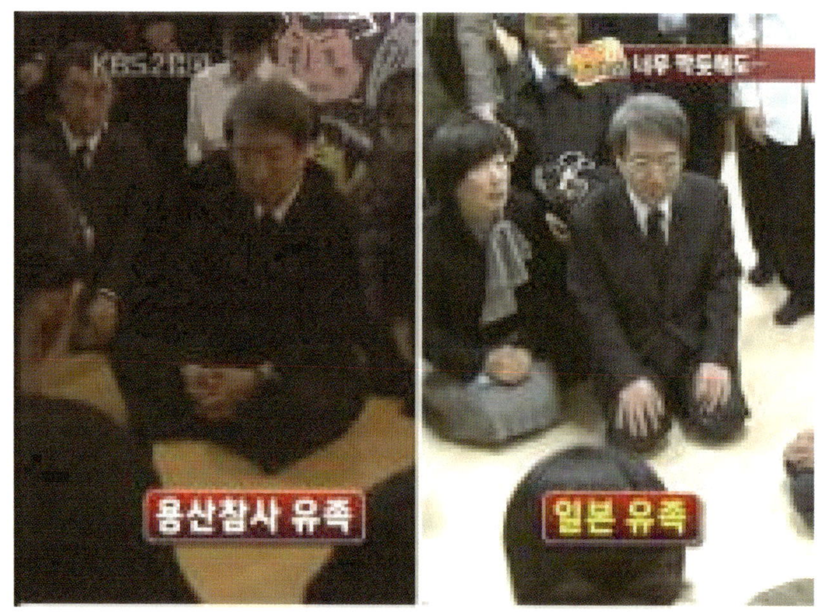

♠정운찬 총리의 서로 다른 조문 모습. KBS뉴스 캡쳐사진. ⓒKBS.

정운찬 총리는 지난 11월 16일 16명의 사상자를 낸 부산 실내 사격장 화재 사건의 일본인 유족을 만나 조문하면서 무릎을 꿇고 두 손을 무릎 위에 올린 채 공손히 고개를 숙이며 위로의 말을 건넸다.

정 총리의 지나친 저자세 조문은 동방예의지국의 예절이라고만은 볼 수는 없었다. 문제는 그 행동을 지배하는 사고의 의식구조다.

정 총리의 행위가 자국민을 만날 땐 책상다리를 하고 앉아, 총리로서의 품위를 내세워 꼿꼿했다가, 일본인을 만나선 무릎을 꿇고 사죄하는 사고라면 '국가의 지존심'이라는 외교적 차원에서도 매우 유감스럽지 않을 수 없다.

한국인의 목숨과 일본인의 목숨 값이 결코 다르지 않다. 한때 우리 사회의 유력한 대선 후보자로 거론되었던 총리의 의식구조가 이를 간과했다면 참으로 서글프고 보잘것없는 인품이다. 이래저래 실망이다.

총리실은 "유족들이 먼저 무릎을 꿇고 앉아 있어 예를 표하기 위해 무릎을 꿇은 것(이해연, 「'무릎 꿇고 …… 허리 굽히고' 깍듯해도 탈?」, KBS뉴스, 2009년 11월 16일, 오후 8시 31분 방송)"이라고 해명했으나, 그 말을 진실 그대로 믿기엔 신빙성이 그다지 없다.

총리의 친일사대주의적인 조문 행각은 정운찬 국무총리 개인의 차원을 넘어 국가의 자존심을 짓뭉갠 것이다. 평생 동안 교수사회라는 지극히 편안한 온실에 있었던 학자총리는 세상사 인식에 보다 세심한 행동거지를 보여 줘야 한다.

<🖫 2009. 11. 25.>

70
교육감 선거

경인년 새해 6월 2일 전국지방동시선거를 앞두고 교육계도 선거광풍에 휩싸였다. 출마자들은 저마다 선거캠프로 활용할 교육연구소를 개설하고, 출판기념회를 여는 등 '정치'에 분주하다. 전례 없는 교육계의 과열선거 '쓰나미'에 현장교육이 오염되지 않을까를 우려하지 않을 수 없다. 이미 함량미달의 출마예정자들이 즐비해 교육계 풍토를 어지럽힌다. 상습 정치꾼도 기웃기웃하는 형국이다.

교육이란 무엇인가? 교육은 '사람 만들기'이다. 어떤 사람을 만드는 것일까? 바로 사람다운 사람을 만드는 행위이다. 사람다운 사람은 어떤 사람인가? 인간의 양심을 존중하는 도덕적이고 윤리적인 사람이다. 따라서 교육은 순수하고 정직해야 한다. 무릇 교육을 담당할 자는 거울에 비춰 한 점 부끄럼 없어야 한다. 교육자가 일그러지면 절대 바른 교육은 존재할 수 없다. 함량미달의 후보가 중구난방 함부로 교육에 뛰어들어서는 안되는 연유다.

정치꾼마저 교육에 기웃 오염 확산

교육은 우리나라의 미래를 담보하는 가장 중요한 자산이다. 인류역사에서 우리는 최단기간 내에 산업화를 일군 위대한 민족이다. 지구촌 어느 민족도 이처럼 단시일 내에 역동적인 산업국가로 비상한 예는 없다. 그것이 가능했던 것은 한국인의 교육열이다. 우리는 극성스런 교육을 밑바탕으로 출구전략을 삼았다.

따라서 우리 교육은 필연적으로 상급학교 진학을 위한 입시경쟁교육으로 치달을 수밖에 없었다. 교육이 출세를 위한 강력한 사회적 도구로 기능하면서 누구나 공평하게 획일적인 주입식 교육이 강요되었다. 경쟁에서 뒤처지지 않게 과외시장 사교육이 넘쳐나는 것은 너무나 자연스럽고 당연했다.

개개인의 개성과 특성을 무시하고 마치 풀빵기계에서 찍어 내는 듯한 지식습득 교육은 단시간 내에 전국민을 교육화하는 데는 성공했다. 우리는 이들의 손과 가치관에 의해 국민소득 2만 불 시대를 달성했다. 반도체·LCD 1위, 선박제조 1위, 자동차 생산 5위 등은 20세기 한국교육이 달성한 자랑스러운 업적이다.

이는 20세기의 교육 패러다임이다. 21세기 우리가 목표로 하는 세계 5강의 경제대국을 달성하기 위해선 새 교육 패러다임이 절실하다. 바로 창조형 지식교육이다. 21세기의 교육은 지식을 가르치는 것이 아니라 창의성을 개발하는 교육이어야 한다. 분명 20세기의 한국교육은 하드웨어에선 상당한 강점과 집중력을 지녔었다. 21세기 지식사회의 경쟁력은 사람으로부터 나온다. 우리 개개인은 세계 톱 수준으로 뛰어나지만 창의성에선 보잘것없다. 이는 소프트웨어에서 취약하기 그지없는 현실로 나타난다.

한국은 세계 최강의 IT강국이다. 단 하드웨어에서다. 세계의 IT시장은 하드웨어 40%, 소프트웨어 60%의 구조다. 그것도 하드웨어 시장은 점점 축소되고 있으며, 우리는 소프트웨어 시장에선 존재감조차 찾을 수 없을 정도로 미미하다. 집단적·획일적인 한국교육이 개개인의 창의성을 말살하고, 암기식 지식주입 교육만 강요한 데서 따른 결과치이다.

수많은 한국의 '빌 게이츠'를 탄생시키기 위해선 교육의 패러다임을 바꿔야 한다. 기본교육과 인성교육의 강화가 그것이다. 학생 개개인의 개성과 품성을 존중하는 디지털적인 미래교육으로의 전환을 결코 소홀히 할 수 없는 이유다. 아날로그적인 교육관과는 작별해야 한다. 조금도 망설일 이유가 하등 없다.

교육자의 자기반성 교육개혁의 첫걸음

교육감은 교육을 총괄하는 '교육대통령'이다. 교육감부터 이와 같은 비전을 지녀야만 교육이 바른길로 나아갈 방향을 잡게 된다. 교육개혁에서 가장 시급한 것은 교육자들의 '낡은 교육관 버리기'이다. 그리고 이들의 자질향상이다. 고루하고 낡은 교육 패러다임을 극복하지 못하면 우리 교육은 한 치도 앞으로 나가지 못한다. 미래교육의 좌표를 바로 새기는 일은 교육자들의 자기반성에서부터 비롯되어야 한다.

교육개혁이 당면한 제도적 시스템 가운데 단 한시가 시급한 것은 기형적인 입시 위주 교육이다. 특목고, 명문대 진학에만 목표를 둔 우리

교육을 근본적으로 수술하지 않고는 일류국가란 있을 수 없다. 학생들을 성적순으로 계량화하여 우열을 가늠하는 것은 20세기의 낡은 교육이다. 개개인의 개성과 장점을 극대화하는 다양한 교육시스템을 지녀야 창의성이 발휘되고, 그 창조성이 지식산업사회의 리더와 '소금'으로 작용한다. 21세기의 교육은 개인과 학교, 지역사회의 특성에 맞는 다양한 교육을 실시할 수 있도록 자율성을 확보해야 한다.

교육개혁을 추구하기 위해선 교육대통령인 교육감부터 변혁의 시대를 인식해야 한다. 교육을 기획하고 디자인하는 교육행정가와 일선에서 교육을 실시하는 교사의 의식구조가 선진적이고 진보적인 교육 패러다임으로 바꿔야 한다.

교육을 전문가라는 미명하에 밥그릇 챙기기를 위한 수단으로 여기거나, 어느 자리로 가기 위한 방편으로 여겨서는 안된다. 더구나 지자체 선거와 동시에 치르게 됨으로써 무책임하기 그지없는 한국정치로부터의 오염을 가장 먼저 경계하지 않을 수 없는 이유다.

변혁의 시대 진보적인 교육개혁 절실

한국사회에서 가장 변하지 않는 제도가 정치와 언론, 교육이다. 우리 사회의 민주화와 함께 정치와 언론은 국민들로부터 하도 많은 지탄과 손가락질을 받아 조금은 변했다. 아니면 최소한 변하는 척 흉내라도 내야 생존을 담보할 수 있었다. 교육은 무풍지대에서 안주해 왔다. 조금도 변할 생각이 없었을 뿐 아니라 오히려 더 교묘하게 진화를 거부하고, 실질적으로 퇴행하여 입시 위주의 교육을 강화해 왔다.

이제 21세기 디지털 시대를 맞아 교육이 변해야 할 시점에 이르렀다. 교육이 변하지 않으면 우리의 미래는 암울하다. 가진 게 사람밖에 없는 우리는 교육을 강제로라도 변혁시켜야 한다. 왜냐하면 교육의 변혁에 우리의 미래가 담겨 있기 때문이다. 교육은 우리의 미래를 담보한 사회적 제도다.

21세기 교육의 첫 장을 여는 소신 있고 지각 있는 인물이 교육대통령인 교육감이 되어야 한다. 하루아침에 손바닥 뒤집는 개혁을 할 순 없지만 임기 4년 동안 개인화·지방화 교육의 틀을 다지고, 나아갈 방향을 수립할 참신한 새 교육 지도자가 절실하다. 한국교육은 선택의 시점에 처했다. 유권자들이여! 바로 보고 바로 뽑자.

<2009. 12. 28.>

김영재 (金榮在)

▌이력

- 대구신문연구원 대표
- 월간 《대구예술》 편집장
- <하나일보> 문화부차장
- 우리신문 창간준비위원
- <한겨레신문> 대구지사 자료조사실장
- <유통경제신문> 편집국 기자
- 한겨레신문전국독자주주모임 공동대표

▌저서

● 언론신서

- 『지방신문 개혁론』, 이담북스, 2010.
- 『시민언론 창간론』, 이담북스, 2009.
- 『언론자유와 언론개혁』, 한국학술정보(주), 2006.
- 『불교언론의 이해』, 한국학술성보(주), 2006.
- 『대구경북언론사』, 커뮤니케이션북스, 2003.
- 『조선시대의 언론문화』, 커뮤니케이션북스, 2000.

● 언론비평서

- 『사람언론 희망언론』, 이담북스, 2010.
- 『해바라기 언론의 용비어천가』, 글원미디어, 2003.
- 『현대사회와 민주언론』, 사람, 1997.

● 글 모음집

- 『기자수첩 보도일기』, 이담북스, 2010.
- 『웹2.0과 미디어2.0』, 한국학술정보(주), 2008.

▌커뮤니티

- 블로그 blog.naver.com/tgpress
- 트위터 twitter.com/tgpress

매자골
메아리

초판인쇄 | 2010년 6월 27일
초판발행 | 2010년 6월 27일

지은이 | 김영재
펴낸이 | 채종준
펴낸곳 | 한국학술정보㈜
주   소 | 경기도 파주시 교하읍 문발리 파주출판문화정보산업단지 513-5
전   화 | 031) 908-3181(대표)
팩   스 | 031) 908-3189
홈페이지 | http://ebook.kstudy.com
E-mail | 출판사업부 publish@kstudy.com
등   록 | 제일산-115호(2000. 6. 19)

ISBN   978-89-268-1118-4 03070 (Paper Book)
        978-89-268-1119-1 08070 (e-Book)

이담 Books 는 한국학술정보(주)의 지식실용서 브랜드입니다.